新闻传播专业"十四五"规划教材

新闻传播法学

顾理平 著

The Law of Journalism and Mass Communication

第四版

中国传媒大学出版社
·北京·

目 录

第一章 依法治国与新闻法治 /1
第一节 新闻的时代价值 /1
第二节 新闻法治的现实困境 /8
第三节 新闻法治困境的成因 /11
第四节 新闻法治的必要性 /14
第五节 新闻法治的可能性 /17
第六节 推进新闻法治的路径思考 /22

第二章 新闻法治的历史发展 /26
第一节 西方新闻法治概述 /26
第二节 西方国家的主要新闻法规 /29
第三节 中国新闻传播史上的新闻法治 /36
第四节 新中国的新闻法治 /40
第五节 作为新闻法治必要补充的新闻自律 /44

第三章 新闻传播法律关系 /50
第一节 法律关系和新闻传播法律关系 /50
第二节 新闻传播法律关系的主体 /54
第三节 新闻传播法律关系的客体 /58
第四节 新闻传播法律关系的内容 /61

第四章　新闻权利的享受　/73
第一节　新闻权利及其宪法规定　/73
第二节　新闻记者的社会权利　/80
第三节　新闻记者的职业权利　/82
第四节　新闻记者的个体权利　/85

第五章　新闻义务的履行　/90
第一节　新闻义务及其宪法规定　/90
第二节　新闻记者的社会义务　/94
第三节　新闻记者的职业义务　/96
第四节　新闻记者的个体义务　/101

第六章　舆论监督权利的保障　/105
第一节　舆论监督在现代社会中的价值　/105
第二节　现代社会的舆论监督权　/114
第三节　网络时代的舆论监督　/118
第四节　防止滥用舆论监督权　/122

第七章　隐性采访中的权利和义务　/126
第一节　隐性采访及其意义　/126
第二节　隐性采访的适用范围　/136
第三节　隐性采访中的道德困惑及原则　/144
第四节　隐性采访的法律困惑及底线　/152

第八章　新闻侵害名誉权　/158
第一节　名誉和名誉权　/158
第二节　新闻侵害名誉权的构成要件　/165
第三节　新闻侵害名誉权的抗辩事由及责任承担　/172

第九章　新闻侵害隐私权　/178
第一节　隐私和隐私权　/178
第二节　新闻侵害隐私权的构成要件　/192
第三节　新闻侵害隐私权的抗辩事由及责任承担　/199

第十章　新闻侵害著作权和肖像权　/204
第一节　新闻侵害著作权　/204
第二节　新闻侵害肖像权　/220
第三节　新闻侵权的预防　/228

第十一章　法治社会建设中的新闻法治　/235
第一节　法治社会建设中的公平和正义　/235
第二节　法治社会建设与新闻法治　/241
第三节　新闻媒体对社会公平和正义的追求　/244

参考文献　/248

后　记　/254

第一章　依法治国与新闻法治

法律是人类聪明才智的结晶，是人类社会不断趋向文明进步的基本保证。哲学家康德说：世界上唯有两样东西能让我们的内心受到深深的震撼，一个是我们头顶上灿烂的星空，另一个是我们内心崇高的道德法则。在仰望星空之后，当我们低下头来，回望人类社会虽然历尽艰辛但光明美好的历程，思考道德法则在引领和规范文明历程中的伟大作用时，内心确实会深感震撼。以我们这门学科重点关注的新闻传播相关法律为例，在复杂多变的社会发展进程中，正是法律的规范作用，确保了人类总体的社会活动可以保持在基本底线之上，并在道德原则的引领之下，不断趋向美好。新闻传播法学所要探讨的核心问题，就是在气象万千的新闻传播活动中，法律是如何或应该如何借助权利和义务的平衡，规范和推动传媒业有序运行和发展。"法眼看新闻"，是新闻传播法学这门学科需要坚守的一个基本理念。

新闻法治是传媒业得以健康持续发展的基本前提。在中国社会持续推进依法治国的治国方略、全民的法律意识明显增强的现代社会背景下，实现新闻法治这个要求正变得愈加迫切。但是，在现实生活中，中国的新闻法治并没有向我们呈现出理想的状态。新闻传播活动中失范行为的普遍存在，更加深了我们的这种认知。新闻法治理想目标的追求，正在以另一种方式展示出新闻传播法学学科建设和完善的紧迫性。

第一节　新闻的时代价值

新闻自其产生之日起，便在不断地影响着那个时代的社会和人们，浸润在繁杂信息中的现代人，更是须臾都无法离开各种信息尤其是新闻信息。随着数字化时代的到来，不仅整个社会都已经全面进入信息社会，个人也开始逐渐成为信息人、数字人。在新媒体时代，人们通过信息交流表达自己的观点，分享自己对世界的理解。与此同时，通过发布个人动态，转发各类文字、图片或视频建立社会关系网络，连接与他人的感情，寻获各种发展机会。而大数据和人工智能技术的持续发展，则令现代人深陷于智能技术之中，成为媒介的一个有机组成部分。

一、作为信息传递的新闻

新闻的基本功能就是传递信息。在农耕社会，信息的传播价值并不大。因为在那样一个时代，人们日出而作，日落而息，农耕技巧也是口传手教，几无变化。随着生产力的发展和贸易的兴起，信息的价值开始体现出来。

在历史发展的进程中，人们逐渐体会到信息与信息传播的作用。现代社会是一个信息社会，社会组织和社会个体都存在于信息之中。换句话说，社会组织和社会个体的存在价值是通过信息表现出来的。由于受科学技术发展水平的限制和社会交往条件的限制，在古代社会，信息的传播无须也不可能像现代社会这样显得不可或缺。千百年来形成的"日出而作，日落而息"的典型农业社会生活方式，使社会组织和成员不必太多地关注信息便可以惯性地栖息。当然，在那样的时代里，信息依然有其存在的价值，譬如，商品交换需要通过传播实现价值。每一个商品的拥有者，他们自然可以通过拥有较多的信息，而最大限度地实现其商品的价值。但是，人际交往的局限性致使这种信息大都停留在简单的人际传播阶段，价值是极其有限的。譬如教育信息，千百年来生生不息，薪火相传，但在相当长的时间里也是通过口传心授式的人际传播来实现传承的。在这个时期，人们对信息价值的认识是比较肤浅的。与此相对应，在相当长的时间里，由于传媒业未得到发展，其大众性特征未能得到体现，因此信息传播的范围十分有限，传播的成本高昂，令普通大众难以有条件地获知这些信息。于是，信息的收益往往仅限于权力阶层或财富阶层享有。

随着社会的发展，尤其是随着科学技术的进步，世界各国渐次由农业社会进入工业社会。社会的分工也因科技的发展而显得日渐精细，信息的传递，就具备了不可或缺的独特价值。商情信息、战争信息、灾害信息、庆典信息……每种信息，对于置身于庞大的、有序分工的社会网络中的人们来说，都可能意味着一个巨大的商机。在这样一个有着分工和合作的工业社会中，信息的价值日益凸显。世界上最早创办的通讯社路透社，就是基于伦敦市场交易所的信息需要而诞生的。但是，信息的繁杂也会使信息的接收者产生某种混乱，这就意味着信息本身需要分类，以此来更好地为社会服务。在这种社会的客观需要下，传媒业作为新闻信息传播的专门行业开始出现。新闻业开始进入漫长的发展黄金时代。

数字技术的成熟和网络的普及，促使工业社会向信息社会转变。数十年前，著名传播学者马歇尔·麦克卢汉根据自己对媒介发展的洞察作出预言："我们正在迅速逼近人类延伸的最后一个阶段——从技术上模拟意识的阶段。"[①] 然而，他的大胆预言很快便被超越了：随着智能技术的快速发展，不仅"从技术上模拟意识"成为

[①] 麦克卢汉. 理解媒介——论人的延伸 [M]. 何道宽，译. 北京：商务印书馆，2000：20.

现实，而且以数字人的方式替代自然人也成为一种生活日常。在今天这样一个信息社会，新闻信息无论在物质意义上还是精神层面上都在深刻地影响着社会文明的进程和人们的生活方式。从物质意义上看，传媒业作为信息产业的一个重要组成部分，在今天的数字经济发展中具有举足轻重的地位，一批新型的传媒业巨头在数字化浪潮中快速崛起并影响整个社会的发展。在这个过程中，新闻信息的传播不仅使传媒业本身获得了迅速壮大的机会，也使全体受众的生活变得更加方便。人们可以通过信息传播，方便地享受物质生活带给自己的快乐。新闻信息带给人们精神层面的变化更是令人关注。在前信息化社会，阅读报纸、收听广播、观看电视成了人们生活的一个有机部分。在人际交往中，新闻信息的交流和评价，新闻事件的表述和判断，新闻观点的赞同或批评……所有这些，都在深刻地影响着人们的生活。在人的社会化过程中，对新闻信息的交流享用成为必不可少的一个环节。进入信息化社会，传媒业真正进入公共传播时代，"人人都是麦克风"是这个时代的一个基本特点。人们不仅可以像前信息化时代那样接收海量的各类信息，更可以借助各种新媒体平台分享信息并自由地表达对这个世界的认知。当然，我们也清楚地知道，在公共传播时代，由于参与传播的主体素质高低有别，媒介素养也各不相同，在网络传播"把关人"后置的传播生态中容易出现传播内容泥沙俱下的情况。当然，全体社会成员共同参与传播过程，这不仅有利于全体社会成员通过比较、甄别等从总体上培养全社会的传播理性，还是信息社会必然会呈现的基本样态。

二、作为历史记录的新闻

对历史轨迹的追寻有多种途径，在大众传播业发达的时代，对历史轨迹最便捷的追寻方式无疑是检阅新闻。这从一个侧面说明了新闻在现代社会中的重要功能。在今天，新闻记者重点发挥了他们作为记录者的作用。无论是令人欢欣鼓舞的时代成就，还是令人沮丧悲伤的重大灾难；无论是重要政治事件的发生，还是平常百姓生活的变迁；无论是传统依旧，还是万象更新，社会上的每一个瞬间都由新闻记者辛勤地记录着。回望过去的时光，我们可以从新闻记录中，重温 2008 年北京夏季奥运会、2022 年北京冬季奥运会的燃情岁月，也可以追忆 2008 年 5 月汶川大地震的煎熬时刻。当然，我们还可以从媒体关于南京梅花山第一朵春梅绽放的新闻中，感受整个社会对春天、花语的期盼；或者，从东北查干湖冬捕的报道中，获知人们收获的喜悦。甚至股市"牛熊"更替，房价的涨涨跌跌，天气的阴晴不定，百姓的悲悲喜喜，新闻记者们也每天用他们敏锐的眼睛观察着，用他们灵巧的双手记录着。

今天的新闻就是明天的历史。对这句耳熟能详的话，人们更多的是从社会责任感的角度来解读的，这当然没有错，但其本身表达的，实际上也是新闻的一个基本功能——记录历史。随着传媒业的繁荣发展，新闻历史记录功能越来越明显。随着时间的流逝，社会上曾经发生的令人记忆深刻的事件，总会在我们的脑海中渐渐淡去。翻翻老报纸，看看老照片，都会勾起我们曾经的记忆。而网络无限的存储能力，更是可以将过往的时光碎片仔细收藏。对个人如此，对整个社会更是如此。新闻是历史的初稿。风云际会，诸强争霸，天高云淡，小民乐耕，所有的社会变迁，新闻是最好的"摄影集"。新闻从其本质要求来说，就是必须最大限度地还原曾经发生的历史并把它记录下来。我们知道我们所看到的历史永远不可能绝对准确，但新闻记者有义务尽最大努力去准确记录曾经发生的事件，尽最大努力还原历史的真实。

三、新闻的服务娱乐价值

服务功能是新闻一种理所当然的天然功能，因为信息传播的目的，就是为信息接收者提供一种服务。而娱乐功能，则可以视作服务功能的最终延伸。具体而言，新闻的功能主要有以下几种。（1）生活服务功能。生活服务功能是新闻最基本的服务功能。在现代社会，人们的生活已离不开新闻。"一天的生活从打开手机开始"，这几乎成了今天这样一个新媒体时代人们标准化甚至程式化的生活方式。天气预报、招聘信息、商业广告等，人们的生活已经很难和这些信息分离了。（2）娱乐服务功能。就新闻而言，"趣味性""娱乐性"是媒体对新闻写作的基本要求，没有娱乐性就很难得到受众更多的关注。而智能手机作为一种传播媒介给现代人提供的，更多的是娱乐性的功能。从分享信息、表达观点以加强人际沟通，到浏览视频、玩游戏以放松疲惫的身心，这种传播媒介借助其强大的功能，成了"种植"在每个人身上的一个"器官"。随着智能穿戴设备的完善，在不久的将来也许会有更加隐形便捷的信息传播方式和娱乐媒介出现。（3）益智功能。通过媒体，新闻向受众提供新闻背景和科学知识。重大的自然变故发生前或发生后，新闻媒体总会通过及时的采访报道，向受众介绍这种变故的来龙去脉，从而满足受众的知情需求。例如，为何某地连日酷热难挡，干旱少雨；为何某地突然小虫满城，驱之不去……凡此种种，现代的媒体总会及时关注。这些服务功能的强化，对于增强新闻媒体的社会影响力起到了十分积极的作用。随着类似"知乎"等知识传播平台的兴起和《百度百科》等知识传播栏目的设立，新闻媒体开始呈现出"百科全书"的特质，曾经以传播"新闻"为主要功能的新闻媒体，开始更多的以传播"知识"为主要功能，益智价值不断彰显。随着智媒传播技术的成熟，受众接收场景也变得更为有趣，甚至呈现出某种娱乐化的倾向。

当然，我们也必须看到，由于新闻机构竞争的激烈和新闻媒体对娱乐性、服务性的过多强调，新闻传播中的问题时有出现。有些媒体只注意新闻的"卖点"而不考虑新闻的社会影响，把经济效益放在社会效益之上，甚至为了经济效益而不惜损害社会效益，结果制作的新闻产生了十分不良的社会影响，也损害了新闻媒体的声誉。更有甚者，借助报道社会新闻、法治新闻对犯罪行为的细节作绘声绘色的细致描述，这不仅起不到警世的作用，客观上还会产生诲淫诲盗的作用。有的新闻媒体为追求"耸人听闻""轰动效应"，经常刊登未经核实的新闻，导致虚假新闻泛滥。个别新闻媒体甚至公然要求作者编写假新闻或者用大篇幅和重要版面刊登介绍公众人物绯闻的文章。有的新闻媒体在加强服务性、指导消费休闲时忽视了这类新闻也有政治倾向性，从而传播了腐朽奢靡的生活方式或享乐至上的思想等。所有这些，都是与我们所论及的新闻媒体的服务功能格格不入的。

在数字化社会中，无论是传统媒体还是新媒体，都需要通过对用户需求的满足，增加自身流量，发展用户数量，以提升自己在数字经济环境下的竞争力。新闻作为一种特殊的商品，需要通过由此及彼的传播交换实现其价值。不通过传播交换完成这种由此及彼的传播，新闻这种特殊商品的价值就无法实现。长此以往，新闻媒体在市场竞争中就不可能生存下去。因此，新闻媒体一定会通过各种途径，采取各种办法，来完成这种由此及彼的传播。既然是一种买卖关系，在法律上，用户和新闻媒体之间就存在着一种法律上的权利和义务关系：对用户而言，我的义务是向你提供一定的资金（付费订购），我的权利是获知真实有效的新闻信息（包括娱乐等其他信息）；对新闻媒体而言，我的义务是向你提供真实有效的新闻信息，而我的权利则是收取一定的费用。一方不能履行义务，就是对另一方权利的侵害。这是市场经济的基本要求，也是法治社会的基本要求。但是，新闻媒体无论是在享受权利时，还是在履行义务时，都不能忘记新闻商品的特殊属性，无论如何都必须考虑新闻的公共性特征。新闻媒体要考虑服务性，但又不能过度考虑基于经济利益的服务性。在权利和义务的权衡中，新闻媒体及其从业人员必须有一种理性的精神和全局的意识。

四、新闻的文化传承价值

新闻的文化传承价值可以从以下方面表现出来。第一，对文化全面真实的积淀。文化可以具体化为不同的历史，即通过历史的方式呈现文化的内容，而新闻，恰恰是历史忠诚的记录者。英国文化学者弗雷德·英格利斯认为文化有"变化多端，规模宏大，海纳百川，极富争议"的特点。[①] 基于这样的特点，对文化的不同符号作只鳞片爪式的知晓显然无法了解其全貌。新闻作为全景式记录社会风貌的信息储存工具，无疑具有独一无二的优势。马歇尔·麦克卢汉说："文明以文字为基础，因

---

① 英格利斯. 文化 [M]. 韩启群，张鲁宁，樊淑英，译. 南京：南京大学出版社，2008：28.

为文字写作是使文化一致的加工过程"①，如前所述，新闻对社会的记录是全方位的，并且这种记录以真实性为基本原则。新闻是"新近发生的事实的报道"，要求新闻记者以敏锐的眼光关注"新人、新事、新变化"，强调"新鲜"。但是，新闻对时效性的追求必须服从真实性原则，即在真实的基础上去追求新鲜。并且，新闻报道还必须注重平衡，遵循平衡报道的原则，不能为追热点而失去平衡性。因此，新闻对文化的积淀功能最为重要的体现方式是全面真实。

第二，文化传承中的扬弃功能。新闻不是用于自娱自乐的个人感悟，也不是限于人际交流的私密话题，而是大众传播中的最新信息。就具体内容而言，新闻报道包含了直接的文化信息传播，如对人们新的生活方式的介绍、对文化现象的剖析、对文化理念的倡导等，直接关注了文化内涵。而更多的内容虽然不涉及直接的文化内容，但所有的新闻信息实际上构成了社会宏大文化内涵的一部分。新闻报道对文化的传承，还经历一个十分重要的过程，即扬弃的过程。新闻报道需要传承的主要内容当然是主流文化。传统媒体时代，为确保主流文化得以有效传承需要选择：新闻记者选择主流文化进行报道，把关人则对新闻记者选择的内容进行把关和再次选择，这样的过程可以对相应的文化信息实现有效的扬弃。新媒体时代，把关人的后置导致选择过程不复存在，网络新闻中的文化呈现出多样性的特质。这一方面当然会导致某些低俗文化被传播，但另一方面，多样性也会导致文化生命力的勃发，更具生命力的主流文化会通过竞争，获得更好的发展前景。

第三，文化发展中的守望功能。"守望，是对优秀文化要素的褒扬坚持，也是对文化糟粕的批判剔除"②，与此同时，新闻报道还特别需要强调人文关怀。人文关怀是文化发展中的核心内容，这和新闻报道强调的人文精神、民生关怀一脉相承。一种文化要获得恒久的生命力，必须强调对人文关怀的守望。新闻报道中对文化核心内涵的守望，首先表现为对新闻原则的遵守。坚持以真实性为新闻的生命，强调人文关怀，追求公平正义的新闻理想。同时，新闻报道通过激浊扬清，努力清除文化中的消极因子，确保文化种子得以健康成长。

五、新闻的舆论监督价值

舆论在现代社会中的重要作用，是谁都无法回避的。舆论的力量，使其可以承担某种社会监督的特殊使命，通过这种强大的压力和社会道德力量，权力得以健康运用，资本得以规范运作，社会得以有序发展。任何一个国家要保证权力的正常行使，都会设置强有力的监督机制。而公共权力与监督权力的对应设置与协调统一，

---

① 麦克卢汉. 理解媒介——论人的延伸［M］. 何道宽，译. 北京：商务印书馆，2000：123.
② 顾理平. 网络时代新闻的文化功能［J］. 社会科学战线，2012（11）.

则是世界各国政治民主化与现代化的基本内容。监督机制的设置对于一个社会而言是一项十分复杂的系统工程，其内容包括立法监督、司法监督、政党监督、行政监督、群众监督、舆论监督等，这些不同主体的监督性质各异、作用有别，但彼此配合，相辅相成，共同组成有机的监督系统。任何一方面的缺失或弱化都可能影响监督机制的整体效应。舆论监督之所以能成为一个国家监督机制中极为重要的组成部分，是因为它根植于公众的权利和利益之中，通过媒体作用，反映公众的呼声，受到公众民主力量的支持。它以其特有的声势对公共权力形成一种巨大的舆论压力，这就有着比其他形式的监督更有力的一面。"让权力在阳光下运行"，这是对舆论监督作用的另一种表达。许多学者都已经认识到了这种监督机制对于现代社会的重大作用。这也从一个方面说明了新闻之于现代社会健康发展的意义。如果说传统媒体阶段舆论监督因为媒体的专业性而受到一定的限制的话，那么在今天这样一个自媒体相当发达的新媒体时代，舆论监督已经无处不在、无时不在。

值得注意的是，从理性上讲，谁都会为舆论监督叫好，但是现实生活中，舆论监督往往处在举步维艰的境地。产生这种困难的原因是多方面的，但客观而言，大体上可从被批评者和批评者两方面去找原因。就被批评者而言，自己受到批评，并且这种批评在广泛的范围内被传播，当然不是件乐意接受的事。因此，他们会出于种种原因对其加以干扰抵制，并且会组织一系列有力的反击。控告记者侵害其人格权（如名誉权、隐私权等），是最为常见的一种反击形式。就批评者而言，有些新闻记者往往自恃舆论监督为一种宪法权利，从而采取一些失当的方法滥用这种权利，导致侵权行为的发生，结果给正常的舆论监督带来了许多不必要的负面影响。许多新闻侵权行为，就是在这样一种前提下出现的。但是，这并不是我们否认舆论监督作用的理由。我们经常会看到这样的承诺：医生不收红包、法官拒受贿赂、售票员不骂乘客、警察要抓小偷等。其实，所有这些，哪一条不是当事者应履行的工作职责呢？然而，所有的这些常常需要监督，尤其需要舆论监督。

新闻对现代社会生活的介入是深入而广泛的，这一方面使新闻在现代社会生活中变得不可或缺，另一方面，由于这种深入而广泛的介入往往伴随着权利和义务的内容。因此，一方权利的滥用，就会导致新闻侵权行为的出现。如何既充分发挥新闻在现代社会中的监督作用，又减少滥用监督权行为的出现，这成了一个十分有价值的社会话题。但是，无论在何种语境下，对于致力于现代文明建设的国家而言，舆论监督总是不可或缺的。

第二节 新闻法治的现实困境

一、法治国家建设的持续推进和新闻法治的滞后

在相当长的时间里，中国社会把传统的道德伦理原则奉为圭臬，将之视为治国理政的主要依据。作为这些道德伦理原则的集大成者，博大精深的儒家思想，更多强调的是道德的教化作用，而不是法律的规范作用。在相当长的时间内，更多强调道德教化作用的儒家思想占据社会的主导地位。"儒家根本否认社会是整齐平一的。认为人有智愚贤不肖之分，社会应该有分工，应该有贵贱上下的分野。""一切享受（欲望的满足）与社会地位成正比例也是天经地义。有的人应该华衣美食，乘车居厦；有的人则应粗衣菜食，居则陋室，出则徒步。""贵贱上下的分野，是基于社会上每一个人的才能性情的，可以说是以社会优异或社会成功为条件的社会选择。此外，还有一种分异则存在于亲属关系之中，以辈分、年龄、亲等、性别等条件为基础所形成的亲疏、尊卑、长幼的分野。""两种差异同为维持社会秩序所不可缺。"[1] 儒家思想更多强调的是等级分明、尊卑有序的道德内化功能，而汗牛充栋的古籍典章中，有太多这样经典的成功例子。同时，在曾经战乱频仍、诸侯割据的中国社会，较短时间内也不太容易建立起比较统一的刚性规则。

这样的文化和社会环境使中国的法治建设曾经在相当长的时期内无法启动。中华人民共和国成立之后，中国的法治现代化国家建设逐渐有序推进，全民的法律意识持续提升，守住"法的底线"成为人们发乎内心的愿望，中国社会开始了真正意义上的法治时代。从价值层面看，"高度自主、制度完备、富有效率、充满活力"已成为我国民主政治的特征。公民的民主权利被广泛确认，法律面前人人平等的思想深入人心。一个最简单的事实：当人们遭遇是非争议时，"讨个说法""法院见"成了人们的共识。法律意识，正在以前所未有的速度在人们头脑中生成。

对传媒业而言，我国现行的宪法和其他法律、相关部门颁布的行业法规以及新闻业的内部规定都从法律规范的层面对新闻活动进行了规范。

二、新闻权利和新闻义务的失衡

信息时代，传媒业与其他行业相比，体现出其任何一个行业都不可取代的独特价值，而新闻记者也因为其工作的公共性而成为令人关注的社会职业。这个行业尚无法律加以专门保护，或者换句话说，新闻记者还没有一项专门权利得到法律专门

---

[1] 瞿同祖. 中国法律与中国社会 [M]. 北京：商务印书馆，2010：309-312.

保护。如前文所述，随着我国法治进程的加快，社会各个行业及从业人员的相关权利几乎都得到了专门保护，教育（教师）有《教育法》，体育有《体育法》，公务员有《公务员法》，唯独天天要行使新闻权利的新闻记者却没有受到专门法的保护。这样说，并不意味着新闻记者没有采访权，而是说新闻记者的采访权还不是一种法定权而只是一种习惯权。正因为采访权不是法定权，所以即使是重要新闻事件的当事人，在面对记者提问时，也可以回答"无可奉告"，记者对此毫无办法。

新闻采访是一项十分重要且又十分复杂的工作，说其重要，是因为在社会的文明进步中，需要新闻媒体传播社会美好，抨击社会丑恶，以更好地保障社会运行。说其复杂，是因为新闻媒体每天都需要面对不同以往的新人、新事和新现象、新问题，因此，法定权利的有效保障就显得非常重要。尤其是新闻记者在采访过程中遭遇不公甚至非法对待时，需要有专门的法律条文对他们的权利予以保障。即使是对非专业的普通公民而言，只要他们在新闻采访的过程中遵循了新闻的真实性原则，且传播的内容和程序合乎相应规定，也应得到专门法律的保护。

三、新闻传播活动中合法与非法界限的模糊

法律在是非方面有非常明确的界限，换言之，法律的主要价值就是对是非进行理性判定。就新闻活动而言，理论上当然有非常明确的是非界限，但是基于前述新闻活动的复杂性，加之各种复杂的原因，新闻活动常出现是非界限模糊的情况。当然，这种是非界限的模糊不意味着法律在面对复杂的新闻活动时，无法判定对错而产生法律意义上的是非界限模糊，而是指新闻活动中不同主体认知的模糊。这种是非界限的模糊包含三种情况。

第一，新闻从业者在法律是非界限上的模糊。近年来，几乎所有的新闻媒体都发生了或多或少的新闻纠纷和新闻诉讼案件，除了恶意纠缠和无理缠讼案件外，新闻媒体和新闻记者败诉的案件中，都隐含着新闻从业者法律是非界限模糊不清这个问题。自1985年中华人民共和国发生第一起新闻诉讼案件以来，以新闻侵犯名誉权和隐私权为主要侵权形式的案件层出不穷，除了其中少量的故意侵权外，绝大多数侵权案源于新闻从业者对我国法律关于名誉权、隐私权等保护规定的不了解或不理解。于是，在新闻报道中往往因为无中生有、偏听偏信、情绪化等而导致对他人的人格权构成侵害。随着数字化社会的到来，更有一些人利用网络这样一个大众传播平台，在网络上用暴力语言侮辱谩骂他人，或有意无意间肆意散布他人隐私，导致大量侵权案件发生。例如，有的新闻记者并不清楚自己在采访时，采访对象谈及自己的隐私并不意味着对方同意这样的隐私可以被报道（对方可能只是为了说明某个结论），只有获得同意的隐私内容，报道才不违法。再如，如果某种隐私涉及两人及以上（如夫妻双方的隐私），只有所有的隐私主体同意才可以报道，一个人同意

即进行报道，其他未同意者的隐私同样是被侵犯的。专业的新闻记者以新闻传播为专门职业，理应在法律知识的了解和适用上比其他社会成员有更高要求，这是由传媒业这个行业的公共性特征决定的。从总体上看，绝大多数新闻记者做得是比较好的，但由于新闻侵权社会影响大，一旦在新闻传播过程中有违法行为产生，往往会产生较大的负面影响。

第二，非新闻从业者在进行涉及新闻传播的活动时法律是非界限模糊。从传播者的角度看，随着公共传播时代的到来，所有的社会成员几乎都可以无门槛地参与到传播活动之中。这种人人都是传播者的传播生态导致传播过程中失范行为层出不穷。与此相对应的，随着智能手机的普及，传播终端实现了真正的"大众化"，相对于以前收听收看广播电视受限较多、阅读报刊需要付费，数字化社会的信息接收近乎免费，这就导致新闻传播中的失范行为传播范围更广，影响更大。如果某种失范行为上了"热搜"，还容易产生某种社会舆情。从采访对象的角度看，新闻采访对象对正面报道一般都会积极加以配合，而对舆论监督则习惯采取拒绝甚至对抗的方式，有时不惜采取暴力或限制采访者人身自由的极端手段。《中华人民共和国宪法》第四十一条规定："中华人民共和国公民对于任何国家机关和国家工作人员，有提出批评和建议的权利；对于任何国家机关和国家工作人员的违法失职行为，有向有关国家机关提出申诉、控告或者检举的权利，但是不得捏造或者歪曲事实进行诬告陷害。"这可以视作新闻媒体开展舆论监督时最好的法律保护。另外，《中国共产党党内监督条例》等党的文件也多次明确对正当的舆论监督的保护。但现实新闻活动中，保护舆论监督的法规经常成为一纸空文。合法的舆论监督，经常会遭遇非法的干预。除此之外，新闻媒体在开展正常的新闻传播活动时，也会时常受到非法律授权的外在因素的干扰。层出不穷的非新闻从业者非法干预正常的新闻传播活动的行为，从短期看会严重伤害正常的新闻传播生态，导致传播生态面临具体困境，从长期看会助长社会的各种乱象，不利于社会的文明和进步。

第三，个别新闻从业者在新闻传播活动中涉嫌操作违法。这种情况主要表现为欺骗新闻当事人、新闻类节目虚构新闻事实、随意曝光公民隐私，等等。在传统媒体时代，曾多次发生打着纪实旗号的电视栏目邀请相关当事人走进演播室录制节目，但过程涉嫌违法。例如，夫妻矛盾发生后，电视台的编导会在未征得夫妻双方任何一方同意的情况下，先告知丈夫（或妻子）你妻子（丈夫）要上电视台的节目了："你去不去？不去，你妻子（丈夫）讲对你不公平的话，对你不利我们可没办法，不能怪我们没有事先告知。"通过类似的欺骗手段，让夫妻双方在演播室"自曝隐私"，然后以隐私为卖点博取收视率。遗憾的是，由于在相当长的时期内中国公民的隐私权未受重视，因此，许多隐私权主体在自己的权益受损后，不仅不会去寻求法律的帮助，甚至对权益受损并不知晓。在新媒体时代，随着各类自媒体的"野蛮生长",策划新闻,制造轰动效应,强行拍摄他人影像、无事实依据贬损他人名誉的情况更是时有发生,其背后则有着商业利益的目的或对成名的极端渴望。这种失范行为必定会导致严重的社会后果。

第三节　新闻法治困境的成因

新闻法治之难,有着众多复杂的原因,但其中的一个原因值得关注,即对人性的一种预判。关于人性的判断通常有性善、性恶和无善恶之分三种,而中国人通常是接受"人之初,性本善"的理念的,由此也对我国的法治进程产生影响。由于古人确信人之从善和富有廉耻是与生俱来的,而失范只是因为某些偶发因素使然,因此,道德教化才能真正使其"良心发现,弃恶从善",因此规范人们的行为应该注重道德教化的作用。这种思想和理念深刻影响了我国社会对法治的态度。当然,分析新闻法治困境的成因,我们认为主要有这样一些。

一、对精神产品特殊性认知的失当

与一般产品生产不同,新闻生产特别需要关注产品消费效果,也就是说,新闻这样一种精神产品的质量要求要远高于其他物质产品。这并不是说其他物质产品并不需要有质量要求,而是说其他物质产品一旦产生质量问题,一般而言造成伤害的范围较小,持续的时间也较短。一旦发现,可以及时有效地进行"纠错"。新闻产品却与此颇为不同。精神产品在消费过程中产生效果的时间较长,不会立竿见影,但一旦发生作用,影响的时间就比较持久,影响的效果也会叠加。例如,单篇新闻很难会对人的价值观和道德理想产生作用,但持久的、大量的隐含了价值取向的新闻作品一定会对人产生潜移默化的、难以改变的影响。也就是说,精神产品的影响不是疾风骤雨式的,而是和风细雨式的,但作用一旦产生,则难以在短期内改变。正因为如此,各国政府都会关注新闻产品所传播的价值观,希冀通过各种手段,使新闻产品所传播的价值观与政府主张的社会价值观相一致。

具有特殊性的新闻精神产品与社会稳定到底是一种什么关系?换句话说,通过新闻法治,政府对新闻的行政监督通过法律调控,是否必然会导致不稳定局面的出现?回答这个问题,我们需要确认一个基本的前提:新闻媒体肯定不是不稳定的因素。当一个社会有序、健康地在法定框架内运行时,任何一家有责任担当的媒体都不会试图给这个社会"添乱";当一个社会在运行过程中出现偏差时,新闻媒体的"瞭望塔"作用会产生纠偏效应。因此,从宏观的层面看,新闻媒体有效发挥作用只会令社会更稳定。2007年,我国颁布了《中华人民共和国政府信息公开条例》(2019年修订),力求用信息公开来规范政府的运行。如果把类似的举措扩大到全社会，那么，新闻媒体正是发挥着规范社会运行的"信息公开"作用。试想，如果没有新闻媒体在新闻报道中的导向作用，如果没有新闻媒体在舆论监督中对社会丑恶的抨击作用，如果没有新闻媒体在社会新闻报道中的温情抚慰作用，如果没有新闻批评过程中对社会压力的宣泄作用，社会将会是一种什么状态？因此，消除人们对新闻产品作用的误解在现阶段显得十分重要。但客观现实是，一些人对新闻传播活动似乎存在着天然的恐惧乃至排斥情绪，他们关注的目光似乎只有媒体的"抹黑"和"惹事"。

新闻作为一种特殊的精神产品，除了可以通过社会美好的传播，激发人们内心的向善心和幸福感外，还可以通过对社会丑恶的抨击，激发社会良知和正义，在社会健康发展过程中发挥重要的保障作用。当然，我们也必须承认，在过去的新闻传播活动中，一些不当的传播行为确实也给社会带来了一些负面的影响，但这些个案与新闻媒体在推动社会进步过程中产生的积极作用相比，其负面作用是相对有限的。因此，我们不能因噎废食，从而导致因小失大局面的产生。

二、既得利益者的非正常干预

我们讨论的既得利益者包括财富阶层和权力阶层。今天，中国已成为世界第二大经济体。经济发展和社会财富的快速积累，使一部分人成了财富阶层。财富阶层的形成有着合理的因果逻辑：社会财富的增加必然使一部分（甚至大部分）财富向少数人集中。我们姑且不去讨论这个财富集中的正当性问题，起码这个财富阶层形成后，他们可以自由地支配财富、支配资源，从而享受自己理想中的生活，形成特权生存状态，因而，通过财富影响权利资源的分配是自然而然的。权力阶层的形成与财富阶层的形成稍有不同，不论贫富，任何一个社会都会形成权力阶层。权力阶层形成的因果逻辑是社会治理需要的客观存在，也就是说，每个社会都需要有金字塔式的治理结构。由此，必然会形成权力阶层。不论这种权力阶层的形成是基于某种世袭影响，还是基于公平社会对才能展示的认同，一旦身处权力顶层，天然的与权力相对应的尊享需求和主观上的话语强势，自然会寻求长久拥有这种权力的合法性的外衣。不可否认，法治的终极目标是人人平等，但在更多的时候是一种博弈，而这个过程，发生在拥有话语强势的财富阶层、权力阶层彼此之间及内部。这些阶层通过攻击与妥协的反复博弈，形成相对意义上的权利和义务的平衡。而弱势群体很难有更大的权利表达的机会，他们更多的时候只能"被关照"。而既得利益者的权益扩张，却往往会呈现出持续性。

我们当然不能虚设前提：既得利益者的权力效用一定是有违社会公平正义的。事实上，合法的财富拥有，在现代社会是值得赞赏的事，因为这是一个人（群）才能展示后的应有结果，也是对社会有较大贡献的一个具体体现。"在不影响社会安定的条件下，社会财富向少数人集中，有利于投资，生产力发展的速度越快，社会财富的总量增加也就越快。"① 与社会治理需要相对应的行政权力的拥有也不例外。社会治理是一项十分复杂的系统工程，良好的治理能力与相应权力的合理配置是确保社会有序运行和快速发展的基础。现代社会治理中，需要一批具有良好素质和能力的人通过相应权力的拥有，组织调动社会资源，实现社会"良治"。当然，一个人们耳熟能详的规律告诉我们，缺少监督的权力会导致腐败。现实中大量的个案也在告诉我们，任何一种权力确实都需要监督和制衡，否则社会的不公会大量出现。新闻媒体的舆论监督似乎天然就与上述两种既得利益者存在冲突。新闻本质要求的对社会公平正义的追求，与某些既得利益者对既得利益尤其是特权的竭力维护，必然会在既得利益者最看重的权益层面产生冲突。在具体表现方式上，舆论监督最有可能会招致这样的不公：财富阶层会通过财富的力量影响舆论监督的正常开展。尤其在今天这样一个市场经济社会，我们经常会听说新闻记者采写的新闻在临刊播时因监督对象是"广告（大）客户"而中途夭折。这种情况其实在西方国家也普遍存在，即在强调对新闻权利保护的理由下，"为商业利益驱动下的堕落开了一个口子"②。

三、若干具体影响因素

早在党的十一届三中全会上，我们国家就提出社会主义法治建设的基本目标是"有法可依、有法必依、执法必严、违法必究"。这从宏观上明确了我国法治建设的基本前提是"有法可依"，新闻法治当然也不例外。但是，由于诸多因素的影响，我们的新闻传播立法一直没有取得标志性的进展。具体表现为以下几个方面。第一，理论准备的不足。新闻立法需要有新闻学专家和法学专家共同努力在法理上探寻规律，解决困惑，寻找理想的权利义务平衡的路径。但事实上，新闻传播法律关系中需要平衡的权利义务十分繁杂，短期内确实难以从法理层面厘清这些关系。新闻传播法律关系问题的理论研究历史并不长，研究者的人数匮缺、学术储备不足自然可想而知。第二，政策储备的不足。在中国社会，立法的推动力量往往需要自上而下发力，来自上层的推动力主要表现为立法措施的制定（组织人员、提供条件、进入程序）。但是，迄今为止，我们未曾看到相关职能部门或政策在这个方面做出具体的努力。新闻传播法作为涉及社会几乎所有行业领域且对全体公民影响深远的法律，其制定过程一定是周密复杂的，如果不早做筹划，难以取得预期效果。当然，我们可以从另一个层面看到政府的努力：全社会规则意识的培育及规范行为的强化。一方面是

---

① 朱兴文. 权利冲突论 [M]. 北京：中国法制出版社，2004：103.
② 班尼特. 新闻：政治的幻象 [M]. 杨晓红，王家全，译. 北京：当代中国出版社，2005：14-15.

在诚信社会建设方面锲而不舍的持续努力,另一方面则是程序规范的持续完善及反腐的持续推进。这些努力相信会对新闻传播法的有效推进营造良好的宏观社会环境。

新闻法治的前提,无疑应该是确立平等原则,即新闻传播法律关系的各个主体在履行大量法定义务的同时,必须赋予其相对应的法定权利。具体来说,在未来制定新闻传播法时,必须认真考虑权利和义务的对等设置。一部科学的法律,必须是权利和义务相平衡,否则,新闻传播法就会变成新闻管理法,"制度安排的全部合理性在于最大限度地调动每个社会成员创造财富的积极性和潜在能力,否则就是不合理,就应该在革除之列"①。而事实上,在我国的新闻传播活动中,作为传播者的新闻媒体和新闻记者的法定权利长期处于被轻视的状态。

若干具体问题尚待解决。新闻传播法在具体制定过程中,必须解决好若干具体的问题,这些问题有的可能相对宏观,有的则非常具体。例如,《中华人民共和国宪法》第三十五条明确规定了中华人民共和国公民有言论自由,那么,这条原则在新闻传播法中该如何具体规定?需要全面考量。有些问题则相对微观,例如,面对如雨后春笋般快速出现的各种类型的新媒体,应该如何有效地规范其发展?凡此种种,都尚待进行深入的学术探讨后,获得相对清晰的理性方案。

第四节 新闻法治的必要性

关于法治的价值,古人有过一段有趣的记载:春秋时期,子产病危之时曾对子大叔讲过一段话,大意是"人怕火不怕水"。火烧得猛烈,人们会避而远之,因而很少有人跳进火中被烧死。水则平静温柔,扎入其中淹死的不乏其人。因此,广施仁政固然重要,但严刑峻法必不可少。但子大叔生性仁厚,继位后广施仁政,结果国无宁日。无奈之下"烧起大火"才使国家安定了下来。据说后来孔子知道此事后也深表赞许。② 这则典故从一个侧面说明了法治之于一个国家的意义,而传媒业要得到可持续发展,法治显然同样不可或缺。

一、依法治国的治国方略要求新闻法治

依法治国是中国从历史的经验教训中寻找到的正确有效的治国方略。中国社会是一个受儒家思想深刻影响的社会。儒家思想对道德教化作用的高度强调和对等级礼节的普遍注重不断强化着人的主观意志,忽视这种主观意志可能出现的随意性,会消解对刚性规则作用的认知。事实上,中华人民共和国成立之后,中国社会虽然

---

① 李留澜. 契约时代——中国社会关系现代化研究 [M]. 北京:社会科学文献出版社,2006:94.
② 刘星. 古律寻义 [M]. 北京:中国法制出版社,2000:28-29.

也经历了诸多波折与考验，但就整体而言，社会呈现令人振奋的发展态势。改革开放数十年的经历持续佐证依法治国对于中国社会的重大意义。

新闻作为社会进步中的一个重要因素，要发挥好积极推动进步的作用，必须契合依法治国这样的宏观社会背景。中国的传媒业曾经经历过一段缺少法律法规规制的时光。在相当长的时间里，头顶"无冕之王"光环的新闻记者们屡有诸如随意贬损他人名誉、虚构夸大社会事件等失范行为存在，却很难会受到应有的法律惩处，以至于直到 1985 年，我国才发生中华人民共和国历史上的第一起新闻诉讼案件。在此之前，新闻记者（包括新闻媒体）因失范传播行为导致的新闻侵权事件，都未能通过法律手段得以解决，这样的经历也从一个侧面反证了新闻法治的必要性。传媒业要通过自身的新闻传播活动发挥好推动社会进步的作用，必须适应依法治国这个总体的社会要求。唯其如此，传媒业才有可能获得可持续发展的机会。

二、新闻法治是治理新闻失范的需要

传媒业的运行和发展需要有众多专业和非专业的新闻从业者共同参与。这些新闻从业者往往充满热血与激情，投身于气象万千的新闻传播活动之中，用自己的希冀、期盼、热情与想象开展工作。在这种情况下，如果对这种感性意志不作边界限制，往往会产生有违法律规范的"越界"行为。近年来，随着新闻媒体对社会生活的不断介入和报道领域的不断拓展，新闻报道中的违法现象屡见不鲜，令人忧心。

新闻报道中的失范随意行为影响着传媒业的美誉度和可靠性。新闻媒体是社会进步过程中的监督者，社会的健康发展需要有新闻媒体这样的监督者。无数事实证明这个监督者为这个社会的健康文明发展做出了积极贡献，但是，这个监督者首先应该守法。一个大多数人都对庸俗浅薄的事情不表示反感的社会是不健康的，我们不希望生活在一个不健康的社会中，因而要努力清除这些庸俗浅薄。而且，一个随时准备以舆论工具去满足个人好恶的社会更是令人担忧的。因为人们将不知道这种工具运用的标准是什么，也不知道这种工具什么时候会被运用在自己身上。我们的国家在这方面的经验教训很多。挟舆论监督之名实施新闻敲诈、谋取私利的行为屡有所见，这不仅伤害了传媒业的声誉，也对社会环境构成伤害。

多年来，我国立法非常注意对公民人身自由权利的保护，《中华人民共和国宪法》《中华人民共和国民法典》《中华人民共和国网络安全法》《中华人民共和国个人信息保护法》等法律条文中，对公民人身权的保护都有明文规定。因此，一旦新闻报道中存在侵权行为，公民可以根据具体的法律条文状告记者侵权，在法治社会，这是十分正常的一种现象。与此同时，由于我国新闻传播立法的滞后，新闻记者的许多权利难以在法律上得到明确，记者们经常陷于没有专门法可依的不幸之中。

近年来，新闻纠纷和新闻诉讼正在呈多发趋势，这种纠纷和诉讼的增加不仅牵扯了新闻单位的大量时间、精力甚至财力，还在很大程度上伤害了广大新闻记者的敬业进取和开拓精神，给我国的传媒业带来了不小的伤害。在司法实践中，由于诸多原因，新闻记者往往处在被告的位置，即使最终证明记者是无辜的，但一场诉讼下来，他们也总是心力交瘁。同时，我们也发现，在不少新闻侵权案件中，侵权发生的原因仅仅是因为某些新闻记者法治观念淡薄或者是法律知识缺乏。如果记者们在此之前能得到专门的法律知识教育，有些侵权案件是完全可以避免的。近年来，新闻诉讼案件数量居高不下，没有经历新闻诉讼的新闻媒体可谓凤毛麟角。这种情况的出现，一方面固然与现代公民不断增强的维权意识有关，另一方面，也与新闻从业者跟不上社会法治的进程、不能确立较强的法治意识有关。

为了将新闻报道对社会的负面影响降到最低，最好的方法是预防。一方面，国家通过相应法律法规的完善，告知新闻记者可以做什么（授权性规范）和不能做什么（义务性规范）。另一方面，媒体管理者要通过媒体内部制度的制定和落实，防止失范行为发生。传媒业以社会监督者的身份出现，以社会公平正义为目标，这样的身份与目标要以自身良好的品行为基础，而守法，无疑是最底线的要求。换句话说，面对不时发生的"越界"行为，法治作为一种制度文明限定的"边界"，对于传媒业的持续发展意义重大。

三、新闻法治是传媒业有序发展的自身要求

新闻需要法治，新闻必须法治。新闻法治的一个重要条件，是新闻传播法规的完善，尤其是新闻传播法的早日出台。我国已经制定、颁布了许多与新闻传播活动有关的法律法规，这些法律法规对规范新闻传播活动产生了十分积极的影响，但是，缺少新闻传播法，毕竟离真正的新闻法治还有一段距离。新闻传播法迟迟无法出台有诸多原因，而其中的重要原因之一，是新闻传播法学理论研究的欠缺。

从现实情况看，我们的不少理论研究和学术探讨往往是为论证某项政策或法规服务的。例如2020年《中华人民共和国民法典》颁布后，不同学科的专家发表了一大批研究、解读其宏观内容和具体条文的学术文章，形成《中华人民共和国民法典》研究的一个小热潮。当然，我们认为理论研究为论证政策法规服务也是必不可少的，这可以帮助人们从更深的层面上来理解这些政策和法规的正确性。但是，理论研究不仅仅是某些具体的法律条文的图解或论证，而应该成为政策法规制定的先导，要为政策法规的完善开辟道路。就新闻传播立法而言也是如此。我们希望新闻传播法出台后，有大量的学术研究文章出现（事实上这种情况不可避免），更希望在这部法律颁布之前，有更多的研究文章讨论相关问题，从而为其顺利制定提供扎实的理论支撑。

新闻传播立法的一个重要前提条件是新闻传播法学这门学科的成熟。在现代社

会中，传媒业要健康发展就必须借助法律的力量来保障，而新闻传播法的出台也就必须依赖新闻传播法学研究的成熟。新闻传播法学研究应该为新闻立法提供理论依据。有人认为新闻传播法没有出台就谈不上新闻传播法学的建立，因为缺少前提和基础。我们认为，在目前新闻传播立法遇到较多实际困难的情况下，进行新闻传播法学研究更是十分必要和有益的。新闻传播法学的理论研究和探讨因为较少禁锢和束缚，必将为新闻传播立法提供全新的思路，其研究成果也将大大推进新闻传播立法的过程。应该说，某一项具体法律的制定，必将会以较长期的理论积淀为基础。新闻传播立法的呼声已有些年头了，为什么迄今没有制定出来，这一方面固然与新闻传播立法涉及国家的方针大计等而难以出台有关，但另一方面，一个比较重要的原因就是在1949年以后相当长的时间里，我们忽视了新闻传播立法的理论研究，缺少理论的积淀和积累，因此也难以为新闻传播立法提供更多的理论依据。传媒事业的发展要求新闻传播立法，那么，从事新闻理论研究的工作者就义不容辞地要为其进行深入系统的研究，从而为新闻传播法的出台提供有力的理论支撑。当然，我们必须清楚一个前提：新闻传播学的主要研究对象是新闻传播活动。因此，新闻传播法学理论研究的成熟，其前提条件是研究者必须对新闻传播活动过程中出现的权利和义务问题有全面、深刻的洞察，唯其如此，理论研究才不会成为无源之水、无本之木。"法眼看新闻"应该成为我们研究过程中理论和实践连接的一个纽带。

第五节　新闻法治的可能性

一、数十年法治建设营造的良好社会环境

良好的社会环境，是推进法治建设不可或缺的外部条件。我们无法想象在战乱频发的动荡社会里，能奢谈法治建设问题；我们同样也无法想象，在封建社会里，会有现代意义上的法治体系。因此，要真正推进法治现代化建设，良好的社会环境是非常重要的。令人欣喜的是，这种良好的、宽松的社会环境正在不断得以形成。第一，从形式意义上看，法律化运动波澜壮阔，飞速发展。具体表现为具有时代特色的法律法规不断制定颁布，中国特色社会主义法律体系正在形成。司法程序化不断趋向合理，司法诉讼在解决纠纷中的作用在加大。第二，从价值意识上看，法治发展比以往任何时代都注重对法律内在价值精神的弘扬，广泛确认了公民的民主权利和法律面前人人平等等现代法律精神，将"高度自主、法制完备、富有效率、充满活力"作为社会主义民主政治的特征。① 如果说这样的变化还显得抽象的话，那

---

① 夏锦文. 社会变迁与法律发展 [M]. 南京：南京师范大学出版社，1997：190-191.

么，根据小说《秋菊传奇》改编，于1992年上映的电影《秋菊打官司》则从一个艺术化的典型例子中，表达了我国公民对法律和法治的渴望。电影讲述西北农村一位村民因小事同村主任吵了起来，骂村主任"断子绝孙"（村主任确实只有4个女儿）。愤怒的村主任因此和村民打了起来，村民受了伤。村民的妻子秋菊认为村主任的行为不当，因此讨要"说法"，最终村主任受到了法律的处罚。连偏僻农村的一位妇女，都知道自己的权益受到伤害后，可以"讨个说法"，这说明了法律精神在我国的普及，也从一个侧面说明了我国法治条件的不断成熟。此后的2022年，又有一部根据《秋菊传奇》改编的40集电视剧开播，剧集同样聚焦法治主题，只是添加了更多的时代元素。这个现象从一个微观的层面说明法治之于社会发展的意义。

面对这样一种比较良好的社会法治环境和具有了良好法律意识的公民，新闻媒体和新闻记者必须及时融入这个环境。令人感到欣喜的是，随着我国法治进程的不断加快和人们法律意识的增强，新闻从业者已经逐渐习惯于人们用法律的视角来评判新闻传播活动中的是非得失了。也就是说，新闻媒体已经逐渐融入了法治的大环境，成为其中的一分子。新闻媒体的这种自觉变化，使我国推进新闻法治有了一个比较好的现实基础。

二、新闻法治的法学和新闻传播学基础

党的十一届三中全会的召开，标志着一个新时代的开始，这种标志是党和国家将经济建设作为中心和起点。随着改革开放的深入进行和经济建设的不断推进，人们的思想观念得到了极大的进步，现代文明意识不断融入现代人的头脑，法律意识作为现代文明意识的重要组成部分，不断受到重视。人们这种法律意识的强化同党和国家不断推进我国社会主义民主和法治建设的决策是相契合的。从影响中国经济发展几十年的计划经济体制，到作为过渡形式的商品经济，再到社会主义市场经济新体制，党和国家领导人以及每一位公民越来越意识到现代法律制度对于一个国家的意义。伴随这个过程，一大批有识之士致力于法学理论研究，为我国新闻传播立法提供理论依据。同时，党和国家也在这段时间制定和颁布了一系列对我国国计民生有重大意义的法律，这些法律有效地保证了我国社会健康有序地发展。总而言之，一大批法学家的理论研究成果和我国一大批比较成熟的法律的颁布，为我国新闻法治提供了比较扎实的法理学基础。

党的十一届三中全会的召开也推动了中国传媒业进入飞速发展的新时期。这种飞速发展首先表现在传媒业的规模上。随着我国社会经济、政治生活的快速发展，我国传媒业得到了长足的发展，报纸、期刊、广播、电视等传统媒体除了数量的增加和布局不断完善外，以报业集团、广电集团为代表的新闻媒体集团规模不断扩大，新闻生产能力大幅度提升。随着数字化社会的到来，我国的新媒体也得到了快速发

展，出现了一大批体量庞大、创新能力强、在世界范围内产生广泛影响力的网络巨头。以字节跳动为代表的新媒体集团已经开始在世界舆论场拥有了较多的话语权，有利于中国形象的对外传播，也彰显了中国传媒业的强大创新能力。在这个过程中，传媒业的发展要面对和解决诸多重大问题。在早期的新闻商品属性之争、传媒业是否适用市场法则之争乃至传媒业要如何多元之争等重大问题解决之后，关于媒体融合后的渠道与内容之争、网状传播后的效果之争乃至公共传播时代的内容规制之争等，也有了更多的新闻实践与理论总结。

客观地说，我国的新闻传播学理论研究并没有很好的基础，直到党的十一届三中全会以后，才开始受到重视。但是，随着新闻实践的快速发展，这块"短板"很快被"补齐"。主要标志如下：中国社会科学院新闻研究所成立，并在研究生院设立新闻系，招收、培养研究生；各大新闻机构和许多省市陆续成立了新闻研究机构；各高等院校招收新闻系学生，并积极从事新闻学的理论研究和教学实践工作。所有这些，都为新闻传播学的理论研究打下了坚定的基础。在对新闻传播学理论的深入探讨中，理论工作者和新闻从业人员依据自身特点和优势，从不同角度自由地探讨各种理论问题。所有这些，都为新闻法治提供了较好的基础。

我国法学和新闻传播学的发展，为我国新闻传播法学的建立提供了比较好的条件，但是，新闻传播法学绝不是新闻学和法理学的简单相加，它是有自身的规律性和学科体系的，两者的成就只能说是为新闻法治提供了必不可少的条件。要建立科学的新闻传播法学，从而为新闻传播立法、新闻法治提供扎实的法理基础，还必须经过熟悉新闻传播学和法学的有识之士持之以恒的艰苦开拓。

三、新闻侵权诉讼客观经验的积累

新闻法治涉及的内容比较广泛，而新闻侵权案件经验的积累，可以反向为新闻法治提供有意义的借鉴。新闻侵权诉讼案件一旦发生，法院在审理案件的过程中，需要对不同法律主体之间的权利和义务进行分析判断，从而确认侵权与否及责任分担。从大量新闻诉讼案件的审理中，我们可以寻找到有规律性的内容，从而为新闻法治和新闻传播立法提供借鉴。我国新闻侵权诉讼客观经验的积累似乎基于偶然的因素，开始主要限于法院的层面。但这种看似偶然的因素，实际上是我国法治进程中的一种必然现象。自1987年《中华人民共和国民法通则》正式颁布实施以来，我国的新闻侵权和新闻诉讼案件急剧上升。新闻侵权诉讼案件的大量出现，一方面说明了我国公民法律意识的加强和我国法治现代化建设不断取得新成果。只有在我国法治建设不断取得新成果，整个国家出现了有法可依的局面后，公民的法律意识才能得到强化，发生新闻侵权诉讼才有可能。应该说，这是一件好事。另一方面，随着我国经济转型，新闻从业者也有对这种转型的适应过程，在这个过程中出现一些不适应甚至因此出现一些侵权事例也是在所难免的。这里的转型指从计划经济到商品经济的转型，更指从商品经济到市场经济的转型。与经济的转型相伴随的必然是观念的转变。如果新闻从业者不能伴随经济的转型而放下高高在上的"无冕之王"的架子，不能做到从不太懂法到懂法用法的观念转变，以自我为中心，特权意识膨胀，就必然导致新闻侵权行为的发生。在社会转型期间，人的观念的转变和知识的更新毕竟有一个比较长期、复杂的过程，因此，出现新闻纠纷诉讼确实在所难免。我们这样说，并不是为新闻媒体和记者开脱，更不是说要容忍这种行为存在，而正是要说明新闻法治的重要性和迫切性。

随着新闻侵权纠纷诉讼案件的增多，许多法律和新闻工作者为进行诉讼，或主动或无奈地做了大量的新闻司法实践和研究工作，正是他们的努力，使得许多在全国范围内有广泛影响的新闻诉讼案件有了比较圆满的结局。例如演员刘某庆诉新华社某军区记者羊某明案，历经10个月，当事双方为在诉讼中处于有利地位均进行了充足准备。成都市中级人民法院在受理此案后，就"坚持什么样的办案指导思想""如何看待未指名道姓的公开批评""羊某明文章中披露的'百万元'是否属实""被告的行为对原告的名誉权是否构成了侵害"等问题进行了认真的调查研究。最终在法院主持下，法庭调解达成如下协议：（1）羊某明承认自己文章的失实之处，某些提法不妥，对刘某庆的名誉造成了不良影响。（2）羊某明表示愿意用公开的形式对刘某庆表示歉意，即在发表自己文章的《家庭与生活报》上撰文澄清事实，待《家庭与生活报》刊登后再由转摘其文章的《每周文摘》摘登主要内容。（3）刘某庆考虑到羊某明的原文写作有善意和积极的一面，因此愿意放弃对被告提出的经济赔偿请求。诸如此类的案件的发生不仅使法院和双方当事人开始关注新闻和法律问题，对许多新闻记者和公众也是一次法律知识教育。

如果我们对这些年发生的新闻侵权诉讼案件加以认真而又系统的研究，一定可以从中寻找到带有规律性的内容，将它上升到理论高度，必然会给新闻法治提供有益的借鉴。事实也证明，我国法官在审理新闻侵权案件时，也是比较好地把握住了法律的精神，既考虑侵权者的权利，又考虑受害者的权利，从而获得一个科学的平衡点。新闻法治的推进是离不开这样鲜活的案例素材的。

四、新闻传播法学的学术拓荒及其理论支撑

早在20世纪80年代初，随着我国传媒业面临的大发展和新挑战，就有许多有识之士呼吁进行新闻传播立法，要求新闻法治。1984年，中国社会科学院新闻研究所开始组建新闻法研究室，我国新闻法治的研究开始走上比较系统的研究道路。自此以后的10余年间，一大批专家学者从不同的切入点出发，运用多种方法，对新闻法治和新闻传播立法进行了比较深入系统的研究，取得了一些阶段性成果，为新闻

传播法学的建立创造了一定的条件。与此同时，一些法律工作者和新闻工作者也进行了初步的探索，取得了一批研究成果。复旦大学、中国传媒大学、武汉大学、华中科技大学等高校的新闻学院已经开始尝试开设新闻法规方面的专业课程。南京师范大学新闻与传播学院早在1995年开设新闻事业管理专业之后，就把新闻传播法学作为专业课程的一个重要组成部分，并在新闻系、广播电视新闻系和新闻摄影系学生中开设了新闻传播法学课程，向学生讲授新闻传播法学的初步发展、主要关注的问题、新闻侵权和新闻诉讼以及预防新闻侵权的措施等，受到了学生的普遍欢迎和好评。这些工作的开展为随后新闻传播法学的研究打下了良好的基础。中国社会科学院大学新闻学院罗斌教授在论及本书的第一版《新闻法学》（1999年由中国广播电视出版社出版）时这样说："到20世纪末，新闻传播法学的研究出现了比较系统性的成果，主要有《中国新闻传播法纲要》（魏永征）和《新闻法学》（顾理平），后者充分体现了构建新闻传播法体系的努力。"[①] 这样的评价和判断是符合笔者写作《新闻法学》一书的初衷的。作为高校的一名教师，本人在规划写作框架时，就希望将新闻法学（后改为新闻传播法学）作为一门学科来建设，并因此确定了相应的学科框架、逻辑关系和核心概念等，后得到其他学者的广泛认同和借用。

新闻传播法学理论研究的逐步成熟，为新闻法治提供了良好的理论基础。但是，我们也应该承认，一方面，新闻法治涉及许多丰富复杂的内容，推进过程必须做好周详考虑，另一方面，我国的新闻传播法学研究和教学毕竟还没有完全成熟，因此，有志于新闻传播法学研究工作的有识之士必须花费更大的力气，进行深入艰苦的理论研究，才能为新闻法治提供更好的支持。

我国和西方国家历史上的有关新闻法规和条例资料为我国新闻传播法学的研究提供了有益参考。要从事新闻传播法学研究从而为新闻法治提供理论依据，十分重要的一条就是要研究各国现有的新闻法规，研究相关的历史，并进行扬弃，吸收其有益的成分。我国历史上存在的有关新闻出版的法规，也可以为我们的研究提供有益的参考。我国历史上曾出现过诸如《大清印刷物专律》之类的规定，对新闻出版问题作出专门的规制。这些规定的内容尽管存在着不少缺陷，但它们依然不失为一份参考资料，我们可以从中获得一些有益的成分。

法治精神，正在不断融入现代人的血液之中；法治思想，正在成为现代人知识体系中的有机组成部分；依法办事，正在成为现代人的办事准则。我们相信，随着我国法治现代化建设步伐的不断加快和全民法律意识的不断提高，依法办新闻、法眼看新闻一定会成为所有新闻人和全体社会成员的共识。

[①] 罗斌. 传播法学的源流、对象、范畴与体系——传播法学研究（上）[J]. 当代传播，2022（3）.

第六节　推进新闻法治的路径思考

一、法治理念下党的领导和言论出版自由

《中华人民共和国宪法》第三十五条明确规定，"中华人民共和国公民有言论、出版、集会、结社、游行、示威的自由"，作为一种宪法权利，党必须保护言论出版自由，言论出版自由也必须遵从党的领导。从宏观上来看，党的领导和言论出版自由并无冲突之处。首先，新闻传播法治和党的领导是相辅相成的。我国的宪法和法律是在党的领导下制定的，体现着党和人民的意志，代表着全体人民的共同利益，也和我国全体新闻工作者的意志和利益相一致。《中华人民共和国宪法》在序言中明确规定："全国各族人民、一切国家机关和武装力量、各政党和各社会团体、各企业事业组织，都必须以宪法为根本活动准则，并且负有维护宪法尊严、保证宪法实施的职责。"第五条规定："任何组织或者个人都不得有超越宪法和法律的特权。"《中国共产党章程》总纲中也规定："党必须在宪法和法律的范围内活动。"《中华人民共和国宪法》和《中国共产党章程》中这些规定的落实，能保证党依法对我国新闻业的正确领导；反之，党对新闻业的正确领导，也能保证新闻法治的有效实施。党对新闻业的领导作用，不是体现在党可以越过宪法和法律去随意干涉新闻工作的具体业务，而是体现在党根据宪法和法律原则，从政治、思想和组织上对新闻业实施领导。

其次，言论出版自由和党的领导在追求目标上是一致的。言论出版自由是由法律保障的一种自由，因此，这种自由不是一种绝对的自由，而是符合法治精神的自由。实施言论出版自由的目的，是更好地办好我国的新闻媒体，更好地发挥新闻媒体的作用，更好地发挥新闻媒体推进我国建设事业的作用。这和我们党追求的根本目标是一致的。这种根本目标的一致性，保证了我国新闻事业的健康发展，也保证了我国言论出版自由的顺利实施。建设一个法治现代化的国家，这是党所追求的一个目标。一个法治现代化国家的基本标志是经济、政治和社会生活的基本方面均已步入法治的轨道，接受法律的调控和治理；法律具有至高无上的地位和权威，国家的一切权力均源于法律的规定且其行使是遵照法律的规定进行的；公民在法律面前一律平等，每个公民有权按照自己的意志在法律所允许的范围内活动。法治现代化国家的这些特征，要求我们在行使言论出版自由时，同样要符合法治的要求。建设法治国家绝不是某个政党或某个社会组织的事，而是全社会的大事。因此，新闻媒体在实施言论出版自由时，必须严格遵循法律及法治社会的要求。

二、以法治原则落实"事后追惩"机制

在日常生活中,我们对可能出现的问题一般都采用"事前预防"的方式,这当然是合乎常理的。但在规范新闻传播活动的过程中,如果过多强调"事前预防"的治理方式,却极易导致新闻权利的受损,使新闻的社会功能难以全面发挥。

新闻传播活动中的"事前预防"强调的义务性规范,更多的是要求发挥行政管理力量的调控作用,即通过对新闻传播活动中可能出现的问题及时制定政策加以规范。持这种观点者认为这样的规范反应快、有针对性、效果好。"事后追惩"则更多的是授权性规范,更多强调在法律上明确权利,规定义务,不更多地加以行政干预,但一旦新闻传播过程中出现问题,则严格依法惩处。

在相当长的时间里,我国的新闻传播活动接受的是类似于"事前预防"的规制模式。管理部门通过间接的"宣传提示"或直接的规范文件,对新闻传播过程中已出现或可能出现的问题加以调控规范。在这种模式下,"事后追惩"往往只作用于比较严重的违规违法行为。事实证明,这种做法并没有产生预期中的理想效果。以社会各界广泛关注的虚假新闻治理问题为例:多年来,从中共中央宣传部、国家广播电视总局、国家新闻出版署到地方各级管理部门,几乎每年都会下发各种文件,召开电话视频会议,对预防虚假新闻问题进行规范,但情况似乎并无明显改善。《新闻记者》杂志每年进行十大虚假新闻评比,是希望借助这种形式形成震慑作用,以减少乃至消除虚假新闻。这个活动举办至今已逾20年,但似乎也有越评越火的趋势(因为可评的虚假新闻素材很多)。如果我们换一种思路,把虚假新闻的治理上升到法律治理的层面,结局也许会有所不同。在法治的视角下,新闻媒体(新闻记者)和新闻用户之间就形成了权利和义务关系:新闻媒体(新闻记者)的权利是向用户收取一定的费用如报刊订阅费、网络服务费、电视收视费等,或通过广告支付的方式,要用户收阅广告(主要针对网络及公共电视、广播频道而言),义务是向用户提供快捷真实的新闻信息;用户的权利是要求新闻媒体(新闻记者)为自己提供快捷真实的新闻信息,义务是支付费用或阅读广告。在这种法律关系中,作为标的物的新闻信息一旦有虚假的内容,就意味着产品存在质量问题(新闻为不合格产品)。新闻媒体(新闻记者)没有很好地履行义务,它们(他们)的行为已违法,必须依法承担相应的法律责任。在这里,先给新闻媒体(新闻记者)授权,即让它们(他们)在传播活动中享有更多的自主权和充分的言论自由,整个传播过程同时用义务规范对这种权利加以约束,而这种约束的作用几乎是无所不在的。在这种思路下,虚假新闻因为其违法性,理应随时可以追究其法律责任。

传媒业的管理部门采取"事前预防"的治理方式的最大缺陷是"头痛医头,脚痛医脚",有针对性却往往解决不了根本问题——新问题总是层出不穷。相反,"事

后追惩"的法治模式似乎给予了新闻媒体（新闻记者）太多的法定权利，但就宏观层面而言，这些权利的行使是受制约的，并且这种制约无所不在。同时，法治规范比之于政策规范还有一个非常重要的优势：可操作性。法治规范中，惩治措施一般都比较明确（如《中华人民共和国刑法》规定不得偷盗，否则会获刑若干年），而政策规范一般只是一种倡导，惩治措施要么语焉不详，要么无法进行实际操作。可以这样说，新闻法治的思路提供了一种本质性的思路，是解决新闻活动中层出不穷的新问题的根本方法。

三、新闻法治是对知情权的有效保障

知情权是指公民有权知道他应该知道的事情，国家应最大限度地确认和保障公民知悉、获取信息尤其是政务信息的权利。知情权的内涵比较丰富，我国法律虽然没有对知情权问题进行明确规定，但在《中华人民共和国宪法》《中华人民共和国民法典》及其他相关法律中的许多法律规定，都体现了对知情权的保护。2007年颁布且于2019年修订的《中华人民共和国政府信息公开条例》，则可以看作我们国家从法规层面对知情权的正式确认。其中明确规定，本条例的制定是"为了保障公民、法人和其他组织依法获取政府信息，提高政府工作的透明度，建设法治政府"，强调"行政机关公开政府信息，应当坚持公开为常态，不公开为例外"。在学术界，人们对知情权的讨论比较广泛，但还难以有明确的定论。不同学科的学者，从不同的角度，对知情权进行定义，体现出了知情权作为一种普遍权利的基本特性。例如，有学者将知情权的内容分为知情自由（指公民、法人及其他组织根据法律规定，不受妨害地获得国家机关的信息的自由）和知情权利（指公民、法人及其他组织根据法律规定，向特定的国家机关请求公开其信息的权利）两种。[①] 无论如何，在知情权中，"有权知道"和"应该知道"无疑是两个最为关键的要素。"有权知道"表达了一种权利要求，具有强烈的强制色彩；"应该知道"则在知情内容方面进行了规定，有一定的义务色彩。"知情权作为具有自由权和社会权属性的宪法权利，强调以全体公民的公共利益为归宿，这是构建知情权制度的出发点。"[②]

知情权和新闻权利是相互支撑、密不可分的。美国宪法学者埃默森认为："传播权和知情权构成一个完整的表达自由制度。""应承认知情权是一种独立的，或能充实传统的传播权的合法权利。"[③] 一方面，知情权需要通过新闻权利来实现。现代社会信息传播的渠道日渐多样化，但新闻媒体依然是主流的渠道。新闻媒体传播信息具有传播速度快、传播成本低、传播面广等一系列特点。同时，随着人们受教育

---

① 刘杰. 知情权与信息公开法 [M]. 北京：清华大学出版社，2005：53-60.
② 林爱珺. 知情权的法律保障 [M]. 上海：复旦大学出版社，2010：45.
③ 邱小平. 表达自由——美国宪法第一修正案研究 [M]. 北京：北京大学出版社，2005：476.

程度的提高和对自身发展要求的增强，阅读新闻信息已成为现代人生活方式的重要组成部分。因此，通过新闻传播媒体传播信息可以提高信息传播的价值。人们要更好地享受知情权，就要求对新闻权利加以保护，使新闻媒体可以顺畅地开展新闻传播活动。另一方面，新闻权利需要知情权来保障。新闻权利享受的前提是，"首先知道"，否则"新闻"就会变成"旧闻"，这里的"首先知道"是指新闻记者的采访权应该得到保障，否则，信息无法获得，传播活动也就无法进行。随着人们对知情权的重视和国家对公民知情权保障措施的出台，新闻权利将得到更加有力的保障。

在相当长的时期内，或者说，在传统的法律教科书中，人们总是过于强调法律是"上升为国家意志的统治阶级的意志"。其实法律的重要价值还在于它的全民性，即法律可以"建立和保持一种可以大致确定的预期，以便利人们的相互交往"①。这种"确定"的预期对每一个现代人的生存和发展无疑是具有十分重要的价值的。我们之所以消费，是因为我们有预期的收入，否则我们只能选择存款。换句话说，我们之所以存款，也是因为我们预期到时可以顺利支取并获得利息。作为现代社会中的普通一员，新闻从业者在现代社会开展自由的新闻传播活动时，无疑也必须在这种"确定的预期"之下，以符合规范的言行，顺利地开展新闻传播活动。

新闻需要让无力者有力，让悲伤者忘却悲伤奋力前行，但是，新闻更需要在规范护卫下的真实，更需要为民请命时的理直气壮。也就是说，只有在法治的背景下，新闻业才能获得持久健康的发展。而全体社会成员，也必须在这种"确定的预期"之下，心平气和地应对信息社会的各种信息影响。这正是新闻法治社会中的理想场景。

---

① 苏力. 法治及其本土资源 [M]. 北京：中国政法大学出版社，1996：7.

第二章　新闻法治的历史发展

对于人类社会而言，法治是一种理所当然的选择。随意性和缺少科学精神的规范无法确保人类社会不断趋近美好的未来。只有法治，才能给社会发展提供确定而又良善的未来。新闻法治是传媒业发展到一定阶段后的必然要求。随着传媒业对现代社会介入程度的加深，社会各界包括传媒业自身对新闻法治提出了迫切要求。新闻法治需要在社会诸多因素的共同作用下进行，其中，新闻立法是其中的一个关键因素。新闻立法过程就和其他任何法律立法的过程一样，都有一个发展的过程。在探讨新闻立法的过程中，如果割裂历史，割裂联系，孤立地、静止地来研究，显然不符合新闻立法自身的发展规律。新闻传播法的制定和颁布必须从世界其他国家和我国的立法和司法历史中汲取营养，通过科学的扬弃过程，通过赋予阶级内容和时代精神，使其具备应有的法律内涵和时代特色。因此，我们在研究新闻法治问题时，有必要参照中西方新闻立法的简要过程，并从新闻传播法与新闻职业道德、新闻传播法与新闻自律的联结点上，找到合乎法律规范和新闻规律要求的新闻法治之道。

第一节　西方新闻法治概述

一、封建统治者的新闻管制与传媒业的发展

新闻是一种信息，同时也是一种沟通、联结彼此的介质。这种介质的性质对于经济活动而言意义重大。现代传媒业的产生和发展同资本主义经济的发展息息相关。在14—15世纪，地中海沿岸的某些城市已稀疏地出现了资本主义生产的最初萌芽。随着资本主义生产的发展，商业贸易逐渐产生，而要从事商业贸易，了解商品行情和道路交通信息等对于贸易的高效进行至关重要。在这种社会背景下，16世纪，在地中海贸易中心的威尼斯和罗马，就先后出现了以搜集信息为己任的"采访者"和"报道者"。现存最早的手抄报《威尼斯公报》，就产生在那个时期。随后，在罗马、米兰、巴黎等地的欧洲城市，先后出现了手抄报。这些"采访者""报道者"的存在和手抄报的出现，对于推动国家和地区的贸易活动和经济发展产生了重要作用。

经济的发展总是与政治的发展相辅相成的，在资本主义发展初期也不例外。政治形势对贸易的影响是显而易见的，政局是否稳定、是否发生了战争、贸易地区的

政策有何变化……凡此种种，都会对贸易产生直接的影响，也因而受到了人们的关注。因此，手抄报在纯粹传递商业信息的过程中，就理所当然地加入了政治信息。这些政治信息触犯了教廷，于是罗马教皇对于手抄报严加限禁。罗马教皇庇护五世在 1569 年红衣主教会议上严厉指责手抄报诋毁教廷。数日后，一名手抄报记者被处死刑。教皇在 1572 年发布"谕旨"，查禁手抄报，严惩新闻记者。1587 年又有一名记者被断手、拔舌后，被吊死。① 这是已知的最早的新闻记者因触犯"法律"而被处死的历史记载。

随着资本主义经济的发展和对信息传递要求的不断提高，到了 16 世纪末 17 世纪初，西方的手抄新闻逐渐发展成了近代报纸。当然，它的发展还同印刷术的传播密切相关。近代报纸一开始就成了资产阶级的耳目喉舌，因此，这一时期欧洲各国的封建统治者对于印刷出版业均建有审查制度，报纸受到了封建统治者的严格控制，非经特许不准出版。例如英国在 1586 年颁布了一个影响时间相当长的出版管制的蓝本《星法院法令》，该法令对出版管制作出了全面规定：全体印刷商的印刷机必须在"皇家特许出版公司"登记；伦敦市外，除牛津大学与剑桥大学外，禁止印刷；除非教会同意，不再允许新的出版商登记；特许制的各项规定；非法印刷书籍的惩罚；皇家特许出版公司有权搜查和没收非法的印刷品与秘密印刷机；印刷商的学徒不得超过三人；牛津大学和剑桥大学的印刷商各限一名学徒。

从《星法院法令》的条款中我们可以看出，封建统治者对新闻印刷出版业只规定了禁止性的规范，几乎不见授权性规范，其管制的特征是显而易见的。

新兴的资产阶级并不甘心自己处于一味服从和被支配的地位，因此，当资产阶级革命爆发后，刊登有资产阶级政治内容的报刊就迅速冲破了禁区。资产阶级革命胜利后，资产阶级从曾经受过的管制经历中得到启示，一开始便十分重视报刊的作用。于是，资产阶级的报纸迅速由反对封建主义的新闻工具，转变为维护资产阶级统治的工具。

二、弥尔顿的贡献与西方新闻传播法治的进程

在世界新闻法治史上，英国资产阶级革命家、诗人、政治家约翰·弥尔顿和他的《论出版自由》无疑是最值得讨论的。正是他的一系列光辉论点和努力，为传媒业及其从业人员争得了一系列应有的权利，极大地加快了新闻法治的进程。

弥尔顿出生于一个富裕的清教徒家庭。他在英国剑桥大学读书，随后致力于古代及文艺复兴时期的文学研究，深受人文主义思想影响。从 1641 年到 1660 年，他写了许多文章和政治小册子，主要著作除了《论出版自由》外，还有《论国王与官

---

① 张隆栋，傅显明. 外国新闻事业史简编 [M]. 北京：中国人民大学出版社，1988：5.

吏的职权》《偶像破坏者》《为英国人民辩护》《再为英国人民辩护》以及光辉诗篇三篇：《失乐园》《复乐园》和《力士参孙》。政治小册子《论出版自由》是他在国会的演说词，于 1643 年印行，但印行时未经许可，作者也未署名；1644 年获许可出版，作者署了名；1778 年再版；法国大革命时，该书法文版出版，并于 18 世纪在英、法、美等国广泛流行，影响日益扩大。

弥尔顿是从反对书报检查角度论证出版自由的。他强调优秀的书籍"包藏着一种生命的潜力，和作者一样活跃。不仅如此，它还像一个宝瓶，把创作者的智慧中最纯净的精华保存起来"，因此，"禁止好书则是扼杀理性本身"。[1] 他抨击书报检查制"对学术的污辱"[2]。他认为，人们运用理性可以辨认正确与错误，为此就不应限制人们去了解别人的观点。他相信，只要让真理参加自由而公开的斗争，真理本身就具有战胜其他意见而存在下来的生命力。他呼吁：让我们有自由来认识和抒发己见，根据良心作自由的讨论，这才是一切自由中最重要的自由。他虽然确信自由讨论一定会产生真理，但认为这种自由只配那些诚实、严肃的人享受。他提出的"人民的言论出版自由是与生俱来的权利"的光辉论点，激励了一代又一代的人，尤其是新闻工作者为自己的权利而斗争。由于弥尔顿和其他人的努力，1765 年，英国停止了限制言论出版自由的登记法案，1771 年英国同意报纸报道议会情况。

弥尔顿在世界上第一次提倡出版自由，反对书报检查制度。他的言论不仅激情澎湃，富有感召力，同时也深含哲理，富有说服力。他的这一系列言论，构成了我们今天讨论的言论自由的基石。

对自由的保障是对人类自身尊严的保障。人生来而求自由，生来向往无拘无束的自由生活。可见，对自由的保障是对人天性的最好守护，也是对人权的最大的尊重。但是，现实社会是人类共存的社会，人们对自身自由的追求或者说对自身权利的行使，不可避免地会导致对他人自由和权利的影响，这就涉及权利的协调问题。而协调这个问题的前提：人的自由和权利不是绝对的。新闻传播权利作为人权中的一个重要内容也是如此。人生而有表达思想、评说社会的欲望，这是一种值得加以保护的欲望和权利，但对这种权利的保护同样也存在一个前提：这种权利不是绝对的。人们有权通过新闻媒体表达、传播自己的思想，但这种权利不可无限夸大，更不能因享受这种权利而对他人的权利构成侵犯。

在美国，著名的启蒙学者，美国资产阶级革命的领导人和开国元勋托马斯·杰斐逊积极倡导《人权法案》，保障出版自由。在他的努力和影响下，国会于 1789 年通过了宪法十条修正案（1791 年生效），即统称的《人权法案》，其中第一条修正

---

[1] 张国良. 20 世纪传播学经典文本 [M]. 上海：复旦大学出版社，2005：38.
[2] 张国良. 20 世纪传播学经典文本 [M]. 上海：复旦大学出版社，2005：56.

案就是"美国宪法第一修正案"①。美国学者安东尼·刘易斯称这一修正案就像是一个法律的万花筒,"法官们多年来将修正案适用于各种争议,编织出了一幕幕生动的历史画面","这出长剧从1791年拉开帷幕,一直延续至今,演变成一个没有结局的传奇"。②

法国言论出版自由的确立也经历了漫长的发展阶段。15世纪末,法国就出现了报刊,但新闻出版社始终是王室的特权。③ 法国资产阶级大革命,除了确立了资产阶级在欧洲的统治地位外,还在宪法中明确提出了言论出版自由的思想。1789年8月26日,法国制宪大会通过《人权宣言》,其中第十一条就是关于保障言论、出版自由的条款:"思想和意见的自由传播是人类最宝贵的权利之一,因而每个公民都有言论、著述、出版的自由,但须在法律的范围内,对滥用此项自由应负有责任。"1881年7月29日,法国制定了人类历史上最早的一部新闻法——《出版自由法》,对新闻出版的权利作了详细规定。西方的新闻立法,就是这样从萌芽,经过一代代人的持续努力不断走向成熟。

第二节 西方国家的主要新闻法规④

一、美国宪法第一修正案

美国宪法第一修正案1791年生效,第一条规定:"国会不得制定关于下列事项的法律:确立宗教或禁止信仰自由;剥夺人民言论或出版的自由;剥夺人民和平集会及向政府请愿的权利。"这一条款在以后的大量新闻诉讼案例中被法官加以具体解释,成为美国处理新闻法律与道德问题的最高原则,也对其他许多国家的传媒业发展产生了巨大影响。

二、法国《出版自由法》

法国《出版自由法》1881年7月29日公布,以后经过多次修改,共五章六十五条。主要内容以下几点。

1. 印刷和出版自由。
2. 登记制。创办日报或定期出版物,在出版物出版之前,向检察官申报即可,

---

① 邱小平. 表达自由——美国宪法第一修正案研究 [M]. 北京:北京大学出版社,2005:11.
② 刘易斯. 言论的边界:美国宪法第一修正案简史 [M]. 徐爽,译. 北京:法律出版社,2010:3.
③ 魏永征,张咏华,林琳. 西方传媒的法制、管理和自律 [M]. 北京:中国人民大学出版社,2003:17.
④ 王瑞明. 中国新闻实用大辞典 [M]. 北京:中国新闻出版社,1998.

贩卖和分送出版物则向居住地省政府或市、镇政府申报即可，无须事先批准，也无须缴纳保证金。未经申报即出版日报或定期出版物、从事贩卖或分送出版物活动者，属违法行为，处以罚款或者监禁。

3. 版本记录制度。除小件印刷品外，所有公开发行的印刷品均须注明印刷者的姓名及住址；定期出版物还须在出版物下端注明经理姓名。

4. 缴送样品制度。所有印刷品在出版时，其印刷者须向有关政府部门送交两份备案，以便国家收藏。

5. 版本备案制度。仅适用于日报或定期出版物。此类出版物出版时应由经理署名两份版本，交由共和国检察院备案。

6. 更正和答复制度。公共当局代理人因日报或定期出版物未能对其职务内事务准确报道，向该日报或定期出版物要求更正时，经理须在最近一期的首要位置免费将更正刊出。更正篇幅不得大于原报道的两倍；对一切日报或定期刊物提及或点名的人的答复，经理须在接到答复后三日内，如三日内无新版则在最近一期上予以刊载。答复应以原文章同样字号铅字在同一位置刊出。篇幅未超出原文章两倍的答复免费刊登。如篇幅超出此限，则仅须付超出篇幅的费用。费用按司法公告标准计价。

7. 以新闻及其他出版途径实施的重罪和轻罪。分四个方面：煽动重罪和轻罪；妨碍公共事务的犯罪；妨害个人的犯罪；伤害外国国家首脑和外交官员的犯罪。犯有上述四个方面犯罪之一的，一般都处以罚款或者监禁，或两者同处。

8. 责任者实行"瀑布"制度。如下人员可作为新闻重罪和轻罪的责任承担者，其次序为：经营和出版者；无上述人员时，作者；无作者时，印刷者；无印刷者时，出卖、散发和张贴者。

9. 诉讼程序。规定非常详细，规定了从提起诉讼、传讯到审判到上诉等各个环节的程序。

三、英国《诽谤法》

英国《诽谤法》由判例法和制定法组成，且以判例法为主，历史非常悠久，内容非常丰富，主要包括以下内容。

1. 诽谤的定义。一般认为，如果某人的言论是为了达到下列目的的任意一个，就是诽谤：使被谈论者受到仇恨、讥笑或蔑视；使被谈论者受到孤立或冷遇；使社会上一般思维正常的人对被谈论者评价降低；贬低被谈论者在所服务机构、职业或行当中的声誉。

2. 诽谤的构成。一般认为，诽谤由以下几个要素构成：言词是诽谤性的；言词指向原告；言词已经发表。

3. 诽谤诉讼中的答辩理由。言词是真实的。公正评论，即言词是对与公共利益有关事务的公正评论。特权，分有限特权和绝对特权两种，它规定某些种类的言论不受法律追究，绝对特权适用于公正而准确地对英国境内司法程序进行同步报道；有限特权则保护公正而准确的同步或非同步的司法报道和对议会活动的报道；如果能够证明被告有恶意，则有限特权这种答辩便不能成立。诽谤言词的发表是无意的和发表者已经作出了更正的承诺。无辜散布，主要是指印刷者、发行者及图书馆等可以以此为由不承担责任。诸如此类。

4. 陪审制。诽谤案件的审判需要陪审员参加。

5. 损害赔偿。民事诽谤的责任形式主要是损害赔偿，包括经济损失赔偿和精神损失赔偿两部分。前者是补偿性的，后者主要是惩罚性的。损害赔偿的数额可能是非常非常高的。

6. 刑事诽谤。从历史上看，诽谤既可能是一种民事侵权行为，也可能是一种犯罪。但刑事诽谤是罕见的。如犯有刑事诽谤罪，可判处数额可能很高的罚金或两年以下监禁。

四、瑞典《出版自由法》

《出版自由法》是瑞典宪法性文件之一，1812年制定，后期多次修改，共十四章一百二十三条。该法主要内容如下。

1. 出版自由。瑞典国民均有权在法律范围内不受任何部门或其他公共机关预先设置的障碍的限制，出版任何书面材料。

2. 言论自由。瑞典国民均有权在出版物上表达自己的思想和意见，并就任何主题进行陈述及交流情报资料。

3. 情报自由。瑞典国民均可依法自由使用国家或市政当局保存的任何文件。

4. 作者匿名权。任何印刷品的作者都没有义务在印刷品上披露自己的姓名，他人除法律另有规定外不得违背作者意愿将其公开。这一权利行使的结果是，当有侵犯出版自由的罪行时，作者可以不承担法律责任。

5. 登记制。瑞典自然人或法人均可以创办印刷企业、出版定期或不定期出版物（定期出版物包括报纸期刊）及从事出版物的发行活动。创办印刷企业和定期出版物只需在有关部门登记即可，无须被批准；出版非定期出版物和从事出版物发行活动则连登记也不需要。

6. 版本记录制度。在瑞典境内生产或将在瑞典境内出版的所有印刷品，均应注明印刷者的名称、地点和印刷年份；定期出版物还须在每期上刊登编者的姓名。

7. 版本备查制度。印刷者应将其印刷的所有印刷品保留一册，为期一年，以备应警察局的要求进行审查；印刷者还应保留一册该印刷品送司法部或其他代表事后审查。

8. 缴送样品制度。印刷者应依法向图书馆缴送印刷品样本。

9. 侵犯出版自由罪。详细规定了涉及重大叛国罪、煽动战争罪、暴动罪、诽谤国王（王室成员、摄政王）罪、煽动犯罪罪、破坏王国安全罪、造谣惑众罪、种族（肤色、宗教）歧视罪、诽谤国民罪、泄密罪等多项罪行，规定对涉及上述罪行的出版物应予没收、销毁及在战时依法禁止一定发行期限等。

10. "瀑布"制度。规定谁应对侵犯出版自由承担责任。当一项犯罪发生后首先找编者或企业主；如果这二者无法确定则找印刷者；如果印刷者的身份不明则找销售者。

11. 陪审制度。该法为实体法与程序法的合一，除规定出版机构及有关个人的权利和义务外，还规定了侵犯出版自由案的诉讼程序。其特点：印刷品是否触犯刑法及该法规定的条款问题由一个9人陪审团来审理，除非当事人自己声明愿意不经陪审团而将案件直接提交法院决定。

12. 行政强制措施。如果有理由相信某印刷品由于侵犯出版自由罪而可没收时，在对问题作出判决前，可以查封；在战时，如遇印刷品可能泄露军事秘密或为敌方提供有价值的情报时，可以颁布出版禁令。

13. 损害赔偿制度。侵犯出版自由罪的受害人可依法向责任人请求赔偿。即使不构成犯罪但侵害了他人的合法权益也可请求损害赔偿。

14. 外国印刷品的国民待遇原则。除非本法或其他法律另有规定，外国国民应受到与瑞典国民相同的对待。在外国出版的印刷品在瑞典国内发行的，无须领取执照，但也须遵守该法及其他法律规定。

五、葡萄牙《新闻法》

葡萄牙《新闻法》于1975年2月26日颁布，同年3月13日生效，共五章七十二条，是西方资本主义发达国家新闻法中制定较晚的一部。其主要内容有以下几项。

1. 提出了新闻权的概念，这是其他国家所没有的。新闻权包括传播新闻和获取新闻的权利，具体表现在：①从官方获取新闻的自由；②保守职业秘密的权利；③出版和传播的自由；④经营自由；⑤竞争自由。

2. 新闻自由。指不接受任何新闻检查，也无须经批准、提供担保或预先授权而通过新闻表达自由思想的权利，只受本法、宪法和军事法条款的约束；它还包括对政治、社会和宗教理论，对法律和主权机构、公共管理机构的活动及其工作人员的表现进行讨论和批评的自由。

3. 保守职业活动中获得的国家机密及商业秘密，保守职业秘密，新闻期刊可以从公共机构获取消息，但不允许采访秘密进行的司法程序、被有关部门认定为军事秘密或国家秘密的事件和文件、法定的秘密，以及商业秘密和个人的私生活；不得强迫记者透露消息来源。

4. 出版和传播自由。任何人均不得以任何借口或理由以非法手段扣押或以其他形式妨碍任何出版物的排版、印刷、发行和自由流通。

5. 经营自由。任何集体和具有葡萄牙国籍、居住在葡萄牙并完全享有公民权和政治权的个人都可以投资经营定期出版物；任何个人或集体均可自由出版一次性出版物。另外，该法将通讯社也列入调整范围，规定公民可以自由创建通讯社。报业、出版业和通讯社除完成其主要工作，只能从事与其主要工作有关的或辅助性的活动。以商业团体形式出现的报业完全受葡萄牙法律的约束，总部应设在葡萄牙，其直接或间接的外国资本不得超过总资本的10%，而且没有表决权。如果报业、出版业是股份公司，则所有股票都应当是记名的，董事或经理则必须是本国人且完全享有公民权和政治权，每年4月还应公布社会公众股东之间的关系和各企业的股份。

6. 竞争自由和反垄断。报业经营者在维护消费者利益和维持一般物价的情况下，在考虑公正的经济平衡和实际竞争条件后，可自由制定出版物的出售价格、广告牌价和商业盈利数字；政府应通过特别法——《反垄断法》阻止报社和通讯社的过度集中。

7. 授权政府制定记者章程，并监督实施。制定记者章程的目的，是从根本上保障记者在公共当局面前从事活动的权利并规定他们应尽的义务，确保其独立性。

8. 版本记录制度。一次性出版物应注明作者、出版社、印刷厂、发行数量和印刷日期；定期出版物则应在第一页上注明出版物名称、日期、周期和价格，还应注明社长和企业所有者的姓名、社址、印刷厂名和印刷车间名。

9. 缴送样本制度。定期出版物和一次性出版物的领导人应在出版物出版后三天之内，派人将该刊物直接送交或通过邮局挂号寄送到指定图书馆和单位。有关单位接到后，必须在五天之后使之为公众服务。

10. 创办登记制。创办定期出版物、报社、出版社、通讯社、外国通讯社及派驻外国新闻代表要向新闻部登记后才能开始。

11. 广告和新闻要分开。

12. 出版物有义务刊登司法公告、行政文告。

13. 答复权。定期出版物因发表不实或错误消息直接中伤或触犯了任何个人、集体和公共机构的名誉，该定期出版物必须在收到受害人发出的有正式签字的挂号信后两个星期内刊登对出版物所发表的消息的正式答复。允许该定期出版物在刊登答复文章的同时，发表对该答复的简短注释，指出该答复中不准确的地方、错误的解释以及新增添的内容。对注释允许作新的答复。

14. 规定了新闻委员会的地位、组成和职权。

15. 规定了定期出版物出版机构的组织形式，包括社长、社长助理和副社长，编委会的产生、权限、任免等。

16. 规定了滥用新闻自由应承担的刑事和民事法律责任及诉讼程序。

六、辩证借鉴西方国家的新闻传播法规

西方国家现代传媒业的发展历史比较悠久，在长时间的新闻生产实践中，逐渐形成了与其国情相适应的新闻传播法规，并在实践中将其逐渐完善。这些新闻传播法规对于保障这些国家新闻传播活动的有序开展产生了重要的作用，也对世界其他国家传媒业的发展产生了重要影响。

法律法规是统治阶级意志的体现，因此，在规范新闻传播活动的过程中，就必然会呈现出鲜明的阶级特性，更何况新闻传播活动本身也具有浓郁的阶级性，如此，西方国家既有的新闻传播法规也不可避免地存在局限性。言论出版自由在几乎所有西方国家的新闻传播法规中被规定和强调，但文字规定和现实享有之间存在巨大的差距。以美国为例，从其第一任总统华盛顿起，就从来没有忽视过政府对新闻的控制。美国前国务卿基辛格就认为，不只政府想控制新闻，记者也想讨好政府："新闻工作者在同官员的接触中，有比较大的涉及利害的动机。他必须讨好和奉承这个官员，因为没有官员的善意，他就得不到情况。"因此，新闻媒体和政府之间实际上是一种"互相依存的关系，新闻工作者也许很不喜欢这一点，他实际上是起一部分政府的作用"[1]。

在法律规范中，美国政府对言论出版自由的限制也是明显的。如1931年的尼尔诉明尼苏达州案中，美国最高法院的多数派意见肯定了这样一项基本概念：出版自由对一个自由国家是必不可少的，但这种自由存在于对出版物免施任何事先约束的前提之中，而并非在刊出后免受触犯刑律的责难。每一个自由的人都拥有在公众面前表达他想要表达的思想感情的权利，禁止这样做就是破坏自由，但是，如果他发表了不适当、有害或非法的言论，就必须为自己的轻率行为承担后果。在这一基本观念的支配下，联邦最高法院经常作出诸如诽谤、侵害隐私权、藐视法庭和泄露国家机密等方面的给上述自由限定的判决，而这些判决在美国是有法律效力的。这项规定实际上规定了美国的追惩制原则。与此同时，在一向宣称新闻出版自由的美国，新闻审查制也在一些地方推行着。在世界范围内影响甚广的"美国之音"不但有审核制度，而且成立了专门的"政策室"。"这个部门的中心任务就是随时了解美国政府的政策，审查评论稿件；其他那些国际新闻的分析稿件也要先审查后播出。如果政策室没有把握，还须提交交流署审定。美国前总统卡特说：'美国之音是美国对外政策的一个要素。'"在"9·11事件"后，"美国之音"因播发了阿富汗塔利班领导人奥马尔的专访而导致其台长和国际广播局局长被撤职。2003年伊拉克战争期

---

[1] 基辛格. 白宫岁月（第一册）[M]. 方辉盛，赵仲强，吴继淦，译. 北京：世界知识出版社，2003：31.

间，美国军方允许 500 名记者随军采访，但每位记者都被要求牢记长达 15 页的采访守则，发回的新闻必须接受事先检查。2005 年 3 月 13 日和 16 日，美国《纽约时报》更是连续刊发文章，称布什政府于伊拉克战争期间在众多领域"制造新闻"，从而达到为自己的政策包装、开道的目的。一篇文章描绘了这样一个电视画面：伊拉克战争期间，在有关美军攻占巴格达的新闻报道中，一名欢欣鼓舞的伊拉克裔美国人在美国堪萨斯城对摄制小组说："谢谢你，布什。谢谢你，美国。"对普通电视观众而言，这条新闻和任何普通 90 秒的当地新闻没有什么两样，公众会想当然地认为这是一条现场采访的新闻，反映了画面中人的"心声"。然而，文章揭示出这一"新闻"其实是美国国务院的"作品"，画面上的伊拉克裔美国人只是一个"道具"，而电视媒体为这出"戏"提供了舞台。美国政府之所以要导演这出"戏"，一是因为美国政府自己站出来反复说"伊拉克人民感谢我们"效果毕竟有限；二是因为如果让公众知道政府存在于这条新闻的幕后，那么美国媒体"独立"的形象就会受损，更不符合其标榜的"新闻自由"的原则。《纽约时报》刊载的第二篇文章《现在播出假新闻》披露，在布什政府任内，这种舆论操控得到了扩展和深化。在布什的第一个任期里，政府和公关公司签订了价值 2.54 亿美元的合同，比克林顿政府投入的资金增加了一倍多；20% 以上的联邦机构（包括重要部门，如国务院和国防部）"目前在制造假新闻"。特朗普执政期间，其频频指责一些美国重要的媒体为"假媒体"，刊发的新闻为"假新闻"，并采用各种手段对其进行打压。但与此同时，特朗普自己也持续炮制发表各种类型的虚假新闻、虚假消息，其发布的"喝消毒水可以杀死新冠病毒"的消息不仅令美国政府陷于不堪，还产生了直接的民众身体伤害。

有学者在系统分析了西方国家对言论自由的保护后指出："言论自由和新闻出版自由作为现代法律的一项基本权利，在不同社会制度中都可以得到承认和实施，虽然它们的形态大不相同。"[①] 这些国家普遍支持的观点：言论自由的有效保障可以约束国家滥用权力压制人民意见的表达，从而使国家权力在有序状态下运行。当然，即使新闻权利如此重要，对它进行限制也是必然的事情。"所有国家的法律都承认保障表达自由和新闻自由是有限度的，滥用表达自由的权利的行为必须受到法律制裁。"[②] 我们在观照西方国家的新闻自由时，必须清醒地分析、辨别其阶级本质，唯其如此，我们才有可能真正吸取其有价值的成分为己所用，否则，必然会走向难以回归的法律误区。

我们必须承认，西方国家在新闻自由法律保障方面作出的努力，对于世界传媒业发展的推动作用是毋庸置疑的。英国学者伊格纳兹·卢森堡指出："法国国民议会和美国国会的'这两个关于出版自由的宣言，有深远的影响，在旧世界和

---

① 魏永征，张咏华，林琳. 西方传媒的法制、管理和自律 [M]. 北京：中国人民大学出版社，2003：21.
② 魏永征，张咏华，林琳. 西方传媒的法制、管理和自律 [M]. 北京：中国人民大学出版社，2003：27.

新世界，许多国家在获得政治上的自由后，都仿效法国、美国的范例，在宪法或出版法中，规定出版自由已成为现代国家的一个象征。比利时1830年革命胜利后，在宪法中自豪地宣布对言论出版自由不加限制。其他许多国家的宪法也有类似的规定'。"① 这些思想对于我们今天探讨言论自由问题，同样具有十分积极的意义。

当然，西方新闻传播法治的内容不仅仅是言论出版自由这样一个内容，但对于传媒业而言，关于言论出版自由内容的规定无疑是最基础、最核心的内容。这个问题的明确，对于新闻传播活动中其他具体内容的规定产生了直接的决定性影响。

第三节 中国新闻传播史上的新闻法治

一、中国古代的新闻检查制度

中国是报业历史悠久的国家。一般认为，中国古代的报纸始于唐代，主要是官报。但是，由于中国古代的封建势力十分强大，影响根深蒂固。因此，资本主义在中国的萌芽时间较晚，发展速度也非常缓慢，报纸业没有像许多西方国家那样在经过资产阶级革命后得到飞速发展的机会。明末以后，由于印刷术的广泛采用，北京有了专门经营"邸报"的报房，使报纸的传播变得较为方便和广泛。"邸报"一词较好地反映了当时中国报业的基本特征：以宫廷或官府消息为主要内容——"邸报"本意为"邸吏来报"之意，以官府消息为主要传播内容理所当然，后来才逐渐增加了民间消息如人文信息或社会新闻。

由于古代中国是一个大一统的封建国家，封建君主在这个国家中有至高无上的权威，不可能允许异样的声音存在，因此，我国古代的报纸基本上是为了维护封建主义国家的，办报人的观念也始终受着这种观念的影响。从报纸的读者对象看，受教育水平和经济条件所限，他们基本上是封建政府的官员和准备入仕的地主阶级知识分子。他们读邸报、治实学只是做着"入世"的准备，归根结底也是为封建统治服务的。报纸的阶级性不仅一目了然，其内容也是完全呈现出理所当然的单调特征。因此，对于封建统治者而言，邸报实际上是一种官方的文件，它始终为统治者所用，其内容也不会有碍于统治者的统治。对于读者来说，读报更多的是为了获得政治资讯，为日后晋升创造条件。

即便如此，封建统治者也没有忽视过对报纸的检查。盛唐时期，由于国运昌盛，经济发达，传媒业也得到了飞速发展。为了适应传媒业的高速发展，唐代的传播媒

---

① 童兵. 中西新闻比较论纲 [M]. 北京：新华出版社，1999：360-361.

体分成了三级：第一级为"报状"，第二级为"进奏院状"（即"邸报"），第三级为"观察使牒"。到了宋代，为了加强对官报的控制，朝廷取消了路、州、郡在京设的进奏院，成立了上都进奏院，统管全国的消息和文件编发、发布；后来又进一步实行官报发布前的审查制度。进奏院编好的官报样本，在经过枢密院审查通过后被称作"定本"，"定本"的内容不得擅自改动。宋朝的"定本"制度，是我国新闻史上最早出现的新闻检查制度。

随着报业的发达，宋代还出现了数量不多的"民间报纸"，即"小报"。由于宋代统治者对官报采取了"定本"制度，因此"小报"被查禁也就是顺理成章的事情了。但是，"小报"禁而不止，以至于到了明清时期，"小报"在民间还颇有市场，因此，清雍正四年（1726年）出现了中国新闻史上第一个因办报而被判处被告人死刑的案例。自此以后，清代统治者对"小报"的查禁愈加严厉，严重影响了中国现代报业的发展。

二、中国近现代的新闻立法过程

中国新闻传播史上出现最早的新闻出版法规是1906年由清政府颁布的《大清印刷物专律》，1907年又颁布了《大清报律》。这可以将新闻法与出版法分开，有利于朝廷加强对新闻的管制。这些法律给新闻媒体作出了十分严厉的惩罚规定，例如："凡造谶纬妖书妖言，及传用惑众者，皆斩。""各省抄房，在京探听事件，捏造言语，录报各处者，系官改职，军民杖一百，流三千里。"这样严厉规定的目的当然是维护大清帝国的统治。

1912年3月4日，南京临时政府内务部宣布清政府原来颁布的《大清报律》无效。在民国报律没有颁布之前，先实行《暂行报律》。其主要内容有三条：一是规定报纸杂志出版应先登记；二是宣布"流言煽惑关于共和国体有破坏弊害者，除停止出版，其发行编辑并坐以应得之罪"；三是规定了报道失实和毁人名誉的责任。该《暂行报律》公布后，全国报界人士立即予以反对，他们致电孙中山，要求立即取消该报律。同年3月9日，孙中山点名批评了内务部，并宣布取消《暂行报律》。这是中国新闻史上新闻界反对限制新闻出版自由的一次胜利。一天以后，即同年3月10日，袁世凯取代孙中山在北京宣誓就职，辛亥革命的胜利果实被袁世凯窃取，中国历史由此进入了近代中国最黑暗的时期。这一时期的新闻法规也体现了北洋政府封建专制与独裁的特点。袁世凯政府1914年4月颁布了《报纸条例》，荒谬地规定报纸受警察机关管辖，出版报刊要经警察署认可，要缴纳保押费，并且具体规定了关于报纸的八款禁令。同年12月5日，袁世凯政府又公布了《出版法》，重申了上述规定。

1930年，国民党政府制定了《出版法》，其内容继承了袁世凯时期规定的《出版法》的衣钵，随后又相继制定了《危害民国紧急治罪法》以及名目繁多的《日报登记法》《新闻检查标准》《新闻检查办法大纲》等，对传媒业严加控制。1937年，国民党政府重新制定了《出版法》。1943年又颁布了《新闻记者法》。所有这些法律都从根本上严格限制了公民的言论出版自由和传媒业的发展。

三、中国近现代新闻法规[①]

（一）《大清印刷物专律》

《大清印刷物专律》于光绪三十二年（1906年）由商部、巡警部、学部会同制定并经朝廷批准颁布，共六章四十条，是中国新闻出版管制的第一次立法。第一章为纲；第二章印刷人等；第三章记载物件等；第四章毁谤；第五章教唆；第六章时限。主要内容包括如下几个方面。（1）实行印刷物注册登记。①凡未经注册之印刷人，不论承印何种文书图画，均以犯法论。凡违犯本条者，所科罚锾（款），不得过银一百五十元，监禁期不得过五个月，或罚锾（款）监禁两科之。②凡以印刷或发卖各种印刷件为业之人，依本律即须就所在营业地方巡警衙门，呈请注册。呈请注册时，须随呈缴注册费银十元。③凡印刷人不论印刷何种物件，务须于所印刷特体上明白印明印刷人姓名及印刷所所在。凡违犯本条者，所科罚锾（款）不得过银一百元，监禁不得过三个月，或罚锾（款）监禁两科之。（2）规定毁谤条款。①所谓毁谤者有三：（甲）普通毁谤者，一种毁谤个人的表揭，或书写，或版印，或另用其他各法，令人阅而憎其人，恶其人，甚或其人因此而失官爵，失专业，或失其他各种生业；（乙）讪谤者，一种惑世诬民的表揭，令人阅之有怨恨或侮慢，或加暴行于皇帝皇族或政府，或煽动愚民违背典章国制，甚或以非法强词，又或使人人有自危自乱之心，甚或使人彼此相仇，不安生业；（丙）诬诈者，一种陷人的口语，或已出版或借出版相恫吓，或挟以为可以不出版向人要求财物等是也。②凡违犯上文所解说各条而审实者，依左开科判：（甲）凡科普通谤案，罚锾（款）不得过银一千元，监禁不得过二年或罚锾（款）监禁两科之。（乙）凡科讪谤案，罚锾（款）不过五千元，监禁期不得过十年，或罚锾（款）监禁两科之。

（二）《大清报律》

《大清报律》于光绪三十三年十二月（1908年1月）正式颁布，共四十二条，另有附则三条，主要内容如下。（1）开设报馆的条件。①凡开设报馆发行报纸者，应开具下列各款，于发行二十日以前，呈由该管地方官衙门申报本省督抚，咨民政

[①] 王利明. 新闻侵权辞典 [M]. 长春：吉林人民出版社，1994.

部存案；名称；体例；发行人、编辑人及印刷人之姓名、履历及住址；发行所及印刷所之名称及地址。②凡充发行人、编辑人及印刷人者，须具备下列要件：年满二十岁以上之本国人；无精神病者；未经处监禁以上之刑者。(2) 附缴保押费。发行人应于呈报时分别附缴保押费：每月发行四回以上者，银五百元；每月发行三回以下者，银二百五十元。其专载学术、艺事、章程、图表及物价报告等报，确系开通民智，由官鉴定，认为无（毋）庸预缴者，亦同。(3) 规定了报纸不得揭载的条款。诋毁宫廷之语；淆乱政体之语；扰害公安之语；败坏风俗之语。诉讼事件，经审判衙门禁止旁听者；预审事件，于未经公判以前；凡谕旨章奏，未经阁钞、官报、公报者，报纸均不得揭载。如有违犯者，分别处十元以上二百元以下之罚金，二十日以上二年以下之监禁。(4) 凡违犯本律者，其呈诉告发期间，以六个月为断。宣统二年（1910年），对《大清报律》又加修订，增为四十二条。

(三)《报纸条例》

《报纸条例》为袁世凯政府制定的新闻法，未经国会通过，于1914年颁布。共三十五条，1915年修订为三十四条，主要内容如下：(1) 报纸分类。分六种：日刊；不定期刊；周刊；旬刊；月刊；年刊。(2) 批准手续。发行报纸，应由发行人开具名称、发行人等款，呈请该管警察署认可。警察官署认可后，给予执照。(3) 具备条件。本国人民年满二十岁以上，无下列情况之一者，得充报纸发行人、编辑人、印刷人：①国内无住所或居所者；②精神病者；③剥夺公权尚未复权者；④海陆军军人；⑤行政司法官吏；⑥学校学生。(4) 实行保证金制度。日刊者三百五十元；不定期刊者三百元；周刊者二百五十元；旬刊者二百元；月刊者一百五十元；年刊者一百元。在京师及其他都会商埠地方发行者，加倍缴纳保押费。(5) 规定了报纸不得登载的条款。①淆乱政体者；②妨害治安者；③败坏风俗者；④外交、军事之秘密及其他政务经该管官署禁止登载者；⑤预审未经公判之案件及诉讼之禁止旁听者；⑥国会及其他官署会议，按照法令禁止旁听者；⑦煽动曲庇赞赏救护犯罪人、刑事被告人或陷害刑事被告人者；⑧攻讦个人阴（隐）私，损害其名誉者。(6) 违犯（反）本条例的处罚规定：违犯（反）某条某款科以罚金、停止其发行、取消其认可并注销执照以及五年有期徒刑等处罚。(7) 本条例之公诉期限，以六个月为断。本条例自公布日施行。

(四)《新闻记者法》

《新闻记者法》于1943年由国民党政府公布施行，共三十一条，是我国历史上第一个记载有关记者的资格、权利和义务的专门法规，主要内容如下。(1) 记者的资格。具有下列各款之一者得申请给予新闻记者证书：①在教育部认可之国内外大学或独立学院之新闻系学或新闻专科学校毕业得有证书者；②除前款，在教育部认可之国内外大学独立学校或专门学校修习文学教育社会政治经济或法律各学科毕业得有证书者；③曾在公立或立案之大学独立学院专门学校任前二款各学科教授一年以上者；④在教育部认可之高级中学或旧制中学毕业并曾执行新闻记者职务二年以上有证明文件者；⑤曾执行新闻记者职务三年以上有证明文件。（2）规定了不得给予新闻记者证书及其已领有新闻记者证书者撤销其证书的六种情事者。（3）规定新闻记者应加入其执行职务地之新闻记者公会或联合公会，其他无公会者应加入其邻近市县之新闻记者公会。（4）作出了各级新闻记者公会的任务、理事机构设置、任期等章程的规定。（5）新闻记者违反本法规定，可处停止其职务、撤销其证书、罚款等处罚。本法施行日期以命令定之。

专门研究中国古代报刊法制发展历史的倪延年认为，中国古代以规范报刊为主的新闻传播法治历史经历了"从习惯法到成文法、从百家法到一家法、从综合法到专门法的三个发展阶段"，以"礼、刑、法、律、例、式、令、程、敕（诏、谕旨）及臣僚言"为主要形式。① 这样的过程和特征，是与中国古代社会政治、经济、文化等宏观社会特征密切相关的，也是我们研究当今社会新闻传播法必须要把握的传统历史背景。

第四节 新中国的新闻法治

一、中华人民共和国成立初期的新闻法治

法治是传媒业得到可持续发展的根本保证。新闻法治是新闻界和法律界一切有识之士的共同呼声。20世纪80年代以前，传媒业的管理一直沿用了传统的管理模式。在这个过程中，行政管理代替法律管理的特征十分明显。

回望中华人民共和国成立至党的十一届三中全会召开前的数十年时间可以发现，我国传媒业在法治进程中经历了一段比较漫长、曲折的历程。当然，在这个过程中，也有一些令人振奋的声音。在中国人民政治协商会议建立之初，中国人民政治协商会议《共同纲领》第四十九条就规定："保护报道真实新闻的自由，禁止利用新闻进行诽谤，破坏国家人民利益和煽动世界战争。"它明文规定"保护报道真实新闻的自由"，其价值不言而喻。由于整个社会沉浸在新民主主义革命胜利的巨大喜悦中，人民的传媒业在当时的社会环境中有着很高的地位，因此，新闻传播法治和新闻传播立法的迫切性还不是非常强烈。

---

① 倪延年.中国古代报刊法制发展史［M］.南京：南京师范大学出版社，2004：37-38.

二、党的十一届三中全会后新闻法治的进展

中华人民共和国成立后，依法办新闻逐渐成为全社会的共识。与此同时，我国的法治建设也得到了长足的发展。随着人们法律意识的初步建立，越来越多的人开始自觉地用法律来处理生活中的是非争执。

在这样一种社会背景下，新闻界的新闻纠纷案也在这个时候多了起来，以前行之有效的内部调解和行政干预已经不容易化解日渐增多的新闻纠纷了。甚至，有的新闻记者因为撰写新闻作品侵害了他人权利，受到了最为严厉的制裁。1987年1月1日《中华人民共和国民法通则》生效施行，侵权损害的责任认定自此有了法律依据，社会上兴起了一波"告记者热"。1988年4月11日，中华人民共和国成立以来第一起新闻记者被控诽谤案审结，撰写文章《二十年"疯女"之谜》的两位作者因诽谤罪获刑，刊登这篇文章的杂志《民主与法制》从1988年第8期开始连续刊登反驳判决的文章达半年之久。1989年，《新闻记者》月刊开设"新闻与法律"专栏，专门用来报道与评论新闻侵权诉讼案件。与此同时，社会上的新闻侵权纠纷案件激增，新闻侵权研究一时成为业界与学界的热点。20世纪90年代，一批有洞见的学者开始尝试对新闻侵权问题进行系统性研究，并形成我国新闻法学领域的第一批学术专著，如魏永征的《被告席上的记者——新闻侵权论》，孙旭培主编、王晋闽与张西明合著的《新闻侵权与诉讼》，顾理平撰写的《新闻侵权与法律责任》，张新宝的《名誉权的法律保护》，王利明主编的《新闻侵权法律词典》等。从这些专著的书名我们就可以看出，"新闻侵权"几乎成为当时新闻传播法学研究的不二选题。

1978年底党的十一届三中全会召开后，中国政治路线的巨大转向打破了原先体制的束缚，在一片新气象中，社会主义法治建设问题也提上了日程。1979年5月，复旦大学新闻系学生在校庆学术报告会上发表论文《社会主义报刊民主与新闻法》，该文率先提出制定一部社会主义新闻法的构想，成为探讨当代中国新闻法治的开端。1980年，上海代表赵超构先生在第五届全国人民代表大会第三次会议上提出了制定新闻法或新闻出版法的建议，受到了不少人的欢迎。自此以后，新闻立法就成为人大代表和政协委员们在全国人大、全国政协会议上的热门话题。1983年6月，湖北代表纪卓如和黑龙江代表王士贞、王化成在第六届全国人民代表大会第一次会议上，提出了"在条件成熟时制定中华人民共和国新闻法"的书面建议。1984年1月，中宣部新闻局向中央提出《关于着手制定新闻法的请示报告》。1月中旬，时任中央书记处书记胡乔木、全国人大常委会委员长彭真作了同意的批示。接着，新闻法起草小组在北京成立。1984年，新闻立法被正式列上议事日程，其标志之一是，在全国人大教科文委员会的协助下，中国社会科学院新闻研究所开始新建新闻法研究室，

并创办了内部刊物《新闻法通讯》。这一段时间，新闻法起草小组先后在北京、上海、广州、深圳、成都等地多次召开座谈会征求意见，1988年1月，根据国务院的意见，北京和上海又分别成立了新闻法起草小组。到1988年10月形成三个新闻法的文本，即：新成立的新闻出版署牵头的《新闻法征求意见稿》；上海新闻法起草小组起草的《新闻法征求意见稿》；中国社会科学院新闻研究所起草的《新闻法试行稿》。三个文本均对"新闻自由"等重大问题作出了规定，但是，对诸如"民间办报"等问题却存在着不小的争议。中央有关领导同志在听取了新闻法起草工作的进展情况后指示，要成立一个由政府官员、新闻工作者和法律专家组成的起草小组，在广泛收集涉及新闻媒体纠纷案例的基础上，参考外国的资料，吸收上述三个文本的有关内容，编撰成计划提交全国人大审议的新闻法草案。但由于种种原因，新闻法草案除了"在一定范围内颁发，听取意见"，始终没有列入全国人大的立法规划，更没有提交全国人大审议。在制定新闻法的基础上，我国还制定了出版法并于1990年和1993年两次递交全国立法机关审议，均未获通过。这个过程中，关于新闻立法的努力有关部门和专家、学者从未停止过。2002年两会期间，著名科学家何祚麻院士还提出过在暂时不能出台新闻法的情况下，可以先行制定舆论监督法的提案，受到了有关部门的重视。

三、寻找新闻法治突破点的学术努力

由于新闻立法涉及一系列重大而又敏感的课题，因此，立法的难度是非常大的。在这样一种客观背景下，新闻界和法律界的有识之士试图从一些侧面作出努力，为新闻立法开辟道路。1989年2月14日，中华全国新闻工作者协会邀请首都一些主要新闻单位的代表，在北京西交民巷研究了"告记者热"现象。1991年6月，全国第一次"新闻纠纷与法律责任"研讨会在江苏南通举行，上海社会科学院新闻研究所编印了论文集。1993年4月，由中国新闻法制学会、国家新闻出版署政策法规司等单位联合发起的全国第二次"新闻纠纷与法律责任"研讨会在江苏宜兴举行，这次会议使法律界和新闻界有了良好的沟通，双方对"新闻官司"的认识更趋科学化。1996年10月，全国第三次"新闻纠纷与法律责任"研讨会在安徽马鞍山举行，这次会议对新闻纠纷的形成、调解及法律责任等进行了更为深入的探讨。1997年5月29日，中国社会科学院新闻研究所在北京召开"新闻与传播法制研究中心成立大会暨中心首届学术研讨会"，其关注的领域包括：侵害名誉权、隐私权、肖像权等新闻侵权行为的法律责任认定；舆论监督和保障公民人格权的关系；新闻媒介的采访、报道、批评、评论等方面的权利与保密、司法审判等权益的冲突与平衡；国际上新闻法制建设的比较研究；电子出版物、电子网络等信息时代传播手段引起的新型法律问题；新闻传播法律与自律方

面的问题，如广告的规范、媒介中不良内容的规范、扩大新闻信息传播与保障著作权的冲突。此外，新闻与传播法制研究中心还将向社会各界围绕新闻侵权纠纷提供法律咨询服务。与此同时，全国的许多新闻单位和教学研究单位举办了与新闻法制建设相关的各种研讨会。例如，2004年11月，中国传媒大学召开了"媒介法教学和媒介法热点问题"国际研讨会，拓宽了新闻法治研究的领域。在此后的岁月里，包括最高人民法院、最高人民检察院等单位先后组织召开过各种类型的新闻法治研讨会，试图为新闻立法作更充分的理论储备。

值得一提的是，在与法学学者竞相探讨、争鸣的过程中，新闻传播学者成绩斐然，他们立足本学科的一些专业意见为立法、司法部门所吸收，充分体现了新闻传播学在新闻法学研究领域的特性与优势。在此试举两例。一则是关于新闻侵权责任的承担。起初在诉讼中对新闻报道相关人员并未加以区别，出现媒介、作者、新闻来源等一概被追究责任的情况，但新闻传播学者认为，"报道新闻是记者的职务行为，其可不对外承担责任"，1993年，最高法院发布司法解释，采纳了这一原则。另一则是关于评论的侵权认定。新闻侵权案频现初期，通常新闻中的事实与意见被混为一体，正常的评论常常以诽谤罪被起诉，于是有学者引入"公正评论"的概念，指出"评论公共事务的意见即使有不当，也应予以优先保护，其标准为真实、说理、善意、内容合法四项"。[①]"报道新闻是记者的职务行为，可不对外承担责任。"[②] 从这两个例子可以看出，新闻传播学者在学术思考中更倾向于从新闻规律的特殊性入手，在新闻传播学和法学的结合方面显示出自己的学科优势。当然，这一阶段的研究也存在一些问题，主要表现为对新闻侵权问题的个案研究比较深入，虽然也有学者开始综合研究，但综合研究成果不多，除了魏永征的《中国新闻传播法纲要》（1999年出版，以解读新闻传播政策法规为主要特色）和顾理平的《新闻法学》（1999年出版，以建立基本的学科框架和确立基本概念为特色），几乎未见其他综合性研究成果。与此同时则有大量的相关论文被发表。北京的《中国记者》、上海的《新闻记者》、陕西的《新闻知识》等长期开设"新闻与法律"类专栏，发表有关的研究成果和案例。所有这些，都为新闻立法打下了比较坚实的理论基础。当然，理论研究毕竟只为立法创造了条件，要把理论研究的成果转化为具体的立法实践，还有长期艰苦的工作要做。

---

① 张西明. 关于新闻侵害公民名誉权行为的研究 [J]. 新闻与传播研究, 1995 (3).
② 陈翠银. 新闻侵害名誉权法律责任的承担 [J]. 新闻记者, 1989 (4).

第五节　作为新闻法治必要补充的新闻自律

一、新闻自律的意义

新闻法治无论对现代社会的发展还是对新闻业自身的发展都具有至关重要的意义，但是，法律不是万能的。如果把法律理解为不仅可以规制社会，而且可以改造社会的工具，即"法律万能"，那就成了一种"致命的自负"。法律和道德各有其独特的功能。"把法律的领域还给法律，把道德的领域还给道德"，这种"刚柔相济"的治理模式才是良性法治应有的样子。因此，在强调新闻法治的同时，必须关注新闻自律。

新闻自律，即新闻从业者通过自我限制和自我约束使自己的新闻传播活动符合社会规范的行为。严格地说，新闻自律并不属于新闻法治的范畴，而是属于新闻道德的范畴。因为法律强调的是外在的、刚性的他律性，而新闻自律顾名思义，是以内在的自律为基本要求的。但是，新闻自律对新闻法治具有特殊重要的意义。第一，许多国家的新闻立法，首先是由新闻自律开始的，或者说，是从新闻自律中得到启迪的。在形式上，有些国家似乎是先有新闻法，后有具体的新闻自律的道德规范，但事实上，新闻自律从新闻产生之日就已经存在了。第二，新闻法治的他律性对新闻媒体和新闻记者的约束毕竟是有限的，法律不是万能的，因此，对传媒业的规范，从根本上来讲，还是要以道德规范为最高规范境界。第三，在长期的新闻实践过程中，传媒业的每一次进步和发展，都是和新闻自律相伴而生的。新闻传播活动事关社会的各个阶层和各个领域，刚性的法律规范无法对复杂的社会生活进行全面周详的规范，因此，我们必须通过新闻从业者出于对良知、道义、社会责任以及对社会公共利益的关注，即新闻自律，推动传媒业的健康发展。"新闻传播界的自律，其动力来自媒介从业人员维护新闻行业职业标准和道德规范的自觉性，来自他们强烈的社会使命感、责任感与职业道德感，来自他们的自律信念。这一切，都需要媒介从业人员具有良好的素质；而良好的素质，离不开社会对媒介从业人员的教育与媒介从业人员自身的日常学习与修养。"[①]

现代传媒业的飞速发展，使新闻自律显得尤为重要。世界许多国家虽然都已制定了新闻法或相关的法规，但这种法律或法规往往只在新闻媒体或新闻记者出现较严重违规行为时，才起规范作用，更多的时候主要靠新闻自律来起规范作用。许多时候，违法与否是难以有比较明确的界限的，只有新闻自律，才能起到比较

[①] 魏永征，张咏华，林琳. 西方传媒的法制、管理和自律［M］. 北京：中国人民大学出版社，2003：349.

直观的价值判断作用，也才能比较快速有效地对传媒业及其从业人员产生理想的规范效果。

近年来，随着我国传媒竞争的不断加剧，新闻传播活动中的非法倾向和非道德倾向时有发生，给社会带来了较多的负面影响，也严重伤害了新闻媒体自身的形象。尤其值得关注的是，随着数字化社会的到来，传播技术也呈现出跨领域发展的态势。以大数据技术、人工智能技术为代表的新技术给当今传媒业带来了革命性的影响，曾经在传统媒体时代对传媒业发展产生重要规范作用的法律法规和伦理道德，已经不太适应传媒业当下的发展态势，而法律法规的制定、颁布需要相对漫长的时间和比较复杂的程序。在这样的时代背景下，强调新闻自律，无疑具有强烈的现实意义。新闻传播活动中的非法现象可以借助法律手段解决，而非道德现象则只能依靠新闻从业人员的自律。新闻从业人员只有自觉地承担起社会责任，才能更好地传递社会道德理想，从而为建设美好光明的世界作出贡献。

二、世界新闻自律的产生和发展

新闻出版自由是资产阶级在革命初期高举的一面旗帜，也为资产阶级革命的最终胜利发挥了十分积极的作用。但是，当资产阶级革命取得胜利后，这种自由就开始为一些人所滥用，致使传媒业的发展陷入了严重的道德困境和专权。一方面，由于过分追求利润，虚假新闻、黄色新闻和犯罪新闻泛滥，严重危害了社会道德。19世纪30年代，商业报刊成为报业发展的主流后，追求利润成了新闻业主和新闻从业人员的主要动力。以美国为例，为了追求发行量，美国的《纽约太阳报》从1835年开始，捏造了一系列关于"太阳人"的系列报道，使该报印数和利润同步大幅增长。至于黄色新闻和犯罪新闻，更是许多西方国家新闻媒体所擅长的报道形式。一系列诲淫诲盗的报道严重腐化了社会风气，也激发了人们关于新闻报道社会权利和个人维护名誉权、隐私权的冲突。另一方面，由于报业竞争和垄断的出现，报业所有权过于集中，严重威胁着社会民主的实施。19世纪末20世纪初报业竞争的直接结果，是报业集团的形成和"一城一报"情况的普遍存在。报业是报业主的言论工具，报业主要借助自己的报业实现商业利益和道德追求。当"一城一报"成为一种普遍现象后，新闻媒体的道德追求实际上成了报业主的道德追求，新闻出版自由实际上成了报业主的个人自由。这种情况必然会对社会民主和社会平等造成严重的威胁。

世界传媒业发展的这种局面，令许多有识之士深感不安。他们开始对传媒事业的现状进行深刻的反思，其结果是以新闻自律为核心的新闻道德思想从形成走向成熟。例如，1896年，《纽约时报》发行人奥克斯在其报眼位置宣称："本报所有新闻都是值得刊登的。"1904年，普利策在《北美评论》上发表文章，他强调："只有最高尚的理想、最严谨追求真理的热望、最正确的丰富知识,以及最忠诚的道德责任感,才能将新闻事业从商业利益的臣属、自私自利的追求以及社会利益的敌对中拯救出来。"

与新闻自律思想伴生的,是西方新闻职业道德建设开始了实际操作的阶段。

在瑞典,为了调整新闻传播活动中各有关方面的关系,一些新闻机构和新闻单位分别制定了职业道德守则一类的条文,作为新闻从业人员自我教育、自我约束的行为准则。其中,1874年瑞典政治家俱乐部成立后订立的职业守则,成为报业行为的指导纲领。20世纪初,瑞典又率先建立了提供免费判决的新闻督察制度。1916年,瑞典议会、报纸发行人协会和律师协会三方代表组成特别委员会,以协调报界本身的相互关系和仲裁报界与外界的纠纷。1923年,瑞典舆论家联谊会正式制定了《舆论家联谊会出版规范》,明确了九条具体规定:①国家安全;②消息正确;③辩白和更正;④不预先判决;⑤报道负责;⑥尊重考虑;⑦客观报道审判案件;⑧照片问题;⑨复杂案件之处理。[①]

法国的贝尔纳·瓦耶纳教授认为,英国王室委员会是最有特点的一个组织。"根据英国人的精神,这是一个纯合同性质的组织,没有任何约束力,只是通过公众心目中公认的道德力量起作用。1953年夏天,英国成立了新闻总议会,它有权受理一切有关报业不正当行为的控告,并尽量通过告诫的方法和不引人注目的压力途径达到目的。"[②] 1963年,英国全国记者同盟制定了《英国报人道德规则》,这是新闻从业人员实现自律的规范准则。英国全国新闻工作者联盟制定的《全国新闻工作者行为准则》对新闻从业者的新闻自律进行了详细规定,具体内容如下:

1. 始终坚持和捍卫新闻自由的原则、言论自由的权利以及公众的知情权;

2. 努力确保如实传达的信息是准确和公正的;

3. 尽最大努力纠正有害的不准确信息;

4. 区分事实和观点;

5. 除了涉及公众利益的调查,以及那些不能通过直接方式获得信息的情况,都要通过诚实、直接和开放的方式获取材料;

6. 不能侵犯任何人的私生活,除非能够证实这是基于公众利益的考虑;

7. 保护那些提供、搜集秘密信息的人的身份;

8. 在信息被公众知晓之前,抵抗各种可能影响、歪曲或压制信息的威胁性言行或其他材料,以及在履行自己的职责时,不能利用不公平的个人优势获取信息;

9. 不得基于个人年龄、性别、种族、肤色、信念、法律地位、残疾、婚姻状况

---

① 李衍玲. 新闻伦理与规制 [M]. 北京: 社会科学出版社, 2008: 308-310.
② 瓦耶纳. 当代新闻学 [M]. 丁雪英, 连燕堂, 译. 北京: 新华出版社, 1986: 311-312.

或者性取向去捏造让人产生仇恨或歧视的材料；

10. 不能以文字、广播或视频这三种方式去认可任何一种商业产品或服务，除非它对你的工作或者你所在的媒体有促进作用；

11. 当采访或者拍摄关于孩子的故事时，记者通常应当寻求监护人的同意；

12. 避免剽窃。①

在美国，1908年，美国密苏里大学新闻学院创办人沃尔特·威廉斯主持制定了《记者守则》，它强调：新闻为神圣的专门职业；报刊为公众信托之所寄，报刊从业人员如不能为公众服务，而却受私利驱使，就辜负了公众的信赖；正确与公平乃良好的新闻事业之基础；新闻工作者应只写其心目中深信为真实的事情；除非为了社会公益，否则无理由禁载新闻；新闻工作者应避免受自身偏见左右及受他人偏见影响；广告、新闻与评论，均应为读者的最高利益服务；最成功的新闻事业，必然坚持独立，傲慢与权势都不能使之动摇。

1916年，美国密苏里大学新闻学院院长威廉斯主持制定的《记者守则》被第一届世界报业大会接受，成为第一个国际性的新闻自律规范，被译成50多种文字在世界上广泛流传。1954年，联合国颁发了《联合国国际新闻道德公约》并让会员国新闻工作者协会参照执行。其主要内容有这样五条：①尽一切努力，确保公众所接收的消息准确无误。②不牟私利，不搞任意中伤、诽谤、抄袭，不作缺乏根据的指责，若有报道不实，一经发现应立即更正。③尊重个人的名誉，不因迎合公众好奇心而揭人隐私。④报道和评论外国的情况时，新闻工作者有责任获得有关被报道、被评论的国家的必需知识，以便做到报道和评论公正。⑤忠实履行职业道德的责任，落在新闻从业者身上。②

上述信条内容不能成为各国政府干涉新闻界的理由。

长期致力于全球媒体伦理规范研究的牛静教授总结了全球媒体伦理规范的10条共通准则：第一，保护消息来源；第二，保护隐私；第三，更正；第四，准确；第五，明确新闻界限；第六，保障表达自由、新闻自由等；第七，避免利益冲突；第八，以正当方式获取信息；第九，独立；第十，禁止剽窃、抄袭。③ 世界各国的新闻从业者之所以热衷于新闻自律，是因为他们意识到，传媒业如果确保自律并能因此而避免新闻业发展中的波折，总比政府制定严格的条例管理新闻业要好得多。正因为如此，新闻从业者对新闻自律是充满兴趣的。与此同时，政府也不愿意看到传媒业的不良发展对自己的社会治理带来不良影响，影响自己主流价值、道德标准的推行，因而，政府同样对新闻自律充满热情。

---

① 牛静. 新闻传播伦理与法规：理论及安全评析 [M]. 上海：复旦大学出版社，2015：251.
② 李衍玲. 新闻伦理与规制 [M]. 北京：社会科学文献出版社，2008：292-293.
③ 牛静. 全球媒体伦理规范译评 [M]. 杜俊伟，译. 北京：社会科学文献出版社，2018：488-502.

三、我国的新闻自律

和世界上许多国家一样,我国的新闻自律是和新闻道德一起萌芽和发展起来的,而新闻道德的核心内容就是新闻自律。我国新闻自律的发展历史比较短。著名新闻工作者范长江在1949年7月31日华东新闻学院讲习班的讲话中提出的人民新闻工作者的四个信条,可以看作对我国新闻工作者自律的最早归纳和要求。这四个信条指:(1)消息绝对真实,这样才能取得人民的信任,才能建立自己的威信。(2)思想要正确,这样才能看清问题,根据政策,反映现实,指导现实。(3)群众观点的建立,要联合通讯员在新闻报道中打好群众基础。(4)进行自我批评,要勇于公开接受批评,建立严格的批评制度。这样可以少犯错误,促成进步。

对于我国新闻业来说,第一个成文的新闻职业道德的规范条例是在1981年由中宣部新闻局和中央新闻单位共同商拟制定的《记者守则(试行草案)》。该守则共分十条,主要内容有:(1)同党中央保持政治一致;(2)深入调查研究,充分掌握第一手资料;(3)严格尊重事实,严禁弄虚作假;(4)学习和掌握唯物辩证法,切忌主观主义、片面性和绝对化;(5)工作严肃认真,一丝不苟;(6)坚持真理,敢于斗争;(7)积极向领导机关反映情况;(8)遵守宪法、法律、党纪和所在单位的制度,不泄密,不搞不正之风;(9)谦虚谨慎,向群众学习,甘当人民的小学生;(10)认真学习马列主义、毛泽东思想和党的路线、方针、政策,苦练采访、写作基本功。

1991年1月,中华全国新闻工作者协会第四届理事会第一次全体会议在北京召开。会议通过了《中国新闻工作者职业道德准则》。这是中华人民共和国成立后第一个正式颁布的新闻工作职业道德规范,对我国的新闻道德建设和新闻自律具有里程碑式的意义。1994年4月、1997年1月、2009年11月和2019年12月《中国新闻工作者职业道德准则》又经过了四次修订,内容更趋于全面科学。其主要内容有七条:(1)全心全意为人民服务;(2)坚持正确的舆论导向;(3)坚持新闻真实性原则;(4)发扬优良作风;(5)坚持改革创新;(6)遵守法律纪律;(7)对外展示良好形象。《中国新闻工作者职业道德准则》的颁布,为我国以后的新闻传播立法提供了重要的参考依据。

除了全国性的新闻职业道德规范,我国几乎所有的新闻媒体都根据自己的特点,制定了自律性的内部规定,对新闻从业者的新闻活动进行了规范。这些规定有效地保障了我国传媒业的健康发展。

四、新闻自律与新闻法治

新闻自律强调新闻从业者以高尚的动机去行动,是一种发自内心的自我追求和自我规范，它是建立在新闻从业者较高的思想道德境界之上的。新闻法治的重点不考虑行为者的内在动机如何，主要关注新闻传播活动产生的后果，强调对人的外部关系的调整，是一种外部的强制规范。从客观效果看，新闻自律和新闻法治的共同作用，可以有效保证新闻从业者以理想的状态，实现新闻使命。可见，新闻自律和新闻法治之间既存在明显的区别，又具有密切的联系。

新闻自律和新闻法治最大的区别，在于两者的作用方式存在着明显的差别。新闻自律是一种道德自律，主要依靠社会舆论的力量，依靠公众对新闻传播活动的信念、习惯、评价，依靠行为人对自己从事的新闻活动的价值取向、是非判断等来维持，因此不具有强制意义。新闻法治是通过具体明确的法律条文，对新闻传播活动作出具体明确的规范，对违反了这些规范的人，国家将采取强制措施对其进行惩罚。两者由于作用方式不同，作用的范围也存在着十分明显的区别，新闻自律所规范的范围要远大于新闻法治规范的范围。具体而言，新闻自律几乎作用于新闻活动的全部过程。由于新闻传播活动是一种复杂的社会活动，且涉及社会生活的所有领域和层面，尤其在今天这样一个人人都是传播者的公共传播时代，新闻传播活动成了一种普遍而又日常的社会行为，因此，只有依靠道德的自律作用，才能在更加广泛的层面对新闻传播活动进行规范；而新闻法治具有相对明确稳定的确定性，对于以条文法为法律特征的中国社会而言，法律法规制定和修订过程相对比较复杂，无法对日新月异的新闻传播活动作出即时的、有针对性的应对，因而其作用的发挥主要限于新闻传播活动中法律法规已经作出规定的范畴。

新闻自律和新闻法治又有着密切的联系。新闻法治的规范是新闻自律的最低的规范要求。新闻法治和新闻自律在功能上可以互补，在内容上有所交叉。新闻传播法的制定，必须建立在对新闻自律规范的全面考量和经验借鉴上。这是因为，新闻自律规范产生的时间较长，经过了较长时间的检验，许多规范的准确性是得到科学验证的。同时，新闻自律规范作用的发挥，又必须依托新闻法治作用的发挥。这是因为，道德调整毕竟只能借助新闻从业者的自身素质发挥作用，当他们的自身素质达不到相应的高度时，新闻舆论的道德构建作用就会出现误差，这就需要法律来进行强制校正。当然，如果自律规范与法律规范可以达到统一，那就是新闻媒体及其从业者追求的理想境界。

在我国现阶段，由于新闻传播法尚未正式颁布，因此，新闻自律就显得尤为重要。事实上，我国的相关新闻媒体经常通过新闻自律，更好地发挥推动社会进步的作用。从另一种意义上讲，由于我国的新闻自律机制比较完善，例如我国的《中国新闻工作者职业道德准则》远比其他国家在新闻方面的自律规范要详细具体得多，绝大多数新闻单位还制定了具有自身特点的自律规范，这不仅为我国的新闻传播立法提供了良好的基础条件，也有利于我们在未来制定新闻传播法时有更加合理、科学、规范的条文借鉴。

第三章　新闻传播法律关系

　　法律是现代社会每个公民都可以自由享用的公共产品。这种公共产品不仅可以帮助每个社会个体有效地享受权利和履行义务，更可以确保整个社会有序地向前发展，与此相对应，作为有强烈公共色彩的传媒业要有序向前发展，也必须坚持新闻法治。新闻法治的关键，是新闻权利和新闻义务内涵的明确，而研究新闻传播法律关系就是研究新闻权利和新闻义务问题。新闻传播活动的主体必须在一个共处的时空之中，分清可以做什么，不能做什么，唯其如此，新闻活动主体才能真正从法律的视角出发，明确彼此的权利和义务，确保社会的有序运行。法律关系的存在和被尊重是现代社会和谐运行的基本前提。在新闻传播活动中，不同的主体享有着不同的权利和义务，只有这些权利得到普遍尊重，这些义务得到普遍履行，新闻传播活动才会真正有序开展。新闻权利和新闻义务是新闻传播法律关系中的两个基本要素，对这两个要素作科学的法律解读，可以帮助我们寻找到保障传媒业可持续发展的法律依据，新闻传播活动的开展，才有可能举止有据。

第一节　法律关系和新闻传播法律关系

　　新闻传播法律关系是准确把控新闻传播法学这门学科的关键所在。只有科学、辩证地理解新闻传播法律关系不同主体之间的权利和义务，才能有效平衡各方权益，确保新闻法治目标的实现。而新闻权利和新闻义务则是新闻传播法律关系中彼此依存、不可或缺的一对关系，缺少一方，另一方就缺少了存在的依据。新闻传播法律关系是依据法律关系的一般原则衍生出来的，探讨新闻传播法律关系，必须首先从理解法律关系的一般原则入手。

一、法律关系和新闻传播法律关系

（一）法律关系及其核心内容

　　法律关系是法律在调整人们行为过程中形成的权利和义务关系。它是一种社会关系，调整的是人与人之间的关系。现实生活中的每一个人，在他们的身上总是综合存在着诸多社会关系，而这种错综复杂的社会关系又分别具有不同的法律地位。

把法律关系和其他社会关系区分开来的关键要素是权利和义务——有权利和义务内容的，是法律关系；没有权利和义务内容的，不是法律关系。例如恋爱关系无法律上的权利和义务内容，属于一般社会关系；而夫妻关系依据《中华人民共和国民法典》等的规定有了权利和义务内容，就属于法律关系。法律关系是通过人的意志形成的，有些法律关系的产生虽不以人的意志为转移，但也必须借助于人的意志才能实现。法律关系作为一种上层建筑，归根结底是由不以人的意志为转移的物质生产关系或物质生活条件决定的。任何法律关系都是以相应的法律规范为前提的，没有相应的法律规范就无所谓法律关系。"法律关系是一种以法律上的权利和义务为内容的社会关系，从法律调整角度来说，它仅仅是法律规范现实化的一个阶段，法律规范的完全现实化，是法律关系中的权利义务得到享受和履行，出现实际的社会关系，社会成员实际享受了法律所规定的利益。"[①] 与其他社会关系不同，法律关系是一种拟制关系，体现了立法者的价值标准和主观选择。

法律规范的核心内容是权利和义务，具有权利和义务内容是将法律关系从诸多社会关系中区别开来的最为重要的标志。权利一般表现为一种行为可能性，而义务则表现为一种行为必要性。在日常生活中，我们时常面对着可以作为或不作为的选择，无论是选择"作为"或"不作为"，当这种选择只受道德评价的规范时，就不是法律关系；当这种选择受到法律条文的规范时，就是一种法律关系。法律制定具有国家意志的特征，因此法律关系也体现着国家意志，其规范过程具有强制性特征。

法律关系由主体、客体和内容三个要素构成。法律关系的主体，是指在法律关系中依法享有权利和承担义务的人或组织。换句话说，即法律关系的参加者，包括自然人和法人。法律关系的主体具体包括三种。

第一，公民（自然人），即具有一国国籍或在居住国境内无国籍的自然人；第二，机构或法人组织，即各种国家机关（如行政机关、立法机关等）、各类企事业单位以及政党和社会团体；第三，国家，在一些特殊情况下，国家可以以整体的状态成为法律关系的主体。法律确认法律关系主体资格所依据的要素是权利能力、行为能力和责任能力。在数字化社会，随着数字技术和人工智能技术的进步，关于数字人、智能机器人是否可以成为法律关系的主体值得关注、讨论。

法律关系的客体，是指法律关系主体的权利和义务所指向的对象。它包括能够满足权利人利益需要的物质财富、非物质财富和行为结果三类。法律关系客体是一个动态的、历史的概念，其具体的形式和内涵会随着社会的发展变化而变化。例如，在相当长的时间里，与个人相关的庞杂多样的数据并不是法律关系的客体，但随着大数据技术的成熟，无序复杂的数据可以整合成有序的、有价值的个人数据，从而

[①] 公丕祥. 法理学 [M]. 上海：复旦大学出版社，2002：447.

变成法律关系的客体。

法律关系的内容，是指法律关系主体所享有的权利及应承担的义务。具体包括这样几个要素：首先是法律规范中规定的具体的权利和义务内容，如民事活动中卖方和买方彼此之间的权利和义务；其次是一种社会关系的调处，且这种社会关系调处的内容是由法律规范规定的；最后是比较明确的法律权利的享受和法律义务的履行。上述这三个要素对于法律关系的构成不可或缺。

（二）新闻传播法律关系

新闻传播法律关系是由新闻传播法律规范所调整的当事人在新闻传播活动过程中形成的权利和义务关系。新闻传播法律关系具有两个特点。

第一，它是符合新闻传播法律规范要求，并受新闻传播法律规范调整的社会关系。由于现代社会的新闻传播活动对社会生活介入的程度非常深，因此，新闻传播法律规范规定的内容是比较广泛的，但是，从根本上讲，只有合乎新闻传播法律规范要求的关系，才属于新闻传播法律关系，才能被新闻法规调整。譬如，一位新闻记者采写了一篇新闻作品并在大众媒体上发表，事后这篇报道被证明是虚假的，侵犯了报道对象的权利，如公民的名誉权。此时，新闻传播法律规范就应当调整新闻记者、新闻媒体与报道对象（公民）之间的权利和义务，三者之间的关系就属于新闻传播法律关系。反之，如果一位新闻记者利用团队聚会的机会用语言侮辱的方式对一位公民的名誉权造成了伤害，其行为的违法性是显而易见的，但是，这位新闻记者和公民之间的权利、义务却不受新闻传播法律规范调整，因为他们之间的关系不是真正意义上的新闻传播法律关系，不符合新闻传播法律规范调整的要求。

第二，必须是在新闻传播活动中发生的权利义务关系。新闻传播法律关系规定当事人之间在新闻传播活动中的权利和义务。例如，新闻记者具有采访和报道新闻的权利，而公民又有保护个人隐私的权利，当采访和报道新闻与公民隐私权的保护之间发生冲突时，法律应当如何规定，这就属于新闻传播法律规范调整的内容，新闻记者和公民之间的关系构成新闻传播法律关系。因为从新闻传播的角度看，新闻记者和公民之间应该有比较规范的采访和被采访关系，这是完成新闻传播的一个不可或缺的要素；反之，在普通的民事法律关系（活动）中，即使当事人的身份是新闻记者，只要他不是在从事新闻传播活动，就不能构成新闻传播法律关系。

二、法律调整机制和新闻传播法调整的内容

（一）法律调整机制

现代社会有着明确的分工和合作，人们需要彼此建立联系，通过分工合作的方

式推动社会文明进步。因此,任何一个社会的健康发展和有序运行,都离不开健全的社会调整机制。生活在现代社会中的组织和个人每时每刻都受到各种社会机制的调整。一定社会调整机制的确立,可以保证社会主体按一定的规范在一定的社会秩序中活动。我们今天强调的现代社会治理,也是建立在对各种社会组织和个人关系调整的基础上的。法律调整是国家为了维护某种社会制度或保护某种利益而自觉运用法律手段,对社会关系参加者施加的规范性、组织性作用。它通过赋予社会关系参加者一定的法律权利和承担法律义务,来调整社会关系参加者的行为,进而实现社会调整的目的。"法律是社会调整系统中的一个子系统,但是它作为体现掌握国家政权的统治阶级的意志的国家意志,也有其自身特定的调整体系,以便确立起有利于统治阶级的社会秩序,使社会成员摆脱单纯偶然性、任意性的羁绊。法律调整的基本价值目标,就是要合理地调整个人与社会、个人与国家之间的相互关系,并以此为根据建立富有效率的法律调整机制。"[1] 一个社会是需要建立秩序的。秩序是人们能够做出行为预测和行为选择的前提,也是人们参与社会合作的前提,而法律调整是对社会秩序的最基本保障。法律"具有前瞻未来的可预期性,使人们可以对自己的或他人的行为作出理性的预期,从而产生趋利避害的安全感"[2]。"可预期性"和"安全感"是法律的重要特征,也是其价值的重要体现。没有法律调整,社会将陷入严重的无序状态。

  法律调整和其他社会调整手段相比,具有如下一些特征。第一,具有明确的目的性。法律集中体现了国家意志,因此法律调整必须带有阶级利益调整的性质,其根本目的是掌握了政权的阶级实现统治,以建立有利于本阶级的社会关系和社会秩序。第二,具有规范系统性。法律调整摒弃随意性,以科学性为前提,强调公平、公正,任何社会组织和个人都不能肆意脱离和超越这种规范。为了保证法律具有系统性,必须在科学考量各种社会关系参加者权利和义务的基础上,制定一个完整的法律规范体系。第三,具有国家意志性。在任何一个社会中,每个阶级、阶层都有自己的集体利益和意志,而只有掌握了国家政权的阶级才能将这种意志上升为法律,从而实现法律调整的目的。第四,具有复杂性。社会是复杂的,其组成的要素形式多样,运行过程中的关系变化多端,法律调整是在各种复杂要素的矛盾运行过程中进行的。法律调整的过程,就是掌握了国家政权的阶级力图排除混乱无序状态,通过法律手段争取进入稳定有序状态的过程。法律调整虽然无法穷尽复杂的社会现象,但它可以通过确定调整的原则,力求将复杂现象归于简单。

  一个现代国家的法律调整,是通过设定社会成员的权利和义务即法律规范,对全体社会成员的行为进行规范调整的。所谓法律规范,指由国家制定或认可,体现

---

[1] 公丕祥. 法哲学与法制现代化 [M]. 南京:南京师范大学出版社,1998:56.
[2] 刘武俊. 享受法律——一个法律人的思想手记 [M]. 北京:法律出版社,2003:82.

统治阶级意志，由国家强制力保证实施的行为规范。法律规范在形式上表现为法律条文，在内容上则是指该法律条文所规定的权利和义务的具体内容。这些法律条文的存在，使社会成员清楚在从事某种活动时，自己可以做什么或不能做什么，这种明确的预期，可以确保社会在有序的状态中运行。

（二）新闻传播法及其调整的内容

新闻传播法是指国家制定的调整新闻传播主体之间在新闻传播活动过程中形成的权利和义务关系的法律规范。新闻传播法属于法律调整机制的一个重要组成部分，它规定在新闻传播活动过程中，新闻媒体、新闻记者、政府、公民和法人之间应享受的权利和应履行的义务。新闻传播法律规范在调整人们行为时虽然具有自身的特点，但这些特点都是和法律规范在调整人们行为时所具有的特点相联系的。例如，具有明确的目的性，是为了保证社会的健康发展。在这里，对党性和阶级性的强调是这种目的性的具体体现。再如在规范性方面，传媒业力求通过自己客观公正的新闻报道，保障社会所有成员的合法权益，这和法律规范追求的终极目的是完全一致的。

从法律调整的局部看，它调整的是与新闻传播活动相关的社会参加者彼此之间的关系；而从法律调整的全局看，它属于社会调整系统的一个重要组成部分。因此，新闻传播法的制定对于一个社会的健康有序发展具有极其重要的意义。无论是法律调整还是新闻传播法律规范调整，它们的力量都是刚性的，即在作用发挥的背后都有国家强制力的支撑。

第二节　新闻传播法律关系的主体

法律关系的主体是指在法律关系中依法享有权利和履行义务的人或组织。法律关系主体是由法律确定的，法律属性是其显而易见的属性。新闻传播法律关系的主体，是指新闻传播法律关系中享有新闻传播活动权利和承担新闻传播活动义务的人或组织。和所有法律关系一样，传播必须由两个以上的主体参加才能构成完整意义上的新闻传播法律关系。新闻传播法律关系的主体，必须具备新闻传播法律关系的主体能力，即具备参加新闻传播活动权利和承担新闻传播活动义务的资格。法理上一般认为，这种主体能力包括权利能力（依法享受权利和承担义务）、行为能力（通过自己的自主行为取得权利和承担义务）和责任能力（承担法律责任的能力）三个方面。新闻传播法律关系的主体能力是由法律规定的。

我国新闻传播法律关系的主体主要包括新闻媒体、新闻记者、政府、公民和法人五种类型。这五种新闻传播法律关系主体共同参与新闻传播活动并在这个过程中享受权利,履行义务,最终完成法律意义上完整的新闻传播过程。

一、新闻媒体是新闻传播法律关系中最基本的主体

在新闻传播法律关系的五个主体中,新闻媒体是最基本的和最重要的主体,离开新闻媒体而发生的法律关系就不属于新闻传播法律关系。换句话说,没有新闻媒体就不可能产生新闻传播法律关系。新闻媒体就其主体资格而言是法人主体。法人是指具有民事权利能力和民事行为能力,依法享有民事权利和承担民事义务的组织。它是和公民主体法律地位平等的一种法律主体。法人成立必须具备这样一些条件:依法成立;有自己的名称、组织机构、住所、财产或者经费;能够独立承担民事责任。根据《中华人民共和国民法典》的规定,法人分为营利法人、非营利法人和特别法人三类。营利法人是指以取得利润并分配给股东等出资人为目的的法人。营利法人主要指以取得利润并分配给股东等出资人为目的成立的法人,包括有限责任公司、股份有限公司和其他企业法人等。非营利法人是指为公益目的或者其他非营利目的成立,不向出资人、设立人或者会员分配所取得利润的法人。非营利法人主要包括事业单位、社会团体、基金会、社会服务机构等。特别法人则指机关法人、农村集体经济组织法人、城镇农村的合作经济法人、基层群众性自治组织法人。

根据法人的分类,我国新闻媒体主要由两种法人组成。第一类为非营利法人。以报社、通讯社、电台、期刊社等为主的我国传统媒体一般均为非营利法人。这是由这些法人的特点决定的。首先,这些传统媒体在成立之初的主要使命是实现社会公共利益。这些法人成立后,积极主动地宣传党的路线、方针和政策,传播党和国家的治国理念和政策,反映国计民生中的新做法、新现象和新问题,抨击社会不良行为,推动社会文明进步,促进美好的中国社会的建设。它们在成立之初进行了严格核准登记和成立手续,都拥有相对独立的财产和完备的组织运转系统。当然,随着社会主义市场经济的深入和市场化的持续推进,伴随新媒体时代的到来和媒体融合的进程,曾经相对单一的非营利法人的特征,也出现了一些变化。尤其是随着传媒集团的普遍成立,其营利法人的特征正在不断显现。第二类为营利法人。以数字技术为基础,通过计算机网络、无线通信网、卫星网络等发展起来的,借助电脑、手机和数字电视终端等运行各类新媒体,正在成长为新闻传播中的关键力量。与传统媒体不同,新媒体在成立之初面对的是人员完备、势力强大、技术成熟、布局完整的传统媒体,要让自己在传统媒体的重重包围中获得生机,除了需要人力资源(创想、规划等),财力(资本)的引入也不可避免。只有大规模"烧钱"后,才能探明前路。因此,其成立之初必须倚仗资本的力量,而资本逐利的本能决定了其后续发展中的营利特征。当然,无论是非营利法人还是营利法人,都不会影响传统媒体和新媒体法人的本质。

二、新闻记者是新闻传播法律关系中最关键的主体

新闻记者的主体身份可以分为广义上的身份和狭义上的身份两种。广义的新闻记者是指所有从事新闻传播行为的社会成员。从法律的角度看,任何一位公民只要在新闻媒体上发表新闻,都可以成为完整意义上的新闻传播法律关系的主体。因为任何一位公民一旦在新闻媒体(无论是传统媒体还是新媒体)上发表新闻,就完成了新闻从采写到发表的所有流程,因而我们说现代社会"人人皆记者"。随着新媒体时代的到来和智能手机的普及,现代社会中除了极少数人,其他人几乎都有在社交软件等新媒体上传播信息的行为,因而这里的"新闻记者"涵盖了绝大多数社会成员。狭义的新闻记者通常是指在新闻媒体中专门从事新闻传播活动的人员。本书所指的新闻记者是指广义的新闻记者。从法律关系主体的种类来看,新闻记者首先是公民(自然人),他们享有法律所赋予的权利,承担法律所规定的义务。同时,他们还有能力通过自己的行为享受这种权利和履行这种义务。从民法的角度看,担当新闻记者这一社会角色的公民理所当然地具有民事权利能力和民事行为能力(或部分民事行为能力),如果离开了这个前提,新闻记者就不能成为新闻传播法律关系中的现实主体。当然,随着智媒时代的到来,更多的智能机器人将参与到新闻传播活动中来。这些智能机器人是不是新闻传播法律关系中的合格主体,一旦发生新闻侵权将如何承担法律责任,将成为一个重要的新问题。

新闻媒体开展新闻传播活动,必须借助一批专业的新闻记者,因而专业新闻记者在新闻传播法律关系中具有举足轻重的地位。在绝大多数情况下,专业新闻记者从事新闻采访和报道是其履行职务的行为,在这种情况下,其新闻传播法律关系的主体地位是十分明显的。而在今天这样的新媒体环境下,更多的人所从事的新闻采访和报道不属于履行职务行为。这时,新闻记者实际上承担着传统媒体中"通讯员"的角色。一般情况下,通讯员将自己的作品交予新闻媒体发表,其行为不属于履行职务行为,其新闻传播法律关系中的主体地位不明显,但从本质上来说,通讯员或其他新闻作者具有与专业新闻记者同等的法律地位,他们是我们所说的广义的新闻记者。

三、政府是新闻传播法律关系中特殊的主体

在新闻传播法律关系的五个主体中,政府是一个地位十分特殊的主体。这种特殊性表现在:一方面,政府规定着新闻媒体的创办,行使着对新闻媒体的管理职能,是新闻媒体的主管机关;另一方面,新闻媒体把政府作为报道对象,政府的行为应该受到新闻媒体的监督。有研究者认为,在表达自由制度层面,政府是自由的敌人

和朋友:"政府可以是表达自由的敌人,但在促进表达自由各项权利实现的过程中,政府同样也可以扮演非常积极的角色,发挥自由的朋友的作用。"[1] 随着社会监督系统的日渐成熟,政府对新闻媒体的制约作用越来越大,即便像美国这样一些宣称新闻出版自由程度高、传媒业比较发达的国家,政府也可以随时对新闻业采取制约措施。从根本上来说,这种情况的出现对传媒业来说并不是好消息,却在相当长的时间里无法改变。当然,从另一个方面讲,传媒业越发达,对政府的监督越广泛,其所起的反向制约作用也就越大,这是一个互相制约的过程。社会的有序发展和文明进步,需要这样的双向制约。

从法人种类看,政府属于特殊法人主体。这种特殊法人是指为实现国家的治理职能,以国家预算拨款为其独立活动和承担民事责任经费的社会组织。这些组织包括从中央到地方的各级国家权力机关、行政机关、军事机关及司法机关。与其他法人相比,这种特殊法人具有这样一些特点:成立的依据通常是宪法和各级组织或上级机关的决定,不需经过企业法人成立的行政程序;国家预算为特殊法人拨发经费;从事国家行政管理活动,履行对国家政治、经济、军事、文化及司法等方面的行政管理职能。

从我国的实际情况看,政府这一特殊法人实际上是我国诸多新闻媒体的上级主管部门,对新闻媒体的规制措施也由其做出,这就决定了这一主体在新闻传播法律关系中具有特殊的地位。

四、公民是新闻传播法律关系中最普遍的主体

公民的法律关系主体地位,在宪法和其他法律中都有明确规定。宪法首先确定的是公民的身份问题。《中华人民共和国宪法》第三十三条规定:"凡具有中华人民共和国国籍的人都是中华人民共和国公民。"而在民法中,公民是指享有民事权利和承担民事义务的个人(自然人),民法解决的是公民的主体资格问题。根据这些法律的精神,我们可以确认,首先,公民的民事权利能力受法律保护。这里的民事权利能力是指法律赋予公民参加民事法律关系、享受民事权利和承担民事义务的能力。《中华人民共和国民法典》第十三条明确规定:"自然人从出生时起到死亡时止,具有民事权利能力,依法享有民事权利,承担民事义务。"同时,这些法律规定了公民的民事行为能力。这里的民事行为能力是指国家法律赋予公民依法独立地进行民事活动,以自己的行为取得民事权利和承担民事义务的能力。《中华人民共和国民法典》第十七条规定:"十八周岁以上的自然人为成年人。"第十八条规定:"成年人为完全民事行为能力人,可以独立实施民事法律行为。十六周岁以上的未

---

[1] 王四新. 表达自由——原理与应用 [M]. 北京:中国传媒大学出版社,2008:105.

成年人，以自己的劳动收入为主要生活来源的，视为完全民事行为能力人。"法律还对限制民事行为能力和无民事行为能力进行了具体规定。

从上述规定中我们可以看出，公民的民事权利能力是始于出生而消于死亡的，是与人的生命相生相伴的。它是一种资格。而公民的民事行为能力则分为完全民事行为能力、限制民事行为能力和无民事行为能力三种情况。它和人的年龄、身体、智力发育状况密切相关，是一种执行能力。当把公民置于新闻传播法律关系的主体中来观照时，我们必须注意到上述这些特点。

在新闻传播活动中，公民不仅是新闻内容的主要来源之一（采访对象），还是新闻内容的主要消费对象（受众），因而其主体地位是毋庸置疑的。尤其是在现代社会，随着网络的普及、新闻竞争的不断加剧和人们对信息需求的日渐强烈，新闻报道出现了强烈的平民化倾向，主要表现为题材选择的平民化、报道角度的平民化、栏目设置的平民化、新闻语言的平民化以及记者的平民化。这种平民化成为新闻报道主体实际上暗含一个前提：公民的新闻记者身份在强化，专业的新闻记者不是万能的，平民化的报道内容有很多出自平民本身（提供线索或直接采写）。在相当长一段时间里，民生新闻广受关注，这从侧面说明了公民的主体地位在强化，而随着媒体的大量出现，需要更多的公民参与其中，如此才能更好地满足公民海量信息的需求。

五、法人是新闻传播法律关系中最具成长性的主体

这里的法人包含了营利法人、非营利法人和特别法人三种。法人同样具有民事权利能力和民事行为能力，但是其民事权利能力和民事行为能力是同始同终的，这与公民的民事权利能力和民事行为能力有一定的差异性。

在新闻传播法律关系中，法人的主体地位类似于公民的主体地位，尤其在20世纪90年代以后，由于社会主义市场经济体制在我国的全面推行，新闻传播活动和法人的关系日渐密切复杂，因此，法人的主体地位日益受到重视。近年来，新闻侵权诉讼案件多发，而原告经常是企业法人，这也从一个侧面说明法人在新闻传播法律关系中的主体地位。

第三节 新闻传播法律关系的客体

法律关系的客体是指法律关系主体的权利和义务所指向的对象。一般情况下，法律关系的客体包括物、行为和精神产品三种。新闻传播法律关系的客体是指在新闻传播活动过程中，新闻传播法律关系主体的权利和义务所指向的对象。它同样包括物、行为和精神产品三种。

一、作为新闻传播法律关系中的客体的物

物是新闻传播法律关系中的第一种客体。在民法中，物是指在法律关系中可以作为财产权利对象的物品，具体包括天然物、生产物、活动物、非活动物等多种类型。在新闻传播法律关系中，物必须是和新闻传播活动相关的有助于新闻传播活动完成的物品。新闻传播活动必须借助一定的物质工具才能完成。报社要传播新闻信息，必须借助物化了的载体如纸张等；电视台要传播新闻信息，必须借助必要的信号发射装置。如果说报社记者的笔记本、电脑、钢笔、纸张等传播新闻的工具的特色还不够明显的话，那么电视台记者的摄录设备就具备了十分明显的新闻传播工具特色。在今天这样的智媒时代，物则主要指网络设备、计算机系统、软件系统等种类繁多的智能数字平台设施。总体而言，不管其新闻传播工具的特色是否明显，只要它用于新闻传播活动，就具备了新闻传播法律关系客体的物的特征。这里需要说明的是，在新闻传播活动中，物的价值大小对新闻传播法律关系并无根本性的影响，但其要能够满足新闻传播的基本需要。新闻报道中新闻传播工具科技含量的增加和价格（价值）提高可以帮助新闻记者更好地完成新闻报道工作，但无法改变新闻传播的性质。

没有物作为客体的新闻传播法律关系是难以成立的。因为，一切思想的、意志的行为必须借助物化的形式来实现传播目的。譬如说，新闻记者撰写了新闻作品后，必须通过一定的物质载体如纸张、网络进行传播，否则，是无法实现其传播功能的。抽象的思想和意志必须借助具体的物化形态实现传播目的。用户接收新闻信息，必须借助报纸、电视机、电脑、手机等这样一些客观的物体。没有客观载体的新闻传播行为是无法想象的。随着社会的发展和科技的进步，新闻的物质载体呈多样化的态势。例如，网络的发达使电脑载体对人们接收新闻信息影响深远；智能手机的普及和新闻载体功能的强化则对新闻传播活动产生了影响。

二、作为新闻传播法律关系中的客体的行为

行为是新闻传播法律关系中的第二种客体。民法意义上的行为是指具有法律意义的人的活动，表现为义务人完成其行为从而产生能够满足权利人利益要求的结果，包括物化结果（如建筑物）和非物化结果（如服务行为）。在新闻传播法律关系中，这种行为必须是发生在新闻传播活动中的。譬如，新闻记者采访的行为、新闻媒体发布新闻作品的行为，都属于新闻传播法律关系中作为客体的"行为"。当然，具体的行为必然和一定的权利及义务联系在一起。我们讲新闻记者具有新闻采访的权利，其采访过程就是一种新闻传播活动，这种行为就具有权利和义务的内涵。何种

行为是可以做的,何种行为是不能做的,这些都具有法律意义上的客体的意义。例如,提问是新闻采访中的一种基本行为,但提问的合适与否,会产生不同的法律后果,一位新闻记者得知某商店有假冒××牌感冒药出售后,假扮成一位普通顾客前去进行隐性采访。在采访过程中,他可能会有不同的提问方式。如果他问:"有××牌感冒药吗?"药店售货员作出肯定回答并销售给了他假药,记者据此对该药店销售假药的情况进行曝光,就不存在违法问题。如果他这样问:"有假的××牌感冒药吗?"即使药店售货员给了他这种假药,他的曝光行为本身也有违法之嫌。这是因为,在第二种问话的状态下,虽然新闻记者仍然假扮一位无职无权的普通公民,但其问话的方式具有明显的引诱色彩——主动引诱对方从事出售假药这种违法行为。我们国家并不允许买卖假药行为的存在(主动购买假药也不允许),因而该新闻记者的行为无疑存在违法之嫌。

值得注意的是,新闻传播法律关系中的行为应与新闻作品的发表联系起来,否则无法体现新闻传播法律关系的特征。向他人打听各类信息的民事行为和新闻记者向新闻事件的知情者进行采访的行为具有共同的特征,如果不考虑新闻作品发表的事实,就很难将两者区别开来。但事实上,两种行为所产生的后果是迥然不同的。新闻传播活动中的人的行为会导致一系列后果。没有行为的新闻传播活动同样是无法想象的。

三、作为新闻传播法律关系中的客体的精神产品

以非物质财富的形式出现的精神产品是新闻传播法律关系中的第三种客体,并且是一种特别重要的客体。精神产品首先表现为智力劳动成果。民法中的智力劳动成果是指人的脑力劳动成果,具体表现为各类被记载下来的信息、知识、技术、标识和其他精神财富。在新闻传播法律关系中,智力劳动成果表现为具体的新闻作品。《中华人民共和国著作权法》第一章第三条规定,"作品"是"指文学、艺术和科学领域内具有独创性并能以一定形式表现的智力成果"。对作品的这种定义同样适用于我们对新闻作品的定义,也就是说,新闻传播法律关系中作为客体的智力成果一般表现为新闻作品。新闻作品是指在新闻传播活动过程中,具有独创性的、可以以某种有形形式表现的智力创作成果。

非物质财富的表现形式还与人格权密切相关。公民的名誉、隐私、肖像、姓名等,构成了人格权的主要内容,这些内容时常成为新闻报道的对象,与新闻传播活动存在广泛的联系。在新闻传播活动中,新闻报道往往涉及对人的评价,因为新闻报道是一种人格评价行为,所以,在新闻传播法律关系中,名誉等是重要的客体。

在新闻传播法律关系中,"单纯事实消息"同样是新闻传播法律关系中的客体。《中华人民共和国著作权法》第五条明确规定"单纯事实消息"不适用于著作权法,

但是，在新闻学视野中它具有明显的新闻智力成果的特征，因而它属于新闻传播法律关系中的客体。事实上，很多优秀的"单纯事实消息"作品篇幅虽然短小，但构思十分巧妙，充满了写作者的智慧，应该受到法律保护。这里必须说明的是，"单纯事实消息"虽然不受《中华人民共和国著作权法》保护，但它受到了《中华人民共和国民法典》的保护。

第四节　新闻传播法律关系的内容

法律关系的内容是指法律关系中主体所享有的权利及所承担的义务。权利是指法律规定的法律关系中主体所享有的某种权益或权能。它受到法律的承认和保障，主要包含以下三个方面的含义。(1) 享有权利的人有权做出一定的行为。(2) 享有权利的人有权要求他人做出一定的行为。(3) 享有权利的人有权要求任何组织和个人停止非法侵害（不得做出某种行为）。当这种权益受到不法侵害时，当事人有权要求法律出面干涉，通过国家强制力帮助其享有其权利。依据权利而做出的行为，即一种法律行为。这种法律行为具有两层意义：其一，法律行为之实施，由当事人自由选择，即不必征求他人意见，无须获得公权力者的许可；其二，法律行为之实施，不必向任何人宣示理由，仅凭个人意志即可。①

义务是指法律规定的法律关系中主体所承担的某种必须履行的责任。它具有如下两个特征。(1) 义务人必须按照权利人的要求做出一定行为。(2) 义务人必须按照权利人的要求，停止某种行为。在法律关系中，权利和义务是统一的、不可分割的有机整体。义务是实现权利的基础，权利则是履行义务的前提。没有无权利的义务，也没有无义务的权利。"法律是以权利和义务双向机制来指引人们的行为，调整社会关系的，并且是在权利和义务的互动中运行的。权利和义务各有其独特的而总体上又是互相补充的功能。这表现在：权利以正向的利益引导人们行为，义务以负向的惩罚引导人们的行为。"②

我们在讨论新闻传播法律关系中的主体时，主要依据民法的一般原则。新闻传播法律关系中的主体分为新闻媒体、新闻记者、政府、公民和法人五种，但是从这些主体在新闻传播法律关系中的地位分析，新闻媒体和新闻记者的地位、公民和法人的地位是相同或相近的，因此，为了比较方便而简洁地讨论新闻传播法律关系中主体的权利和义务，我们将新闻媒体和新闻记者、公民和法人放在相同的地位，简化为三个主体。这样归纳不仅仅是为了方便讨论问题，关键还在于四者享有的权利和应承担的义务是基本一致的。

---

① 朱庆育. 民法总论 [M]. 2版. 北京：北京大学出版社，2013：112.
② 公丕祥. 法理学 [M]. 上海：复旦大学出版社，2002：197.

我们分别从三者间的关系来探讨三者彼此的权利和义务内容。

一、新闻传播法律关系中主体的权利

(一) 新闻媒体和新闻记者的权利

新闻媒体和新闻记者有开展新闻传播活动的社会职能，二者有权通过新闻传播活动实现自己的新闻理想和经济利益。新闻媒体和新闻记者权利的享受可以通过许多方式呈现出来，因为这种权利的内容是十分广泛而丰富的，但是，从核心内容来看，推动新闻媒体和新闻记者持续致力于新闻传播活动的核心驱动力，是新闻理想和物质支撑。因此，这种精神追求与物质保障是二者的核心权利。

现代社会是一个数字化社会，无论从哪个方面去强调数据在现代社会中的作用都不过分，因为人们的生活已经无法离开数据了。在资讯十分发达的现代社会，人们对数据已经越来越存在依赖性，而在诸多由数据构成的信息中，新闻信息是最普遍、最常见和最重要的信息。新闻传播活动是现代社会中一种十分普通的社会活动。随着科学技术的日渐发达和传播手段的不断丰富，世界各国的差距正在不断缩小。"地球是个村落"，1962年，加拿大著名传播学家马歇尔·麦克卢汉在《理解媒介——论人的延伸》一书中这样形容近几十年世界的发展和变化，而促使"地球变成村落"的，正是快捷而又方便的信息传播手段的实现。在当今社会中，如果没有信息传播，这个社会将是难以想象的。在信息传播中，新闻信息的传播无疑是最为重要的。尤其是在现代社会中，随着新闻内涵的不断拓展和新闻传播手段的不断智能化，新闻传播的内容已变得十分庞杂。新闻媒体和新闻记者正是以新闻信息的传播为己任的，因而法律必须保障二者顺利地履行开展新闻传播活动这一社会职能。

第一，新闻媒体和新闻记者履行新闻职能的过程，是实现自身新闻理想的过程。新闻媒体和新闻记者传播新闻信息的过程，是一种意识形态的活动过程。在这个过程中，二者以怎样的态度来处理和评价新闻信息，最终成了二者构建自身新闻理想的过程。新闻是十分强调信息的真实性的，因此，新闻媒体和新闻记者不能为了自身的新闻理想而"改造"新闻，但是，二者对新闻的作用、价值的认知，往往在二者选择新闻的过程中就体现出来了。在传播新闻的过程中，具体的某一条新闻不足以构成价值体系和道德评价标准，更不能代表新闻理想的核心内涵，但当这些具体的新闻积累到一定数量后，必然会潜移默化地对接收者产生价值观和思想意识方面的影响，最终对全体社会成员的道德标准和社会理想产生影响。

英国传播学者詹姆斯·卡伦说："诚然，作为一个整体，媒体已经成为社会整合的中介力量，其所扮演的角色可以与中世纪中期的教会比肩。与中世纪的教会一样，媒体把不同的群体联结起来，提供了一种共享的经验，从而促进了社会的团结。

媒体还强调了集体主义价值观，把人们联结得更为紧密，媒体的影响力可与中世纪教会相提并论。基督教的信众被消费主义的信众所取代。消费主义的信众享受着消费广告的盛宴，在一个又一个仪式化的国家媒体事件中强化了自己对民族主义的信念。""在一个更为世俗化的社会，现代媒体扮演了教会的角色，向大众解释并帮助他们理解这个世界。与他们的僧侣前辈一样，职业传播者们放大了使社会体系合法化的代议制政体。"① 正是这样的原因，每个国家的统治者都会用自己的主流意识去规范新闻媒体和新闻记者，以使新闻传播能为自己的统治服务。但是，这并不影响新闻媒体和新闻记者去实现自身的新闻理想。事实上，在阶级社会中，统治者和新闻媒体、新闻记者之间的根本社会理想是一致的，尽管在某些具体的问题上会有差异；否则，新闻媒体和新闻记者就很难获得良好的生存环境，新闻媒体传播信息的功能也很难顺畅地实现。

新闻媒体经常用坚守社会良知、追求社会正义来表达自身的新闻理想。这样的"坚守"和"追求"得到了新闻人的普遍认同，也成为体现新闻媒体力量的关键要素。对"良知"和"正义"的守护，则体现了新闻人一种与职业伴生的强烈的社会责任感。社会的复杂性决定了这个社会必然会有阴谋、丑陋、黑暗、不公……这些消极因素的存在，必然会危及社会的健康，因此需要有监督和纠错机制。在诸多遏制机制中，新闻媒体是一种具有特殊作用的力量。荡涤黑暗、消弭不公、展现社会的美好，这是新闻媒体的重要功能，也是一位新闻人不断趋向高尚的必经之路。新闻媒体和新闻记者会通过新闻选择，帮助他人（用户）了解和理解这个世界，但这种了解和理解实际上更多的是反映新闻媒体和新闻记者对世界的认知。

第二，新闻媒体和新闻记者履行新闻职能的过程，也是实现自己经济利益的过程。在西方国家，新闻媒体的商业化特征是十分明显的，新闻媒体实际上是媒体所有者实现自己经济利益的工具。在我们国家，作为党和政府的喉舌，传媒业所承担的宣传功能使它不必为生存担忧。随着社会主义市场经济体制在我国的全面推进，传媒业虽然作为党和政府的喉舌作用没有发生改变，但党和政府已不再承担（或不主要承担）新闻媒体的生存发展资金，市场的选择作用越来越重要。在社会效益和经济效益的选择面前，生存的危机感使越来越多的新闻媒体更在乎自己的经济利益。当然，这种经济利益不是通过搞"有偿新闻"等获得的，而是通过对新闻媒体及相关产业的经营获得的。在新闻媒体和新闻记者实现自身经济利益的过程中，虽然也出现过一些问题，但这并不说明二者对经济利益的合法追求存在什么问题，相反，法律应当保护这种追求。传统的报业集团、广电集团等媒体集团目前在全国各地已经相继成立，形式多元的新媒体企业的多元化经营更是风生水起、风光无限，在市

---

① 卡伦. 媒体与权力 [M]. 史安斌, 董关鹏, 译. 北京：清华大学出版社, 2006：98-99.

场经济的浪潮中，新闻媒体展现出了其前所未有的发展活力，其也成为市场经济发展过程中一抹亮色。

新闻媒体和新闻记者对经济利益的追求，曾经历了一个从"羞羞答答"到"理直气壮"的过程。市场是最好的导师，市场竞争法则是最好的示范课；当新闻媒体对市场的"试水"因为患得患失而屡受挫折后，它们终于逐渐寻找到了合适的发展路径。当然，我们这样说并不意味着我国新闻媒体市场化的过程已经毫无问题，而是说，新闻人已经基本学会了用市场规则来应对市场中的问题，而不是像开始那样动不动还要指望"计划之手"施以援手。传媒业惨烈的竞争过程也大致体现了这样的变化。可以说，没有经济利益的支撑，现代传媒业将寸步难行。

（二）政府的权利

政府担负着维护国家有序运行、组织社会生产和保护国家安全等一系列社会职能，政府在履行治理国家的职能时，不受新闻传播活动的非法干预。

关于政府的定义，一般可以分为广义和狭义两种。从广义上看，政府通常是指中央和地方全部的国家机关，由立法、行政和司法等部门组成。而狭义的政府则不包括立法和司法部门。我们这里所指的政府是指广义的政府，通过立法、行政和司法等组织的协同作用实现社会治理目标。有学者强调现代国家行政管理的一个重要特征就是具有法治特征。"具体表现为：行政管理的各个领域都有有关法律规定，都能有法可依；行政管理的各个部门、各个机构的权力都是依法授予的，它们各自在法律授予的权限范围内活动；行政机关对国家各种事务的管理都是以有关法律为依据的，必须依法行政；一切行政机关都是依据宪法或有关法律、法规设置的；行政机构中各个组织和工作人员的职责、权利和义务都用法的形式被明确规定下来；对行政机关及其活动，都有一套完备的法律监督制度。这当然是国家行政管理的理想模式，尽管在具体运行的过程中，政府'非法行政'的事情还屡有发生，但理想模式的确定终究是令人欣喜的。"[①] 不言而喻，现代政府的治理已经迈上了法治的轨道。法律对政府的权利进行了规定，通过规定，政府可以比较方便地行使治理国家的职能。一旦政府的这种权利受到新闻传播活动的非法干涉，政府将无法履行治理国家的职能，国家的生存发展将可能受到影响。这无疑也是新闻媒体不愿意看到的。

在法律授权的基础上，政府根据相应的权限治理国家。政府治理国家的权利一般通过横向结构和纵向结构实现。从横向结构看，包括立法、行政、司法三大块。立法机关的治理权利具有双重性，一方面是传达民意，即将社会的要求融入法律；另一方面则代表政府，是政府机关的一部分，直接参与对社会成员的支配和治理活

---

① 张永桃. 当代中国政治制度 [M]. 北京：高等教育出版社，1990：144.

动。在我国，立法机关是全国人民代表大会及其常务委员会。行政机关专司整个社会的治理之职。国家政权对于社会的协调、监督和治理主要是通过它来实现的。我国的行政机关主要是国务院和地方各级人民政府。司法机关主要包括法院、检察院、公安机关（含国家安全机关）、司法行政机关及其领导的律师组织、公证机关等。

从纵向结构看，包括从中央到地方、从高层到基层的组合方式及其相互关系。就宏观意义而言，这种结构就是我们通常所说的国家结构形式，也就是中央和地方的关系。目前，世界上的国家结构形式主要分为单一制和复合制两种。在单一制形式的国家中，最高国家权力机关和行政机关被统一领导。中央政府对外代表国家，只有单一的宪法原则。我国即属于单一制国家。复合制则有联邦制和邦联制两种分类，在实行复合制国家结构形式的国家中，全国除了有统一的法律，各成员单位还有单独的宪法和法令，独立性较强，美国就属于联邦制国家。

当然，政府治理国家的权利还会通过其他方式实现，但是，不管通过哪种方式实现对国家的治理，新闻传播活动都不能妨碍政府对这种权利的行使。任何一个国家要稳定地运行，政府不受干预地依法治理是非常重要的。从政府的职能看，维护社会稳定、组织社会生产、维护国家安全等，任何一个职能的履行都不能受到非法干涉。新闻媒体就其职能而言，有监督政府依法行政的职能，但这种监督必须建立在"依法"的基础上。不依法的监督必然会导致舆论监督的失控和社会的动荡。

（三）公民和法人的权利

公民和法人是社会中最普遍的权利和义务的主体。一个国家只有保证了绝大多数的公民和法人的权利的实现，才能说是民主的法治国家。

我国公民的主要权利是由《中华人民共和国宪法》规定的，它包括以下方面内容。第一，平等权，即每个公民根据法律规定享有同等的权利。平等权是我国宪法的一条基本原则。例如，《中华人民共和国宪法》第三十三条规定："中华人民共和国公民在法律面前一律平等。"第三十四条规定："中华人民共和国年满十八周岁的公民，不分民族、种族、性别、职业、家庭出身、宗教信仰、教育程度、财产状况、居住期限，都有选举权和被选举权；但是依照法律被剥夺政治权利的人除外。"第二，政治权利和自由，即每个公民依照法律规定参与国家生活的权利。公民通过行使自己的政治权利和自由参与国家管理，监督国家机关及其人员，保证国家按照民主与法治的要求发展。《中华人民共和国宪法》规定的公民的政治权利和自由包括选举权和被选举权、监督权以及言论、出版、集会、结社、游行、示威的自由。第三，人身自由，指每个公民在法律所允许的范围内，有一切行为的自由。这种人身自由包括公民的人身自由不受侵犯，公民的人格尊严不受侵犯，公民的通信自由和通信秘密受法律保护。人身自由是公民安全地参加社会活动和享受家庭生活的保障，也是公民行使各种权利的基本前提。第四，宗教信仰的自由，指公民具有现在信仰宗教但以后不信仰宗教的自由；也有现在不信仰宗教而以后信仰宗教的自由；公民有信仰不同宗教或相同宗教中不同流派的自由。第五，文化活动的自由，《中华人民共和国宪法》第四十七条规定："中华人民共和国公民有进行科学研究、文学艺术创作和其他文化活动的自由。国家对于从事教育、科学、技术、文学、艺术和其他文化事业的公民的有益于人民的创造性工作，给以鼓励和帮助。"第六，社会经济权利，即公民享有劳动权、劳动者的休息权、退休人员生活保障权和年老疾病或丧失劳动能力的人的获得物质帮助权，以及公民参与企业管理的权利。另外，公民还享有获得健康、安全、舒适的生活环境的权利；从国家获得接受文化教育的机会以及获得受教育的物质帮助的权利。第七，其他权利，包括国家保护妇女的权利和利益；婚姻、家庭、老人、妇女、儿童受国家保护；国家保护华侨、归侨和侨眷的正当权益。

法人的权利除了在《中华人民共和国宪法》中有基本的宪法原则加以规定，还有专门的法律如《中华人民共和国民法典》《中华人民共和国公司法》等加以确定。法人的这些权利和公民的权利一样，是受到法律保护的。在新闻传播过程中，新闻媒体和新闻记者须臾都离不开和公民、法人。特别是经济新闻、社会新闻，已经成为各个新老媒体和新闻记者竞相关注的焦点，报道经济新闻、社会新闻也是新闻媒体不断争取用户的重要手段。因此，我们就特别要强调对容易受到侵害的公民和法人权利的保护。自由的新闻活动，绝不能侵害公民的权利（如名誉权）或法人的名誉（如法人的商业信誉）。如果新闻从业者法律意识淡薄，不仅会严重伤害公民或法人的相关权益，还会对自身的新闻传播活动和名誉构成严重的伤害，对此不可掉以轻心。

二、新闻传播法律关系主体的义务

（一）新闻媒体和新闻记者对政府的义务

政府在国家治理和社会发展中具有十分重要的作用。自由的新闻传播活动绝不能干预法律所赋予政府的权利。随着新闻媒体在人们日常生活中影响的增大，一些新闻人的自我意识开始过度膨胀，有的时候会对政府的合法行政行为施加不当干预。其中最常见的表现，就是新闻媒体在报道某些新闻事件时进行不实报道；不能正确把握好时机，干预、妨碍了政府做出正确合法的决策，媒体不能理性平衡地进行新闻报道，在舆论导向上出现了某种偏差，影响了政府行政行为的正常开展。在这些问题上，有许多前车之鉴。在西方一些传媒业比较发达的国家中，传媒业在20世纪初有过一个飞速发展的阶段。这种飞速发展也导致了两个结果：第一，由于过分追求利润，报纸的商业化色彩十分浓厚，黄色新闻和犯罪新闻泛滥，严重危害了社会风气和社会道德；第二，报纸的竞争和合并，报业所有权发生了高度集中，严重危害了社会民主的实施。报业所有权高度集中必然导致对民主权利和政府统治的威胁。因为出现了"一城一报"的现象，政府的管理思想便难以通过新闻媒体传达。有时候由于声音单一，新闻媒体直接对政府的权威构成挑战。对此，一些有良知的新闻媒体和新闻从业人员很早前就开始自觉地担负起了社会责任，通过新闻自律，履行对政府的义务。如《纽约时报》发行人奥克斯在报眼位置声明他们的新闻都是真实而有价值的——"本报所有新闻都是值得刊登的"。1904年，普利策在《北美评论》载文中指出："只有最高尚的理想、最严谨追求真理的热望、最正确丰富的知识以及最忠诚的道德责任感，才能将新闻事业从商业利益的臣属、自私自利的追求以及社会利益的敌对中拯救出来。"他们的这些思想，最终导致了西方国家新闻自律的普遍推行。从宏观的角度看，新闻媒体对自律的强调，从一个重要的层面体现了对政府义务履行的重视。

在我国，新闻媒体和新闻记者与政府的根本利益是一致的，某些局部利益的不一致是可以通过调整达到一致的。为了避免因为一些局部利益的不一致造成不必要的损失，我国还需要通过立法手段将这些义务明确下来。也就是说，在未来的新闻传播立法中，必须明确自由的新闻活动不能妨碍政府治理国家过程中正当权利的行使，否则就是滥用新闻出版自由。在当代中国，由于新闻出版自由的发展和新闻竞争的加剧，新闻媒体对政府活动的关注程度在不断提高，舆论监督的力度和广度在增加，这本身是一种好现象。但是，由于种种主客观原因，新闻媒体对政府的"新闻伤害"时有发生，导致政府履行管理职能时出现一些困难。此外，新闻报道的不当还引发了一些有碍社会稳定的事情，这是十分危险的，需要有科学的规制手段。

新闻舆论监督不是滥用新闻出版自由的借口。监督政府、监督行政，这是新闻媒体的基本职能之一，但作为社会组织中的一个基本单位，新闻媒体开展新闻舆论监督也必须遵守基本的规范。舆论监督是一种合法行为而不是率性之举，不能肆意妄为。一位学者在论述类似观点时提出："限制表达自由的滥用是为了更好、更有效地保障表达自由，而为了有效保障表达自由就必须限制表达自由的滥用。"[①] 新闻媒体对政府义务的履行，也是为了获得更大的自由发展空间。

(二) 新闻媒体和新闻记者对公民和法人的义务

新闻媒体和新闻记者在现代社会的发展中具有十分重要的作用。这种作用主要表现为通过褒扬社会美好、批评社会丑恶，成为推动社会向前发展的重要力量。新

---

① 甄树青. 论表达自由 [M]. 北京：社会科学文献出版社，2000：257.

闻媒体和新闻记者与公民和法人的关系是一种平等的关系，四者同属于新闻传播法律关系的主体。自由的新闻活动同样不能侵犯公民和法人的合法权益。新闻媒体和新闻记者在反映民众声音、帮助公民和法人行使权利方面的作用越来越大。但是，并不是所有应该得到表达的声音都能得到新闻媒体的有效传播。现代社会的阶层理论告诉我们，我国社会是由不同阶层组成的，不同阶层在表达意见时的声音有着明显的差异，在这种情况下，就特别需要新闻媒体提供可供弱势群体表达意见的通道或平台，把他们的声音聚集起来，以使他们的权益能得到足够多的关注。弱势群体的声音在许多时候是微弱的，但也是最需要倾听的。倾听弱势群体的声音，是一种人文关怀，这体现了人间的温暖。

自由的新闻活动要帮助公民实现自己的权利，不能妨碍他们行使权利，更不能诽谤他人、披露公民的隐私、损害公民的名誉，对公民人格权利造成侵害。法律赋予了公民十分明确的权利，但是，由于受到错综复杂的因素的影响，有些权利在法律规定到现实实现之间还存在着比较长的距离。新闻活动应该助推而不是阻碍这种权利的实现。

党的十一届三中全会以后，公民权利在宪法和其他法律中得到了明确。新闻记者素有"无冕之王"的美誉，但是，如果把这种美誉看成是一种特权，那么，这种膨胀的特权意识必将造成对公民权利的侵害。对此，所有的新闻媒体和新闻记者都必须保持高度警惕。随着社交媒体的快速发展和智能手机的普及，绝大多数社会成员都可以参与到新闻传播过程中来。他们以语音、视频、文字、图片等多种形式，传播着他们感官可及的信息，同时也转发着他人传播的信息，由此也形成了新闻传播史上从未有过的传播盛景。但是，这些参与传播的社会成员绝大多数没有学习过新闻传播的专业知识，也较少了解相关传播法规，因此社会成员享受言论表达自由的同时，也使得社会上出现了形式多样的非法现象和非道德现象。近年来，社会新闻、民生新闻的报道越来越受到媒体的关注，与此相随的，是公民人格权利的屡受侵害。例如，娱乐圈中的公众人物会受到许多人的关注，娱乐新闻中几乎每天都有演艺人员的隐私被传播。我们注意到，除了某些演艺人员的自我炒作或其经纪公司的刻意策划，有不少被曝光的演艺人员隐私与其演艺活动并无关系，这些隐私的曝光对当事人的生活造成了侵扰，有明显的侵权嫌疑。此外，在许多所谓的民生新闻中，普通公民的隐私也被肆意曝光。如果对此类现象不采取相应的对策，不仅会影响社会的有序发展，还会对传媒业自身的可持续发展带来消极影响。

自由的新闻传播活动要保护法人的合法权益，防止新闻传播行为造成对其合法商业利益（包括商业信誉）的侵害。实现商业利益是法人所追求的最主要目标，这是无可厚非的。在实行市场经济的今天，企业法人的商业信誉对于维护商业利益更是举足轻重。因此，新闻媒体和新闻记者必须严格遵守国家的法律，严格按照新闻规律办事，一方面要帮助法人实现自己的合法权益，另一方面要防止新闻传播活动对法人的商业利益造成伤害。法人（尤其是企业法人）是新闻传播过程中十分重要的一环，备受新闻媒体的关注。由于新闻的特殊作用，一旦法人的利益受到新闻媒体和新闻记者的非法侵害，势必会产生十分严重的后果。不当的新闻令一些百年老店、著名企业一蹶不振的事例已经有多个，必须引起人们的高度警惕。

（三）政府对新闻媒体和新闻记者的义务

西方国家许多人一般相信，预防政府治理出错的最好办法就是"以权力制约权力"，而"以权力制约权力"的前提，是法院存在于政府"旁边"而不是存在于政府"里边"。这样的理念，同样适用于我们分析政府和新闻媒体关系。政府不能借助自己的权威干涉或取消新闻出版自由，这是政府对新闻媒体和新闻记者所应履行的最为主要的义务。美国第一任总统、《独立宣言》起草人之一托马斯·杰斐逊曾说过："让我在有政府而没有新闻，以及有新闻而没有政府之间作一选择，我将毫不犹豫地选择后者。"通过他的这一言论，我们足见新闻的价值。伦敦大学詹姆斯·卡伦教授还从另外一个角度讨论了两者的关系。他认为，某些激进的媒体研究文献会作出这样的假设："政府控制的媒体是为政府服务的；企业控制的媒体则是为企业服务的。实际上，这些假设忽略了或低估了以下这些反向的影响力：私营媒体为了营利的目的需要维持观众的兴趣；它们还要维持其公共合法性，从而避免受到社会的谴责；它们还会受到从业者所信奉的专业精神的影响。所有这些因素都能够潜在地帮助私营媒体不屈服于其股东的政治义务和经济利益。与之相似，考虑到公共电视台的长远利益，我们应当帮助它们树立起独立性的声誉，从而使得它们赢得公众的信任，在现任政府的任期结束后继续维持它们在政治上所获得的支持。在许多实施自由民主制度的国家，不仅是媒体从业者出于专业角度考虑追求媒体独立的理想，政治精英阶层出于自身利益的考量也会支持这一理想。具体来说，所有的政府高官和政党领袖都明白，一旦他们失去了上电视的机会，就会在选举中失去现有的职位。一个以权力的抑制和平衡为特征的政治体系也会支持公共规制的电视体系的自主性。"[①] 尽管这段文字讨论的主要是传统媒体时代中电视的价值，但在新媒体时代其同样具有重要的现实意义。现代中国社会致力于建设的法治社会，是强调权力的抑制和平衡的。

在现代社会中，自由的新闻活动承担着政府管理职能所无法替代的责任，民主的政府会借助新闻活动帮助自己实现治理社会的职能。第一，通过新闻媒体宣传自己的主张。在现代社会，新闻媒体是最快速有效的大众传播工具，不会借助这种大

---

① 卡伦. 媒体与权力 [M]. 史安斌，董关鹏，译. 北京：清华大学出版社，2006：284-285.

众传播工具宣传自己主张的政府是无能的。在我国，政府的路线、方针、政策同新闻媒体和新闻记者所追求的目标是一致的，因此，政府可以借助新闻媒体宣传自己的主张。第二，民众的意见可以借助新闻媒体得到表达。即使再好的政策，社会成员也会存在不同意见和看法，对待这些不同意见和看法，政府正确的态度不是堵，而是导。通过新闻媒体，政府可以以"有则改之，无则加勉"的态度进行反思，同时也可以借此减轻社会对其的压力。如果政府的主张存在问题，政府还可以通过新闻媒体的报道及时发现和改正，从而防止造成更大的失误和损失。第三，政府可以借助新闻媒体了解民意，从而实施更加科学合理的社会治理措施。网络时代，汹涌的民意会给政府的社会治理带来压力，但换个角度思考，这种汹涌的民意也给政府有效治理社会提供了思路——民意集中表达的问题，是社会的主要矛盾所在，抓住并解决主要矛盾，可以高效治理国家。近年来，从中央到地方各级政府都以类似"网络问政"的方式了解民意，从而寻找社会治理的对策，这是社会治理中一种良好的"互联网思维"。

政府不干涉和取消新闻出版自由的另一个理由是，自由的新闻活动具有舆论监督的作用。我们一贯认同这样一个观点：缺少制约和监督的权力必将导致腐败。舆论监督作为对政府进行监督的一种有效手段，有着其他任何监督手段所无法替代的作用。因此，政府不能借取消新闻出版自由来取消这种社会监督手段。舆论监督能够十分有效地抨击社会不良现象，从而防止社会和政府的腐败，最终促使社会的进步和政府权威的建立，因此，政府应该采取有力措施对其进行保护。"在西方的法律文化中，政府被认为是除了为公共利益进行管理，别无特权。就是在管理中，政府也要遵守自己的承诺。政府是为民众权利而生的，当然不能随意破坏民众权利。这种有关政府承诺的观念，似乎和东方传统政治文化形成了有趣的对比。"[1] 如果政府认为自己"赐予"了新闻媒体产生的机会而拒绝接受新闻媒体的监督，就必然会失去一系列发现和改正自己错误的机会。

当然，西方国家政府对待新闻媒体和新闻记者的态度和原则，也是在长期实践和博弈中形成的。英国学者约翰·基恩曾描述过英国争取新闻出版自由的过程："纵观欧洲历史，为新闻自由而进行的最为持久、最早、最猛烈的斗争出现在英国（从英国迅速波及美洲，并对欧洲大陆略有影响）。文献中明确记载着英国人民斗争的里程碑：它开始于英国革命，这场革命摧毁了旧的生活方式，产生了弥尔顿的《论出版自由》，威廉·沃尔温的《富有同情心的撒马利亚人》以及几十本令人叹为观止的捍卫新闻自由的小册子。""这场支持新闻自由的长期革命，导致了威廉和玛丽所继承的笨拙的许可证制度的崩溃，导致了1694年所颁布的控制印刷法案的终

---

[1] 一正. 西窗法雨 [M]. 广州：花城出版社，1998：20.

结。""不过，反抗国家对媒体控制的斗争从来就没有停止过。18 世纪 20 年代，约翰·特伦查德和托马斯·戈登把言论自由向前推进了一步。在乔治三世时期，约翰·维克成功发起的运动又把这场斗争的范围进一步扩大，作为一名议员，他利用公开发行的报纸为自己辩护，拒绝被判别他犯了煽动诽谤和亵渎罪，使通过新闻媒体公开报道议会所进行的议程这一行为合法化。在 18 世纪 60 年代的两起重大案件中，政府发布一般逮捕令的权力被废除；从此以后，政府再也没有权力以公开发表煽动性言论为由逮捕任何嫌疑人，或者搜查嫌疑人的住宅和办公室，或是查封可以发现的任何被指控的文件。"① 这虽然只是一个国家的经历，但也从侧面说明政府在面对新闻媒体和新闻记者时，必须认真履行好自己的义务，唯有这样，才能更加有效地开展管理国家的工作。"在一个有序、和谐的社会中，媒体的存在并非基于其自身利益，而是整个社会公共利益的需要。对媒体的限制，尤其是一些多余的甚至不合理的限制，后果就是危害公共利益。"

当自由的新闻报道既成为政府治理社会的重要辅助力量，也成为政府权力规范行使的监督力量的时候；当政府的治理既成为自由的新闻报道的坚强支撑，又成为失范行为的规制手段的时候，才是法治社会的理想场景，才是新闻法治的理想目标。

（三）公民和法人对新闻媒体和新闻记者的义务

公民和法人的言行不应妨碍自由的新闻传播活动的开展，不能影响新闻出版自由的实施。宪法和法律明确规定了公民和法人所享有的权利和自由，但这种权利和自由不应当成为他们干涉自由的新闻活动的理由。享受权利便要承担义务，这是世人皆知的道理，对公民和法人而言也不例外。公民妨碍新闻传播活动的行为是多种多样的。第一种是直接干预，即公民通过直截了当的方式，对自由的新闻采访活动施加非法干预，从而影响新闻传播活动的顺利进行。近年来，新闻记者在开展新闻传播活动时受到直接干预的情况时有发生，严重的表现为暴力干预，使正常的新闻传播活动受到了直接、粗暴的干涉。这样的干预行为，不仅影响了新闻传播活动的正常开展，也对我国的法律尊严构成挑战。第二种是无理诉讼，即公民在没有充分、恰当理由的时候，就先把新闻媒体和新闻记者告上法庭，妨碍新闻传播活动的开展。诉讼是需要投入巨大成本的，这种成本主要不是物质成本，而是精神成本。新闻媒体和新闻记者把大量精力投入新闻诉讼，会严重影响新闻记者参与新闻工作的热情。持续时间较长的新闻诉讼，更会令新闻记者心力交瘁。第三种是公民向新闻媒体提供虚假的新闻信息，使新闻的真实性受到挑战。新闻报道是以真实的事件为前提的，随着新闻传播活动范围的日益扩大，新闻记者对新闻源的依赖性越来越强，新闻记

---

① 基恩. 媒体与民主 [M]. 邵继红，刘士军，译. 北京：社会科学文献出版社，2003：7-9.

者要眼观六路、耳听八方,重要的是依靠公众的力量,如果新闻源消息失实,会导致严重后果。凡此种种,都构成了对自由的新闻传播活动的干扰。

法人对新闻传播活动的干扰比较多的是法人通过所谓的"公关行为",导致"有偿新闻"频频出笼,"有偿不新闻"现象时有发生。这种"公关"实际上是用金钱"攻关",以求用较少的投入,获得较大的收益(发表"有偿新闻"或停止发表曝光该法人单位不良内容的新闻)。这同样是对自由的新闻传播活动的非法干预,是对新闻媒体和新闻记者权利的侵害。"市场自由主义者认为,媒体应该同时提供两种服务,一种是向观众提供节目,另一种是向广告商提供观众。"[1] 我国新闻媒体大体也是如此,进入新媒体时代,这种情况表现得尤为明显。新媒体对流量的疯狂追求,实际上就是希望用更多的用户数量,去获得广告商的青睐。随着媒体市场化程度的不断提高,其对广告商的依赖性越来越强,看广告商的眼色行事,成了众多新闻媒体别无选择的选择,于是,新闻的公正性就可能深受经济因素的影响。

无论是公民还是法人,都必须依法维护新闻媒体和新闻记者的权利,保证新闻传播活动的自由开展和新闻出版自由在新闻传播活动中的全面贯彻。事实已经反复证明,没有自由的新闻活动,其他自由和权利都难以得到有效保障。

明确新闻传播法律关系不同主体间权利和义务的内容,对于我们科学探讨新闻传播活动中权利和义务问题乃至探讨新闻侵权问题,具有举足轻重的作用。只有明晰彼此可以享受的权利和应该履行的义务之后,我们才能分析由此衍生的一切是非曲直。事实上,围绕新闻传播活动的许多争议,归根到底也是为了明确某个主体的权利有没有受到侵害,或某个主体在新闻传播活动中是否履行了义务。只要明确新闻传播法律关系的权利和义务,我们在判断这样的争议时,就可能拥有一个基本准确的标准,新闻传播活动的开展,也才可能拥有更好的秩序。

---

[1] 基恩. 媒体与民主 [M]. 邵继红,刘士军,译. 北京:社会科学文献出版社,2003:49.

第四章　新闻权利的享受

对自由的保障是对人类自身尊严的保障。人生来追求自由，生来向往无拘无束的自由生活，可见，保障自由是对人天性的最好守护，也是对人权的尊重。但是，现实社会是所有人共存的社会，人们对自身自由的追求或者说对自身权利的行使，不可避免地会导致对他人自由和权利的影响，这就涉及权利的协调问题。而协调这个问题的前提：人的自由和权利不是绝对的。新闻权利作为人权的一项重要内容也是如此。人生来有表达思想、评说社会的欲望，这是一种值得加以保护的欲望和权利，但对这种权利的保护同样也存在一个前提：这种权利不是绝对的。人们有通过新闻媒体表达自己思想的权利，但这种权利不可被无限夸大，更不能因享受这种权利而侵犯他人的权利。当然，我们需要说明的是，权利的享受必须同人联系起来。因此，在本章关于新闻权利的讨论中，我们在分析宪法关于新闻权利的规定后，主要讨论新闻记者的权利。

第一节　新闻权利及其宪法规定

一、新闻权利

新闻权利和新闻义务是新闻传播法学这门学科中两个最为核心的概念。这种权利和义务与新闻媒体和新闻记者这两个新闻传播法律关系的主体密切相关、不可分割。但是，我们在讨论这两个核心概念时，主要将它们与新闻记者这一主体进行对应，这是因为一方面，如前所述，新闻媒体和新闻记者在新闻传播法律关系中具有基本相同的法律地位。另一方面，新闻权利的享受更多的是通过新闻记者这个具体的自然人主体来实现的，而新闻媒体享受新闻权利的过程与新闻记者新闻权利的享受过程基本相同。基于这种现实情况，我们这里讨论的新闻权利专指新闻记者可以享受的一种法定权利。

权利是按法律规定的相应的法律主体享有的某种权益或权能，换句话说，就是"可以做某件事"。法律规定的权利是每个人都可以公平享有的，一旦权利受到侵害，我们就可以寻求法律救助。基于社会生活的复杂性，对权利的保护也应有更加多维的层面。例如，法律保护的通常是基于习惯和普遍的社会常态的权利，但某些非常态的权利（如某些病患者的权利）也应受到保护。多数人的意见是法律产生的重要前提，但法律保护的是所有人，因而少数人的合理诉求也应该被保护和尊重。"如果一个人的所作所为不会影响他人的自由，那么他便应享有做出这个行为的权利。另外有人认为，当大多数人的利益不足以成为否认个人行为的充分理由时，个人就具有了权利；而且不难想象，正像少数人的意见有时会变成多数人的意见一样，少数人的权利有时也会变成多数人的权利。总而言之，大多数人的喜恶似乎不能作为个人权利的唯一立法依据。"① 我们讨论新闻权利，就是希望通过新闻媒体的作用，帮助社会的所有成员可以公正地享有法定权利。

新闻权利是指在新闻传播过程中新闻记者依法享有的权利。保障享受权利的最可靠手段是法律，因而法律规定的权利一旦受到侵害，新闻记者可以比较有效地寻求法律的保护。例如，采访权显而易见是一项主要的新闻权利，而暴力对抗新闻记者正常采访的行为是一种侵权行为，但在具体的新闻实践中，除非他人暴力对抗新闻记者正常采访行为造成了新闻记者的人身伤害或财产损失，否则新闻记者无法寻求法律的有效保护。令人沮丧的是，即使确实造成了新闻记者的人身伤害或财产损失，新闻记者也只能依据《中华人民共和国民法典》等法律规定，要求保护自身的人身权、财产权。这是因为直接的采访权保护只停留在理论层面，法律条文中目前还没有明确规定。

当然，包括《中华人民共和国民法典》《中华人民共和国刑法》等法律提供的对公民权利的保护对于保障新闻记者开展新闻传播活动同样意义深远，但限于明确的针对性条目的缺失，其保护力度和有效性必然大打折扣，因此，在未来的新闻传播立法过程中，关于新闻权利的明确规定十分重要。令人欣慰的是，尽管没有关于新闻权利的明确的法律规定，但在《中华人民共和国宪法》中，相关的原则性规定比较全面，这为我国有关新闻权利的法律规定的设立提供了美好的构想空间。

二、《中华人民共和国宪法》关于新闻权利的主要规定

《中华人民共和国宪法》是我国的根本大法，任何一部部门法的制定，都不能违反其精神。因此，我们在探讨新闻权利时，必须首先清楚《中华人民共和国宪法》中有哪些原则是和新闻权利密切相关的。这种讨论对未来的新闻传播立法具有重要意义。

《中华人民共和国宪法》中和新闻权利相关的条文甚多，联系比较直接、密切的主要有以下几条。

第二十二条　国家发展为人民服务、为社会主义服务的文学艺术事业、

---

① 一正. 西窗法雨 [M]. 广州：花城出版社，1998：29.

新闻广播电视事业、出版发行事业、图书馆博物馆文化馆和其他文化事业，开展群众性的文化活动。

第三十五条 中华人民共和国公民有言论、出版、集会、结社、游行、示威的自由。

第四十条 中华人民共和国公民的通信自由和通信秘密受法律的保护。除因国家安全或者追查刑事犯罪的需要，由公安机关或者检察机关依照法律规定的程序对通信进行检查外，任何组织或者个人不得以任何理由侵犯公民的通信自由和通信秘密。

第四十一条 中华人民共和国公民对于任何国家机关和国家工作人员，有提出批评和建议的权利；对于任何国家机关和国家工作人员的违法失职行为，有向有关国家机关提出申诉、控告或者检举的权利，但是不得捏造或者歪曲事实进行诬告陷害。

对于公民的申诉、控告或者检举，有关国家机关必须查清事实，负责处理。任何人不得压制和打击报复。

由于国家机关和国家工作人员侵犯公民权利而受到损失的人，有依照法律规定取得赔偿的权利。

第四十七条 中华人民共和国公民有进行科学研究、文学艺术创作和其他文化活动的自由。国家对于从事教育、科学、技术、文学、艺术和其他文化事业的公民的有益于人民的创造性工作，给以鼓励和帮助。

第五十一条 中华人民共和国公民在行使自由和权利的时候，不得损害国家的、社会的、集体的利益和其他公民的合法的自由和权利。

总体而言，《中华人民共和国宪法》中关于新闻权利的规定可以归纳为以下几个方面。

第一，对新闻媒体和新闻记者法律主体地位的确认。《中华人民共和国宪法》明确规定要发展"新闻广播电视事业"以及"其他文化事业"，这是对新闻媒体法律主体地位的确认。近年来，我国新闻媒体已真正从名义法人主体，转为能独立享受权利和承担义务的实际法人主体，《中华人民共和国宪法》的这条规定是对新闻媒体法人主体法律地位的确认，这种确认使新闻媒体可以真正地独立按新闻规律开展新闻传播活动，从而使受众享受更好的新闻服务。特别需要说明的是，伴随数字技术的快速发展，种类繁多的新媒体正在快速发展并深度介入人们的工作和生活，但在《中华人民共和国宪法》中并无关于新媒体法律主体地位的明确规定。这种情况并不意味着新媒体不是合格的新闻传播法律关系主体，新媒体作为一种新类型媒体，要在《中华人民共和国宪法》中得到明确，尚待未来修订《中华人民共和国宪法》时加以确认。在此之前,其主体地位完全可以被"其他文化事业"包含。事实上,党和国家一直高度重视新媒体的发展,并着力通过持续推进媒体融合,确保我国各类新媒体在社会文明进步中不断发挥作用。《中华人民共和国宪法》还明确规定我国公民"有进行科学研究、文学艺术创作和其他文化活动的自由",国家对公民的"有益于人民的创造性工作,给予鼓励和帮助"。这里虽然没有提到对新闻记者及新闻传播活动的明确保护,但新闻记者及新闻传播活动显然属于"公民"及文化活动的范畴,这种宏观保护也使新闻记者的具体新闻工作的法律地位得以确认。《中华人民共和国宪法》这些条文的明确规定,也使新闻记者可以从容地享受新闻权利,顺利地开展新闻传播活动。

第二,对言论出版自由进行了明确规定。言论出版自由是新闻记者所追求的新闻出版自由的主要内容之一。新闻媒体如报社、电台、电视台、期刊出版单位、网站、数字平台等是主要的出版机构,这些媒体所传递的信息是人们言论出版自由的物化形式。《中华人民共和国宪法》第三十五条逻辑性地从宪法原则层面对我国的言论出版自由进行了肯定。《中华人民共和国宪法》第三十五条规定的这条权利的内容主要包括:(1)公民有权通过新闻媒体获得和传播国内外信息,参与国家政治生活和社会生活;(2)公民有权通过新闻媒体对国家重大事务、国家机关及工作人员实行监督;(3)公民有尊重和保护新闻记者采访、报道和反映真实情况的权利;(4)公民有权获取知识,参加娱乐,满足文化生活的需要。《中华人民共和国宪法》规定的言论出版自由方面的主要内容包括:公民有充分表达思想和见解的权利;表现的形式内容不受非法干涉;言论出版自由应受合理限制,即必须在法律所允许的范围内。新闻言论自由主要也包含这样一些内容,所不同的是,新闻记者是以表达思想、看法和反映社会作为自己工作的主要职责的,因而他们更加关注这项权利。另外,《中华人民共和国宪法》还从一些侧面对新闻言论自由涉及的相关内容进行了规定,例如对公民规定的"批评和建议的权利",可以视作在法律层面对新闻媒体的批评报道和舆论监督的权利加以保护。

第三,明确对妨碍新闻言论自由的行为进行制裁。科学的法律应该体现"赏罚分明"的原则,也就是说,既要规定可以行使的权利,又必须规定对滥用权利者的惩罚和妨碍他人合法权利行使者的惩罚。"自由与限制,是一个事物的两个方面。法治国家存在二百余年所积累的常识:哪里没有法律,哪里就没有自由。法律对自由的作用,表现为为自由划定应有的界限,自由在寻找公认的合理界限时才和法律产生联系。言论自由,同时附有言论限制。不受限制的言论,同时也不被视为自由。"[①]《中华人民共和国宪法》明确规定我国公民"在行使自由和权利的时候,不

---

① 王锋. 表达自由及其界限 [M]. 北京:社会科学文献出版社,2006:40.

得损害国家的、社会的、集体的利益和其他公民的合法的自由和权利",还规定公民"不得捏造或者歪曲事实进行诬告陷害",这一规定对于树立法律的权威性和严肃性是十分关键的。新闻媒体和新闻记者尤其要如此。在信息时代,新闻信息在现代社会中发挥的作用日益增强,一旦这种信息出现失误,就会导致"新闻伤害",而"新闻伤害"所造成的危害比其他伤害更加广泛且持久,因而对新闻权利进行限制十分必要。

《中华人民共和国宪法》对阻碍合法权利行使的行为也规定了比较明确的惩罚措施,这是十分必要的。《中华人民共和国宪法》规定,"任何组织和个人不得以任何理由侵犯公民的通信自由和通信秘密",对公民的申诉、控告或者检举,任何人不得压制和打击报复。这些规定对新闻媒体和新闻记者来说十分重要。由于新闻媒体报道面广,新闻记者接触面也广,因此,对新闻活动的伤害行为也十分普遍,既有来自权力部门的"权力伤害",又有来自一般公众的"暴力伤害"。面对这些伤害,只有从法律层面加以规定,从执法层面加以实施,从守法层面加以倡导,新闻权利才能真正得到有效保护。《中华人民共和国宪法》的这些规定,为部门法制定更加具体的法律条文提供了原则依据。

三、《中华人民共和国宪法》中关于新闻权利的核心内容

作为国家的根本大法,《中华人民共和国宪法》对新闻权利的规定是宏观的、原则性的,但其独特的法律权威性和指导性,决定了未来具体法条中新闻权利的主要方面。《中华人民共和国宪法》第三十五条"中华人民共和国公民有言论、出版、集会、结社、游行、示威的自由"的规定,是我国新闻权利的主要法律依据。从《中华人民共和国宪法》规定的具体情况看,我国的新闻权利不仅指新闻媒体和新闻记者在采访、写作和发表新闻作品上的权利,还包括全体公民自由地通过新闻媒体了解新闻信息和表达自己意志的权利。

(一)报道新闻的权利

社会生活是纷繁复杂的,新闻记者的社会职责之一,就是自由地采写和真实地记录有价值的新闻信息,并通过新闻媒体发表。报道新闻的权利,就是指新闻媒体和新闻记者对社会上发生的新闻作出及时、准确报道的权利。我们的社会每天都会发生很多新闻事件,除了美好积极的正面事件,也有一些负面消极的事件。报道新闻的权利不仅指报道正面新闻事件的权利,还指曝光和批评社会不良现象的权利。对某些社会不良现象遮遮掩掩、隐而不报,这不是科学面对问题的态度,也不利于消除社会的不良和隐患,在民主意识不断增强和开放程度不断加深的现代社会,这也是对公民知情权的剥夺。一个现代社会的公民,有权知道国家的重大活动,了解

国家事务，有权知道社会发生且他们感兴趣的事实。新闻媒体自由地报道这方面的新闻，是对公民知情权的一种尊重，也是传媒业存在的价值所在。可以这样说，对报道新闻权利的保障，既是对现代公民基本人权的保障，又是传媒业存在的逻辑前提。

在我国，从中共中央、国务院，到地方各级党委和政府都设立了新闻发言人、新闻发布会制度，专门制定了一些重大新闻事件的发布规定。新闻发言人定期或不定期举行新闻发布会，公开发布有关内容，回答记者关于国内政治、经济、文化等方面全局性的重大问题、突发事件情况和公众关心的问题。同时，我国有关部门还对突发事件的报道进行了规定。在过去相当长的一段时期内，我们对突发事件报道的态度过于谨慎，降低了新闻的时效性，也错过了舆论引导的先机，以至于屡屡出现"出口转内销"的情况，引起了一些公众的不满。1987年，中共中央宣传部等单位规定："突发事件凡外电可能报道或可能在群众中广为流传的，应及时作公开的连续报道，并力争赶在外电、外台之前。"1994年，中共中央办公厅和国务院办公厅又进一步规定，"突发事件包括突然发生的重大社会事件、恶性事故、涉外和涉台港澳事件等"，"报道必须真实准确，争取时效，把握时机，注意效果"，"突发事件对外报道要讲究时效，特别是空难、铁路交通等恶性事故的报道，要在境外传媒之前报道"。2008年，《中华人民共和国政府信息公开条例》生效后（2019年进行了修订），这方面的权利得到了更有效的保障。当然，报道新闻的自由不仅限于这样一些方面，同时还包括其他方面的内容。近年来，无数重大新闻报道的例子已经证明，新闻媒体在这方面开始享有比较大的自由。典型的个案是2008年5月12日四川汶川地震发生后，国内媒体率先及时全面进行了报道，这种做法得到了国内外的普遍好评。

在更多的时候，新闻媒体发挥着社会生活真实再现的作用。新闻当然要反映党和政府的方针决策，反映社会生活中的重大突发事件，但新闻常态的反映内容是"新人新事新现象，活人活事活道理"，"讲述老百姓自己的故事"，因此，社会生活中的每个变迁，人们生存过程中的喜怒哀乐，都应该在新闻中得到报道。简单地说，报道新闻的权利主要表现为"上情下达"和"下情上达"，通过沟通上下，实现和谐发展。无论是从党和政府决策的科学性和准确性考量，还是从社会生活真实反映的层面考量，都必须保护新闻媒体和新闻记者报道新闻的权利。

拥有报道新闻绝不意味着无原则的"有闻必录"，新闻媒体应该向受众提供最有价值的新闻信息，新闻媒体应行使好报道新闻的权利，帮助全体公民科学、全面、辩证地认识他们所处的社会和时代，从而更好地行使自己当家作主的权利，同时，也可以促使他们通过对社会的准确认识，完成社会化的过程，获得更好的发展可能和机会。

(二) 发表意见的权利

发表意见的权利一方面是指专业新闻记者和新闻媒体发表意见的权利。专业新闻记者和新闻媒体可以根据自己掌握的新闻信息，通过社论、评论、记者述评等不同的形式，表达自己对某些社会现象的看法和意见，从而实现引导舆论的目的。专业新闻记者接触的信息多，目光比较敏锐，他们可以比较容易地发现某些社会问题，从而为解决这些问题提供对策和建议。发表意见的权利，不仅指对一般社会问题发表意见的权利，还指对涉及国家重大政治问题的事件发表意见的权利。随着网络的普及，许多网络媒体通过设立诸如《网络问政》《网言网语》之类的栏目，发表对社会问题的看法，起到了良好的沟通、桥梁作用。近年来，我国传媒业发展过程中出现了一个令人关注的现象——时评热。新闻媒体通过新闻评论表达观点和意见，这可以视作新闻媒体的新闻记者行使发表意见权利的重要表现形式。这不仅体现了媒体力量的提升和思想厚度的增加，还体现了全民权利意识的提升。

发表意见的权利另一方面还指我国全体公民通过新闻媒体发表意见的权利。公民的知情权应得到尊重，体现为他们了解有关的事实真相后，可以通过新闻媒体，自由地表述自己的意愿和态度。"兼听则明，偏信则暗"，不同意见的发表可以帮助决策者更加科学地了解事件的真相，作出更加合乎理性的决定。近年来，网络事件多发，网络舆论成了令人关注的一种新闻舆论现象，并且开始呈现出超越传统媒体舆论影响力的趋势，这意味着新媒体的流行为人们表达意见提供了极大的便利。

新闻媒体在享受发表意见的权利、引导舆论的过程中，需要处理好"破"和"立"的关系。"不破不立"，"破"是非常重要的，对社会丑恶的揭露、对社会不公的曝光，可以带动人们客观认识真实的社会并对社会的发展持科学的态度，也有助于社会清朗风气的形成。但"破"不是目的，应该确立为"立"而"破"的理念。新闻媒体应该为社会进步提供建设性意见。在新媒体时代，人们普遍获得了通过网络表达意见的权利，但这种表达必须基于科学分析和理性思考之上。若任由情绪化的意见表达在网络上滋长，一定会产生严重的消极后果。

(三) 舆论监督的权利

舆论监督是我国新闻权利的一项重要权利，它主要包含了批评自由等丰富的内容。一个社会的健康发展，离不开舆论监督的权利，而新闻媒体存在的价值之一，就是要激浊扬清，不断开展舆论监督。关于这个问题，我们将在第六章作专门论述。

(四) 出版权利

世界上一些国家实行过新闻检查制度，即对新闻记者采写的新闻作品，在出版之前进行检查，对一些被认为是不利于统治者的内容做出删除或改写的处理。这种做法不仅可能构成对新闻权利的侵害和对新闻真实性原则的违背，还有可能对受众的知情权构成侵害。在我国，新闻作品最终能否刊播，由新闻媒体自主决定。出版权利是新闻权利中一项十分重要的权利，没有出版权利，其他一切权利只能是一种空洞的权利。换句话说，出版权利是新闻权利由潜在权利变成现实权利的必经之路，对出版权利的保障，为新闻权利的实现提供了现实可能性。

对于出版权利，《中华人民共和国宪法》进行了明确规定，随着我国社会经济文化的不断发展，国家将为公民行使出版权利创造更为有利的条件。但是，出版权利是具有相对性的，世界上也从来没有绝对的出版自由。权利的赋予，应当根据不同国家和地区的实际情况，并应辅以适当的限制。这是因为，第一，我国的传媒业作为党领导的社会主义事业的一个组成部分，必须坚持为人民服务、为社会主义服务的根本方针。第二，传媒业具有很强的思想性和政治性，其公共性的特征决定了其出版行为事关重大，稍有不慎，可能会导致比较严重的后果，需要通过平衡授权与限权，确保其作用的正常发挥。第三，传媒业虽然也可以作为一种产业来经营，但其产品不同于一般产品。一般产品的消费只涉及个别消费者，通常也不会对人的精神世界产生影响，而新闻出版业的产品将对人的思想、意识、世界观、价值观等产生深刻影响。从我们国家的实际情况看，我国目前还处在多元价值并存、多种思想观念频频交锋的转型时期；我国的社会阶层较为复杂，人员观念彼此不同；我国的经济发展不平衡，人们受教育程度差异较大，人员素质参差不齐……因此，对精神产品生产加以适当监督是必要的。

新闻记者的出版权利，还可以从《中华人民共和国著作权法》中得到体现。《中华人民共和国著作权法》保护我国公民、法人和社会组织所拥有作品的著作权。新闻记者和新闻媒体作为普通的社会成员，当然可以享受法律规定的相关权利。

第二节 新闻记者的社会权利

要探讨新闻记者社会权利的内容，首先必须将记者放在宏观的社会背景中加以考察。一个社会是由不同的社会组织组成的，社会赋予了这些组织中具体成员相应的权利和义务，从而保证社会的有序运行。就传媒业而言，社会赋予作为社会的人的新闻记者以相应的权利，从而保证他们能履行从事新闻活动的社会职能，并通过自由的新闻活动实现精神追求，获得物质利益。这种权利主要应包括两个方面内容：信息传播自由权、知情权。

一、信息传播自由权

信息传播自由权，主要是指新闻记者和新闻媒体对新闻信息有进行自由搜集、传播和接收的权利。新媒体时代也被称为公共传播时代，这样的时代意味着对新闻信息的搜集、传播和接收比之过往任何时代都有着更大的自由。从新闻信息搜集角度看，过往的搜集主要是通过专业新闻记者的采访行为完成的，一般的社会成员较难获得搜集信息的机会。在今天，除了传统媒体，网络世界海量的信息主要是由普通社会成员搜集并发布的。从传播角度看，新闻信息的发布通过传统媒体和新媒体共同完成，而享有更多自主权和话语权的新媒体则传播了更多的信息。从接收的角度看，随着智能手机的普及，曾经受到诸如接收费用、条件等限制的传统信息接收方式已经出现了颠覆性的变化，即时、免费、快捷的接收方式让几乎所有的社会成员都可以随时随地自由地接收新闻信息。总体而言，信息传播自由权的全民享有，创造出了前所未有的传播盛景。我国新闻记者享受信息传播自由权，主要是基于《中华人民共和国宪法》第三十五条的规定："中华人民共和国公民有言论、出版、集会、结社、游行、示威的自由。"信息传播自由权自然符合逻辑地包含在了我国公民享有的这项权利之中。在人民当家作主的中国，这种自由具有制度保障，这项权利被特别强调在法律所允许的范围内享受。

人民对信息传播自由权的顺利享受，可以从宏观上保障新闻信息的自由流动和广泛传播，从而促进社会的顺利发展提。当然，我们也应该承认，我国公民这项权利的享有总体而言是比较好的，但也存在一些问题：少数管理机关和管理人员并不能从科学的角度理解信息传播自由权的价值，会采取不当手段限制这项权利；少数公民在享受这项权利的过程中，有滥用权利的行为；有的人在传播新闻信息时，会故意或无意间传播不实信息，导致有损社会和个体利益、侵犯他人合法权利的结果。凡此种种，都会产生不良影响，从而导致相关人权利受损，也影响全体公民对这项权利的合法享受。

二、知情权

知情权的概念是20世纪40年代由美国记者肯特·库伯首先提出的，后得到新闻界和法律界的普遍接受。知情权是指公民有权知道他应该知道的事情，国家应最大限度地确认和保障公民知悉、获取信息尤其是政务信息的权利。一般而言，知情权包括知情自由和知情权利两个方面。知情自由是指公民、法人和其他社会组织根据法律规定，不受妨碍地获得国家信息的自由。知情权则指公民、法人和其他社会组织根据法律规定，向特定的国家机关请求公开其信息的权利。① 当然，知情权的享受并非没有任何限制。各国法律一般都规定，下列情报资料不属于知情权的对象范围：（1）涉及国防、军事、外交而需要保密的情报资料；（2）政府机关内部人事制度和工作制度的情报资料；（3）影响执法和公共安全的情报资料；（4）机密性的金融情报、商业秘密等。

知情权一般包括以下五个方面的内容。第一，知政权，即公民有权了解、知晓国家活动和国家事务的权利。国家机关及其工作人员有依法向社会公众公开自己活动的义务。第二，社会信息知情权，主要是指公民有权就其所感兴趣的社会变化和社会发展情况进行了解的权利。这里的公民是指普遍意义的公民，不是特定的少数人。第三，个人信息知情权，即公民依法享有了解自己及与自己切身利益相关的多方面信息的权利，如出生、本人的生理和病理资料及配偶的相关情况等。公民享有个人信息知情权是公民在当今社会能成为一个独立完整的民事主体的要素之一。第四，法人知情权，即法人在尊重他人人格、利益，无碍于社会的前提下，依法获取对其有用的信息的权利。第五，法定知情权，即司法机关为了侦查案件、审判案件、搜集证据而享有的了解有关情况的权利。我们这里所说的知情权，主要指知政权和社会信息知情权，但也不排除个人信息知情权、法人知情权和法定知情权。在现代社会中，政府对于社会运作和公众生存的影响是巨大的。缺少知情权，政府的行政行为就缺少了一个十分重要的监督机制，容易导致腐败等危险行为的发生。

西方也罢，中国也罢，如果缺少了新闻记者的"桥梁"作用，政府的行政行为是不易被公众广为知晓的。但是，公众又有这种要求和权利，发达的传媒技术也提供了这样的条件，因此，新闻记者就应当首先获知相应的信息，从而帮助公众享受知情权。当然，必须指出的是，政府担负着维护公共秩序、组织社会生产和保护国家安全等诸多重要的社会职能，新闻记者在帮助公众享受知情权时，不应该妨碍政府行使这些职能。

在现代社会，对新闻记者知情权的保障有异乎寻常的意义。一个国家在发展运行过程中，难免会出现一些问题，而公民对知情权的享受，能帮助国家比较及时地发现这些问题并提出解决的建议和对策，防止更大失误的出现。公民要享受知情权，首先应保证新闻记者享受知情权，这是一个不可否认的因果关系。因此，政府及相关社会组织应努力维护新闻记者的知情权，从而有效地推动社会的文明和进步。

第三节　新闻记者的职业权利

专业新闻记者一般需要从属于某一新闻媒体才能有效地开展和完成工作。今天，

---

① 刘杰. 知情权与信息公开法［M］. 北京：清华大学出版社，2005：53，56.

我们虽然进入了人人都是传播者的公共传播时代，但依然需要借助社交媒体等新闻媒体（平台）发表作品才能达到传播目的，否则，一切都是空谈。这也就意味着，在推动人人进入新闻传播过程的数字化社会，讨论专业新闻记者的职业权利，对于我们完整理解新闻权利问题是不可或缺的。换句话说，虽然绝大多数传播者并不是专业的新闻记者，但他们对传播过程中权利的享受理应包括新闻记者的职业权利。要探讨新闻记者的权利，必须探讨他们的职业权利，即从新闻媒体从业者的职业要求来衡量、探讨新闻记者应当享有什么样的权利。从新闻媒体的职业要求出发，作为媒体人的新闻记者应当享有这样一些权利：发表权、著作权和舆论监督权。

一、发表权

发表权，即新闻记者采写完成新闻作品后决定是否发表的权利。新闻记者享受发表权的前提条件：新闻记者的新闻作品必须是符合社会规范和媒体宗旨的。对于新闻记者的这类符合要求的新闻作品，任何组织和个人均不得阻止其发表，否则就是对记者发表权的侵害。如果侵害发生将造成三种消极的直接后果。其一，精神伤害，使新闻记者的劳动价值得不到承认。新闻作品得以发表是新闻记者劳动价值得以体现的必不可少的显性环节。其作品得不到发表，社会、媒体和公众均不能承认其劳动价值，新闻记者的工作就失去了社会价值，其精神价值也得不到体现，这必将造成新闻记者心理上的创伤，最终影响其从事新闻工作的热情。其二，物质伤害，令新闻记者的劳动得不到相应的物质回报。目前，我国新闻媒体大多将工作报酬与新闻记者的发稿量挂钩。但这里的发稿量主要是指得到公开发表的新闻作品的数量，而不是指写作了多少新闻作品，因此，对新闻记者发表权的取消实际上也意味着对其物质回报权的取消。其三，对新闻记者造成劳动权伤害。我国法律保护了公民的劳动权，新闻记者撰写新闻作品并加以发表是其享受劳动权利的一种体现，对其发表权的剥夺在一定程度上也是对其劳动权的伤害。当然，如果有正当理由，譬如新闻记者写作的作品不符合新闻媒体的要求，作品内容有违我国的公序良俗或相关规定等，则需另当别论。

随着新媒体时代的到来，人们可以通过各类社交媒体，自由地发表包括新闻作品在内的个人作品，公民享受发表权拥有了前所未有的机会。在这种情况下，讨论发表权必须关注两个重要方面。第一，新媒体时代的普通公民的发表权依然可以视作一种职业权利，但有别于专业记者职业权利之处在于，这种发表权属于保证个体兴趣驱动的精神需求得到满足的权利。因此，作为作者的公民并未把获得相应的物质报酬作为目标——事实上大多数情况下也不会获得物质回报。以微信公众号文章为例，公民运营微信公众号与人们日常认知的其他媒体运营并无本质性差异，只是在规模和专业性等方面存在差距，也可视作一类职业权利，这也是一旦关注人数、点击量提升，会引发广告商投放广告的原因。其他社会成员转发或使用其作品，除了注明出处，有的还需支付费用。第二，在新媒体上发表作品必须符合相关法律规定，包括相关内容符合政策法规要求、无侵犯他人权利的行为等。

二、著作权

著作权，即新闻作者按照法律规定对自己的作品享有的人身权和财产权。新闻记者的新闻作品发表权和著作权紧密相连。《中华人民共和国著作权法》第一章第二条规定："中国公民、法人或者非法人组织的作品，不论是否发表，依照本法享有著作权。"同时它还规定著作权主要包括发表权、署名权、修改权、保护作品完整权以及其他一些权利等，共十七个方面权利。《中华人民共和国著作权法实施条例》第二条规定："著作权法所称的作品，是指文学、艺术和科学领域内具有独创性并能以一定形式表现的智力成果。"因此，除了"单纯事实消息"不适用《中华人民共和国著作权法》保护，新闻记者对新闻作品均享有著作权，这些作品不管发表与否均受保护。

新闻记者对新闻作品享有的著作权包括精神权利（人身权）和物质权利（财产权）两个方面。精神权利是指发表权、署名权、修改权、保护作品完整权等，物质权利包括使用权和获得报酬权。我们之所以将著作权归纳为新闻记者的职业权利，是因为我们在这里讨论的是新闻作品，而新闻作品的采写与其他作品的创作有很大差别，新闻作品的采写职业特征十分明显。因此，我们将新闻记者对其新闻作品能享有的著作权归入职业权利范畴。

新闻记者的工作方式决定了著作权对于他们而言是一项十分重要的权利，新闻记者要践行自己的新闻理想，需要借助著作权把自己的意志表达出来；新闻记者要享受经济利益，也需要借助著作权。另外，从个人情感需求满足的角度看，成就、名誉、自尊等的实现都与著作权的享有密不可分。

三、舆论监督权

舆论监督权，即新闻记者有权依据法律规定不受干预地开展舆论监督的权利。监督权是公民的一项基本权利。《中华人民共和国宪法》第四十一条规定："中华人民共和国公民对于任何国家机关和国家工作人员，有提出批评和建议的权利；对于任何国家机关和国家工作人员的违法失职行为，有向有关国家机关提出申诉、控告或者检举的权利，但是不得捏造或者歪曲事实进行诬告陷害。""由于国家机关和国家工作人员侵犯公民权利而受到损失的人，有依照法律规定取得赔偿的权利。"《中华人民共和国宪法》规定的这些权利，既是对我国公民对国家机关和国家工作人员实施舆论监督权的肯定，又是对公民权利的一种保护。当然，在现代社会，舆论监督的对象已不仅限于"国家机关和国家工作人员"，社会公益组织和事业单位都可以成为舆论监督的对象。同时，公民和法人一方面是监督主体，另一方面也可以成为监督对象。

公民权利必须借助一定的形式才能享受，而舆论监督权无疑是其中一种十分重要、有效的形式。舆论是一个含义丰富的概念，通常指社会上值得注意的相当多数的人对一个特定问题表达的个人意见、态度和信念的汇集；也可以指"众人的议论"。舆论监督主要是公众通过一定形式和传播媒体，表达观点影响决策的社会现象。

舆论监督是《中华人民共和国宪法》赋予公民的言论自由权及舆论监督权的具体化。从"舆论"和"监督"本身的特点看，它必须借助新闻记者和新闻媒体才能确保公众行使好这项权利。没有监督必然导致腐败。因此，舆论监督在社会政治、经济生活中作用巨大。新闻记者必须充分享受舆论监督权，以为社会的有序运行发挥作用。事实证明，只有在新闻记者的舆论监督权得到有效保证，各种社会行为得到有效监督和制约的情况下，社会的腐败和不公现象才会不断减少。在新媒体时代，除了传统媒体继续发挥着重要的舆论监督作用，各种类型的新媒体在舆论监督中的作用也正在得到强化。两种媒体舆论监督作用的协同发挥，将更加有利于这项权利的落实。

第四节　新闻记者的个体权利

新闻记者既是社会的人、媒体的人，又是个体的人，是享受权利和履行义务的独立的个体。新闻传播工作的特征决定了新闻记者必须独当一面，具备"单兵作战"的能力。新闻记者这种独立的个体的权利是与其从事的新闻传播工作的社会角色要求密切相关的，这种权利是一种特殊的权利而不是普通的权利。普通的个体权利是一种公民权利，以普通公民身份出现的新闻记者当然享有。作为中国公民的新闻记者，《中华人民共和国宪法》赋予了他们这样一些主要的公民权：政治权利和自由，包括选举权和被选举权，监督权，言论、出版、集会、结社、游行示威的自由；人身自由，包括人身自由不受侵犯、通信自由和通信秘密受法律保护等；精神自由，包括宗教信仰自由和文化活动自由；社会权与经济权，包括劳动权、享受劳动保护和社会保险的权利、社会救济权、环境权、受教育的权利；特殊保护的基本权，包括妇女、老人、儿童及残疾人受法律保护，华侨、归侨和侨眷的利益受法律保护等。而新闻记者个体的权利是一种特殊的权利，这种特殊的权利要符合新闻记者的角色要求。新闻记者的个体权利包括：采访权、上情下达权和下情上达权。

一、采访权

采访权就是指新闻记者自由地搜集新闻信息的权利。新闻记者的个体角色特征就是搜集信息和传播信息,而搜集信息又是传播信息的前提。新闻记者搜集信息的过程,就是其行使采访权的过程。采访权得到保障,是新闻记者理想地完成搜集信息工作的前提。从社会对新闻记者的要求来看,新闻记者主要应该为社会和公众提供这些服务:报道事实与发表意见,为社会公众服务;提供新闻信息与事实背景,满足公众知情需求;介绍和阐明社会美好,激发公众的向美趋美之心;开展社会批评,扶正祛邪,弘扬社会正义。在这些要求中,任何一条要求的满足都离不开新闻记者采访权的行使。例如,新闻记者要报道事实和发表意见,为社会公众服务,就必须进行认真细致的采访。如果有人对记者的采访行动进行干涉,那么他不仅侵犯了记者的采访权,最终还将侵害受众的知情权。再如,新闻记者要在新闻报道中传播相应知识,满足公众知识需求,但是新闻记者本身并不是先知先觉的圣人,有许多知识他们必须先采访专家,然后再向公民传授。譬如,每当出现特殊的天文现象,如日全食、日偏食、厄尔尼诺现象、海啸、热带风暴等,新闻记者必须首先采访相关专家,才能通过媒体告知人们这些现象的成因、影响、后果、发展趋势等。因此,采访权是新闻记者开展工作的首要权利。"记者这个职业之所以被社会承认,是因为人们需要传媒满足自己了解外部世界的需要,即获知的需要,认可记者的采访权。因此,当记者是在为满足人们获知外部情况需要而服务的时候,他应当拥有采访权。每个人的身体和五官所能够接触的外部世界是十分有限的,而传媒是人体的延伸,在这个意义上,传媒的工作人员——记者的采访权不过是宪法规定的公民言论自由权的延伸。"[1] 当然,新闻记者是否有效享有采访权,还与新闻记者的业务素质密切相关。新闻记者行使采访权时需要不断提问,但提问得当与否也折射出新闻记者内在的业务素质。提问得当,可以快捷高效地获得事实信息;而提问不当,则可能适得其反。

为了保证新闻记者个体权利的正常享有,或者,在更宏观的意义上说,为了保证新闻记者社会权利和职业权利的正常享有,任何个人和组织不得随意限制新闻记者的采访权。新闻记者自由的新闻采访活动只要没有妨碍公民和政府的合法权益,就不能用"无可奉告"之类的词来限制其行使。遗憾的是,虽然新闻记者一直觉得自己自由地享有采访权,但是,一旦碰到侵害这种权利的行为,新闻记者往往无能为力,因为法律对采访权并无明文规定。现实生活中屡屡有新闻记者采访权受侵害,甚至新闻记者被打被关的事件,这从一个侧面佐证了保护这种权利的重要性。

---

[1] 陈力丹. 我们应怎样认识记者的采访权 [N]. 南京日报, 2004-01-16.

二、上情下达权

上情下达权，即新闻记者通过首先获知党和政府的决策信息并通过新闻媒体进行传播的权利。无论是西方国家还是我国，新闻记者都是一个特殊的社会角色，而"无冕之王"是对这种社会角色形象的最好表达。党和政府的许多政策主张，是首先通过新闻记者广泛传播的，而新闻记者必须"首先知道"相关的信息，这是新闻作品时效性的基本要求。《中国新闻工作者职业道德准则》第一条明确规定新闻工作者要"积极宣传中央重大决策部署，及时传播国内外各领域的信息，满足人民群众日益增长的新闻信息需求，保证人民群众的知情权、参与权、表达权、监督权"。这可以视作新闻记者上情下达权的行业规定。

新闻记者上情下达权的一个基本要求是"首先获知"。如果某种需要社会广泛获知的信息通过自上而下进行传达或人们口口相传广为人知了，就没有进入大众传播媒体进行传播的必要，新闻记者的上情下达权实际已受到了伤害。当然，某些不适宜通过新闻媒体发布的信息不在此列。记者上情下达权的完整享有还包括媒体发表这个环节，否则，"首先获知"就没有了意义。

随着党和政府社会主义现代化建设工作的不断推进，上情下达权的行使有了充分保障。首先，各级党委和政府普遍设立了新闻发布会和新闻发言人制度，通过邀请新闻记者参加新闻发布会及时发布信息并回答其提问。这项制度的广泛推行，有效地保证了新闻记者对上情下达权的行使。例如，每年的全国两会期间，都会有多场新闻发布会举行，许多重要的信息都会通过新闻发布会发布。其次，随着数字化社会的到来，数字政府已经成为一种普遍趋势。各级党委和政府会通过相应网络发布信息。政府网络的普遍开通，新闻记者可以更好地行使上情下达权，这也提高了国家机关的办事效率。最后，新闻记者通过主动采访等行为，享有上情下达权。随着《中华人民共和国政府信息公开条例》的颁布施行，新闻记者从法规层面获得了行使采访权和上情下达权的保障。此外，随着新闻发言人制度的设立，新闻记者权利的行使也有了制度性的保障。当然，我们也必须看到，新闻记者上情下达权的享有尚存在一些问题，例如一些新闻发布会发布的信息与新闻性、时效性等要求还有差距，新闻发言人传达的信息也相对单一化，这都是需要不断完善的。

三、下情上达权

下情上达权，即新闻记者将自己采访获知的真实信息，通过相应的渠道使各级政府获知的权利。新闻记者是社会生活的最好记录者，丰富多样、绚丽繁杂的现实社会被新闻记者记录下来并上传。对此，《中国新闻工作者职业道德准则》第一条也有相应规定:"多宣传基层群众的先进典型,多挖掘群众身边的具体事例,多反映平凡人物的工作生活。"下情上达权包括两方面的内容:对积极的正面的具有典型意义事件的报道和对消极现象的报道。只有同时报道正反两方面的内容,才能使上级部门获知全面真实的信息。

下情上达的渠道主要有两条:公开渠道,即通过新闻媒体发布各种新闻作品,以使上级组织获知真实的信息;秘密渠道,即通过内参等形式,让上级组织获知不宜公开但又必须要了解的社会真实信息。在我国的历史上,曾经有过这样的惨痛教训:新闻媒体(包括一些主流媒体)刊发失实信息,从而导致不符合社会实际情况的决策出台,严重影响社会的健康发展。这也从反面佐证了下情上达的重要作用,同时也说明这里的"下情"必须是真实的而不是经过美化的。遗憾的是,类似的教训在今天时有上演。例如,某些地方管理者热衷于"报喜不报忧",热衷于"干部出数字(根据主观需要提出数字)、数字出干部(良好的政绩数值令干部获得提拔)"的游戏,从而不当干涉新闻记者下情上达权的享受,不仅侵犯了新闻记者的新闻权利,还给社会带来了诸多消极影响。

新媒体时代,新闻记者下情上达权的行使在现代科学技术的支持下得到了有效保障。曾经行之有效的对那些所谓"不宜报道"的新闻进行压制、删除的方法已经很难有市场了。随着微博、微信等新的信息传播形式的出现,任何一个有新媒体使用能力的人都可以在第一时间发布信息,这种便捷的操作方式更有效地保障了下情上达权。与此同时,随着大数据挖掘技术的持续发展和不断成熟,数据造假被揭穿的可能性增加,这从另一个层面保障了新闻记者对下情上达权的享受。

下情上达权和上情下达权一样,是新闻记者个体权利中的一项基本权利,任何个人、组织都不应该用各种方法干扰、阻挠新闻记者对这一权利的行使。任何一个社会的健康发展,都需要上情下达权以确保政令发布渠道畅通,也需要下情上达权以确保新闻真实呈现社会生活。唯其如此,我们生存的世界和新闻媒体呈现给我们的世界,才会不断趋向一致。

我们从新闻记者作为社会的人、媒体的人和个体的人的角度,探讨了其应享有的相应的权利。这些权利对于新闻记者正常开展工作和我国新闻事业的健康发展,都是必不可少的。《吕氏春秋·慎势篇》中有这样一段文字:"今一兔走,百人逐之,非一兔足为百人分也,由分未定也……积兔在市,行者不顾。非不欲兔也,分定不可争也。"这段话的大致意思是,荒野里,一只兔子跑过时,有许多人去追;集市上,有许多兔子待售,但走过的人连看一眼的兴趣都没有。出现这种差异的原因是野地里奔跑的兔子的所有权尚未确定,而集市上兔子的所有权是确定的。古人关于权利作用的解释,对于我们今天理解新闻记者权利的作用是有重要启发意义的。因此,在以后相应法律,尤其是新闻传播法的制定中,必须用相应的明确条款对新闻权利加以规定，只有这样，新闻记者的权利才能得到真正的保护。另外，新闻记者的这种特殊权利是和特殊义务相辅相成的。我们强调新闻记者的权利，不是意味着对其义务的忽视。只有与义务相对应的权利才是真实的，因此，新闻记者在享受权利的同时，必须履行相应的义务。

第五章　新闻义务的履行

新闻记者开展新闻传播活动时，既要享受一定的权利，以保证新闻传播活动的顺利进行，又要履行相应的义务，以保证对他人权利的尊重和保护，防止新闻侵权行为的发生。现今，在推进法治建设的中国，我们应该高度重视义务的履行，因为在现实生活中，新闻活动侵害他人权利的行为可谓屡见不鲜。和新闻权利一样，新闻义务同样对新闻传播活动至关重要。在任何一个社会中，权利和义务都应该是平衡的，也就是说，任何一个社会群体中的个人能够享有多少权利，同时就应该履行多少义务。如果不能保证权利和义务的平衡，那么一个人多享受一份权利，就必定意味着另一个人将要多尽一份义务，其权利也会多受到一份伤害。新闻媒体和新闻记者以追求和维护社会公平和正义作为自己的职业理想，因此，更应该在享受权利的同时，履行相应的义务。同时，新闻记者是社会中一个比较特殊的群体，他们要和各种人打交道，而他们工作的特征又使他们特别容易滥用自己的权利，他们自身义务履行的好坏，将深刻而广泛地影响其个人和行业的职业形象，影响受众对社会法治建设的评价，因此，这里需要特别强调，新闻记者要依照法律和有关政策规定履行自己的义务。

第一节　新闻义务及其宪法规定

一、新闻义务

就法律意义而言，义务是指按法律规定相应法律主体必须履行的某种责任。通俗地讲，义务就是"必须做某件事"。古希腊著名哲学家苏格拉底擅长辩论术，他常运用"辩证法"将辩论对方驳得哑口无言。他的辩论术分两个部分，即"讥讽"和"助产"，前者通过提问的方式将对方陷于自相矛盾的难堪中，后者则直截了当地说出正确答案，并告诉对方：学问在你心里，只是你忘记了，现在我像"助产"一样帮你回忆起来。苏格拉底的这种辩论术得罪了一批权贵，这些权贵利用雅典荒诞不经的法律，以"对诸神不敬""腐化及误导青少年"为由将他送进监狱，苏格拉底最后被判饮毒而死。临刑前，苏格拉底的学生克力设法来看他并说要帮他越狱，苏格拉底坚决拒绝。克力据理力争：雅典法律不公正，遵守这样的法律无异于迂腐。

苏格拉底则认为：越狱就正当吗？一个被判有罪之人，即使他确信对自己的指控是不公正的，也不应当逃避现行法律的制裁。这是苏格拉底对遵守法律的义务的一种态度：有些法律当然有问题，但如果借此理由随意戏弄法律，则无益于法律权威的确立。这种对义务的态度，对我们理解新闻义务是有启发作用的。与任何权利和义务关系一样，新闻义务是作为与新闻权利的对应概念存在的。只强调新闻权利而轻视乃至忽视新闻义务，不仅有违公平正义的理想社会要求，而且不利于科学意义上新闻传播法律关系的确立。自由的新闻传播活动的开展，必须以科学平衡的权利和义务关系为前提。因此，在讨论作为自然人主体的新闻记者享受的新闻权利后，我们有必要对作为自然人主体的新闻记者的新闻义务进行探讨，以确保新闻传播活动中各主体权利和义务的平衡。

新闻义务是指在新闻传播过程中新闻记者必须依法履行的职责。与新闻权利的情况类似，在我国，新闻义务尚未得到法律的明确规定，也就是说，我国法律中尚无有关新闻义务的具体条文，但在现实生活中，法律规定的所有义务，都是新闻记者在开展新闻传播活动时需要履行的义务。例如，我国法律关于公民人身权、财产权等有比较丰富、翔实的规定，新闻记者在进行新闻传播活动时，必须确保这些权利免遭新闻传播活动的侵害。事实上，新闻传播活动经常会与公民的人身权、财产权产生联系，稍有不慎，极易构成侵权。在已经发生的新闻诉讼案件中，绝大部分案件都与公民的人身权、财产权相关。

在我国的新闻传播活动中，新闻义务经常以道德义务的形式出现。以规范我国新闻记者新闻采编行为的《中国新闻工作者职业道德准则》（以下简称《准则》）为例，尽管该《准则》是以"职业道德准则"命名的，但违背这些"职业道德准则"，并不只会导致"非道德"的后果，而是经常会带来相应的"非法"的后果。这就意味着，一方面，一些以道德义务形式出现的新闻义务，本身就是一种法律义务，新闻记者必须严格履行，否则会导致相应的强制性的法律后果；另一方面，道德义务弹性大、涉及面广，因而在"限权性"方面会表现得更为苛刻，导致新闻记者权利空间的收缩。鉴于新闻传播活动公共性的特征，强调新闻记者履行新闻义务要严谨是十分必要的。

二、我国宪法关于新闻义务的规定

义务是权利的对应概念，从法律层面上是对权利主体应当做出或不应当做出一定行为的约束，一般情况下指行为人根据一定社会规范应当做出一定行为或不做出一定行为的约束。义务有狭义和广义之分。狭义的义务主要指法律义务，而广义的义务则指法律以及在其他一切社会领域内的义务。新闻记者既要履行法律义务，同时又需要履行法外义务。当然，在履行法外义务之前，新闻记者应当首先履行的是法律义务，因为比之法外义务，法律义务具有更强的约束力。

《中华人民共和国宪法》中规定的与新闻记者关系密切的义务性规范主要有以下几条：

> 第二十二条　国家发展为人民服务、为社会主义服务的文学艺术事业、新闻广播电视事业、出版发行事业、图书馆博物馆文化馆和其他文化事业，开展群众性的文化活动。
>
> 第三十八条　中华人民共和国公民的人格尊严不受侵犯。禁止用任何方法对公民进行侮辱、诽谤和诬告陷害。
>
> 第四十一条　中华人民共和国公民对于任何国家机关和国家工作人员，有提出批评和建议的权利；对于任何国家机关和国家工作人员的违法失职行为，有向有关国家机关提出申诉、控告或者检举的权利，但是不得捏造或者歪曲事实进行诬告陷害。
>
> 对于公民的申诉、控告或者检举，有关国家机关必须查清事实，负责处理。任何人不得压制和打击报复。
>
> 由于国家机关和国家工作人员侵犯公民权利而受到损失的人，有依照法律规定取得赔偿的权利。
>
> 第五十一条　中华人民共和国公民在行使自由和权利的时候，不得损害国家的、社会的、集体的利益和其他公民的合法的自由和权利。

总体而言，《中华人民共和国宪法》从权利和义务同一性的角度，强调新闻记者履行义务的必要性。《中华人民共和国宪法》第二十二条规定的"为人民服务、为社会主义服务"，首先是一种新闻权利，即新闻记者有权"为人民服务、为社会主义服务"，也可理解为是新闻记者的一种劳动权利。同时，这条法律规定也是一种新闻义务，即新闻记者必须"为人民服务、为社会主义服务"，一切新闻传播活动不得违反这条规定。与此同时，《中华人民共和国宪法》还从公民人格权、新闻舆论监督（新闻批评）等这样一些比较明确的层面，对新闻义务进行了规定，体现了新闻义务明确的禁止性规范的特征。

三、宪法中新闻义务的主要内容

（一）为人民服务、为社会主义服务是新闻记者的基本义务

为人民服务、为社会主义服务是新闻记者的权利，同时也是新闻记者的义务。这种权利和义务对等设置的同一性特征，还在我国法律的其他方面（如劳动、受教育等）得到了体现。《中华人民共和国宪法》第二十二条的规定，是体现新闻记者

权利和义务同一性的典范。新闻记者是负有特定社会义务的人，要很好地履行这些义务，就必须赋予其相应的权利，否则，这种义务就难以履行。因而，为人民服务、为社会主义服务作为新闻记者的一种权利，国家应从宪法的高度对其加以确认。同时，为人民服务、为社会主义服务又是一项宪法义务，是需要每个新闻记者认真履行的一种义务。新闻活动是一种社会活动，新闻活动的主体和主要参加者——新闻记者在这个活动中的行为是否符合宪法和法律的要求，对于新闻活动能否顺利开展意义重大。因此，在任何情况下，新闻记者都必须意识到自己肩上承担的责任，都要明确自己所应履行的义务。这是因为，新闻记者的工作对社会的影响巨大。一篇报道，一条消息，往往会在社会上产生广泛而深远的影响。正确的舆论，能振奋民心，激发全体社会成员的热情；而错误的舆论，则可能扰乱民心。

尽管在过往的新闻传播活动中也发生过一些新闻记者因没有很好地履行相应的法律义务而引发严重后果的事件，但总体而言，新闻记者在履行相应的法律义务方面做得是比较好的。可以这样说，只要有新闻的地方，就会有新闻记者的影子。他们四处奔波，为的是采获新闻；他们风餐露宿，为的是传递信息；他们经历风险，为的是社会安定。他们一直在路上，他们一直在奔走，因为他们肩负责任，心装重托。

（二）新闻记者必须尊重报道对象的人格尊严

人格既是一个道德概念，又是一个法律概念。就道德概念而言，人格是和人的品行、信誉、修养等密切相关的一种社会评价要素。就法律概念而言，"人格的法律承认就是人格权，它总括了人自身的价值的各个方面，是关于人的生命、身体、自由、名誉、信念、情感、贞操、生活方式等方面权利的总括"[①]。人格是指一个人在法律上享受权利和承担义务的资格。

1982年制定的《中华人民共和国宪法》第三十八条明确规定"中华人民共和国公民的人格尊严不受侵犯"，这对我国公民人格权保护具有里程碑意义。人格尊严不受侵犯，它和其他人身自由权一样，都是靠义务主体的不作为实现的。从法律意义上讲，它所要求的义务主体的不作为表现为不实施诸如侮辱、虐待、歧视、诽谤、恶意中伤等有损他人人格的行为。而在这一点上，新闻记者无疑负有特别重要的义务。新闻传播活动是以报道社会生活为主要内容的社会活动。在新闻报道中，不同的新闻信息会对不同的报道主体产生评价。人是社会的人，人是社会活动的主体。新闻记者要报道社会生活，就要每时每刻和社会生活中的人发生关系，这极易对他人的人格构成伤害，在这种情况下，新闻记者必须尊重报道对象的人格尊严。

---

① 徐显明.公民权利义务通论[M].北京：群众出版社，1991：161.

(三) 不得滥用新闻出版自由侵犯他人的权利

《中华人民共和国宪法》第四十一条规定"中华人民共和国公民对于任何国家机关和国家工作人员，有提出批评的权利；对于任何国家机关和国家机关工作人员的违法失职行为，有向有关国家机关提出申诉、控告或检举的权利"，这是在法律上对新闻记者实施舆论监督权和新闻出版自由的一种肯定。但是这是要符合一定的条件的，即应受到相应的制约的。这种制约表现为"不得捏造或者歪曲事实进行诬告陷害"，"中华人民共和国公民在行使自由权利的时候，不得损害国家的、社会的、集体的利益和其他公民的合法自由和权利"。这些规定是对新闻记者义务的明确规定。

我们已经普遍接受了"没有制约的权力必然导致腐败"的观点。但是，一讲到对权力的制约，人们首先想到的是对政府权力的制约，其实任何权力都是需要制约的。新闻记者行使新闻权利时不受合理的制约，也将导致新闻腐败。因为，一旦这种权利不受制约，将会导致他们滥用新闻权利等行为的出现。因此，必须对新闻记者的权利加以相应的制约。讲新闻记者不得滥用新闻权利，包含两层意思。第一，新闻记者不得利用新闻媒体歪曲事实，进行诬告陷害。真实是新闻的生命，但歪曲事实的虚假报道近年被频频曝光却是不争的事实。有些假新闻假得实在是不可思议，但照样可以堂而皇之地被报道，这种现象确实令人心惊。这种情况在网络上表现得尤为突出。第二，新闻记者行使权利时，不得损害他人的合法权益。新闻记者职业的特殊性决定了他们在开展新闻传播活动时有比较大的自由度，会和社会的各种组织和个人发生关系，在这种情况下，新闻出版自由对他们来说具有特殊、重要的意义。但是，任何新闻媒体和新闻记者都不能借口新闻出版自由而随意非法干涉、侵害他人的自由和权利。新闻权利是以合乎宪法和其他法律规范为前提的，任何滥用新闻权利的行为都是对社会正常秩序的损害，应该被坚决禁止。新闻记者应该从法律义务的高度，认识滥用新闻权利可能导致的法律后果。

第二节 新闻记者的社会义务

一、新闻记者要积极推动社会有序发展

新闻媒体及新闻记者在社会中是一种有特殊影响力的力量。这种力量并不是表现为外在的攻城拔寨、摧枯拉朽，而是在长期的春风化雨、润物无声的过程中建立一种权威，对受众的社会认知、道德评判和价值标准等产生影响，从而最终实现影响社会的目的。正因为如此，各国政党和政府都十分重视新闻媒体的作用。我国党

和政府也历来重视对新闻媒体的领导和监督，以确保其在社会发展中发挥积极作用。新闻媒体归根到底是一种传播工具，它本身只会传递信息而不会生产信息，因此，对新闻媒体的领导和监督最终都会落实到对新闻记者的领导和监督上。

新闻记者的社会义务包含着两层含义。

第一，新闻记者必须努力发现社会的美好，振奋民族精神，推动社会进步。在现实生活中，每天都有各种各样的美好事件发生，对于新闻记者而言，不是生活中缺少这种具有"社会美好"意义的新闻事件，而是人们缺少发现这种"社会美好"的眼睛。因而，新闻记者必须努力培养自身的新闻敏感。新闻记者应该是那种容易被美好感动的人：清风朗月，空谷幽兰，能从中体会岁月静好；人来车往，人潮涌动，则可以感受社会活力；寒窗苦读，殚精竭虑，则可以体会人生的进取精神。优秀记者应该习惯于被生活中的美好感动。对社会上正面的、积极的新闻进行传播，是每一个新闻记者的主要职责，对于这一点，古今中外的新闻从业人员鲜有例外。正面的引导可以培养人们积极的精神追求、培养人们奋发向上的精神风貌，可以凝聚人心、鼓舞斗志、激发人无穷的创造潜能。新闻业存在的重要意义之一，是帮助受众更好地感知生命中的美好，使社会不断趋向文明，帮助人们寻获奋发进取的希望。

第二，新闻记者必须认真履行舆论监督的社会义务，不断抨击社会丑恶，以求通过社会舆论扶正社会风气。美好永远是在和丑恶的对比中体现出其价值的。没有丑恶，也就无所谓美好。我们的社会是以"社会美好"为主的，但这并不意味着社会丑恶的绝迹。我们强调以"正确的舆论引导人"，也不排斥批评性报道的传播。舆论引导可以并且主要以正面报道为主，但是，一些批评性报道，有时会起到正面报道难以起到的作用，这是另一种形式的舆论引导。这样做可以帮助新闻记者和全体受众保持社会良知和对丑恶的愤慨，也可以引起那些在错误的边缘徘徊的人的警醒。

社会的有序运行和发展需要正面的力量来推进，在它偏离正确方向的时候，则需要相应的力量对其进行纠偏。事实上，社会的发展永远不可能沿着直线向前推进，因此，具有纠偏、纠错意义的舆论监督就具有了十分重要的价值。一些新闻记者能成为"著名记者"，就是因为新闻记者的这一社会职能被较好地履行了。

二、新闻记者必须具有高度的社会责任感

首先，新闻记者拥有高度的社会责任感体现在其对新闻记者职业的无限热爱上。拥有社会责任感既是一种崇高严肃的政治要求，又是一种务实内化的业务能力。一名新闻记者的社会责任感可以比较清晰地呈现个人情怀和格局。作为一名新闻记者，要找准自己在社会中的正确定位和职业目标。新闻记者是一个具有高度责任感的职

业，记者工作的成果主要表现为精神产品，这种精神产品最终会给他人带来影响。如果在工作中出现了"疵品""废品"，则不能像物质产品一样回收、销毁，因此说记者"笔重千钧"是毫不为过的。新闻记者的这种特殊角色要求他们必须敬业、爱岗，并时时意识到肩头的重任。

其次，新闻记者对社会的高度责任感还表现在其对社会现象的强烈爱憎上。新闻记者要有爱憎，内心就必须充满激情，内心没有激情的新闻记者，是无望成为一个好记者的。一个优秀的记者，面对社会美好就要为之感动，就要倾心讴歌。记者笔端有真情，心中装爱意；面对社会不良就要怒发冲冠，疾恶如仇，文中有愤怒，胸中满正气。

最后，新闻记者对社会的高度责任感还表现在新闻传播中的理智情绪上。新闻记者的内心激情绝不能表现为笔端的情绪化。新闻记者内心要有强烈的爱憎好恶，但诉诸文字时则必须尊重新闻规律，以事实说话，不能用感情代替理智，否则极易导致新闻侵权现象。每一个新闻工作者必须始终记住，内心的激情不能代替采写新闻的冷静理智。因而，我们始终强调新闻记者应该"激情看世界，理性写新闻"。

第三节　新闻记者的职业义务

一、新闻记者必须遵守职业道德

新闻记者对新闻媒体所负有的义务首先应从两者的关系来分析。一方面，新闻媒体要通过开展新闻传播活动实现自己的道德理想和经济利益目标。但是，新闻媒体本身不能产生思想，而只能传递信息。新闻媒体要实现自己的终极目的，必须借助新闻记者这个具体的人。因此，新闻记者实际上是新闻媒体赖以存在和发展的关键因素。另一方面，新闻记者要传递信息、表达思想，必须借助新闻媒体。没有媒体作为依托的记者，不是一个真正意义上的记者。这是因为，社会上的每个人都可以履行和新闻记者类似的工作职能，但他们不是新闻记者，因为他们在履行了和新闻记者相类似的职能后，不能自如地通过新闻媒体这个传播平台来实现大众传播的目的。即使在今天这个时代，每一个传播者的思想也都必须借助平台进行传播。因此，新闻媒体是新闻记者这种角色赖以存在的基础。基于这个原因，任何一个人在传播信息的过程中，都必须遵守该媒体平台的基本要求和规则。

每个新闻媒体的管理者都会从该媒体自身的要求和特点出发，规定新闻记者对所在媒体的义务。这种义务体现在新闻媒体内部的一系列规章制度中，这实际上就是新闻媒体为了更好地生存和发展而对新闻记者提出的直接的义务要求，这些义务要求一般都表现在新闻职业道德准则中。在我国，除制定有全国性的新闻工作者应普遍遵守的职业道德准则外，各新闻媒体一般都会根据自身的实际情况和特点，制定自己的职业道德准则，以此对新闻传播者行为进行有针对性的规范。对新闻记者来说，遵守职业道德规定的诸项要求，是其开展新闻活动的最基本的前提条件，没有对这些义务的履行，其他工作就无从谈起。因此，新闻记者作为一个新闻媒体的应用者，首先必须遵守职业道德。

新闻记者必须遵守职业道德，还基于新闻的公共性。如前所述，新闻在现代社会中，无论是对社会的发展，还是个人的成长，都具有十分重要的作用。它是一种公共产品，如果对这种公共产品不作更高的质量要求，不从道德层面进行严格约束会产生严重的后果。

二、新闻记者的守法义务

守法是每一个公民开展社会活动必须遵守的底线，新闻记者更不能例外。2002年11月，英国剑桥城南的爱丁布鲁克医院门前出现了一群抗议的中年妇女。这些妇女的年龄、背景各异，但都曾遭遇过不幸，那就是多年前她们的新生儿呱呱落地后不久就夭折了。爱丁布鲁克医院当然为抢救婴儿尽了最大的努力，但心碎的父母最后还是不舍地掩埋了这些夭折的婴儿。然而，后来她们偶然从档案中发现，爱丁布鲁克医院曾将死婴的病变器官取出做医学实验。这些曾经遭受不幸的母亲感到自己的亲人再一次被剥夺权利。于是她们互相联系，一起来到爱丁布鲁克医院抗议。然而，她们所进行的并不仅仅是抗议。在与院方的会面中，这些妇女并没有纠缠于金钱赔偿，而是执着地表达她们的强烈愿望：修改法律，完善对人体器官权利的保护条目。这些母亲深知医学研究的重要性，事实上，她们中就有一些人签下了死后捐献角膜或其他器官的契约。但是，医院未经她们的允许擅自取走死婴的病变器官，不仅是对她们感情的伤害，更是对死者权利的侵犯。而此前，英国法律对此没有明确的规定。因此，她们联合起来，致力于推动相关法律的颁布，避免这样的事情再次发生。当天，包括英国广播公司（BBC）在内的英国主要媒体都报道了发生在爱丁布鲁克医院门前的这一幕以及母亲们对制定相关法律的呼吁。此后，爱丁布鲁克医院又恢复了往日的宁静，再也没有见到这些母亲们的身影。但是，每个人都知道，她们所做的一切已经超越了个人的哀思，是追求对他人生命的更大程度的保障。一群普通的英国妇女在这样一起事件中，表现出了强烈的法律意识。这件事件也昭示我们，守法在现代社会中有着极其重要的意义。守法是社会对每一个公民的基本要求，也是每一个公民要履行的基本义务。一个公民法律意识的强弱，在一定程度上也反映了这个国家的文明水准。新闻记者的守法义务，不是针对新闻记者作为公民而言的，而是针对新闻记者作为媒体的工作者的角色而言的。而新闻记者的法律意识，是这个国家公民法律意识的集中体现。

不言而喻，新闻记者首先应该履行遵守法律的义务。在此基础上，从新闻媒体的职业要求来看，新闻记者的守法义务主要表现在对以《中华人民共和国民法典》为代表的相关法律法规的遵守上。我们国家的新闻纠纷和新闻诉讼案件比较多的是对公民民事权利的侵害案例，因此，对于新闻记者而言，《中华人民共和国民法典》和自己所从事的新闻活动关系密切，必须严格遵守。

三、新闻记者要努力维护新闻真实性原则

关于新闻记者业务的具体要求，或者说新闻记者的业务素质要求，在新闻传播学如新闻传播理论等诸多学科中已有广泛而又深入的探讨，在此不作过多的论述。但不管从哪个角度讨论，"维护新闻的真实性原则"，对于每一位新闻从业者来说，都具有特别重要的意义。"无论是新媒体还是传统媒体的新闻工作者都主动将'发现真相'作为自己的首要使命。""希望得到真实信息，这是人的基本欲求。因为新闻是人们了解和思考自己身外世界的主要依据，所以有用和可靠成为最受重视的素质。"[1]

真实性是新闻的生命，对于这个要求，不仅是新闻从业者，那些新闻圈外的人士也都非常熟悉。著名记者范长江在1949年7月31日华东新闻学院讲习班上的讲话中，讲了人民新闻工作者的四个信条，其中第一条就是："消息绝对真实。对事情要清楚明了，用正确的文字，明白地表达出来，要做到这样，才能取得人民的信任，才能建立自己的威信，人民才敢把报纸作为指导生活的根据。"[2] 但我们这里强调新闻真实性的重要意义，主要不是从新闻传播规律的客观要求出发的，而是从新闻真实性的法律要求出发的。

（一）新闻真实性的法律认识

伴随我国传媒业的超常规发展和各种类型新媒体的大量涌现，出现了一些特别容易导致新闻违背真实性原则的因素。（1）媒体竞争加剧，这些竞争不仅有新旧媒体内部的竞争，还有新旧媒体之间的竞争。一些媒体为了在竞争中处于有利地位，不惜以虚假新闻来争夺受众。一些媒体在新闻竞争中为了使自己处于有利地位或制造轰动效应，不惜变"新闻策划"为"策划新闻"，有意无意地让虚假新闻频频出笼。尤其是许多社交媒体为了追求流量，持续以放任的态度刊播虚假新闻。（2）新闻记者法律意识淡薄，法律知识不足。近年来，社会新闻广受关注，涉及公民名誉、

---

[1] 科瓦齐，罗森斯蒂尔. 新闻的十大基本原则：新闻从业者须知和公众的期待（中译本）[M]. 2版. 刘海龙，连晓东，译. 北京：北京大学出版社，2014：43.
[2] 中共中央宣传部新闻局，中国社会科学院新闻研究所. 真实——新闻的生命 [M]. 北京：中国新闻出版社，1986：118.

隐私的新闻不断被报道，但一些新闻记者并没有足够的法律意识和法律知识，这在"人人都是传播者"的传播生态中表现得尤为显著，表现在新闻传播活动中，就是记者频频报道有侵权内容的新闻自己却浑然不知，或者放任侵权行为发生以求得个人的名利。（3）缺乏基本规制的各类新媒体大量出现，无序发展导致虚假新闻频出。这些新媒体在发展中无视新闻传播的基本规律和原则，野蛮生长，加之把关人的前置缺位，这些新闻媒体成为虚假新闻的主要产生地。（4）无门槛的新媒体传播环境令无数没有任何新闻采写经验的人进入新闻传播领域，他们不愿作深入细致的采访，只是凭着自己写作能力强的优势，在蜻蜓点水般地采访后，便作洋洋洒洒的报道。他们自我感觉特好，结果却是其肆意违反新闻真实性的要求，侵害他人的权利。（5）一些介乎新闻和文学作品之间的所谓新闻作品大量出现。一些新闻作者为了煽情，一些新闻记者不惜凭空捏造事件，胡编细节，导致所谓"新闻越写越假，故事越写越真"的尴尬局面。

在虚假新闻传播中，新媒体成为主要的传播阵地。其中最典型的虚假新闻传播的表现是"反转新闻"成为常态，"后真相"成为全民关注的社会现象。究其原因，主要有如下方面。首先，形态多样、功能丰富的新媒体快速生长，而把关人后置导致虚假新闻频频被传播。在对流量的极致追求下，新媒体拥有者对虚假新闻可能导致的消极影响视而不见。其次，公共传播时代的到来使"人人都是传播者"成为可能，而这些传播者新闻专业精神的缺失成为虚假新闻频出的主要成因。再次，专业新闻记者存在职业懈怠情况，职业素养滑坡，求证核实精神松懈，放任虚假新闻出现。最后，某些别有用心者利用新媒体传播的便利，以所谓的"新闻行动"等名义影响社会舆论，或者用耸人听闻的"新闻"追求流量，以求获得经济利益或个人名声，导致虚假新闻层出不穷。①

纵观多年来发生的新闻纠纷和新闻诉讼的案例，我们可以得出一个比较明确的结论：违背新闻真实性原则是导致新闻侵权多发的主要原因。"以事实为根据，以法律为准绳"，这是我国法律适用的一条基本原则。我国虽然没有新闻传播法，但是《中华人民共和国宪法》《中华人民共和国民法典》等法律规范同样能较好地作新闻诉讼案件的参考。只要尊重了新闻真实性原则，公民在新闻纠纷面前就有了"事实依据"，没有新闻传播法同样可以在新闻纠纷和诉讼中处于有利位置并最终胜诉。反之，即便有了新闻传播法，但记者只要违反了新闻真实性原则，在"事实依据"面前就必然处于被动地位，一旦发生了新闻侵权，前景一定是灰暗的。《中华人民共和国民法典》及相关的司法解释都特别重视对"事实依据"和新闻真实性的把握。可以说，在所有的新闻侵权败诉案例中，"失实"是败诉的首要原因。

---

① 顾理平. 新媒体时代虚假新闻的产生逻辑[J]. 新闻战线，2019（5）.

（二）坚持新闻真实性原则必须处理好的关系

第一，现象和本质的关系。新闻记者必须具有敏锐的新闻眼光，否则极易抓住现象而忽视新闻事件本质。尤其是在新闻竞争日趋激烈的情况下，一些新闻记者为了"抢新闻"而忽视了核实这一环节，容易被现象迷惑。现象和本质既有区别，又有联系。对于同一新闻事件，现象本身可能是一个新闻事件，而本质可能又是一个更有价值的新闻事件。也有很多时候，现象只是假象，新闻事件的本质是深藏在假象之后的。在具体的新闻实践中，新闻记者更多时候看到的是外显的事物的现象，这个时候，新闻记者敏锐的洞察力就显得异常重要。一个优秀的新闻记者，必须在坚守新闻真实性原则的基础上，从或平淡无奇，或眼花缭乱的现象中及时发现有价值的新闻。同时，新闻记者还需要冷静地透过现象发现本质，从而寻获更加接近事物本质特征的新闻。

第二，全局与局部的关系。全局观、大局意识不仅仅行政管理工作人员要具备，新闻记者也要具备。新闻记者必须有全局观，否则就可能会出现重大错误。全局观在许多时候是新闻记者政治素质和业务能力的综合体现，在诸多的事件面前，判断新闻价值并选取最有价值的新闻加以报道并非易事。例如，每天都会有多起违法案件发生，新闻媒体对于每一起案件的报道，都应符合新闻真实性的要求。但是，如果媒体只报道具有可读性的案件，而忽视了其他内容，在全局上就违背了新闻真实性的要求。因为从全局来看，我们所处的社会不是一个充满失范行为的社会，而是一个欣欣向荣、国泰民安、不断向前发展的文明社会，违法现象只是一个很小的方面。恰恰在这个问题上，我们的新闻记者往往会犯"好人无疵，坏人无花"的错误，这就是没有处理好全局和局部的关系的结果，违背了新闻真实性原则。大局观本身是对每一位新闻记者的高素质要求，需要广大新闻记者在新闻传播活动中主动形成。

第三，主观和客观的关系。新闻是对客观事实的报道和传播，没有客观事实，新闻报道就无从谈起。从这一点上讲，客观事实是第一性的，新闻报道是第二性的。客观决定主观，事实决定报道。新闻报道同样也强调新闻记者的主观能动性，但这种"主观"，只能表现在新闻记者对新闻事件的选择上。综合性新闻对新闻记者的"主观"要求有更高的要求。对新闻主题的确立、素材的取舍、行文措辞的组合等，"主观"具有相当大的能动作用；通讯类新闻在"主观"上更讲究点的"文采斐然"、面的"结构合理"、全文的"主题明确"，但这种"主观"都不是偏离客观的臆想，新闻记者绝不能胡编乱造，要严格按照客观事物的本来面目进行"主观"结构取舍。近年来，新媒体传播中"反转新闻"频频出现，严重影响了传播业的美誉度和权威性。"反转新闻"之所以频频"反转"，主要是因为新闻记者对新闻真实性原则的忽视。这些新闻的传播者往往以主观判断甚至个人好恶为依据传播新闻，导致虚假新闻出现。从本质上讲，"反转新闻"的每一次反转让用户更加接近新闻事实的真相（网络的网状传播和信源多样为人们接近真相提供了可能），这是值得肯定的，但从对媒体的影响而言，新闻的每一次反转都是对既有媒体可信度的一次消解，任何媒体都无法接受这种持续消解之痛。在对待具体的新闻事实上，新闻工作者必须处理好主观与客观的辩证关系。新闻工作者应当披沙捡金、吹糠见米、避免片面、忠于事实，使自己的作品真实可信，无懈可击。

第四节 新闻记者的个体义务

一、作为普通公民的新闻记者的义务

在现代法治国家，每一个公民都是享受权利的主体和履行义务的主体，在享受权利的同时，必须履行相应的义务，新闻记者当然也不例外。新闻记者既是享受权利的主体，又是履行义务的主体，这不仅是从新闻记者的社会角色和职业角色方面来说的，也是从新闻记者的个体角色方面来说的。在任何一个社会中，新闻记者首先是作为一个普通的公民存在的。因此，任何一项法律义务，新闻记者都应承担，或者说，法律规定的任何一项有关公民的义务，新闻记者都要认真履行。这是现代法治国家每一个公民基本的法律意识，也是保障社会有序发展的基本前提。

公民应履行的法律义务包含多个层面，宏观而言，根据《中华人民共和国宪法》的规定，中华人民共和国公民主要应该履行以下这些义务。第一，维护国家统一和全国各民族团结。《中华人民共和国宪法》第五十二条规定："中华人民共和国公民有维护国家统一和全国各民族团结的义务。"第二，遵守宪法和法律。《中华人民共和国宪法》第五十三条规定："中华人民共和国公民必须遵守宪法和法律，保守国家秘密，爱护公共财产，遵守劳动纪律，遵守公共秩序，尊重社会公德。"第三，维护国家安全。《中华人民共和国宪法》第五十四条规定："中华人民共和国公民有维护祖国的安全、荣誉和利益的义务，不得有危害祖国的安全、荣誉和利益的行为。"第四，保卫祖国、抵抗侵略和依照法律服兵役和参加民兵组织。《中华人民共和国宪法》第五十五条规定："保卫祖国、抵抗侵略是中华人民共和国每一个公民的神圣职责。依照法律服兵役和参加民兵组织是中华人民共和国公民的光荣义务。"第五，接受教育。受教育是我国公民的权利，也是公民的义务，这是我国公民的权利和义务一致性在《中华人民共和国宪法》上的集中体现。《中华人民共和国宪法》第四十六条规定："中华人民共和国公民有受教育的权利和义务。"同时，我国还专门制定了《中华人民共和国义务教育法》，对公民受教育的义务进行更为

明确的规范。第六，尊重和爱护国旗、国徽。我国制定和颁布了《中华人民共和国国旗法》《中华人民共和国国徽法》，对这项义务进行了专门的规定。同时，《中华人民共和国宪法》还规定了一系列公民应当履行的宏观和微观的义务。

《中华人民共和国宪法》中规定的义务是公民应该履行的首要义务，新闻记者应该成为履行这些义务的楷模，这是由新闻记者的职业特点决定的。新闻记者的工作具有典型的公共性特征，他们的媒体表达是一种典型的公共表达，会产生广泛的传播和导向作用。同时，他们接触社会的范围广，了解的信息多，对其他社会成员的影响大，因此，新闻记者对一般公民都应履行的义务的任何一种忽视，都可能产生较大的消极影响。例如，对保密义务的履行，一般公民的泄密行为和新闻记者的泄密行为所导致的后果是大不相同的。这样的前车之鉴已经有不少，新闻记者必须吸取教训。

有些新闻记者借口工作的特殊性而拒绝履行作为一个公民的基本义务，这是对新闻记者职业道德规范的严重违背，也是对记者工作特殊性的错误理解。任何时候，我们都不能允许新闻记者借口新闻工作的特殊性而侵害国家、集体和个人的利益。随着新媒体的普及，新闻记者有了更加丰富的表达渠道和更多表达的可能，这就对新闻传播过程中新闻记者义务的履行提出了更高的要求。新媒体为全体社会成员提供了海量的信息和表达意见、传播信息的极大自由，但"鱼龙混杂、泥沙俱下"是一个无法轻视的传播失范现象，由此带来的诸多舆情事件也给社会文明进步带来了消极影响，需要寻找有效的应对之道以避免这些问题的产生。

二、作为"无冕之王"的新闻记者的义务

我们经常讲新闻记者是"无冕之王"，实际上，这个美誉包含着人们对新闻记者敬业精神的强烈期盼。敬业精神在许多时候似乎是很抽象的，但当一些具体的事情发生时，它会变得十分具象，触手可及。在今天的社会中，人们都在努力地工作，但工作的动机可能是各有不同的，有的是"仰望星空"，为了更好地服务社会；有的是脚踏实地，为了顺利地养家糊口；有的是随遇而安，为的是能够打发无聊的时光。但一个人一旦选择了新闻记者这一职业，便只能选择热爱，选择不知疲倦地劳作和锲而不舍地奋进，稍稍的倦怠便会导致放弃和平庸。使记者变得勇敢甚至"疯狂"的，除了热爱，除了发自内心的敬业，没有其他东西。1963年，美国总统肯尼迪在达拉斯被枪击，当时总统车队里搭乘着两位记者，一位是合众社的梅里曼·史密斯，一位是美联社的杰克·贝尔。就在上车之前，两人还满脸笑容地握了握手，并且在路上谈笑风生。就在子弹击中肯尼迪身体的那一刻，史密斯猛地蹲起来，抓过车中唯一的一部车载电话，拨通了合众社的电话，向通讯社口头报道了总统遇刺的消息。贝尔见状，试图抢夺他的电话，把总统遇刺的消息传到美联社，但史密斯

拿着电话不肯放手。贝尔情急之下，用拳头击打史密斯，最终史密斯被贝尔打得鼻青脸肿。史密斯成为报道肯尼迪遇刺的第一人，合众社在这次事件后影响也逐渐扩大。事后有人采访史密斯，问对贝尔袭击他有何看法。史密斯说："直到报道结束，我才发觉贝尔想拿我的电话。如果是贝尔先拿到电话，或许我也会这样做的。"敬业，对新闻记者来说不仅仅是一种口号或装点门面的姿态，更是一种发自内心的信条。

新闻记者是有影响力的社会人群，但这种影响力不是自然而然产生的，而是与他们对社会的责任感紧密相连的。我们也许可以从"无冕之王"称号的由来找到这种责任感的渊源。"无冕之王"一词产生于19世纪的英国。当时，《泰晤士报》是英国的舆论领袖，其主笔辞职后，常被内阁吸收为成员，故有"无冕之王"之喻。在西方，新闻记者的重要性还因其在政治活动中的重要性而不断被强调。新闻记者上可以批评国家政要，下可以为庶民申冤。他们的影响无所不在，他们的权力无所不及。例如美国开国两百多年来，根据历史记载，包括华盛顿和林肯，恐怕没有哪一位总统没挨过新闻记者激烈批评的。由《华盛顿邮报》记者鲍勃·伍德沃德和卡尔·伯恩斯坦推动的"水门事件"甚至导致了尼克松的下台。历任美国总统在其上台后的几年中，从来不会缺少记者对其对内、对外政策的批评。正因为如此，新闻记者"无冕之王"的名声才变得越发响亮。

新闻记者只有站在全社会的立场上，站在全体社会成员的立场上，为全体社会成员鼓掌欢呼，他们的工作才有价值，他们的角色才熠熠生辉。在我国，新闻记者同样素有"无冕之王"的雅称，但这种雅称是与他们倾心为人民鼓掌欢呼的热忱之心，与他们"铁肩担道义"的浩然正气联系在一起的，是与他们始终坚守新闻记者的初衷，认真履行普通公民的义务联系在一起的。新闻记者"无冕之王"的荣誉，绝不应该成为某些新闻记者逃避义务的托词。他们应该传播国家的方针大计，推动科学政策的推行；他们更应该关注民生，表达民意，让政府了解人民生活的真实世界。唯其如此，新闻记者才不会辜负"无冕之王"的荣光。

新闻记者的义务不是主要关注记者的职业义务，而是主要关注新闻记者的人格义务。新闻记者所要履行的社会义务、职业义务是和其人格义务紧密联系在一起的。在履行其他义务的时候，人格义务始终是其坚强的支撑。这种人格义务是与他们的责任、追求、品位和工作态度息息相关的。应该只有那些有担当、敢负责、有良知、辨善恶的记者，才能担得起新闻记者的名号，才会在社会的文明进步中发挥积极的推动作用。

在信息社会，媒体的品位实际上是记者的品位。新闻记者的人格将深刻影响新闻媒体的品位和形象。新闻媒体必须依靠新闻记者才能展开活动，因此，和新闻记者人格内容密切相关的道德理想、价值取向、生活态度、审美情趣、好恶标准等，都会对新闻媒体的品位产生深刻影响。不能想象一个人格低下、热衷于低级趣味的人会采写出有品位的、鼓舞人心的好作品。除此以外，新闻记者人格的高下，还将深刻地影响到新闻媒体的社会形象。这是因为，新闻媒体一方面要借助新闻报道树立媒体形象，另一方面还要通过新闻记者来树立社会形象。新闻记者对社会生活的介入是广泛而又深刻的，在这个介入的过程中，新闻记者代表的是新闻媒体，因此，新闻记者的人格魅力对新闻媒体关系重大。

中外新闻史上一大批著名的新闻记者以其特殊的人格魅力，为年青一代的新闻记者树立了忠实履行人格义务的典范。这些新闻记者以其忠于事实、敬业爱岗和追求真理、清正廉洁的社会形象，确立了传媒的良好地位。新闻记者是今日新闻的记录者，也是明天历史的记录者。优秀的新闻记者，总是以对历史负责的态度来写新闻的。美国的著名记者埃得加·斯诺就是一个范例。20世纪30年代，斯诺的一本《红星照耀中国》（《西行漫记》）轰动世界。该部作品之所以有经久不衰的魅力，是因为在谣言纷起、诽谤不断的年代，斯诺坚守记者的良知，忠于事实、敢讲真话，以大量亲眼所见、亲耳所闻的事实，报道了中国共产党及其领导下的红军，报道了"西安事变"等重大历史事件，从而赢得了人们的尊重。在我国新闻史上，邵飘萍、范长江、邹韬奋等一大批杰出的新闻人，就是以不畏强暴、不畏困难、孜孜不倦追求真理的崇高精神，感染了一代代中国记者。中外记者们的高风亮节，体现的正是其对自己人格义务的认真履行。在今天这样一个新媒体时代，新闻记者面对的是一个多元与同一、繁复与单纯相融的社会，是一个机遇和陷阱、收获和诱惑并存的世界，是一个光荣与梦想、追求与放弃共处的时代，这就尤其需要新闻记者用高尚的人格支撑起新闻记者的精神大厦，用热忱和心血去积极开创美好的未来。

哈佛大学法学院教授卡斯·R.桑斯坦说过："我们中的大多数人，至少在某些时候，是依照自己所厌恶的规范生活的。"因为现代人就主观意志而言，通常会大声宣称："不要告诉我什么事不能做！这是人们发自内心的呼唤，表明人们重视自己控制生命进程的能力，应该被理解、欣赏和珍惜。"[①] 但是，如果所有个体的主观意志都被尊重，社会一定会出现失控局面。规范，尤其是以法律形式体现的规范一定会给人的自由意志带来限制，但这种限制无论是对普通社会成员，还是新闻记者而言都不可缺少。

---

① 桑斯坦. 助推 2.0 [M]. 俸绪娴, 孙梁, 李井奎, 译. 成都：四川人民出版社, 2022：1, 4.

第六章 舆论监督权利的保障

不断走向民主和文明的现代中国正在为全体公民创造美好的社会生活，也为人类社会的前进做出积极的贡献。但是，我们应该承认，这样一种积极的发展态势并不总是一帆风顺，有时不可避免地会付出一定的代价。每个社会总会存在一些特殊的不当利益阶层和因循守旧势力，他们会努力去维护那些既得的利益，保护自己享有的某种特权。而现代文明社会则会用一切力量去消除那种不当的既得利益和特权，使社会公平和正义得到真正的实现。在这个过程中，新闻媒体功不可没。新闻媒体不仅通过新闻传播活动，使公平正义成为全社会的共识，还通过舆论监督的手段，曝光社会不公，抨击社会丑恶，为最终实现"法律面前人人平等"的理想社会创造条件。可以说，只有保障新闻媒体舆论监督的权利，让新闻媒体发挥激浊扬清的功能，社会的不良现象才会真正被消除，人们美好的追求才会变成现实。

第一节 舆论监督在现代社会中的价值

新闻传播活动的开展需要有独特的"利器"，舆论监督就是这种"利器"之一。舆论监督是支撑传媒业创造力和推动力发展的一种核心要素。

一、现代社会中的舆论监督

每一个现代人都置身于信息时代，甚至自己也成了信息的一部分。在纷繁复杂的信息中，新闻信息无疑是信息时代的主要内容之一。特别值得注意的是，随着数字技术的发展，互联网已经全方位地介入现代人的生活。从我们的先人发明文字、使用手抄件进行第一次传播起，人类已经经过了印刷媒体、通信工具及广播电视的三次传播革命，而互联网的完善，则标志着传播业进入了第四次传播革命。

随着传媒业作用的不断加大，新闻的重要功能之一——舆论监督也在广泛地影响着大众的生活。舆论监督是指新闻媒体运用舆论的力量，帮助公众了解政府事务、社会事务和一切涉及公共利益的事务，并促使其沿着法治和社会生活共同准则的方向运作的一种社会行为。舆论监督首先是一种特殊力量，这种特殊力量借助其无所不在的影响力和穿透力，发挥自己无法取代的作用，它具有快捷、高效、广泛等特点，影响比较深远。舆论监督权是一种知情权，这种知情权在落地方式上不仅表现为媒体知情,更表现为公众知情。舆论监督还具有一种规范作用,通过对社会运行过程中相关要素的监督,规范社会发展方向,推动社会向着健康文明的方向发展。

舆论监督的主体是通过新闻媒体发表意见的人。需要强调的是,这个发表意见的"人"必须借助"新闻媒体"而不是其他途径表达自己的思想,否则便是一般的"公众舆论"而不是"新闻舆论"。在这里,"新闻媒体"的独特价值就充分地显现出来了。当然,也有学者对舆论监督的主体有另外的表达:"从法律意义上说,主体就是能够享有权利和承担义务(责任)的自然人和法人。人民大众是一个抽象的群体概念,它不仅不能承担义务(责任),而且如果不通过传播者,也难以有效行使自己的权利。传播者才是法律意义上的主体。按照传播学的原理,传播有人际传播、组织传播、大众传播等多种方式。大众传播的传播者是新闻媒体,舆论监督只有通过新闻媒体才得以实现,因此,新闻媒体是能享有舆论监督权利和承担由此引起的义务(责任)的法律意义上的主体。"[①] 有的学者则明确指出:"舆论监督的主体呈二元结构,公众是舆论监督当然的主体,新闻媒介也是舆论监督的主体。"[②] 我们认为舆论监督的主体是通过新闻媒体发表意见的人,这是因为,舆论监督只有通过人的主动行为才能实现,而新闻媒体只是实现这种监督的工具。

舆论监督的客体(对象)是为我国法律和法规所保护的一切社会关系,涉及国家的重大决策、国家公务员的工作作风和工作效率,涉及公共事务和公共利益的一切组织和个人。舆论监督的对象主要是一切权力,其重点是权力组织和决策人物。对权力组织的监督主要包括对决策过程的监督和对决策效果的监督;对决策人物的监督,主要表现为对决策人物产生过程的监督和决策人物产生后对其行为的监督。舆论监督的其他对象还包括一切社会组织如教育、医疗卫生、文化等单位的社会行为。随着新闻作用的不断加大和舆论监督作用的有效发挥,重要的经济组织(尤其是上市公司、国有企业)和个人也成为舆论监督的主要对象。

舆论监督不是新闻监督,但舆论和新闻是紧密相连的。新闻媒体是传播意见进而形成舆论的工具,但新闻本身并不是舆论,因而舆论监督并不等同于新闻监督。"它反映公众舆论,而自己也是公众舆论的一部分"[③],新闻媒体只有传播新闻信息从而在社会成员中引起共鸣并最终形成舆论,舆论监督的职能才得以行使。新闻媒体之所以具有舆论监督的职能,是因为其代替社会舆论行使了监督的权利。从舆论监督的作用看,它对于利用其特有功能,维护公民合法权益具有十分重要的价值。

---

① 王强华,魏永征. 舆论监督与新闻纠纷 [M]. 上海:复旦大学出版社,2000:25.
② 周甲禄. 舆论监督权论 [M]. 济南:山东人民出版社,2006:50.
③ 瓦耶纳. 当代新闻学 [M]. 丁雪英,连燕堂,译. 北京:新华出版社,1985:278.

二、舆论监督对中国社会进步的推动作用

没有舆论监督，对社会良知的坚守可能会面临挑战，对社会正义的追求可能会遭遇更多的障碍。因此，中国改革开放伊始，舆论监督就展示了其独特的作用。

中国改革开放的第一抹新绿，是在安徽一个不起眼的小村庄出现的。1978年11月24日，安徽凤阳小岗村的18位村民相聚在一起，在土地承包责任书上按上鲜红的指印或印章，农村改革由此拉开序幕。中国的许多新闻传播媒体都参与了带有冒险和探索性的农村改革报道并取得了成功，这可以算是冲破封闭守旧的报道模式，一次舆论监督的大胆尝试。1980年，"渤海二号"钻井船不幸翻沉，72人遇难，直接经济损失达3700万元。这一起后来被认定是因违章指挥而造成重大损失的责任事故发生后，当时的石油部及其下属的海洋石油勘探局的某些领导百般掩饰，称是遭遇了十至十一级大风，并否定舆论，企图"丧事当成喜事办"。新华社、人民日报社、工人日报社等新闻单位的记者顶着极大的压力介入事故调查，并以极大的勇气和责任感报道了事实真相，终于迫使海洋石油勘探局的错误定论被推翻，并最终推动了对该事件的严肃处理。在《工人日报》发表第一篇报道的一个月后，国务院作出事故处理决定，最终石油部部长被解职，国务院副总理被记大过处分，国务院主要领导声明自己失职，向全国人民承认错误。事件发生几年后，随着沉船被打捞出水，对事故原因的认定有了新的变化，但作为一起舆论监督事件，它在我国舆论监督史上具有里程碑的意义。事件处理的结果让人们对舆论监督在现代社会中的作用有了一次直观的认识，也进一步激发了人们舆论监督的热情。

1988年4月，经中央同意，中央办公厅转发了《新闻改革座谈会纪要》，指出要"正确开展批评，发挥舆论监督作用"，并规定除了"特别重要的批评稿件"，其余批评稿件可以不事先征询有关领导机关和被批评者本人的意见而加以发表。这一年的七届全国人大一次会议和全国政协七届一次会议，把新时期中国舆论监督推到了一个新阶段。两会首次向外界敞开大门，允许中外记者采访和报道。会上讨论的一些"热点""难点"问题得以公开。《人民日报》的系列报道《慨当以慷忧思难忘》《一个民族在这里沉思》《再造中华民魂》等，《经济日报》的系列报道《民主议政在中国》《差额选举在中国》《法的权威在中国》等，产生了极其深远的影响。从1992年开始，北京十几家新闻媒体联手开展了声势浩大的"中国质量万里行"活动。活动以舆论监督为基本宗旨，集中力量从正反两方面对社会生活的各个层面进行监督，效果良好。进入20世纪90年代后期，我国新闻媒体的舆论监督工作继续稳步向前推进。中央电视台的《焦点访谈》栏目以其鲜明的特征，为中国传媒业的舆论监督工作增添了亮丽的色彩。该栏目播出的许多节目给观众留下了极其深刻的印象，成为中国新闻史上的经典，反响均十分强烈。从1998年9月开始，中央电

视台又和国内另一大新闻媒体《人民日报》联手,在《社会周刊》和《焦点访谈》上重点推出舆论监督力度大的节目,以促使舆论监督向全方位、高层次发展。随后推出的《新闻调查》栏目,同样直面中国社会存在的问题,以冷静、深刻、严谨的电视表现手法,对深层问题进行报道剖析,增加了舆论监督的理性力量。

21世纪以来,全国各地的新闻媒体继续加大舆论监督力度,使一些重大案件得到了妥善解决,也保证了社会的有序运行。2002年,《焦点访谈》为配合政府清理、整顿市场工作秩序,推出了系列节目,对假种子、假农药、"黑心棉"等违反商业规则和扰乱市场经济秩序的典型事件进行曝光,产生了十分积极的作用。2001年底,新华社作为主流权威媒体,强力介入中国足坛"打黑"风暴,新华社记者采写的《看足球打黑如何破门》长篇报道在《新华视点》栏目发表后,在中国社会产生了强烈反响。接着,新华社记者走访了事件当事人、法学家、裁判、足球俱乐部负责人等,直接推动了"打黑"行动的深入。随后,《人民日报》、《中国青年报》、新浪网等媒体也全面介入。这次媒体发动的"打黑"行动的直接后果之一:2003年1月29日,北京市宣武区人民法院正式以企业人员受贿罪之名,一审判决裁判龚某平有期徒刑10年。而2010年曝出的大批足协官员和裁判涉"黑球""假球"大案,无疑再次证明了新闻媒体舆论监督的价值。与此同时,广西南丹矿难、山西繁峙流沙镇矿难、山西河津市富源矿难等一系列生产事故的曝光,也是众多新闻媒体和记者齐心协力、不畏艰苦、顶着巨大压力深入采访的结果。随后,中央电视台的《每周质量报告》又强力介入舆论监督工作,其曝光的金华火腿、太仓肉松、食品"苏丹红"添加剂等产品质量事件,在社会上引起了强烈反响。舆论监督,正以其特有的作用,在社会纠偏中发挥着巨大的影响作用。

在我国舆论监督史上产生重大影响的,是发生在2003年的"孙某刚事件"。2003年初,湖北青年孙某刚因为没带暂住证而惨死于收容人员救治站内。此案在事发一个多月后,《南方都市报》等一些在全国有重要影响的新闻媒体纷纷加以报道,引起社会强烈反响。人们除了对这一惨案表达同情和悲悯,更进一步反思这一悲剧产生的根源,质疑制度上的缺陷。三位刚刚走出校门不久的法学博士上书全国人民代表大会常务委员会,要求对收容遣送办法进行违宪审查,此举得到广泛响应,众多知名知识分子群起倡议,终于使得收容遣送制度被国务院废止。2003年最后一期《南方周末》在《致敬之年度舆论监督》一文中称:"一项国家法令竟因一篇报道而终止,在中国当代新闻史上似乎还是第一次。这固然是尊重民意的结果,也与媒体的持续推动有关,而《南方周末》的首发之功,尤不可没。一支纤笔,可以改变世界,以新闻监督推动社会进步,其力量由此可见。"

新媒体的快速发展不仅给传统媒体的新闻生产过程带来深刻影响,还令舆论监督有了更大的作用空间,网络舆论监督开始发挥传统媒体难以具备的作用。以早期影响深远的"周老虎事件""躲猫猫事件""周某耕事件""郭某美事件"等为代表，网络舆论监督在近年来受到人们的高度关注。网络舆论监督除了有传统媒体舆论监督既有的功能和特点，还有自身独有的特征。第一，网络舆论监督参与群体几乎包含了所有的社会成员。当然，这里的社会成员指有媒体使用能力的人。新媒体时代是一个公共传播时代，"人人都是监督主体"成了网络舆论监督最显著也是最重要的特点，这令舆论监督成为一种全社会监督。第二，网络舆论监督是一种全方位的监督。从时间维度看，"无时不在"是其典型表现，从采集监督信息到传播监督信息，舆论监督随时可以进行，且可以即时传播和快速扩散。从空间维度看，"无处不在"则是舆论监督另一种典型表现。由于网络用户无处不在，舆论监督就变成一种普遍行为。第三，新媒体策动、传统媒体介入成为舆论监督的新趋势。网络舆论监督的信源和素材丰富，但实施主体专业素养相对有限，只有具备良好专业素养和能力的专业新闻记者加入，才能更好地发挥舆论监督的效用。目前来看，新旧媒体互动已成为一种趋势。第四，网络舆论监督失范行为较为多见。鉴于参与主体新闻专业素养的参差不齐，虽然网络舆论监督总体而言发挥了良好的作用，但失范、误伤行为时有发生。网络舆论监督失范行为主要表现为信息失实和网络暴力。"一些监督者抱有良好的初衷，但由于调查不深，观察不细，致使被表面现象蒙蔽。""一些网民缺少良好的媒介素养，一叶障目，见风是雨，仅凭有限的事实信息，就发表言辞激烈的观点……呈现出严重的非理性色彩。"[①]

三、舆论监督的价值

从社会的各种监督机制看，舆论监督具有十分重要的作用。因为舆论监督具有其他监督机制所不具有的独特优势和特点。第一，及时性。新闻的时效性特点决定了舆论监督具有最强的时效性，不管什么时间、什么地点，有违社会公正的事件只要出现，都被及时监督。这是新闻的客观要求，也具有相应的现实性——新闻传播媒体在相当长时间里建立起来的传播网络，可以比较及时地采集到相关的新闻信息，从而为舆论监督提供时效性上的保障。而网络的普及、新媒体平台的应用便捷性，更让这种监督可以即时进行。第二，广泛性。新闻无处不在，舆论监督同样无处不在。现代社会生活中发生的不公平、不合理现象，都可能被新闻传播媒体曝光；被曝光的社会不公平、不合理现象在很短的时间里会产生广泛的社会影响，受到民众普遍的批评，从而这类不公现象的产生被遏制。第三，大众性。新闻媒体是一种大众传播媒体，因此，任何人都可以成为监督主体，都可以行使舆论监督的权利。在我国，新闻媒体不仅是党和政府的喉舌，还是人民群众的喉舌，人民群众可以依据

---

① 顾理平. 网络舆论监督中的权利义务平衡[J]. 社会科学战线，2016（3）.

《中华人民共和国宪法》所赋予的言论出版自由权，实施舆论监督。第四，公开性。新闻信息是需要传播的，必须加以公开。有些社会丑恶现象，不公开就难以杜绝，而新闻传播媒体的公开曝光对于此类社会丑恶现象具有惩治作用。第五，高效性。舆论监督的成本较低，但效益很高。鉴于新闻传播媒体大众传播的特征，舆论监督比其他任何监督手段更易产生社会反响，也更易产生较高的社会效益。舆论监督独特的优势和特点，使它在社会的监督体系中具有十分重要的地位。

（一）保障民主进程

民主是现代社会的推进器。任何社会都不会存在先知先觉的圣人，谁都无法预知社会前进过程中将会遇到的问题，于是激发和集中全体社会成员的智慧，及时预期可能发生的问题，采取有针对性的措施异常重要。文明社会是在发现问题和解决问题的过程中前进的。民主的重要价值之一，就是使社会变得更加智慧和有预见性。民主问题在历史上往往会遭遇磨难波折，所谓"防民之口甚于防川"。现代社会领导者对民主价值的认识在不断增强，但这并不意味着阻碍民主的问题不复存在，这时，舆论监督就显得十分重要。

中国共产党及其领导的政府代表着全国各族人民的利益，因此，凡是有利于实现全国各族人民利益的意见和建议，都会被听取和接受。党和政府在作出重大决策时，会听取多方意见和建议，会权衡各种利弊得失，从而在诸多决策中找到最优方案。这是尊重和发扬民主最基本的途径，并且经验和教训已反复证明了这条途径的正确性。而在传达民众的意见和建议的过程中，新闻媒体无疑担负着十分重要的下情上达的桥梁作用。这是新闻媒体舆论监督作用发挥的重要表现形式之一。

（二）营造社会清廉

社会清廉是社会文明的重要标识，只有在风清气正的社会环境中，人们才能真正获得理想的成长机会和幸福的生活体验。社会清廉包含许多方面，而党和政府的清正廉洁无疑是其中的核心诉求。为了防止腐败现象的发生，党和政府采取了许多有效的防范监督措施，但是，由于诸多复杂的原因，尚没有办法从根本上杜绝腐败现象。在这种情况下，舆论监督就显得尤为必要。一方面，新闻媒体需要运用舆论的职能，及时传达党中央惩治腐败的措施和决心，以倡导良好的社会风气，形成威慑作用。另一方面，新闻媒体要勇于揭露腐败行为，使腐败分子无处藏身。在这方面，新闻媒体及广大新闻记者做了大量的工作。例如近年来揭露出的许多以权谋私大案、走私造假大案等，新闻媒体及新闻记者在其中发挥了积极作用。舆论监督在反腐倡廉过程中扶正祛邪、惩恶扬善、净化社会风气、规范社会行为的作用是有目共睹的。"民主和公共服务媒体是控制权力行使的手段，也是检查那些掌握权力的人的骄傲自大和愚蠢的无与伦比的永久性方法。与那些不富于冒险精神的保守主义者不同，民主和公共服务媒体是实践智慧的最好的朋友。民主和公共服务媒体是无与伦比的早期警示性手段，在危害还不太引人注意时就使其公开，减少了在未知海洋航行和冒失行事危险的鲁莽的冲动，确认智慧的益处，不轻易地向无知投降，小心谨慎地在变幻无常的汹涌的大海上航行。"①许多国家的反腐倡廉经历，也在不断地证明着舆论监督在这方面的价值。

当然，保证社会清廉并不仅仅局限于党和政府的廉政建设，还包括公共服务、管理执法、网络治理、商业活动等社会生活的各个层面的建设，是一个系统化的工程。因此，新闻媒体的作用，就显得异常重要。

（三）培育公民意识

"在现代化过程中，社会经济发展使社会成员的政治意识增强，而且对经济领域的需求与对政治领域的需求是互相转化、互相加强的。但是，在我国新旧体制转换的过程中，政治制度化、民主化的程度还不高，各种民意参与渠道和沟通渠道不健全，难以容纳众多社会成员直接参与。而一旦参与渠道受阻，民众的各种挫折感和不满感就会被强化，导致政治不稳定。这就要求社会经济在变革的同时，采取相应的对策，疏通参与渠道，健全政治参与制度，有效地吸收和疏导公众日益扩大的政治参与。新闻舆论监督就是极为便捷的政治参与渠道，它使人民群众有更多的参与政治和社会管理的机会，就可在一定程度上抵消人民的挫折感和不满感，从而减少社会的不稳定。"②舆论监督在本质上是全体人民的监督，这也是我国人民参政议政、关心国家政治的重要内容。培育公民意识，就是激发人民群众当家作主的意识，通过人民的力量同一切社会不良现象作斗争，这是舆论监督的题中应有之义，也是人民当家作主的具体表现。"重大情况让人民知道"，这体现的正是社会主义国家人民当家作主的权利。"如果公民享有言论自由，当其他某种权利受到不当压制时，公民可以借自由的批评反对压制以恢复权利。而当没有言论自由时，这些压制就难以引起公共舆论的反对。"③另外，对于社会中存在的一些不良现象和风气，有良知的新闻媒体和记者也会动员人民群众对其进行监督批评，保证社会的健康。可以说，公民意识是确认现代人身份的一种标志。现代人是否有主见、有思想，是否可以参与社会的组织管理行为，其是否具有公民意识具有决定性意义。《中华人民共和国宪法》从国家根本大法的层面肯定了这种公民意识，同时，国家还辅以下位法和政策措施。新闻媒体通过舆论监督帮助全体社会成员培养公民意识，实际上是对宪法

---

① 基恩. 媒体与民主 [M]. 邹继红，刘士军，译. 北京：社会科学文献出版社，2003：161.
② 田大宪. 新闻舆论监督 [M]. 北京：中国社会科学出版社，2002：44.
③ 侯健. 舆论监督与名誉权问题研究 [M]. 北京：北京大学出版社，2002：18.

的尊重。

随着新媒体时代的到来,公民意识的培养又具备了时代性的意义。一方面,党和政府可以通过"网络问政"等方式,倡导全体社会成员主动关心国事民生,以不断吸收社会成员的智慧,了解民意,推动决策的科学化和民主化。另一方面,在网络监督成为日常现象的当今社会,公民意识的培养也可以推动这种监督更加规范有序,防止"误伤"行为发生。网络舆论监督在今天这样的传播环境中正在发挥越来越重要的作用,但时有发生的如偏听偏信、无中生有等失范监督,不仅无助于社会文明的形成,还会对舆论监督产生明显的消解作用。因此,网络舆论监督需要通过公民意识的培养,推动质量的提升。

(四) 监督行政决策

党和政府在制定各项路线、方针和政策时,往往经过反复推敲论证,因而最终决策大都符合科学决策原则和中国的实际情况。但是,由于受诸多主、客观因素的影响,也有一些决策在制定前缺少调查研究,主观色彩较浓,影响了决策的科学性,产生了比较严重的社会后果。同时,由于各级执行部门及其人员政策水平和个人素质的参差不齐,政策在具体执行过程中往往会走样。例如,为杜绝各类矿难,中央政府曾采取了大量有针对性的措施,包括对规模的规定、对严格安全措施的规定、对干部参股问题的规定,但现实生活中矿难依然时有发生,原因之一,不是政策未作规定,而是政策执行严重不到位。这样的结果,往往会严重影响中央政府的权威性和政策的严肃性。在这种情况下,舆论监督就可以起到十分重要的"纠偏"作用。"新闻舆论监督正视社会阴暗面的存在,并时刻关注着现实中存在的社会阴暗面。由于新闻记者深入社会基层,能到达行政监督、党内监督、法律监督和其他社会监督等监督方式难以到达的盲区,因此,它对社会发展过程中的浅滩暗礁时刻感受,了如指掌,成为党和政府的耳目,成为人民群众的喉舌。可以说,新闻舆论监督是建立社会系统中敏锐的反应机制的必然选择,它为社会及时捕捉各种信息尤其是反面信息,促人警醒,促进变革。因此,新闻舆论监督是社会系统中不可或缺的社会机制。"[①]

舆论监督在行政决策中的纠偏作用十分重要,这种纠偏可以较好地预防行政决策过程中的"犯错"行为。但是,舆论监督的作用并不应限于此。基于公权力在社会运行中的重要作用,对公权力的监督一直是舆论监督的重要内容,因此,其监督的内涵需要有与时俱进的拓展,舆论监督在对行政决策和其执行进行监督时,对"乱作为"和"不作为"都应实施有效监督,只有这样,才能保护权力的有序运行。

---

① 杨明品. 新闻舆论监督 [M]. 北京: 中国广播电视出版社, 2001: 36-37.

"监督角色的目标不断拓展,已经超出了仅仅使权力的管理和执行保持公开透明、使权力的行使结果被知晓和理解的定义。这也就暗示新闻媒体不仅应该关注权力机构的无效工作,同时还要关注它们的有效工作。如果新闻媒体不能像说明权力的失败运作一样说明权力的有效运作,又何谈监管权力?无休止的批评会失去意义,公众也会失去判断善恶的标准。"[1] 过往的舆论监督经验,也反复证明这种监督对于社会进步的重要意义。实践证明,舆论监督是政府决策的好帮手。政府决策不仅可以借助新闻媒体传递信息的功能快速推进,更可以借用其舆论监督的功能进行"纠偏",保证传达政策不走样、执行政策不打折。

(五)推动司法公正

我国正在建设法治现代化国家,而司法公正则是法治现代化国家的基本要求。舆论监督在司法公正中的作用表现在两个方面。第一,在立法过程中,通过反映广大人民群众的呼声和要求,保证所制定法律的科学和公正。法律是统治阶级意志的集中体现,我国是人民当家作主的国家,法律代表了人民的意志,具有强烈的人民性特征。在立法过程中,如何体现人民的意志,是立法者必须关注的重大问题。在信息时代,新闻媒体的桥梁作用自然举足轻重。第二,对执法进行监督。这在我国具有十分重要的现实意义。我国的司法是独立的,司法独立是司法公正的前提,但是,司法独立并不一定能保证司法公正,两者之间不是一种必然的因果关系。这是因为"司法独立"并不意味着司法机关从社会体系中完全独立出来而免受法外因素的影响。同时,"司法独立"也不能保证独立后的权力不被用于追求特殊利益。而舆论监督却能成为司法机关抵制法外因素的坚强后盾;约束司法权力,防止司法专横;保证全体大众受益而不是个人或少数部门受益,因而,它对保证司法的公正意义重大。当然,对于少数媒体假借"舆论监督"之名行"媒介审判"之实的行为我们是要大力反对的。传统媒体时代,曾经发生过多起社会影响较大的媒介审判案件,产生了严重的社会后果。进入新媒体时代,媒介审判现象不仅并未杜绝,并且以网络民意的名义呈现,具有一定的误导性和欺骗性,对此,我们必须保持清醒的头脑。

舆论监督的作用当然不仅限于这些,因此,为了保证我国社会的健康发展,为了保证全体人民民主权利的正常行使,舆论监督必须得到应有的保护和加强,只有这样,我们的社会才能不断趋向理想的模样。

---

[1] 科瓦齐,罗森斯蒂尔.新闻的十大基本原则:新闻从业者须知和公众的期待(中译本)[M].2版.刘海龙,连晓东,译.北京:北京大学出版社,2014:170.

第二节 现代社会的舆论监督权

在理性和冷静的判断中，人们对舆论监督的价值几无争议，但当舆论监督与个人的实际利益发生联系时，非理性会导致事情变得复杂起来。现代社会舆论监督意义重大但地位尴尬，究其原因，关键是这种权利尚未在法律上得到明确。只有从法律的层面将舆论监督定义为一种新闻权利，其地位才会变得不再尴尬，其推动社会进步的价值也才能真正发挥出来。

一、舆论监督是一项重要的社会权利

一个国家要保证公共权力尤其是政府权力的正当行使，必须设置强有力的监督机制，用权力制约权力，只有这样，才能有效防止权力的滥用和腐败的滋生。在这个过程中，公共权力与监督权力的对应设置是必不可少的，这也是国家社会治理现代化的必然选择。社会监督机制是一个综合系统，包括立法监督、司法监督、党内监督、行政监督、群众监督等许多方面。这些监督机制各有区别，但又相互联系补充，形成了对公共权力、政府权力的监督网络，从而保证社会的有序运行。其中的任何一个监督机制功能弱化或效力缺失，都有可能最终影响监督机制的完整性和严密性。

舆论监督之所以能成为诸多监督机制中十分重要的、作用独特的公共权力监督机制，是因为这种监督机制植根于公众的权利和利益之中，具有旺盛的生命力。它通过新闻媒体表达民意、反映民情、彰显良知，是一股十分重要的民主力量。社会公共权力的不公和失误引起的新闻媒体的舆论压力，往往会比较容易促使不公的消弭和失误的矫正。因此，对于全体公众而言，舆论监督这种社会权利是十分重要的。

从我们国家的具体情况看，我们虽然有党内的、行政的、司法的等各种各样的社会监督机制，这些监督机制也在发挥着积极的作用，以实现社会的有序运行，但在现实社会生活中，监督的匮乏仍然是一个普遍的事实。这在很大程度上是由于上述监督主要是内部的、纵向的，因此是不公开的。不公开的监督本身就不符合监督的题中应有之义，并且它十分容易受监督系统内部关联因素及监督者本身素质的影响。相关人员对信息的控制、加工和处理本身不受监督，这就往往会导致他们阻挡社会大众对信息的揭露。然而我们必须清楚这样一个事实：所有的弄虚作假和腐败行为，均有一个特点——见不得光。当事者最害怕的往往不是上级调查，而是舆论监督、媒体曝光。事实一再证明，在各种监督形式之中，舆论监督不仅是最有效、最快捷，而且是最廉价、最易于操作的监督机制。在现代社会，新闻媒体的这种监督作用是其他任何监督机制无法替代的。这种监督不应当是偶然的、一次性的，而

必须是全方位、全天候的——有赖于广泛的社会参与和公众监督。

事实证明，我们一贯重视党和政府的内部监督，较忽视来自外部的监督。同处于一个权力金字塔内的组织力量和政治力量较难形成有效的监督和被监督关系，原因如下。第一，同一系统内的各种组织和机构都有着领导与被领导的关系以及工作与业务上的联系，各种监督机构所拥有和行使的权力是十分有限的。第二，这些人在利益、价值观、文化传统、工作作风及思维方式上都有一致性。在其他人看来极不应该发生的事情，他们自己习以为常、见怪不怪。而舆论监督的特殊性，就在于它是一种外部的监督机制。外部的监督，尤其是新闻媒体的监督，可以起到其他监督机制无法替代的作用。舆论可以使群情激愤，可以使丑行败露，可以使一切不良昭然天下……因此，行使好舆论监督这一社会权利，对于目前我们国家的民主政治和社会现代化意义深远。

二、舆论监督是一项重要的政治权利

我们国家历来重视舆论监督，我们党历来把舆论监督作为全体公民的一项重要的政治权利来强调，并在法律上加以肯定。如前所述，早在中华人民共和国成立初期，《中央人民政府新闻总署关于改进报纸工作的决定》（以下简称《决定》）指出："报纸对于政府机关及其工作人员、经济组织及其工作人员的工作中的缺点和错误，应负批评的责任。这种批评应当是积极的，富于建设性的，实事求是的，和与人为善的。"《决定》虽然没有提出"舆论监督"的概念，但其强调"报纸批评"是一种社会责任，应该说是极富远见的。随后的几十年中，党和政府以各种不同的方式，对舆论监督的作用加以肯定，并且在党和政府的文件中加以规定。我国党和政府对舆论监督长期以来的关注和重视，是基于舆论监督的正常开展给社会进步带来了重大积极意义。舆论监督是否能够顺利开展，在许多时候变成了政治是否民主、社会是否昌明的晴雨表。

《中华人民共和国宪法》对舆论监督权进行了肯定，首先从法理层面对舆论监督进行了明确，第一条规定："中华人民共和国是工人阶级领导的、以工农联盟为基础的人民民主专政的社会主义国家。"第二条规定："中华人民共和国的一切权力属于人民。"第三十五条规定："中华人民共和国公民有言论、出版、集会、结社、游行、示威的自由。"这些规定虽然都没有直接定义舆论监督，但我们可以通过逻辑推断得出这样的判断：我国坚持人民当家作主，国家权力属于全体人民，那么，全体公民通过言论表达，行使关心和管理国家的权利，是一件理所当然的事情。而舆论监督，是言论表达的重要方式之一。《中华人民共和国宪法》对公民权利的保护，逻辑地包含了对舆论监督权利的保护。

在现代社会，人们随着自主意识的不断增强，表达意见的愿望变得愈加强烈和迫切。而对现代人这种愿望的尊重，是现代政府的明智之举。人区别于动物的标志之一在于，人在温饱之上更有思想的生成和意见的表达。社会平等也应通过对全体公民意见的尊重来实现。同时，《中华人民共和国宪法》还从另一个侧面对这种权利进行了保护。《中华人民共和国宪法》第四十一条中，又作出了这样的规定："中华人民共和国公民对于任何国家机关和国家工作人员，有提出批评和建议的权利；对于任何国家机关和国家工作人员的违法失职行为，有向国家机关提出申诉、控告或者检举的权利，但是不得捏造或者歪曲事实进行诬告陷害。""对于公民的申诉、控告或者检举，有关国家机关必须查清事实，负责处理，任何人不得压制和打击报复。"这里虽然同样没有提出"舆论监督"这四个字，但是"提出批评和建议的权利"显然赋予了公民以舆论监督的权利，因为"提出批评和建议"恰恰是舆论监督最为常见的形式。任何一个社会总会存在这样那样的问题，是正视问题还是讳疾忌医，在很大程度上考验着政府的执政能力。新闻媒体功能独特，新闻批评者眼光敏锐，对新闻媒体批评功能的保护，无疑延展了政府管理社会的能力，这无论对于政府，还是对于每个公民，都是一件好事。

三、相关政策法规对舆论监督进行了明确保护

舆论监督作为一项十分重要的新闻权利，在党和政府的许多文件中得到了明确。1989年3月6日，中共中央宣传部在《关于转发〈中宣部新闻研修班研讨纪要〉的通知》（以下简称《通知》）中指出："舆论监督是人民群众通过新闻媒体，对党务、政务活动和党政工作人员包括各级党政机关领导工作人员实施的民主监督。"《通知》并强调指出，在"提倡为政清廉，反对腐败的斗争中，舆论监督有着重要的作用，是一种行之有效的监督手段。舆论监督不只是新闻单位的事情，希望各级党政领导机关主动利用舆论工具，开展批评与自我批评，揭露腐败，推动工作前进"。在这里，中央有关部门第一次对舆论监督的内涵进行了科学的定义。这对于新闻媒体和新闻记者做好舆论监督无疑是一种鼓舞，也是国家从另一个侧面对全体公民的舆论监督权进行了肯定。

近年来，党和政府更是从多方面对舆论监督进行相应的保护。2004年，《党内监督条例》颁布，2007年11月1日《中华人民共和国突发事件应对法》正式实施（该法删除了2006年草案中对媒体报道的限制性规定），2008年5月1日《政府信息公开条例》生效。这一系列法规条例的出台，有力促进了政府运行的公开透明，保障了人民群众知晓政务的权利，而这些正是舆论监督开展的制度前提。例如，《党内监督条例》第三十九条明确规定："各级党组织和党的领导干部应当认真对待、自觉接受社会监督，利用互联网技术和信息化手段推动党务公开、拓宽监督渠道，虚心接受群众批评。新闻媒体应当坚持党性和人民性相统一，坚持正确舆论导

向，加强舆论监督，对典型案例进行剖析，发挥警示作用。""让权力在阳光下运行"，这是舆论监督的目标。

四、公共权力和公共利益是舆论监督的重点

近年来，人们谈到我国舆论监督存在的问题时，经常把"层次偏低"作为最为主要的问题提出，有人甚至形象地称为"只打苍蝇不打老虎"，或者只打"死老虎"很少打"活老虎"。其实，这样的判断是失之偏颇的。近年来，我国舆论监督实际上已经开始不断深入，其中最为重要的标志是公共权力和公共利益成了舆论监督的重点，具体表现如下。其一，重大方针政策出台后，我们不再只听到一致性的好评，而是发现好评声中伴随质疑，质疑使方针政策渐渐完善。更令人欣喜的是，决策阶层对于媒体的批评，颇有"善纳谏"的雅量，有的权威人士还对媒体的质疑进行解释甚至表达反思之意。其二，新闻媒体的舆论监督不仅寻"破"之道，还寻"立"之路，体现了新闻媒体良好的社会责任感和使命感。舆论监督不仅仅要追求批评什么，更要致力于建设什么和如何建设，也就是说，新闻人的心中有一种高远的追求，对这种方向的追求是舆论监督上新台阶的重要标志。其三，新闻媒体集中报道了一批大案要案，产生了深远的社会影响。近年来，我国新闻媒体集中报道了我国一批省部级以上领导干部受处罚的新闻，尽管这些干部有不少是"死老虎"，但其余威还在，且其身居要职的特点决定了对这些人、这些案件的曝光会引发广泛的社会关注。与此同时，新闻媒体对这些案件的报道不仅使问题有了令人较为满意的结果（所谓"恶人有恶报"），还使另外一些案件浮出水面。有人对我国近年来党内腐败案件频频被曝光颇有看法，认为问题几乎到了难以收拾的地步，但我们认为这些问题被频频曝光反映了另一个更为重要的信息：我党反腐的力度在加大，以至于一些陈年大案也被破获。这种力度的加大离不开舆论监督的重要推进作用，离不开新闻媒体的功劳。其四，一些重大案件因为有了媒体的介入而产生了异乎寻常的社会效应，一些公权力和公共利益因为这些案件的曝光而得到了有效保障。说起新时期新闻舆论监督的经典案例，我们立即会想起"蓝田事件""孙某刚案""佘某林案"……所有这些，多多少少会涉及利益集团、权力阶层、制度结构等重大问题，而这些问题的背后则是公共权力和公共利益的被损害。新闻媒体的介入，使这些权力和利益最终被置于一种较为科学合理的位置。

尽管我国舆论监督的层次在不断上升，但人们依然颇有微词，究其原因，主要有如下一些。第一，虽然我国舆论监督的力度在不断加大，层次在不断提高，但人们对舆论监督的期望值太高，容易产生失落感。第二，社会转型期出现的较多社会问题，使社会成员有较多的社会情绪，他们认为新闻媒体是这种情绪主要的迁移渠道，但我国新闻媒体的特殊属性决定了这种迁移不会特别顺畅，或者不能顺利迁移。

第三,新闻媒体在实战中找到了更加巧妙的舆论监督之道,巧妙之处在于,虽然其批评的是权力组织或权力人士,但切入点巧妙,切口较小,不易招致更为强大的阻力,当然,产生效应的时间也稍长。第四,权力组织和个人的纳谏意识增强,现代管理者能从善如流,因而有时监督者和被监督者之间的冲突不激烈。第五,舆论监督遭遇的权力阶层和财富阶层的阻力依然不小,舆论监督会触碰这些人的既得利益,因此他们会采取多种手段阻止舆论监督的顺利开展。

无论如何,我国新闻媒体对公共权力和公共利益的关注,是代表了新时期舆论监督的一个方向的,也必然持续产生良好的社会成果。

第三节 网络时代的舆论监督

网络时代的到来给新闻传播业带来了革命性的变化,也给舆论监督带来了十分深刻的影响,我们也许无法在较短的时间里判断这种影响的深远程度,但无视这种影响,一定会导致判断的失误。在传统媒体时代,在相对有序的状态下,舆论监督曾对社会的健康发展产生十分积极的作用,当然也存在着某些难以解决的困境。网络时代传播方式的变革,不仅会从内容到渠道重塑新闻传播业,还会对舆论监督的方式和内容进行重塑,因此,我们必须认真审视当下新媒体环境下,舆论监督正在形成的新的变化和特征,为其顺利前行寻找理想路径。

一、监督空间无限拓展

与传统媒体相比,网络对舆论监督空间范围的拓展是难以想象的。从空间的层面看,网络首先是信息传播的渠道。在网络出现早期,我们通常将网络称为"信息传播的高速公路",但其实并没有概括出网络传播的本质特征——顺畅快捷。只要有足够多的硬件辅助,网络将永远不会出现"堵车"现象,也就是说,其承载能力是真正的高速公路不能比的。在今天,我们经常用"海量数据"来形容网络的容载能力,而如网购、短视频传播等,也不断加深着我们对网络空间的认知。网络的传播通道已经近似"无限宽",而传播速度也达到"即时"水准。与此同时,网络作为一个数据存储平台,也有着传统存储方式无法比拟的优势。在相当长的时期里,我们把高校图书馆的藏书量作为衡量科研院所实力的标志之一,但在今天,除了少量的古籍,有一定存储空间的硬盘就可以成为真正的"百科全书"。网络的数据存储方式给人们提供了极大的便利。"大数据是人们获得新的认知、创造新的价值的源泉;大数据还是改变市场、组织机构,以及政府与公民关系的方法。""大数据开启了一次重大的时代转型。"① 讨论舆论监督，我们显然不能无视这些变革。

从渠道到平台的这种变化，给我们讨论的舆论监督开拓了巨大的空间。一方面，对舆论监督对象任何值得监督、需要进行曝光的行为，所有社会成员都可以进行即时的监督。这种即时性对舆论监督发挥作用的影响是十分重要的。传统媒体的舆论监督往往会因为不当干预而"胎死腹中"，网络舆论监督的即时性则极大地减弱了外在干预的可能性。另一方面，更为重要的是，网络中存储的信息，为舆论监督提供了比对、判断的依据，而网络无处不在的表达空间，更为以前监督渠道单一的困局画上了句号。"网络是有记忆的"，网络留存的各种数据、痕迹等，为舆论监督的有效开展提供了有力的事实依据，而智能传播技术的进步和大数据挖掘能力的提升，更加有利于人们使用这些事实依据。同时，曾经面临的"跨地区监督"问题，而今也不再成为问题，因为网络是以无边界的方式存在的一种大众传媒。

从精神层面看，网络对舆论监督的影响是深远的。似乎在一夜之间，网络媒体上舆论监督的内容迅速增加，之所以出现这种现象，是因为除了网络新媒体的出现给人们提供了更多监督的渠道，网络张扬了社会个体在社会治理中的主体作用，鼓舞了他们开展舆论监督的热情。传统媒体时代，除了少数专业媒体人士，绝大多数社会个体始终觉得自身游离在媒体及舆论监督之外——进行监督牵制甚多且媒体数量有限，人们对社会治理的热情在媒体这里无法得到有效肯定。网络时代的到来则从根本上改变了这样的格局，曾经的受到牵制现象已经大幅减少，而网络时代"人人皆记者"的传播特征又让监督成为极其方便的事。这时的社会成员主体意识明显觉醒，加之成功的网络舆论监督个案不断地肯定着人们对社会有序发展的预期，于是，舆论监督似乎就成了自然而然的事。

二、监督门槛大幅降低

网络舆论监督可以通过低门槛的表达方式实施，这无疑令实施监督者异常兴奋。从主观要求上来说，舆论监督是一种以高知识水平进行表达的行为，它要通过合适的事实陈述、严密的逻辑推理及辩证理性的分析判断完成完整的监督行为。因此，在传统媒体时代，舆论监督一般都需要借助专业新闻记者之手，通过新闻记者认真深入的采访分析完成一次完整的监督。网络时代，监督实施者通过低门槛的表达即可完成舆论监督——监督实施者通过对事实脉络的大致陈述，由网民组成的庞大人群即可帮助他分析、评论判断，最终完成舆论监督。在这个过程中，如果有类似"标题党"的版主对监督内容进行编辑并冠以吸引眼球的标题，这个监督内容就可以变成舆论热点，从而产生轰动效应。"网络是一个个人化与主动性强的媒体，适

---

① 迈尔-舍恩伯格，库克耶. 大数据时代 [M]. 盛杨燕，周涛，译. 杭州：浙江人民出版社，2013：9.

合自我表达和个体宣言；低门槛、低成本的特点造就了它广泛的参与性，而且话题多样广泛。网络的这种特性客观上打破了传统媒体由精英控制的格局，表现出前所未有的平民化特征。"① 这里我们还必须关注当下社会中的两个重要事实。第一，网民人数众多。随着智能传播终端如手机、电脑等的普及，除了极少数人（如幼儿等），几乎所有的人都成了网民，这在以前是不可想象的。第二，中国已实行九年制义务教育。1986年颁布生效的《中华人民共和国义务教育法》明确规定："国家实行九年义务教育。"经过多年的努力，在中国社会，除了少数年龄偏大的个人或偏远地区的个人，绝大多数人都已具备初中教育水平，这样的教育水平使人们在网络上表达事实、实行监督比较容易。

网络舆论监督还可以通过低技术水准的方式进行。网络勃兴之初，进入网络世界曾经是许多人的梦想。但昂贵的上网硬件设备、天价的上网费，尤其是似乎遥不可及的广泛覆盖的网络，让人们对网络使用心生敬畏。可是在今天，进入网络世界似乎只是举手之劳。电脑已成为绝大多数家庭中常见的电器，低廉的上网费用、无所不在的有线和无线网络，都给人们使用网络提供了极大便利。"从技术层面看，人们在互联网络上展开其行为活动的'门槛'也并不太高……在网上，人们的行为活动具有高度的自主性，更能充分体现主体的意愿，而较少受到外在的约束和限制。'虚拟形态'的网络行为活动，不仅生成快速，而且流转十分方便，其活动'场所'的流变性特征十分突出，人们可以随时在网上的某处出现，又迅速消失。"② 与此同时，网络媒体也为网络舆论监督的开展提供了诸多的平台和方式。从平台方面来看，大量网络媒体的出现，使这种监督变得无处不在，任何人可以在任何地方、任何时间，就某一问题在网络媒体开展舆论监督。更为重要的是，智能手机的普及对网络舆论监督的影响深远。智能手机便捷的使用功能令使用者可以极方便地开展舆论监督，人们甚至可以通过语音、图片或视频传播相关信息，实施舆论监督，这极大地提高了全体社会人员参与舆论监督的可能性。

三、监督限制有所减弱

人们对当下舆论监督现状非议最多的，当属对舆论监督的"监督"——所有传统媒体的舆论监督都可能因为把关人限制而使其影响大打折扣。除了传统媒体刻意推动的监督，一般情况下，把关人或者是出于近乎本能的所谓大局意识而主动"克扣"舆论监督的效果，或者是迫于某些压力被动地限制舆论监督的效果，于是"监督舆论"每每遭人诟病。当然，我们这样说并不意味着舆论监督不需限制，正如法

---

① 张淑华. 网络民意与公共决策：权利和权力的对话 [M]. 上海：复旦大学出版社，2010：39.
② 李一. 网络行为失范 [M]. 北京：社会科学文献出版社，2007：216.

国启蒙思想家孟德斯鸠所说：自由是法律所许可的一切事情的权力，"如果一个公民能够做法律所禁止的事情，他就不再有自由了，因为其他的人同样会有这个权利"①。但是，如果因为限制的合理性导致限制权力行为的滥用，一定会降低舆论监督的效力。网络的出现令限制权力行为滥用的可能性大幅减少。

网络时代信息传播呈网状特点，强调互动状态下的"人人皆记者"和"人人是媒体"的自媒体特点，于是，舆论监督受限制的局面就有了较大改观。技术的发展让舆论监督受限制的可能不断下降。传统媒体必经的"审稿"环节（这往往也是舆论监督"胎死腹中"最可能的环节）在网络媒体中不复存在。相关信息从获得到发布可以无障碍进行，技术流程上无须经过把关人前期"审稿"，而网络媒体的无限增长和无所不在，也从技术条件层面进一步降低了限制舆论监督的可能性。从理论上说，再多的网络媒体，只要规制力量有意愿，也是可以进行监督的，也就是说，也是可以对舆论监督的内容进行把关的。但从操作层面看，这种可能性因其巨大的操作成本和难度而令可操作性持续下降。

从更深层的意义上来说，网络时代，当自由表达成了一种习惯后，那些曾经被人们习以为常的对舆论监督进行"监督"的方式，在现实社会中就可能遭遇困境，因为人们十分享受表达自由带给自己的责任意识和成就感。网络媒体当然也可以进行人为的监控，即可以对舆论监督形成的内容进行把关，但严格把关的直接后果便是这类内容点击率的下降和影响力的减弱。事实上，除非自甘消亡，否则恐怕没有哪个网络媒体会不追求点击率和影响力。相反的例子是，网络媒体用传统媒体思维模式和传统手段监控舆论监督，难以成功，这也从一个侧面说明过多外在干预对网络媒体发展不利。具体到舆论监督，某些外在干预力量也会因此而有所收敛。更何况，网络媒体如此之多，当在一个媒体处表达不畅时，人们自然可以选择那些可以更加自由表达的媒体。从另一个层面看，当自由表达成为习惯后，表达者也更愿意从志同道合的媒体及网民那里寻找共鸣者。舆论监督作用的发挥，一定要借助有共识者共同发声后形成的舆论来推动。于是，人们总会理所当然地去寻找那些聚集着大致相同思想的人群的媒体去传递信息、表达意愿。如果表达意愿时时遭到把关人的曲解甚至限制，必然会引发监督实施者监督兴趣的下降。

四、舆论监督嬗变中的是与非

任何嬗变的发生都会产生是与非的判断，只是孰是孰非在许多时候也许难以判断，网络时代舆论监督嬗变的发生当然也不例外。随着新媒体技术的发展和网络时代的到来，舆论监督伴随问题的频发而快速发展起来。首先是监督者对监督权利的

---

① 孟德斯鸠. 论法的精神（上册）[M]. 张雁深，译. 北京：商务印书馆，1982：154.

滥用。舆论监督应该是一种十分审慎的行为，因为监督者的监督行为一定会造成对监督对象相应的伤害（如名誉以及相关联的物质的伤害），如果这种伤害是基于监督对象个人错误，那么可以称其咎由自取；如果这种伤害是因为监督者的无中生有，则属于严重的侵权行为。现实生活中，网络舆论监督的简便易行使第二种情况较为多发。

其次是网络暴力。人们总是对各种丑恶现象充满愤怒，一旦相关信息见诸网络，一定会引发网民的口诛笔伐。且不说不当监督可能对监督对象带来伤害，即使是正当的舆论监督，网民也可能因群情激愤而给监督对象带来过分伤害。"群体表现出来的感情不管是好是坏，其突出的特点就是极为简单而夸张……怀疑一说出口，立即就会成为不容辩驳的证据。心生厌恶或有反对意见，如果是发生在孤立的个人身上，不会有什么力量，若是群体中的个人，却能立刻变得勃然大怒。"[1] 于是网络中十分常见各种低俗不堪的言语。

最后则是舆论绑架。网络舆论绑架的基本形式，是以某些知名博主为代表的舆论领袖们以公平正义的名义、以致敬崇高道德的样式制造舆论。在这个过程中，割裂报道、断章取义、哗众取宠是"舆论领袖"们惯用的手法。监督对象因此被绑架在道义和良知上无法脱身。舆论绑架中，舆论监督实施者往往以高尚和正义的名义制造话题，影响舆论，从而给监督对象以巨大压力。这种以舆论监督之名行舆论绑架之实的舆论监督实施者，往往有某些不当目的，值得警惕。

在许多时候，对事物是与非进行准确判断是一件十分困难的事情，影响因素多样、复杂的舆论监督更是如此。因此，我们在探讨网络时代舆论监督时，首先需要关注的是网络的发展给舆论监督带来何种变化，然后才可能对这种变化的后果进行判断。当然，大局意识和辩证思维是我们做出判断进而形成对策的前提。

第四节　防止滥用舆论监督权

任何权利都不应被滥用也不可被滥用，舆论监督也不例外，但在现实新闻实践活动中，滥用舆论监督权的情况时有发生。滥用舆论监督权的方式多种多样，但其引发的后果却几乎相同：损害新闻媒体的公信力和权威性，进而对法治社会带来严重的消极影响。

一、滥用舆论监督权容易导致新闻侵权

公民的合法权益需要借助舆论监督得到有效保护，这是世人皆知的一个基本事

---

[1] 勒庞. 乌合之众：大众心理研究［M］. 冯克利，译. 北京：中央编译出版社，2005：33.

实，但我们不能因此而忽视监督者对此项权利行使不当而导致的新闻侵权行为。媒介化社会中的大众，常常会陷于鱼与熊掌不可兼得的困惑之中：一方面，数字媒体迅捷的传播方式，令他们可以足不出户而随时感受这个世界激动人心的变化，这种身临其境的美妙感觉是他们的先人所难以想象的；另一方面，无孔不入的现代媒体有意无意的过错，每每令他们的名誉遭贬、隐私被曝光、权益受侵害，这种心灵的痛苦会在相当长时间内停留在受害人心中。置身于法治社会中的现代传媒所孜孜追求的理想目标之一，就是在传播新闻信息的同时，最大限度地保护公民的合法权益，一旦损害性后果出现，加害者就应当承担由此引发的法律后果。

新媒体时代，各类新闻纠纷和新闻诉讼层出不穷，发生这种情况的原因很多，其中就包括我们在加强舆论监督力度后某些做法的偏颇。但是，另一个不可忽视的原因是，新闻记者在进行舆论监督时，往往习惯充当"裁判"的角色。他们在提供事实的同时，又对事实进行判断，引发"媒介审判"，这往往会导致侵权。我们注意到了这样一个事实：现代传媒往往喜欢"造势"，根据自己的好恶对事实作出判断，这是一种很不好的习惯。例如，不少新闻媒体热衷于对一些法院未审结的案件加以报道，在报道时又并不顾及所使用的语言、表达的情感是否足以给法院造成压力——不得不屈从于传媒的舆论压力。另外，与西方一些国家法官享有终身制特权的情形不同。所有这些，都进一步加重了法院在审判那些已经被新闻媒体广泛报道过的案件时所承受的压力，导致某些案件难以得到公正理性的审视。可见，新闻媒体和新闻记者在这个时候不仅没有真正起到舆论监督的作用，而且干扰了司法审判。再如新闻媒体经常喜欢使用的"民愤"问题。我们每每会从新闻媒体上看到诸如"社会影响极坏，不杀不足以平民愤"之类的提法。"民愤"是什么？民愤实际上是一种社会情绪和道德判断，它本身不能成为影响司法审判的事实。譬如某人罪不当诛，难道因为"民愤极大"就能杀了他？如果"民愤"能影响司法审判，则审判结果往往经不起时间的检验，而"民愤"也往往会成为一些人搞司法腐败的借口。但是，由于历史的原因，借助新闻媒体掀起的"民愤"却常常会成为影响司法审判的一个重要因素。这个时候，新闻媒体和新闻记者实际上成了隐藏的"法官"，从而干扰了司法独立。

二、侵害公民人格权是最常见的滥用舆论监督权行为

新闻传播活动是以报道社会生活为主要内容的社会活动。人是社会的人，因此，人是社会活动的主体。新闻记者要报道社会生活，就时刻要和社会生活中的人发生关系，在这种情况下，就必须强调对全体社会成员人格权的尊重。在我国的新闻实践中，绝大多数新闻记者能够自觉地履行好这一义务。但是，也有一些记者不能很好地履行这一义务，造成了对公民人格权的侵害。这主要基于以下一些原因。

第一，习惯性思维造成对公民人格权的伤害。具体表现为：在相当长的时期内，新闻记者具有某些"特权"。一些新闻记者片面地理解"无冕之王"的称号，将新闻记者的权利无限地扩大。由于社会法制尚不完善，公民法律意识不强，也就心甘情愿或者无可奈何地接受着这种伤害。而今天，随着我国法制现代化步伐的加快和全体公民法律意识的不断提升，新闻记者的侵权往往会导致新闻诉讼。

第二，新闻记者因法律知识的缺陷而导致好心办坏事，无意之中侵害了公民的隐私。例如，有的人把出身贫寒、父母早亡、养子身份或养女身份等生活磨难视为隐私，但新闻记者在报道这些人的成功的时候可能为了渲染"自古雄才多磨难"的观点传播了这些隐私，构成对公民人格权的侵害。这种情况虽然随着新闻记者法律素养和新闻专业素养的持续提升在专业新闻记者队伍中较少发生，但随着"人人都是传播者"成为一种传播常态，新媒体传播中公民法律无知或法律意识淡薄导致的侵权行为时有发生。

第三，主观上有故意侵害的意图。个别素质较低的社会成员利用新媒体传播的便利，为了个人的目的，故意对他人的人格进行侵害。其表现形式多种多样：有的借舆论监督之名行诽谤他人之实；有的借舆论监督之名行制造"轰动效应"之实；更多的则借舆论监督之名牟取个人利益之实。常见的主要有三种表现形式。（1）有偿监督。近些年来，有偿新闻已成为顽症，侵蚀着传媒事业。一些媒体或从业者摒弃了新闻职业道德，收人钱财，就替人消灾。（2）以舆论监督相要挟。有些媒体或从业者利用对方害怕被曝光的心理，以舆论监督要挟对方，从中得利。（3）有偿不监督。新闻媒体的职责之一就是舆论监督，而现在出现一种新情况，即由原来的有偿新闻转化为有偿不新闻。①当然，基于新媒体传播的特殊性，也有些人会为了追求流量、点击率等，故意侵犯他人的人格权利，以求获得知名度的提升或经济收益的增加，这种行为与我们讨论的舆论监督有着本质的差异。

第四，新闻记者新闻作风不踏实，采访不深入，或者偏听偏信导致对公民人格权的侵害。一些新闻记者或者是因为不熟悉新闻业务，或者是因为工作作风存在问题，虽然主观上没有恶意，但客观上却会构成侵权，导致遗憾事件发生。这种情况在新媒体传播中尤为常见，在"后真相时代"，我们常常为各类"反转新闻"所困，其中一个重要的原因，就是开展所谓舆论监督的某些社会成员缺少基本的媒介素养，把大众传播媒介视作随意表达个人意见的私人平台，导致网络舆论监督乱象丛生。

三、舆论监督权利应该受到法律法规有效制约

《中华人民共和国宪法》规定了，"中华人民共和国公民对于任何国家机关和国

---

① 周甲禄. 舆论监督权论 [M]. 济南：山东人民出版社，2006：271-272.

家工作人员，有提出批评的权利；对于任何国家机关和国家机关工作人员的违法失职行为，有向有关国家机关提出申诉、控告或检举的权利"。这是在法律上对新闻记者实施舆论监督权和新闻言论自由的一种肯定。但是这种自由要符合一定的条件，即应受到相应的制约，这种制约表现为"不得捏造或者歪曲事实进行诬告陷害"，"中华人民共和国公民在行使自由权利的时候，不得损害国家的、社会的、集体的利益和其他公民的合法自由和权利"。这可以看作《中华人民共和国宪法》对舆论监督义务的明确规定。

我们已经普遍接受了"没有制约的权利必然导致腐败"的观点。但是，一讲到对权利的制约，人们首先想到的是对政府权力的制约，其实，任何权利都是需要制约的。新闻权利不受合理的制约，也将导致新闻腐败。因为一旦这种权利不受制约，将会导致新闻媒体和新闻记者滥用新闻言论自由权利等行为的出现。因此，必须对舆论监督权利加以相应的制约。新闻记者在开展舆论监督时，必须遵守相应的义务。第一，新闻记者不得利用新闻媒体歪曲事实进行诬告陷害。真实性是新闻的生命，但歪曲事实的假新闻在近年频频被曝光却是不争的事实。歪曲事实的报道未必会对当事人造成太大的伤害，但一些别有用心者利用新闻媒体故意捏造事实陷害"忠良"的事，却应引起警惕。第二，新闻记者在行使权利开展舆论监督时，不得损害他人的合法权益。新闻记者工作的特殊性决定了他们在开展新闻活动时，有比较大的自由度，会和社会上的各种组织和个人发生关系，在这种情况下，新闻言论自由对他们来说具有特别重要的意义。但是，任何新闻媒体和新闻记者都不能借口新闻言论自由而随意非法干涉、侵害他人的自由和权利。新闻言论自由是以合乎宪法和其他法律规范为前提的。任何滥用新闻言论自由进行舆论监督的行为都是对社会正常秩序的伤害，也会导致新闻侵权行为的发生，对此，我们必须有足够的警惕。

从具体实施层面看，要防止滥用舆论监督权行为的发生，可以从这样一些层面采取相应的对策。第一，社会层面：以法治理念规范舆论监督。通过宏观倡导和微观警示相结合的方式，让全体社会成员确立良好的法治理念，并将这种理念体现在舆论监督的每一次社会实践活动中。第二，管理层面：规制建立与出口疏通。主要包括用前瞻性的眼光和技术思维建立行之有效的规制手段，形成畅通的社会压力出口。第三，实施者：法律意识和媒介素养同步提升。在新媒体时代，人人都可以便捷地实施舆论监督，但实施者的个人素质差异巨大，特别需要持续提升全体社会成员的法律意识和媒介素养。[①]

社会的黑暗，需要用舆论监督的光芒去驱散，但舆论监督的光芒本身应该是纯净的。

---

① 顾理平. 网络舆论监督失范行为的化解对策 [J]. 新闻与写作，2015（9）.

第七章　隐性采访中的权利和义务

隐性采访是比较特殊的一种采访手段。这种采访一方面可以获得用其他采访手段难以获得的有价值的新闻素材，报道出符合新闻真实性要求的新闻；另一方面，隐性采访获得的新闻素材往往具有较强的"可读性"或"可视性"，对新闻传播媒体舆论监督作用的发挥意义重大，因而其在传媒业风行一时也在情理之中。在相当长的时间里，隐性采访通常是由专业的新闻记者实施的。随着数字化时代的到来和智能手机的普及，隐性采访已成为普通社会成员随时可能实施的采访行为。人们随时可以通过智能手机便捷的摄录功能进行隐性采访并将其上传网络使相关新闻进入大众视野。但是，伴随隐性采访持续增加的，是新闻纠纷乃至新闻诉讼的增加——一些新闻记者因为运用隐性采访手段进行采访而受到诸多非议，有的还因此而坐到了被告席上。早在2002年，就有34位全国人大代表提出议案，要求对隐性采访进行限制。因此，从宏观层面，尤其是从法律角度探讨新闻记者在隐性采访中的权利和义务以及应该遵循的原则等问题就显得异常重要。

第一节　隐性采访及其意义

一、隐性采访的概念

隐性采访是指新闻记者在未被采访对象感知的前提下，运用摄录设备，秘密地采获新闻事实的一种采访方式。隐性采访具有主动出击、事实周详、关注面广、隐瞒身份、隐藏目的、手段隐蔽等特征。[①] 隐性采访成立必须具备三个条件。其一，新闻记者隐去了记者的身份而出现在新闻事件的现场。值得注意的是，这里的"新闻记者隐去了记者的身份"是一种带有主观故意的行为，这和一些目击性新闻或者新闻界讨论较多的体验式采访有所不同。新闻记者了解到某些地方正在发生适宜进行隐性采访的事件或者经常发生适宜隐性采访的事件后，会有意识地选择隐性采访。其二，采访是在被采访者未知的前提下进行的。这一点是不言而喻的。如果采访对象知道自己的行为是在新闻记者的注视之下，他们就会规避相关言行，新闻记者也

---

① 顾理平.隐性采访论［M］.北京：新华出版社，2004：12-13.

就无法获知相应的新闻素材。这样，隐性采访也就成了公开采访。其三，采访未事先征得采访对象的同意。上述第一、第二个条件主要涉及采访的技巧问题，而第三个条件则涉及记者的职业道德和法律问题，我们将作详细探讨。

隐性采访是否有悖于我们国家的道德规范，特别是有悖于《中国新闻工作者职业道德准则》（以下简称《准则》），许多新闻记者在进行隐性采访前或者隐性采访后，都有类似的疑虑。毫无疑问，新闻记者进行新闻采访活动时必须遵守我国的新闻职业道德规范，即应该遵守《准则》的有关规定。但是，隐性采访的特殊性不可避免地和其中的有关规定产生矛盾，主要体现在和该《准则》第六条第二款的规定的矛盾："维护采访报道对象的合法权益，尊重采访报道对象的正当要求，不揭个人隐私，不诽谤他人。"

"尊重采访报道对象的正当要求，不揭个人隐私，不诽谤他人"，对于这一点，新闻记者毫无疑问是应当严格遵守执行的。对公民人格尊严的保护和尊重是我国宪法明确规定的。宪法是我国的根本大法，具有最高的法律效力，宪法原则应当坚决遵守。同时，守法作为新闻活动的底线，在任何时候都是不能被突破的。当然，仔细分析这条原则，其在表述上与《中华人民共和国宪法》相关条文的表述是存在着一定差异的。《中华人民共和国宪法》第三十八条规定："中华人民共和国公民的人格尊严不受侵犯。禁止用任何方法对公民进行侮辱、诽谤和诬告陷害。"在这条及其他《中华人民共和国宪法》条文中，并没有明确提及公民隐私权问题。当然，"隐私权"包含于"公民权利"之中，对"公民权利"的保护可以笼统地认为也保护了公民的"隐私权"。但是，如果在表述时，用"维护宪法及其他法律规定的公民权利……"无疑就显得更加科学完善了。当然，不管这条道德规范在表述上是否科学完善，它都是应该得到严格尊重的。因为遵守法律规定在任何时候都应该成为新闻记者开展新闻活动最为基本的要求。

关于"尊重采访报道对象的正当要求"，隐性采访的道德争议主要集中在这一点上。隐性采访是否"合法"，手段是否"正当"，我们将在下文论述。在这里，我们重点讨论在隐性采访中如何对待"尊重采访报道对象的正当要求"这一规定。隐性采访的特点之一，就是要求自己的采访行为不为采访对象所知，如果为其所知，隐性采访也就成了公开采访。隐性采访实施者（新闻记者）的采访声明是很难得到尊重的——因为采访者不可能事先声明，采访对象也就根本不可能获得拒绝采访声明的机会。从采访的内容看，隐性采访以抨击社会不良现象为主，因此，一旦采访对象有声明的机会，他们是肯定会反对这种采访的。从表面上看，隐性采访显然违反了"尊重采访报道对象的正当要求"这一《准则》规定的内容，而许多对隐性采访手段持有道德非议的人，也是在这里找到"隐性采访非道德"的依据的。但是我们认为，从本质上看，隐性采访是不违反这条规定的。如前所述，隐性采访一般运用在对非道德行为的采访上。因为采访对象在从事非道德行为甚至非法行为，所以他们才会对采访者的采访要求予以拒绝。因此，对从事非道德行为的人（采访对象）拒绝采访声明的尊重，实际上是对他们从事非道德行为的尊重，这在根本上既有违社会的公共道德诉求，又有违新闻媒体和新闻记者的道德理想追求。因而我们认为，隐性采访在本质上没有违反上述道德准则——隐性采访实施者的行为在根本上是为了维护主流的社会道德原则。

此外，我们还能从与上述规范近乎相悖的《准则》的另一条规定中，得出隐性采访合乎道德的佐证。《准则》规定："保持人民情怀，积极反映人民群众的正确意见和方法，及时回应人民群众的关切与期望，批评侵害人民利益的现象和行为。"要有效地批评侵害人民利益的现象和行为，隐性采访这一手段是十分必要甚至是不可或缺的，与此同时，隐性采访的正常开展又无法"尊重采访报道对象的正当要求"，这就构成了一个道德悖论。但是经过仔细分析，两者在本质上应该是统一的。隐性采访通过新闻报道曝光社会丑恶，抨击社会不良现象，完全是"符合人民利益"的行为，也是在积极发挥舆论监督作用。因此我们认为，隐性采访是符合《准则》规定的，是一种合乎道德规范的行为。

隐性采访也被一些专家和新闻记者简单定义为"偷拍偷录"，其实这种提法并不妥当。"偷"字在现代汉语中含有较多的贬义成分，"偷拍偷录"仅从名称上讲就易给人以非法之感。我们认为对某种采访方式的定义应符合法律要求的中性客观原则。同时，"隐性采访"比之于"偷拍偷录"包含了更加广泛的采访技巧和方法，为我们探讨这个问题预留了比较广阔的前景空间，因为随着科学技术的发展，必将会有新的采访工具和手段出现。另外，也有人将隐性采访称为"秘密采访""暗访""私访"等，这一般没有什么问题，因为这些名称只是对采访行为特点的客观归纳、陈述，符合法律追求的中性客观原则。

二、隐性采访的社会价值

隐性采访虽然不是什么特别新奇的采访手段，但是，只有随着社会的进步和科学技术的发展，尤其是智能传播技术的发展，它才有可能被我国的新闻记者广泛采用。这是因为，隐性采访一般是以一定的技术手段为基础，技术手段越先进，新闻记者顺利完成隐性采访的可能性就越大。随着隐性采访工具的日趋先进，隐性采访的运用越来越广泛。基于采访方式和采获内容的独特性，隐性采访具有十分重要的意义。

（一）社会映像的真实再现

真实性是所有信息接收者对新闻的共同期盼。新闻就应该是真实的，但是长期以来，新闻传播过程中出现的形式多样的异化行为，使虚假新闻、有偿新闻及其变种广为流行，饱受虚假新闻欺骗的受众对真实新闻充满期盼，因而特别欢迎隐性采访。

隐性采访与社会真实的关系，主要表现在隐性采访能使新闻更加均衡真实地反映社会生活的各个层面，使新闻给受众展示的社会是一个更趋近于客观真实的社会。我国新闻媒体强调"以正面报道为主"，但过度强调则可能带来消极的社会影响。批评报道意义重大，但往往不受新闻当事人欢迎，因此，批评报道难以进行是所有新闻从业人员的共识。在我国，基于"人情""脸面"和地方保护主义思想的影响等，开展批评报道所可能遇到的障碍并不比西方那些法治比较发达的国家少。在这种情况下，新闻记者进行隐性采访在某些时候就成了不得已的选择。通过隐性采访，新闻记者可以比较方便地采获到社会的负面信息，可以比较方便地曝光阳光下的"霉点"。可以这样认为：隐性采访是对公开采访的补充，从另一个侧面使新闻折射出的社会更加真实。

真实性也是有良知和责任心的新闻工作者的共同追求。对于有良知和责任心的专业新闻记者而言，他们从成为记者的那一天开始，就立志要运用手中的工具，惩恶扬善，反映社会真实。但是，由于受诸多因素的制约，他们在追求新闻的真实时，常常会有无力、无助的沮丧感，这种情况比较多地出现在对批评性报道的采访中。近年来屡屡发生新闻记者采访过程中被打事件，就典型地说明了这点。在这样的情势下，新闻记者为采访真实的新闻而进行隐性采访，就变成不得已而为之的手段了。事实上，面对或硬或软的阻挠，隐性采访确实是可以大显身手的。许多社会的真实情况，就是通过隐性采访而得以报道。

（二）高效实施舆论监督

实施舆论监督，激浊扬清，贬恶褒善，这是现代新闻媒体所必须承担的一项基本职能。与早些年相比，新闻媒体所面临的舆论监督局面已大有改观，但我们还必须清醒地意识到，其离理想状态还有差距。新闻媒体和社会的发展需要舆论监督，如何有效地开展舆论监督，就成了所有新闻媒体面临的共同课题。

隐性采访的独特优势，使舆论监督寻获了一条较为高效的实施路径。由于隐性采访的出现，新闻媒体可以较好地履行社会所赋予新闻媒体的舆论监督职责，从而更加有效地提升自己的社会形象。从社会层面看，新闻媒体舆论监督的有效开展揭开了社会的阴暗面，使之暴露在光天化日之下，人们才有了对其进行"消毒杀菌"的可能性，也为社会最终走向文明昌盛创造了条件。从受众的层面看，舆论监督的开展，首先可以帮助他们真实地认识自己所生存的社会整体情况尤其是负面情况。对社会不良现象的揭露，使他们可以比较冷静地判断社会，发现岁月静好的社会表象背后可能存在的问题。其次，有助于帮助他们释放内心的压力。面对不公和不良，有良知的人们都会愤怒，这种愤怒最终会积成压力，而新闻记者对这种不公和不良的曝光，则可以比较有效地帮助受众释放其内在压力。因此，通过隐性采访实施舆论监督，确实意义重大。

（三）主动参与新闻竞争

媒体市场的不断发展和生存压力的不断加大，使新闻竞争的激烈程度加剧，而隐性采访的实施，可以帮助新闻媒体主动参与新闻竞争并产生积极的竞争效应。如果说20世纪80年代中国的新闻竞争才刚刚萌芽，90年代的新闻竞争处于序幕阶段，那么进入21世纪以后，尤其是随着新媒体时代的到来，众多新媒体加入新闻传播活动，参与新闻竞争，新闻竞争就逐渐进入高潮期。今天的新闻竞争已不再是局部竞争而是全面竞争，今天的新闻竞争也不再是温情脉脉而是"刺刀见红"。在这种情况下，各新闻媒体的一些绝招就频频亮出，而隐性采访往往是屡试不爽的一招。

隐性采访有诸多特征，而这些特征往往就是吸引受众的魅力所在。隐性采访的手法比较新颖独特，在实施过程中往往带有冒险色彩，而人人都是传播者的公共传播时代的到来和智能手机便捷多样的摄录功能，更是让骨子里充满冒险精神的现代人特别推崇这种采访方式。在潜意识里，他们觉得这种采访方式在一定程度上帮助他们实现了冒险梦——现代人实际上是一个矛盾体：他们在骨子里存在着冒险基因，社会上频频出现的人才"跳槽热"就是这种不安于现状的冒险基因的表现方式之一；同时，他们又怕冒险，因为冒险需要暂时舍弃优裕的物质生活享受，需要让本可松弛的神经高度紧张起来，真正去"自讨苦吃"，于是，他们又不太愿意冒险。而自媒体、社交媒体的普及，则让他们有了冒险心理得以迁移和满足的良好机会。再如，隐性采访采获的新闻比较独特，往往具有独家新闻的特征，而发表独家新闻则是新闻媒体锁定一部分忠实用户的有效手段。隐性采访的特征，为新闻媒体在新闻竞争中处于优势地位创造了条件。

隐性采访是新闻媒体取悦受众的绝妙手段。第一，它们可以借以展示实力。隐性采访是需要一定的人力和物力作保障的。可以说，没有足够的实力作支撑，用比如"一年"这样的条件来采写新闻是不能想象的。第二，它们可以借以展示自己的新闻理念。新闻媒体要有亲和力，要有知名度，要有影响力，要有美誉度……必须以现代新闻理念作基础。是否支持采用隐性采访采获新闻，如何支持，成了衡量新闻管理者是否具有现代新闻理念的重要标准。手法多样、题材广泛的隐性采访，不仅体现了现代新闻管理者开放的思维方式，还表现了他们对受众需求的高度重视。

虽然不能说隐性采访是新闻媒体在新闻竞争中取胜的主要因素，但是必不可少的重要因素。中央电视台的《焦点访谈》等栏目具有良好的观众缘和很高的收视率，这与栏目初创时期经常采用隐性采访不无关系。关注独家的、私密的、独特的内容从而争取受众，是新闻媒体对隐性采访青睐有加的重要原因。西方国家的一些数字，也许可以更加明确地说明这一点："1994年《巴黎竞赛画报》销路最佳的几期杂志，是以摩纳哥王室和英格兰公主以及汽车方程式大奖赛中意外丧生的埃尔顿·塞纳为封面的。但那一年销量最好的则是向公众透露密特朗有一个私生女——玛扎丽娜——的那一期，各售报亭共卖出76万份。而最差的一期的头版头条则是'奥蕾莉，电视募捐的小公主'，仅卖出38万份。前一期比后一期为报社多赚了大约300万法郎。1995年，玛扎丽娜在新桥上与其男友阿里一起接受摄影的那一期，共销出61.6万份。报道法国空军在前南斯拉夫被击落和被塞尔维亚人俘虏的飞行员的那一期，共销出38.3万份。两者的差距约180万法郎。这就是为什么《巴黎竞赛画报》如此欣赏玛扎丽娜的原因所在！"① 第三，有助于激发更多社会成员参与新闻传播的热情。传统媒体时代，隐性采访主要由专业新闻记者实施，普通社会成员很少参与其中。进入新媒体时代，一方面每个人都可以借助新媒体自由地参与新闻传播活动。另一方面，智能手机的强大功能可以帮助普通社会成员在采访对象不注意的时候，摄录其言行，这导致隐性采访行为十分普遍。这也是进入新媒体时代以后，网络舆论监督产生巨大社会影响力的主要原因之一——每个人都可以借助智能手机开展隐性采访，实施舆论监督。当然，在新媒体时代，隐性采访还被许多人广泛用于各类"街拍""视频直播"等普通的信息传播过程中。

三、隐性采访的受众基础

（一）受众的好奇、探究心理

受众关注隐性采访，是与其内在的心理需求密切相关的。受众的接受心理一直是学者们关注的一项重要内容。20世纪初，特别是第一次世界大战期间和战后，新闻媒体蓬勃发展对社会的发展产生了重大的影响，在这种情况下，许多政治宣传分析家们过高地估计并过分地渲染了新闻媒体的宣传能力，虚构了其实际并不存在的功能。其中，最典型的莫过于"枪弹论"。早期的研究者把受传者当作消极被动的"靶子"，而新闻媒体则具有巨大的、不可抗拒的力量。它可以把各种各样的思想、情感、知识和动机几乎不知不觉地灌输到另一个人的头脑里。但是研究者也发现，有时这个"靶子"被"子弹"击中后却不倒下；有时又似乎穿不透他的身体；有时甚至他似乎乐于被击中，然而事后又看不出采取相应行动的迹象。这就导致了人们对"枪弹论"的怀疑。后来的研究者抛弃了"枪弹论"并提出了与之截然相反的理

---

① 杜鲁瓦. 虚伪者的狂欢节 [M]. 逸尘，边芹，译. 北京：时事出版社，1998：79.

论。例如，1964年美国学者雷蒙德·鲍尔在《美国心理学家》杂志上发表文章，他认为：在可以获得的大量（传播）内容中，受传者中的每个成员会特意选择同他的兴趣有关、同他的立场一致、同他的信仰吻合并且支持他的价值观念的信息，他对这些信息的反应受到其心理构成的制约……现在可以看到，传播媒介的传播效果在广大受传者中远不是一样的，而是千差万别的，这是因为每个人在心理结构上是千差万别的。这就是所谓"顽固的受传者"理论。

无论是"枪弹论"还是"顽固的受传者"理论，都有其自身的局限性。在新闻传播日益现代化和国际化的背景下，新闻媒体应该注意的主要问题为：不断确立受众的主体地位，用丰富多彩的形式和令人回味的内容，满足受众的好奇、探究心理。研究者发现，当个体遇到新奇的事物或处于新环境之中时，常常会表现出注意、摆弄等行为，促成这些行为产生的内在力量，通常被称为好奇驱力。个体的这种好奇驱力与其生理上的需要无关，而是由外在刺激引起的。好奇驱力的强弱与刺激的新奇性及复杂性有密切关系，刺激物愈新奇或愈复杂，个体对它就愈好奇。在人类的行为中，受好奇心驱使的行为很常见。例如，儿童对新奇事物总想去摆弄、拆解，甚至破坏；成年人不断探索大自然；等等。当然，这些行为与其他动机也有关系，但满足好奇心，则是重要动机。人们往往爱打听新来者的情况，对于被禁止的事情更想试一试。对于演艺人员、体育名人的日常生活很感兴趣，凡新产品、新节目总想先用、先看等，这体现了好奇驱力对人的影响。新闻受众受个体社会化需要的驱使，对外在世界保持着好奇和探究的心理。他们需要借助阅读新闻，来满足这种心理，同时，随着阅读的增加，他们还会不断产生不满足感，继续好奇、探究，期望获得更多的信息。有学者认为："在信息较为封闭的环境里，信息传播基本上是单向实现的，传播者传什么，受众接受什么，而在信息传播全球化、多元化的环境中，一方面，新闻媒介之间的竞争加剧，另一方面这同时培育、锻炼了受众的分析能力、比较能力和思考能力，使他们的独立评判意识、主观选择意识、不满足感和参与感都日渐增强，而受众思维的活跃和思考能力的提高，又对新闻传播提出更高的要求。"[1] 这样的变化，在新媒体环境到来后表现得尤为显著。

心理学的研究表明，在人的大脑皮层中存在着"注意神经元"，它的作用在于对各种刺激物加以比较鉴别，然后对那些新异的刺激物或自己期待的刺激物产生反应。对于那些没有新意或与己无关的刺激物，大脑中的注意神经元不予选择或干脆过滤掉。"新闻报道只有首先引起受众的注意，并维持他们收看的兴趣才谈得上让受众接收。而新闻报道在题材上的新颖，表达手法上不落俗套正是引起受众注意的重要条件。"[2] 而隐性采访无论在具体实施的手段上，还是在传播内容的丰富性上，

---

[1] 刘京林，罗观星. 传播·媒介与心理 [M]. 北京：北京广播学院出版社，1999：96.
[2] 刘京林. 新闻心理学概论 [M]. 北京：北京广播学院出版社，1999：230.

都激发了受众的探究兴趣。

社会学的研究则从另一个侧面证明了现代社会新闻媒体尊重受众好奇、探究心理的重要性。宋林飞认为，需要是社会活动的初始动因。人们在一定的条件下形成一定的需要，一定的需要引起一定的活动（首先是劳动）；人们通过一定的活动（首先是劳动）来满足一定的需要。同时，需要是社会发展的动因。有了动因，才能发生动力。需要是一种欲求不满足的状态。任何社会的发展都是在需要的驱动下发生的。[①] 新闻受众既然有好奇、探究的需要，新闻媒体就会有满足这种需要的必要性，而这种必要性又推动了新闻媒体不断向前发展。心理学家亚伯拉罕·马斯洛认为："人是一种不断需求的动物，除短暂的时间外，极少达到完全满足的状态。一个欲望满足后，另一个迅速出现并取代它的位置，当这个被满足了又会有一个站到突出位置上来。人总是在希望着什么，这是贯穿他整个一生的特点。"[②] 可见，隐性采访可以满足受众内心普遍存在的好奇需求。

另外，从新闻的自身特点看，新闻是以"新"取胜的，无"新"则成了"旧"闻，新闻也就失去了存在的价值，因而从某种意义上讲，新闻自身也应该有新奇的特色，这和受众的好奇、探究心理可谓不谋而合。

（二）受众欢迎隐性采访的心理动因

从新闻传播发展史的角度看，隐性采访虽说不是一种新的采访形式，但对我国的新闻受众而言，隐性采访在形式上还是有其新奇的特征的。隐性采访在新中国新闻传播史上存在的时间并不长，从 20 世纪 80 年代开始出现，到目前不过几十年的时间，因此，受众的新鲜感远没有完全消隐。在过去相当长的时间里，中国新闻受众接收的新闻是新闻记者通过公开采访获得的，这种公开采访所涉及的内容也是比较枯燥单调的。当隐性采访这种形式出现时，受众立即就有了耳目一新的感觉——新闻采访还能这样进行！于是，他们开始期待隐性采访可能送给他们的惊喜。而新媒体上大量出现的各种隐性采访行为，更是从更多的层面和视角满足受众的期待。

从形式和内容分析，隐性采访广受欢迎主要有如下一些心理原因。第一，好奇心理。如前所述，人们对未知世界总是充满着探究和好奇心理的，没有这种探究和好奇心理，社会就不会发展。当人们习惯了公开采访这种采访手段后，隐性采访的出现，很好地满足了受众的好奇心理。从心理学的角度看，这种好奇心理源自人的一种本能。"本能或直接，或间接地构成了所有人类活动的原初推动力……所有的活动的目的，都是由本能冲动决定的，而且，所有心理活动得以维持的推动力量，也是由本能冲动提供的……'本能'一词意指任何先天的反应倾向……如果没有一

---

① 宋林飞. 现代社会学 [M]. 上海：上海人民出版社，1987：112-118.
② 马斯洛. 动机与人格 [M]. 3 版. 许金声，等译. 北京：中国人民大学出版社，2007：7.

些这样的先天的倾向性，那就不可能有任何一种刺激物能够引起任何一种反应，整个有机体也就只能保持惰性状态，并因而不可能学习或获得不同的反应。"[1] 从这个意义上讲，好奇的本能对人类的进步而言是有重要意义的。好奇作为一种对未知世界的探究方式，可以帮助我们发现新知。当然，好奇作为一种消费需求，也可以满足人们的某种心理需求。第二，冒险心理。人生而有冒险的心理，只是因为受诸多社会因素的影响，更多的人用理智控制了这种冒险心理的膨胀。但理性的控制并不会使这种心理消失，而只是使其被暂时的压制住，它还会以其他方式体现出来。隐性采访过程中的惊险刺激的场景和富有戏剧性冲突的情节，会让那些冒险心理无法满足的人得到很好的心理压力迁移。美国哥伦比亚广播公司（CBS）创办的栏目《60分钟》，比较典型地说明了这一问题。例如，该栏目播出过一档名为《芯片》的节目，介绍的是一种新兴的犯罪行为——偷窃和走私电脑芯片。片中莫利·塞弗与拿着隐蔽式摄像机的助手一起进入一家走私芯片专卖店，不知情的店主热情接待了装作富商的记者，并且拿出一大盒刚刚偷运来的"奔腾"芯片。塞弗详细询问了芯片的质量和价格，然后画外音解说："店主人还善意地告诫我们，要小心别的罪犯，那些人更换了低速芯片的标签，把它们当作最新的高速芯片出售。"[2] 将走私者、盗窃者置于这样的场景中，只有隐性采访能做到。第三，宣泄心理。现代人心理压力比较大，如果找不到合适的宣泄渠道，易产生精神障碍。例如，许多人对社会的腐败现象深恶痛绝，但又无计可施，内心压力就会增大，隐性采访对腐败行为的揭露曝光，会较好地帮助他们化解内心的这种压力。第四，窥私心理。窥私心理与好奇心理类似，但更多一些私密性质。每个人都可以毫无愧色地宣称自己有好奇心理，但并不是每个人都有勇气宣称自己有窥私心理。对一些私密的东西和现象，受众可以借助新闻记者的镜头和文章得以知晓，满足自己的窥私欲。第五，求异心理。隐性采访在内容上往往具有"独家新闻"的特点。基于隐性采访的特点，记者在进行隐性采访时往往一小组人马甚至一个人单独行动，在作品发表时，也大多选择有限的媒体，于是，对于这些发表隐性采访采获的新闻作品的媒体而言，其新闻作品就具有了独家新闻的特点。基于上述受众的一些心理原因，隐性采访在较短的时间内变成了众多新闻记者争相采用的手法，而其作品，也受到了受众广泛的欢迎。

（三）受众欢迎隐性采访的文化基础

隐性采访广受受众欢迎除了缘于人们普遍存在的好奇心理，也与我国传统文化有着千丝万缕的联系。下面这样的故事，我们在阅读古籍典章时是屡有所见的。康熙年间，官员吃喝成风。一天，康熙独自一人微服出宫，走进一家颇有名气的酒楼，

---

[1] 伍德沃斯. 动力心理学［M］. 高申春，高冰莲，译. 北京：中国人民大学出版社，2017：54.
[2] 王纬. 镜头里的"第四势力"：美国电视新闻节目［M］. 北京：北京广播学院出版社，1999：206-207.

要了酒菜，自斟自饮起来。他细心观察周围坐满的王爷公子，每一桌都摆满了丰盛的酒肉。这些人一边吃喝，一边聊天，有说有笑，酒足饭饱之后，一个个歪歪斜斜、骂骂咧咧地离去，剩下的饭菜有的原封不动地被摆在那里。清兵入关刚刚五六十年，满族官员和八旗子弟就如此奢靡，吃喝玩乐，不图上进，这是民族衰微、国家衰亡的征兆。对此，康熙十分担忧，回到宫里，便派人到酒楼去察访，逐个记下这些人的姓名、官职和住址，然后给每个人送了一副对联，以皇帝的名义教育和感化那些只图个人享乐、不顾天下安危的王公贵族。微服私访，常常是古代官员乃至皇帝体察民情、关爱民生的重要手段，也是中国传统文化的重要内容。

近年来，类似于《康熙微服私访记》之类的电视剧广受欢迎，一方面说明了我们有这样的传统文化基础，另一方面这些电视剧也进一步强化了人们对"微服私访"的关注程度。其实，康熙到底有没有微服私访，甚至，康熙即使微服私访了，是否就如野史描述的那样能明察秋毫、惩恶扬善，是颇有争议的。但是，在当年那个兵连祸结、水深火热的年代，百姓小民是时时感受着申冤无门的苦痛的，即使在那些所谓政治清明的太平盛世，百姓们面对"官府大门朝南开，有理没钱莫进来"的状况，也是有冤难申，有苦难言的。于是，在潜意识里，他们渴望皇帝能通过微服私访来为民申冤，惩贪反腐。这类微服私访的野史故事，基本上反映了人们的感情和愿望。除了皇帝，清官微服私访的故事千百年来也是数不胜数。昆曲《十五贯》中，况钟私访，访到真凶，拿住娄阿鼠，使冤案得申。经常上演的京剧《玉堂春》改编自明人冯梦龙编的《警世通言》中的小说《玉堂春落难逢夫》，其中有王景隆微服私访的情节。正是由于王景隆到洪洞私访，了解了案情，才使玉堂春的案子得到解决。至于包青天打抱不平、为民申冤平反的故事，更是家喻户晓、人所共知了。类似的文化心理，也深刻地影响着现代受众。当社会不平依然存在，某些腐败分子依然逍遥法外时，人们自然有理由，也期盼能通过类似于微服私访的隐性采访，让那些为非作歹者丑行败露，受到法律严惩。一个人的兴趣爱好与他所生存的社会文化环境密切相关。当人们在成长的过程中，通过古籍典章、书报杂志不断接受类似于微服私访的文化讯息时，他们就会自然养成这样一种期待——期待现代社会的新闻记者借用古人的微服私访方法惩恶扬善，匡扶社会正义，宣传社会理想。于是，隐性采访就有了大行其道的社会心理基础。

进入新时代，惩恶扬善、匡扶正义的文化传统依然存在，而与隐性采访行为相关联的新闻的出现，则极大地契合了这样一种文化。近年来，社会关注的焦点之一是贪污腐败问题，党和政府也把反腐倡廉作为一项重要工作，从措施制定到行动落实持续推进，也取得了明显成效，但贪腐现象并未杜绝。在这种情况下，专业新闻记者和普通社会成员利用一切机会，通过隐性采访等手段持续进行网络舆论监督，无疑具有十分重要的意义。当然，隐性采访的文化价值并不仅仅局限于此，在今天这样一个信息社会，隐性采访可以从更加广阔的层面推动社会的文明和进步。

第二节　隐性采访的适用范围

一、隐性采访中的空间

（一）隐性采访中的公共空间

新闻事件发生的空间一般可分为公共空间和私人空间两种。公共空间是指人们可以自由出入的空间。公共空间包含的范围十分广泛，如城市道路、公园、田野、饭店、商场、剧场等。公共空间是可以采用隐性采访的形式的。这样的结论是由公共空间的特性决定的。《现代汉语词典》（第7版）对"公开"的解释："不加隐蔽；面对大家（跟'秘密'相对）。"既然如此，在公共空间发生的事实，在法律上就应被认定为是可以通过新闻媒体公之于众的——可以"不加隐蔽""面对大家"。在公共空间进行的行为，是一种主动昭示于人的行为，即从个人意愿上是可以令别人知晓的。即使不是主动昭示，其在法律上也被认为是可以通过新闻进行报道而不必事先征得被采访者的许可的。否则，许多新闻传播活动就无法开展。例如，在大型的运动会或大型的庆典中，每一个参与者在活动过程中的场景都可以被报道，需征求摄像机、照相机镜头下的每个人的同意才可以进行新闻报道是不可想象的。"一个人将自己置于公共场所中，就承认了自己行为的公开性，也就放弃了该行为的隐匿权，而不管记者还是其他人都有将他在公共场合所看到的东西拍摄下来、记录下来的自由。"[1] 美国学者普洛赛尔教授也指出："在公共街道或者其他公共场所，原告没有宁居权（right to be alone），别人仅仅只是跟随他，不构成对其隐私的侵入。在这样的场所对其进行拍照也不构成对其隐私的侵害，因为拍照不过是进行了一种记录，这种记录与对某人可能被他人自由地见到的在公共场所的形象的全面描写没有本质区别。"[2] 他的这个观点后来为美国《侵权行为法（第二次）重述》所采纳，也成为许多法官判案的依据，即使在现存的美国法律中，也很难见到与之相抵触的制定法或案例。"记者有权在公共场合采访或拍摄，甚至不必让被采访者知道。所谓公共场合，是指当事人所处地点不属于私自和不公开的地方，任何人经过此地均可以看到或听到的地方。这一条，在美国第八巡回区合众国上诉法院的判例中已经确立。"[3]

---

[1] 郭晴文. 偷拍偷录的"为"与"不为"[J]. 中国记者, 1998（1）.
[2] 张新宝. 隐私权的法律保护[M]. 北京：群众出版社, 1997：197.
[3] 宋克明. 美英新闻法制与管理[M]. 北京：中国民主法制出版社, 1998：74.

在公共空间进行的隐性采访，产生纠纷比较多的不是涉及公民隐私权的问题，而是涉及公民肖像权的问题。多年前，电影《秋菊打官司》中的一个群众演员，曾以未经本人同意而被摄入镜头为由，起诉导演及摄影师侵犯其肖像权。法庭最终对其的诉讼请求未予支持。在这则纠纷中，纠纷的双方虽然不涉及新闻记者，事件本身也不是严格意义上的新闻事件，但涉及的法理是值得借鉴的。如前所述，一个人置身于公共空间，其主观意愿上并不介意被他人"看见"，有些甚至是主动将自己的言行呈现给他人的，例如，在一些网络平台上，不少人会在视频中展示自己的一些私密生活，在这种情况下，无论展示者主观意愿是介意还是不介意，被新闻媒体报道都不涉及肖像权的侵权问题。有些专家还从另一个侧面来讨论新闻报道中的肖像权问题：为了反映社会问题，揭露不良倾向，记者在不损害尚未触犯法纪的他人人格和企事业单位名誉的前提下，有权选择一切客观存在的事实来撰写评论进行报道。"电视新闻的图像中摄取的肖像，不以营利为目的，又不会给本人造成严重后果，为了鞭挞不良现象或表现社会的某种趋向，记者同样有权不征求本人同意，就可进行报道。"[①] 这实际上也是新闻报道的一种常态。

在现实生活中，也会发生公共空间中隐性采访和公开采访具有同一性的情况。在公共空间，有人会知道记者在采访，那么，这种采访对他们来说是一种公开采访；也有人不知道记者在采访，那么，这种采访就成了隐性采访。这种情况其实还是比较多见的。例如每一次大型运动会上，我们都能从电视屏幕上或者在报纸的照片中看到观众们在观看比赛时发生的有趣言行。有些镜头如青年男女深情拥吻如果发生在私人空间而被新闻媒体曝光，新闻媒体的报道有可能构成对公民人格权的伤害，但是，这些情景由于发生在公共空间，就不会构成侵权。对于这些观众来说，记者们在采访过程中运用的显然是隐性采访的手段。同样，我们也能从镜头中看到观众朝着镜头招手、欢呼的情景，这些观众显然已经意识到了记者在采访他们，记者的采访对他们来说就是一种公开采访。因此，在一定意义上讲，这种采访有同一性——对一部分人而言是公开采访，对另一部分人而言则是隐性采访。这种同一性是由隐性采访实施过程中，公共空间的特性决定的。

（二）隐性采访中的私人空间

私人空间是指公民私人活动和私人交往的空间。在私人空间，公民可以根据自己的兴趣爱好自由地开展各种活动，这种活动受到法律的保护。因此，隐性采访不适用于私人空间。私人空间发生的事实较多地涉及隐私问题。隐私的一大特点是"隐"，即秘密性——当事人不愿意将自己的言行昭示于人，因此，隐私产生的地点

[①] 刘建明. 宏观新闻学 [M]. 北京：中国人民大学出版社，1991：28.

多在私人空间如个人住宅中等。而中外法律对个人的隐私，如住宅、个人信件、通话、个人残疾等情况，是毫无例外地加以保护的。在这个问题上，一些西方国家甚至开始限制新闻记者的某些采访自由了。例如 1997 年 8 月 31 日，英国王妃戴安娜在法国因逃避一些新闻记者的跟踪拍摄而不幸遇车祸身亡后，英国的报业投诉委员会很快公布了一系列旨在保护个人隐私权的记者行为准则。新准则对记者"骚扰"下了明确定义，与旧准则相比，扩大了属于个人隐私的范围，指出孩子不能因父母的社会身份而受到记者侵扰，并且列出了具体条例防止记者集体骚扰新闻人物。新准则特别严格地规定了摄影记者的工作准则。可见，如果新闻记者通过隐性采访公开某些不宜公开的内容，必将导致对公民隐私权或国家秘密、商业秘密等的侵害，因此，隐性采访一般只适用于公共空间。

（三）对同一行为采获空间的不同可以最终决定新闻是否侵权

在一般情况下，采访的空间对新闻采访行为的性质不会有本质的影响，但隐性采访是一个例外。在公开采访时，新闻记者正常的采访行为不会与公民的权利形成冲突，因此，采访行为一般不会构成对公民权利的侵犯。隐性采访情况却有所不同。由于公民在不同的空间，他们所拥有的权利是各不相同的。在公共空间，公民的行为必须遵循公共空间的运行规则，也就是说，他们的权利依法受到相应的限制。在私人空间，公民拥有更加广泛的个人权利。尽管他们的权利也受到一定的限制，但这种限制是十分有限的——他们在私人空间拥有的权利受到我国法律的保护。因此，新闻记者在公共空间行使的采访权可能不与公民权相冲突，而在私人空间行使采访权却可能会产生冲突。例如，发生在光天化日之下的马路上的恋人亲昵行为本身是隐含主动昭示于人的意思的，新闻记者通过隐性采访加以报道，不该被认为是侵权——它可能是媒体对一种美好情感的赞美，均属于合法、合理的正常新闻报道范围。反之，如果是发生在公民住宅内的恋人的亲昵行为，记者通过隐性采访后加以报道，则构成了对公民隐私权的侵害。之所以有这种性质的区别，是因为公民在不同的空间所拥有的权利是不同的。当公民处于公共空间时，他们的亲昵行为必须受到社会行为规则的调整，而处于私人空间时，他们的亲昵行为可以不受社会行为规则的调整。与之相对应，新闻记者面对身处不同空间的公民时所拥有的权利也是不同的。

目前，隐性采访有被应用于广泛领域的趋势，新闻记者的触角也在向着更加私人化的空间延伸，这就尤其要引起我们的重视，谨防新闻记者因滥用隐性采访而触犯公民的权利。

二、隐性采访中的人物

(一) 隐性采访中的公众人物

公众人物是指在社会生活中拥有较高知名度,其活动与社会公共利益关系密切的人物。一般认为,公众人物和非公众人物所享受的隐私权范围是有区别的,公众人物所能享受的隐私权的范围比较小。从具体分类看,公众人物一般包括重要政府官员,文化、体育名人和新闻人物三大类。

作为公众人物的重要政府官员,对纳税人负有特定的义务,因此,他们自然应该接受纳税人的监督。财产收入情况对一般公民而言是个人隐私,但对于公众人物而言,其财产收入情况必须告知纳税人。对于一般的公民而言,个人的财产收入情况是个人秘密,他人无权过问,但对于担任重要领导职务的干部来说,个人财产收入情况却不能受到隐私权的保护,其必须每年向上级组织申报财产收入情况。我国规定处级以上干部每年必须申报财产收入状况,若不能清楚地说明财产收入,将受到有关部门的查处。《中华人民共和国刑法》第三百九十五条还规定:"国家工作人员的财产或者支出明显超过合法收入,差额巨大的,可以责令该国家工作人员说明来源,不能说明来源的,差额部分以非法所得论,处五年以下有期徒刑或者拘役;差额特别巨大的,处五年以上十年以下有期徒刑。财产的差额部分予以追缴。"也就是说,我国专门设有"巨额财产来源不明罪"。目前,国际上许多国家对一些政府部门的高级官员都有财产收入申报制度。这是因为,只有这些官员的财产收入是合法的、合理的,才能保证政府的廉洁和国家的有序运行;如果有非法收入,必定会导致腐败。再如个人的婚恋问题,这对一般公民而言也是个人隐私,但对重要政府官员而言,他的行为可能影响政府乃至社会的形象和价值道德标准,就不能被视作隐私了。上述两方面的内容所导致的高官丑闻,在西方社会可谓不胜枚举,例如美国总统克林顿因性骚扰丑闻而被弄得焦头烂额险遭弹劾。这些丑闻的揭露,绝大多数是新闻记者借助隐性采访穷追猛打的结果。而对于当事人而言,尽管因记者的隐性采访而尴尬不已,但也只能徒唤奈何。有的学者在研究公众人物的隐私权问题时得出如下结论:公众人物受法律保护的隐私权范围比一般公民小的原因主要有两个,第一,公共利益;第二,公众兴趣。"公共利益是指政府官员特别是高级官员对公共事务负有特别的责任,他们的经济、政治和社会活动乃至家庭生活,都会与公共利益有关,因此其隐私权范围受到相应的限制。公众兴趣是指公众对国家高级公务人员或社会知名人士心理上的关注及由此产生的了解、知情的愿望。一旦成为公众感兴趣的人物即新闻人物，隐私的范围也要相应缩小。"①

（二）隐性采访中的文化、体育名人

因公众兴趣而引发的隐性采访，主要是围绕文化、体育名人展开的。由于具有新闻价值，这些文化、体育名人在新闻媒体的隐性采访面前自然要作出一些牺牲。文化、体育名人所从事的演艺活动或体育比赛等，就其基本的功能之一，是被他人关注、观看，体现服务于公众的作用。而公众也通过观看这些演艺活动或体育比赛，获得精神的享受或思想的启迪。某个演员所出演的角色无人关注，某个运动员的比赛成绩平淡无奇，亦即没有任何新闻价值，失去了公众兴趣，其职业价值一定会大打折扣。

换个角度分析，文化体育名人有当下的名声，新闻媒体自然是功不可没，他们借助新闻媒体而获得了相应的名利，那么，新闻媒体出于"新闻价值"和"公众兴趣"的需要，通过隐性采访而稍稍涉及一些他们的"隐私"，从法律公平的原则出发，也被认为是合理的。更何况，在现实社会中，确实有一些文化、体育名人是借助新闻媒体自曝"隐私"而提高知名度的。法律十分强调权利和义务的平衡，只有权利和义务平衡的社会，才能保持稳定和繁荣。对于文化、体育名人而言，他们在成名之前，享受新闻媒体的厚待，获得了新闻媒体不遗余力的多方面的宣传推介，实际上是在享受社会赋予的一种权利。在今天这样一个注意力经济时代，没有新闻媒体的作用，任何文化、体育名人的成名都是难以想象的。因此，可以这样说，几乎所有的文化、体育名人都享受到了社会赋予的一种宣传权、成名权，与权利相伴生的必定是义务。文化名人牺牲一点隐私权而满足公众的知情权，满足"公众兴趣"，寻求的正是法律所追求的权利和义务的平衡。当然，他们所牺牲的隐私权等，应该是和他们所从事的工作相关的而不是全部。

西方国家还普遍认为，文化、体育名人有更多的面对媒体的机会，即使他们的某些权利因为满足"公共利益"和"公众兴趣"而受到伤害，他们也能比较容易地借助媒体得到"正名"和补偿，而普通公民却较少获得面对媒体的机会。即使在今天这样的新媒体时代他们可以随时发声，却也并不容易获得较高的关注度。正因为如此，西方国家的高官们上任伊始都会面临两种选择：或者"放弃"隐私为官，或者为保护自己的隐私而为民。克林顿当任美国总统后曾大声疾呼保护自己的隐私权，但没有人理睬，他的绯闻不断被曝光，连爱女切尔西也被媒体讥讽"她为什么如此丑陋，她的脸总像被打肿了似的"，对此克林顿也是无可奈何。

---

① 孙旭培，王晋闽，张西明. 新闻侵权与诉讼 [M]. 北京：人民日报出版社，1994：69.

(三) 隐性采访中的新闻人物

新闻人物一般可分为非自愿新闻人物和可期性新闻人物两种。在隐性采访中，新闻人物与重要政府官员或文化、体育名人的地位有所不同。如前所述，重要政府官员或文化、体育名人在成为公众人物的过程中，实际上获得了额外的社会权利，那么，他们在其他权利方面作出一些牺牲几乎是理所当然的事情。但新闻人物的情况有所不同。从非自愿新闻人物的角度看，在成为新闻人物之前，他们从未获得过任何法外特权，只是因为一些偶发性的新闻事件他们才成了新闻人物，受到了大众的关注。成为新闻人物并不是他们的主观愿望，也并不符合他们的心理期待。他们成为新闻人物后，也未必能获得什么法外特权或法外利益，因此，不应在其他权利方面对他们作出限制。从可期性新闻人物的角度看，尽管他们在成为新闻人物前主观上并非不愿，且他们成为新闻人物后，大多也获得了他们主观期望的地位、尊重、名声等，但这种地位、尊重、名声并不是由法外特权带来的，而是靠自身的努力换得的。例如，一位公民成了一家大型上市公司的负责人，他当然随之会获得金钱、名望、权力等，但是，这个地位的获得并不是一蹴而就的，而是靠艰苦努力甚至超额付出换来的。在成为负责人后，他依然要为公司的发展伤神，殚精竭虑，因此，其貌似额外所拥有的金钱、名望、权力完全来自超乎常规的付出和超常的个人能力，我们认为不该在其他权利方面对他作出限制。但事实上，一个公民成了公众人物，他在某些权利方面作出牺牲是不可避免的事，尤其在面对隐性采访时。

新闻人物没有享受法外特权却依然在隐性采访等方面需要作出牺牲，这既与公共利益有关，也与公众兴趣有关。非自愿新闻人物由于受人关注，他们在新闻事件中的所见所闻和所作所为就具有了道德判断的价值，这就关乎公共利益。而可期性新闻人物的言谈举止不仅事关道德判断，同时由于其掌控的机构事关公共利益——例如，一位上市公司的董事长，其决策行为事关广大普通股民的利益，人们自然有权多加关心。

新闻人物在隐性采访问题上受到限制，主要与公众兴趣有关。关注新闻事件和新闻人物，了解事件和人物的关联，这是人类天然的兴趣所在，大众有兴趣对新闻人物的多个层面进行了解从而满足自己的精神需求。新闻媒体和新闻记者通过隐性采访等向大众展示新闻人物多方面的信息，也几乎成了他们别无选择的选择。从法理的角度看，新闻记者对新闻人物进行隐性采访的依据多源于对社会重大利益的满足与保护。隐性采访实际上会对新闻人物法定的权利的享受构成一定的影响，但这种隐性采访对于保护更大的社会知情权等有重要意义。从情理的角度看，新闻记者对新闻人物进行隐性采访必须多加节制，切不可滥用隐性采访。

(四) 隐性采访中的普通公民

普通公民并没有获得任何法外权利，因而凡是受法律保护的权利，新闻记者均无权侵犯。譬如，公众人物的隐私权范围受到限制，但普通公民的隐私权范围就不受限制。这也符合法律层面权利和义务平衡的原则。面对隐性采访，公众人物的相应权利之所以受到限制，是因为他们在其他层面享受到了相对应的权利。但对普通公民而言，他们是在相应的法律规范内活动的，既没有额外享有权利，当然也就无须在面对隐性采访时需要专门限权。

随着新媒体时代的到来，隐性采访开始呈现泛化的趋势，即这种采访手段正在变得无处不在、无时不在，任何一位公民随时可以利用智能手机对另一位公民进行隐性采访并即时上传网络。这种隐性采访的新特征值得关注，而其中包含的权利义务问题，需要置于更加宏大的传播背景之下加以考察。因此，新闻记者在进行隐性采访时，必须特别注意对公民相关权利的保护。

三、隐性采访中的事件

(一) 对违法行为的隐性采访

隐性采访较多地是在报道违法行为中被采用，因此，我们首先探讨报道违法行为中的隐性采访。新闻记者要对违法行为进行隐性采访，关键的原因在于违法行为总是见不得人的，任何正在从事违法行为的人都怕自己的行为被新闻媒体曝光，因此，他们都会采取一切手段逃避新闻媒体的关注、曝光。在这种情况下，如果新闻记者采取公开采访的方式，往往不能实现采访的目的。有人担心，隐性采访侵犯了采访对象的权益。我们认为，采访人和采访对象的权益都不是无限的、绝对的。对于普通的公民，我们应该按照法律和有关法规的规定，保护他们的权益。但是，对于某些违法者，如果在他实施违法行为时，仍享有和普通人一样的拒绝采访的权利，任由他们自由从事违法行为，这无异于鼓励和放纵他们去侵害更多人的权益，保障了他们的违法"自由"权益，广大守法公民的权益和自由则必定受到损害。这与一个法治社会所追求的社会公正、正义的目标是不符的。我们认为，对违法行为进行隐性采访只应强调一个条件，即这种违法行为损害了不特定的大多数人的利益。新闻媒体的存在不是为了某个或少数特定的对象，不是为了满足个人的好恶，而是为了社会公共利益，这就决定了新闻媒体报道的新闻必须具有典型性和普遍性，衡量对违法行为有无必要进行隐性采访，必须从媒体的这个功能出发。

新闻媒体特有的社会功能决定了其对违法行为报道的目的，不单是打击违法犯罪，还有警醒广大受众随时保持警觉，以避免社会公共利益遭受损失。例如，某地一商店出售假药,一旦任其销售,可能会危及不特定的大多数人的利益,新闻记者完全可以进行隐性采访,通过对这种行为的曝光,预防更大的危害社会结果的发生。总体而言,新闻记者应该在违法行为可能损害不特定的大多数人的情况下,才考虑采用隐性采访,如果某种违法行为只在特定的两个人之间进行,未影响多数人的利益,那么,新闻媒体就不必采取隐性采访的手段。对这种行为的处置,可以由执法部门负责。否则,如果被曝光的对象是普通公民,可能引发隐私权等纠纷。

也有学者提出对违法行为进行隐性采访还必须具备另外两个条件,即违法行为正在进行;不适用隐性采访手段,可能使违法犯罪嫌疑人毁灭或转移证据。笔者认为,这两个条件不是必要条件,这是因为,其一,现实生活中,许多对违法行为的隐性采访是在事后进行的,新闻事实的转瞬即逝性决定了不可能对所有违法行为实施的隐性采访是在"违法行为正在进行"中,而更多是要借助事后的补充采访。譬如,有的单位通过制作假账逃避了应向国家上缴的税款,这是一起违法事件。在这样的事件中,记者很难通过隐性采访获得正在制作假账的镜头,但是可以通过事后巧妙的隐性采访,获得假账和相关资料,从而对这样的违法事件进行揭露。我们认为,这样的事后采访是十分必要的。在新闻实践中,有相当多的隐性采访都是在事后进行的。有些事后的新闻采访虽然不能采获正在进行的违法行为的有关证据镜头,但其相关资料和镜头对于具体的某一条新闻而言都是十分重要的。其二,为了防止"违法犯罪嫌疑人毁灭或转移证据",这个条件主要在于司法审判中的证据学意义。如果要同时强调这些条件,显然大大制约了隐性采访,是对现实生活中许多隐性采访成功范例的背叛。

(二) 对合法行为的隐性采访

对合法行为的隐性采访,我们认为主要应依据前述的两个条件:在公开场合,对公众人物和非公众人物均可以进行隐性采访;在私人场合,可以对公众人物进行有限度的隐性采访。在现实的新闻传播活动中,我们可以看到,很多新闻记者是遵守了这样的规定的,如果不遵守这条规定,那么就有可能导致新闻记者对采访对象权益的伤害,也会导致新闻记者新闻采访权的无限扩张。新闻记者采访权的扩张导致的直接后果是滥用新闻采访权利,而一个社会如果允许新闻记者滥用新闻采访权利,那么这个社会的权利和义务关系就很难保持平衡。任何倡导和追求法治的国家,都是不希望这样的局面出现的。

第三节 隐性采访中的道德困惑及原则

一、隐性采访中的道德困惑

"隐性采访常常拥有良好的道德动机,且这种动机常常成为社会宽恕采访者道德失当的理由……隐性采访永远伴随无法摆脱的道德瑕疵。如前所述,隐性采访成功实施的基本前提是隐去记者的身份,而这种隐去记者身份的行为从道德层面来看则属于一种欺骗。记者必须隐去记者的身份,让采访对象误以为记者是一个有另一种身份的人,否则就会成为公开采访。"[①] 在隐性采访的实施过程中,新闻记者为了实现既定的采访目标,经常会采用欺骗手法采获到相应的新闻素材,导致产生相应的道德困惑。

隐性采访的道德困惑首先来自"隐性"手法在采访过程中的运用。就一般意义而言,用隐性手法进行采访并没有有违道德之处——新闻记者的工作就是采写新闻,其手法无非"显性"(公开)和"隐性"(秘密)两种,而无论公开采访还是秘密采访,其本身都不存在道德评价问题。在现实的新闻采访活动中,许多以隐性采访进行的正面报道以及以隐性采访进行的批评报道很少招致人们的道德责难,这是因为在所有的这些隐性采访中,新闻记者只是以旁观者的身份记录新闻事实。在这里,"旁观者"的身份十分重要,因为这是他们较少受到道德责难的基础。应该说,在早期的隐性采访中,由于受采访经验匮乏和采访设备的限制,为了减少记者在现场采访时受关注的程度,实施隐性采访的记者较多是以旁观者的身份出现的,因而他们的举止招致的道德问题较少。随着新闻记者采访经验的增加和科技发展带来的采访设备的进步,尤其是随着新闻受众对新闻内容要求的不断提高,实施隐性采访的新闻记者仅用"旁观者"的身份进行采访已很难获得关注度高的新闻了。为了"争夺眼球",一些新闻记者急功近利,开始伪装自己,介入事件新闻,有的甚至直接成了某些新闻事件的"导演"。这种用欺骗的手段直接去影响新闻事件进程的行为受到社会的道德责难几乎是不可避免的。用欺骗的手法采获新闻,在道德上是有瑕疵的,因为采获新闻固然是新闻记者的基本工作要求,也符合普遍的社会道德评价标准,但用欺骗的手法只能获得非道德的社会评价。因此,当不合乎道德评价的"欺骗手法"和符合道德评价的"采获手段"共生时,二者的道德冲突是不可避免的。

类似的道德困惑在西方国家同样存在。1890 年,美国记者内利·布莱(真名为

[①] 顾理平. 隐性采访:道德价值与法律底线 [J]. 视听界, 2015 (7).

伊丽莎白·科克伦）假扮成精神病人住进布莱克韦尔岛精神病院，调查病人受到虐待的情况，并写了3篇长篇报道，以《疯人院的10天》为题在《纽约世界报》上发表，产生了巨大的反响。这是世界新闻史上较早的有影响的隐性采访。随后的几十年中，借助隐性采访采获的新闻往往产生较大社会影响，与此同时，此类新闻也一直存在着争议。20世纪70年代末开始，美国的许多新闻学专家认为必须主动限制这种在道德方面存在问题的采访手法。"1979年，普利策奖评奖委员会并没有将奖项授予《太阳时报》的'幻景'系列（用隐性采访揭露政府官员贪污并产生了巨大社会反响的系列报道——作者注），接着，1982年，该委员会又筛除了另外一则隐身报道。此后，大部分报社记者开始重新考虑隐身报道的伦理问题。许多编辑决定限制记者使用欺骗手法。"①

能用欺骗的手段揭露社会的丑恶现象吗？从事隐性采访的记者经常会面对这样的道德困惑。无疑，揭露社会丑恶现象，清除社会腐败问题，这是新闻工作的题中应有之义。同时，由于社会丑恶和腐败是见不得人的，用公开采访的手段往往难以奏效，这就让新闻从业人员和新闻受众对采用隐性采访揭露社会丑恶充满期待。应该说，从维护社会公平和正义的角度出发，或者说，从保护社会整体利益的原则出发，采取各种手段（譬如舆论监督）来清除社会的丑恶腐败，是合乎社会道德规范的。由于社会的丑恶腐败现象已经渗入社会生活的各个层面，产生了十分消极的社会影响，已经为千夫所指，在这种情势下，即使用最简单的权衡方法，我们也可以得出这样的结论——用隐性采访手法揭露社会的丑恶腐败并不背叛社会主流的道德标准。现在的问题是，欺骗手法同样是有违社会主流的道德标准的。新闻记者是否可以用背叛一方面的道德标准（欺骗手法）来赢得另一方面的道德标准（揭露社会的丑恶腐败）的首肯？也就是说，当我们把隐性采访置于一种宏观的社会背景之中，将它视作一种普遍的社会行为时，这可能会获得非道德的评价，而这种非道德的行为的产生是为了抨击另一种似乎更加非道德的甚至是非法的行为，这是否可为？值得仔细考量的是，在我们日常进行的道德评价中，带有浓郁感情色彩的道德评价往往会帮助我们很容易地作出隐性采访合乎道德标准的结论。但是，如果我们用一般的道德评价原则理性衡量的话，得出的结论也许是并不乐观的。道德评价的基本原则是"可以或者不可以"，也就是说，某个人的行为是否合乎道德，评价的标准是该人是否可以这样做，而"可以或者不可以"本身并没有道德评价程度上的差异，亦即只要是"可以"的，就是合乎道德的；只要是"不可以"的，就是不合乎道德的。而用欺骗手段获取新闻，在道德评价的基本原则中显然是一种"不可以"的行为——即使新闻记者获取的是能揭露社会丑恶腐败的新闻。因此，从某种意义

---

① 史密斯. 新闻道德评价 [M]. 李青慕, 译. 北京：新华出版社, 2001：302.

上判断，隐性采访是伴随先天的道德瑕疵的。

二、实施隐性采访应坚持的道德原则

隐性采访必须面对诸多的道德责难和道德困境，但这种责难和困境并不能成为我们放弃隐性采访的理由。事实上，如果离开了隐性采访的特殊作用，道德的引导和规训作用可能会大受影响。同时，随着人们对道德的要求的不断提高，新闻记者利用隐性采访的特殊功效，不断荡涤社会及其成员心灵深处一些丑陋的东西，从而使我们的社会更纯净，个体的心灵更高尚，也成了一件自然的事，因此，我们还是希望隐性采访能发挥其独特的积极作用。为了达到这样的目的，隐性采访在实施过程中，应该遵循如下相应的原则。

（一）公共利益为上原则

尽管隐性采访面临着诸多道德难题，但在现实生活中，人们依然对隐性采访保持着足够的宽容。当然，对隐性采访的宽容并不是无原则的，这里的底线是，进行隐性采访是为了保护公共利益。当人们面临某种两难的道德判断时，决策的标准往往是"两利相权取其重，两害相权取其轻"。隐性采访虽然存在着道德评价上的先天不足，但并不影响我们为了保护更大的公共利益、公共道德体系而容许它的存在。

公共利益当然是由个体利益组成的，从理论上讲，对个体利益的伤害，也必然导致对公共利益的伤害。但我们必须注意这样一个事实：并非所有的个体利益都是组成公共利益的积极因子，对个体利益中非积极因子（非道德行为）的"伤害"，只会有利于对公共利益的保护。换句话说，对公共利益整体的保护有利于对合情合法的个体利益的保护，这是我们对隐性采访予以宽容对待的一条最基础的原则。不管在何种情况下，公共利益是衡量是否必须使用隐性采访手段的一个前提性依据。一般新闻事件都与社会公共利益有关，当新闻记者进行公开采访无法获取相关信息时，隐性采访甚至就变成唯一选择了。例如，某药店采用隐蔽手段销售假药，在这种情况下，不采用隐性采访就会令公共利益受损，这时，隐性采访的及时运用，是对公共利益的最好维护。隐性采访对社会上的欺诈、腐败、违法乱纪等丑恶现象进行曝光所涉及的，大都是严重侵害公共利益的个人及组织，因而受到公众的欢迎和肯定，这是隐性采访合乎道德要求的基础。需要说明的是，现在隐性采访受到诸多道德责难的原因之一是新闻记者对隐性采访的滥用。许多新闻媒体不分事件种类，不分情节轻重，动不动就"偷拍偷录"。这个时候，公共利益甚至已被这些滥用者置于一边，这是令人感到遗憾的。正因为如此，有的研究者指出："只有在涉及公众利益时，媒介舆论监督较之于名誉等个人权益才可获得某种优先。"① 把社会和公共的利益放首位，这在任何时候都是重要的。

类似的规定在一些西方国家也受到重视。美国学者认为："有些可以不用隐性采访方法的，如果做了，'除非你说明自己的身份；否则你实质上是在别人不知道的情况下刺探他们的生活情况——这样做是否道德，是大可怀疑的。''有些做法是不合法的，却合乎道德。欺骗问题也许是记者所能遇到的最为棘手的问题。''绝对论者认为，撒谎是错误的，因而他们绝不隐瞒身份去采访。……另一位作者引证美国《新闻周刊》的话说：'一个记者必须掂量一下，他所寻求的事实的重要性是否值得他采取下策去把它弄到手。但是这样做既有道德的也有实际的限度。从长远的角度来看，新闻工作毕竟不能建立在习以为常的欺骗手段之上。'不论具体情况怎样，多数人都认为公共利益是衡量是否必须使用隐性采访方式的一个主要的依据。曼切尔写道：'记者也许要慎重考虑，既要反对又要坚持这种方法。一个方针：对属于私人的活动，要慎重从事；对秘密进行的官方活动，要按照公共利益办事。'密苏里的教材最后也有这样一段话：'有时有必要在两类错误中进行平衡：一种是担任公职人士正在犯的错误，另一类是试图报道那位官员的记者可能犯的错误。'"② 关于隐性采访的这样一些思考角度和建议，对我们今天的隐性采访而言，依然值得借鉴。

（二）守法原则

守法是现代人一切社会活动的最根本前提，隐性采访当然也不能例外。从根本上讲，合法性是道德性的基本前提，只有合法的行为，才是道德的行为。当然，合法性和道德性有时也会有一定程度的矛盾，也就是说会存在情与法的冲突。例如，一位儿子偷窃抢劫，强奸妇女，为非作歹，无恶不作，激起了公愤，其父亲大义灭亲，打死了自己这位不肖之子。对此，法院理所当然判处父亲以刑罚。从道德的角度看，这位父亲的行为可谓楷模。他大义灭亲，为民除害，确实可敬可佩；从法律的角度看，这位父亲的行为是违法犯罪行为——即使是自己的儿子，他也没有随意将其处罚至死的权利。在这里，情与法的冲突是十分明显的。隐性采访也时常会遭遇类似的困惑。例如，1992 年，美国广播公司（ABC）的两名记者持假身份证到狮子食品公司的超市工作，用藏在假发里的微型摄像机和戴在身上的小型麦克风摄录下该公司出售过期食品、把腐肉清洗后改换包装继续售卖的情况。这一报道在《黄金时间实况》节目播出后引起轰动。狮子公司以欺诈公司和违反进入私人场所的规定、违法获取公司工作现场情况等罪名起诉美国广播公司，法院最终在 1996 年判美

---

① 庄临强. 隐性采访的力量与控制 [J]. 现代传播，1998（4）.
② 陈力丹. 试论隐性采访的法律意识和行为规则 [J]. 现代传播，1999（5）.

国广播公司侵犯狮子公司隐私权的罪名成立，责令其赔偿狮子公司550万美元。记者出于善良的目的，以隐性采访的手段对某种非法或非道德行为进行曝光。从受众的角度看不管记者的手段是否合法，其目的良好，便往往会领受较多的掌声。但是，从法律的角度看，如果记者在采访过程中有违法行为，从本质上讲就必然是一种非道德行为。因为记者非法的采访行为尽管为了良好的道德目的，但因其违法而破坏了道德得以立足的根基，所以在本质上讲，记者的非法采访行为是非道德的。

在任何时候，我们都必须坚守法律这条底线。如果记者坚持以违法的行为去抨击违法的或有违道德的行为，最终不仅会把新闻活动置于十分危险的境地，还会对我国法治现代化建设产生消极影响。遗憾的是，对这种危险性，有相当多的记者并没有提起足够的警惕性。在现实生活中，记者假扮成文物贩子、野生保护动物收购者、嫖客、毒贩、假发票购买者等引诱他人实施违法行为的事情时有发生，这是十分有害的。"在法治社会中，一切社会行为皆要纳入法制的轨道，新闻传播者有权监督社会中的各种不法行为，无权凌驾于或超脱于法律和社会一般道德规范之外为所欲为。记者必须有法制观念。目的正确，手段也要正当，不能只重结果而不问手段。对隐性采访的使用，既要考虑到社会效果和社会的容忍程度，也要尽可能回避法律的禁止领域。只有谨慎行事，尊重其他人的自由，才能获得自己行动的自由。"① 以守法为原则，这应该成为新闻记者开展包括隐性采访在内的一切新闻活动的基本前提。

（三）客观记录原则

在分工合作、推动社会文明进步的宏观社会背景之下，新闻记者应该担当什么样的社会角色？对此问题，中外学者有过诸多描述。我始终认为，无论是社会角色期待还是记者理想追求，记录者应该是新闻记者最为适宜的社会角色。记者通过对社会进步过程每一个重要时刻的精心、准确记录，在当下激发人们进取的激情，在未来人们回望历史时让人们获得最真实的历史记忆。我们都习惯于讲这样一句话：今天的新闻就是明天的历史。这句话至少包含了两层意思：新闻必须是真实的；新闻记者应该是历史的记录者。新闻必须是真实的，这是新闻媒体和社会对新闻的共同要求。新闻如果失去了真实性，也就失去了该行业存在的必要性。因此，强调新闻真实的重要性无论什么时候都不过时。新闻记者应该是历史的记录者，这同样是新闻媒体和社会的共同要求。在世界新闻史上，新闻传播活动会对历史的进程产生一定的影响，这一影响主要通过新闻记者记录历史表现出来，而不是通过干涉历史事件表现出来。因此，在任何时候，我们都不能忘记新闻记者历史记录者的角色和

---

① 胡黎明. 隐性采访中记者的角色权利和职业责任 [J]. 电视研究，2000（10）.

义务。

在微观的新闻采访活动中,新闻记者更应该是新闻事件的记录者。这一点对于隐性采访而言尤为重要。新闻记者遭遇诸多道德责难的重要原因,就是在新闻采访活动中,新闻记者介入、干涉甚至导演了某些新闻事件。以下的两个案例,也许能帮助我们更好地理解这条原则。2000 年高考前夕,湖南经济电视台记者接到嘉禾县可能出现高考舞弊的匿名电话后,决定拍摄作弊过程。他们选中正对考场的四层居民楼,把摄像机设在四楼阳台上,以床单、毛巾为隐蔽物对作弊过程进行了秘密拍摄,记录下了触目惊心的考试舞弊实况。在对嘉禾案的隐性采访中,记者以旁观者的身份去采访并进行了真实记录。再如 2000 年 2 月 29 日郑州电视台《今日视点》栏目播出了记者采制的反映郑州火车站一些地区非法贩卖淫秽光盘的报道。为拍摄到真实场景,记者隐去了自己的身份,以"过路人"的身份记录黄贩子们的"生活"状态。记者以旁观者的身份介入贩黄现场,始终处于询问、了解阶段,没有实施"购买"行为。在这两起案件中,新闻记者的隐性采访行为较少存在道德非议,当然,也有人从一个公民应该对即将发生的或正在发生的非法行为进行制止这个角度,对记者提出了道德责难,但这已经不仅局限于隐性采访的层面了,在此我们不作讨论。相反的例子也有。1994 年 5 月 16 日,刚刚开播不久的中央电视台《焦点访谈》栏目派出几位记者前往上海火车站拍摄车站票贩子倒卖假发票的片子。6 月 21 日,该栏目播出了该节目。遗憾的是,记者直接参与了与假发票贩子的交易过程。"我凑上前去,发现镜头里(新闻记者)老张和票贩子已经接上了火,而且讨价还价的声音非常清楚。"① 新闻记者的这种行为遭遇道德甚至法律责难,这几乎可以说是理所当然的事情。在这起案件中,记者不再是记录者、旁观者的角色,而是参与者甚至是策划者的角色。记者这样的行为,必然影响和干预新闻事件的发展轨迹,是有违隐性采访客观记录原则的。

(四)动机良好原则

曾经担任中央电视台《焦点访谈》栏目的主持人方宏进在接受采访时,讲述过这样一段话:"对于我们这类节目来说,我认为如果只是靠曝光才能有生命力是不对的。一个新闻节目应该靠报道分析新闻而具有生命力,而不是靠揭短。揭短是一个必须有的成分,因为社会中的确存在一些不良现象,需要揭短。但如果一个节目只是靠揭短来体现其价值,这既不应该,也不可能使节目长期在社会中生存下去。我们现在不是生活在一个有巨大的反对力量存在的社会里面,有一个岌岌可危的政府,好像我们找到了政府和老百姓的信息沟通渠道,说明我们很有本事。在目前的

---

① 孙克文. 焦点外的时空 [M]. 北京:生活·读书·新知三联书店,1997:97.

社会环境中,找到政府和老百姓共同感兴趣的事情,把老百姓的意见和政府的解决办法联系起来,促进问题的解决,我认为是媒体理所当然应该做而且完全做得到的事情。"[1] 中央电视台《新闻调查》栏目坚守的信条是,无论如何,秘密调查都是一种欺骗。新闻不是欺骗的通行证,我们不能以目的正当为由而不择手段。秘密调查不能用作一种常规的做法,也不能是为了增添报道的戏剧性而采取的手段。只有同时符合下述四条原则,才能采用秘密调查:第一,有明显的证据表明,我们正在调查的是严重侵犯公众利益的行为;第二,没有其他途径收集材料;第三,暴露我们的身份就难以了解到真实的情况;第四,经制片人同意。这些表达,正是我们在开展隐性采访时需要遵循的一个原则:动机良好。

动机良好的采访也许并不能保证新闻记者的隐性采访一定符合道德规范,但符合道德规范的隐性采访其动机一定是良好的。新闻媒体在开展新闻报道时,舆论监督是必不可少的内容,而隐性采访又是舆论监督十分倚重的手段,但我们开展舆论监督时,心态应该是"恨铁不成钢"式的,是抱着发现问题、曝光问题、解决问题的思路开展新闻传播活动的。任何新闻报道的目的,不是给社会增加不安定因素或引发某些不良情绪,而是使我们生活的社会更加纯净、文明和美好。

另外,动机良好原则也要求隐性采访必须摆脱猎奇心理。猎奇当然会在一定程度上增加受众的阅读兴趣,从而也会在一定程度上带来新闻媒体经济效益的增加,但这种受众阅读兴趣和新闻媒体经济效益的增加往往是以牺牲媒体的品位和社会责任为前提的,因而是不持久的。在现实的新闻采访活动中,有个别记者往往以自己的个人兴趣作为衡量受众兴趣的标准,从而不断地在大众传媒上炮制猎奇新闻。这种做法低估了现代社会最广大受众的欣赏趣味和审美品位,是完全不足取的。

(五)可资借鉴的操作手法

如何在道德层面评价隐性采访问题?西方国家对此也长期存在着争议,但总体而言,对隐性采访作出较多限制,从而更好地维护社会主流道德体系,是比较普遍的做法。曾连续9年担任普利策奖评奖委员会委员的美国哲学家、作家西塞拉·博克总结了在欺骗问题上权衡道德得失的总体原则:"在我们考量各种不同类型的谎言时,我们必须发问:第一,是否存在能够解决难题的其他形式的行为而不用撒谎;第二,在被提出来为撒谎开脱的种种说辞中,哪些可以作为道德上的理由,可以提出哪些理由来作为反驳对方的论点;第三,为检验以上两个步骤,我们必须发问:对于这种谎言,由有理智的人构成的公众可能会说什么。她首先论证说,之所以反对欺骗,是因为谎言永远造成道德上的伤害。第一,受害者感觉受到了侵犯,无辜

---

[1] 孙克文. 焦点外的时空 [M]. 北京:生活·读书·新知三联书店,1997:204.

的人所蒙受的痛苦有力地证明了这种做法的危害。如果记者设身处地地想一想，有人向他撒谎时他会作何感想，他一定会发现问题所在。第二，撒谎会形成一种习性。因此，即便是一种有正当理由的谎言也有可能改变撒谎者日常行为的性质，诱使他在无正当理由的情况下行骗。人们时常注意到，谎言是接踵而来的。一旦撒谎成了一种完成工作任务的技巧，就会被广泛传播，以至于破坏了撒谎者的初衷。第三，撒谎者常以为天衣无缝；同他人的需要相比，他更易于理解自身的需要。因此他会经常对撒谎将产生的正面作用，即所避之害、所趋之利、所达致之公正以及所提示事实真相之重要性夸大其词。第四，欺骗制造了一种败坏道德的气氛，使人在不经意间就滑入了撒谎的泥沼。"① 这段关于欺骗、撒谎可能引发的消极社会影响的分析是十分有价值的。新闻记者在开展新闻报道时，无论是否采取隐性采访的手段，道德问题都是首要权衡的行为原则。一个优秀新闻记者首先必须是一个道德高尚的人，是一个有着高尚新闻理想、为社会生活更美好而努力工作的人。而崇高的新闻理想，必须从每一次合乎道德规范的新闻实践开始。

美国的职业新闻工作者协会在一本名为《遵守新闻事业的伦理规范》中，专门提出了以下指导方针，供记者判断欺骗行为在何时是正当的，值得借鉴。

* 当获取的信息极其重要时。必须对公众利益至关重要，例如揭露高层人士的重大"决策失误"，或阻止对个人的严重伤害；

* 当获取某信息的所有其他手段都告无效时；

* 当当事的新闻工作者愿意透露欺骗的实质及其原因时；

* 当当事者及其新闻单位运用足够的时间、资金和出色的技巧是为了全面追踪报道一条新闻时；

* 当以欺骗手段揭露出的信息所避免的伤害大于欺骗行为带来的伤害时；

* 当当事的新闻工作者经过意义深远、同心协力和深思熟虑的决策过程，对以下事实进行了掂量时：

a. 被欺骗人受骗的结果（长期的和短期的）；

b. 对新闻事业可信性的影响；

c. 行为的动机；

d. 欺骗行为与编辑任务的关系；

e. 该行为牵扯到的法律；

f. 论证和行为的连续性。

职业新闻工作者协会的小册子还提出了如下几条不能被用于证明欺骗行为合理性的标准：

---

① 富勒. 信息时代的新闻价值观 [M]. 展江, 译. 北京：新华出版社, 1999：53.

* 赢得奖项；

* 以较少的时间和较少的新闻来源获取新闻；

* 由于"别人已经这样做过了"而这样做；

* 报道的主题本身不道德。①

由于国情不同，我国专业新闻记者和普通社会成员在开展隐性采访活动时，不宜全盘照搬照抄他们的这些指导方针，但其合理的成分，还是值得我们借鉴的。

第四节 隐性采访的法律困惑及底线

一、隐性采访的法律困惑

（一）特别法的缺席

特别法是指通用于特定时间、地点、对象和领域法律，在通常情况下，其在适用上优先于一般法。与公开采访相比，隐性采访相对比较少见，因此，一旦在实施过程中出现法律纠纷，在法律适用上会出现困惑。但是，由于隐性采访实施的情况比较复杂，且其在宏观的社会活动中并不是一种主要的社会行为，因此并无相应的特别法。特别法的缺席，是隐性采访屡屡遭遇法律困惑的重要原因。探讨某一问题的法律界限，我们当然首先寻找特别法的规定，但事实上我国并无关于隐性采访特别法的规定，并且其上位法新闻传播法也尚未被制定出来。尽管我国早在20世纪80年代初就启动了新闻传播立法，但几十年过去了，新闻传播法尚在讨论中，试图用其来规范隐性采访，可能还有一个较长的过程。

特别法的缺席，对隐性采访的影响是显而易见的。近年来，围绕隐性采访的争议不绝于耳，相关的法律困惑也层出不穷，这和法律不明确、记者具体操作时无规范可循直接相关。由于法律无规范，新闻记者在开展隐性采访时，只能根据自己的主观判断，凭借已有的法律知识，"在迷茫中探索"，当然这种探索不可避免地也会出现失误。

（二）一般法的语焉不详

一般法也被称为普通法，是指适用于全国领域和全体公民，规定全社会一般事项且无适用时间限制的法律。我国的一般法中，尚无关于隐性采访的专门条文。在《中华人民共和国民法典》中，有关于公民人格权、名誉权、隐私权的规定，但只

---

① 史密斯. 新闻道德评价 [M]. 李青藜, 译. 北京：新华出版社, 2001：314-315.

是一般规定，与隐性采访并无直接关系。当然，《中华人民共和国宪法》对我国公民的言论自由等进行了规定，这可以视作对新闻采访权包括隐性采访权进行了规定，但应该看到，这种规定只局限于宪法的层面，由于比较宏观，在操作上是有很大难度的。

令人期待的是，随着我国法治现代化建设步伐的不断加快，宪法权利也有可能通过司法途径加以保障。2001年8月13日，最高人民法院就山东省齐某珍诉陈某琪案作出司法解释，指出宪法权利可以成为民事权利受到侵犯时的裁判依据，这是令人备受鼓舞的。"公民的宪法权利受到限制、剥夺甚至侵害，通过司法途径予以恢复、确认或保障，在一个民主宪政的社会中本来不是什么新鲜事，但是对于我们这样一个有着几千年封建传统、司法权与行政权合一的国度来说，确实非常不易。"① 我们希望《中华人民共和国宪法》中关于言论出版自由等的规定，能在具体的司法行为中产生作用，我们更希望它能对规范隐性采访产生作用。因此，一般法在目前确实还无法对隐性采访进行规范。"如果宪法不能进入司法程序，不能直接成为法院审理案件的法律依据，在涉及有关新闻自由权利的诉讼时就必然会出现无法可依的局面。这不仅不能保障公民在宪法上所享有的新闻自由权利的实现，而且会丧失宪法应有的权威和尊严。"②

二、隐性采访的法津底线

（一）必须坚守守法底线

现代社会的每一个成员都认同这样一个基本的观点：守法是一切社会活动的底线，隐性采访自然也不例外。当然，在理论上知道这条底线和实践中遵守这条底线实际上并不是一回事。绝大多数新闻记者都知道守法这条底线，也希望自己不要超越这条底线，但由于诸种原因，超越这条底线的不乏其人。其中一个重要的原因在于其对相关法律规范知之不多和知之不清。因此，新闻记者在实施隐性采访时，特别需要了解与之关系密切的一些法律法规。

从理性角度判断，所有的社会成员当然清楚在开展隐性采访时必须守法，但在具体实践的过程中，由于法律认知上的偏差，违法的情况时有出现。2015年全国高考过程中，《南方都市报》记者采用隐性采访的方式卧底高考替考组织，以真实姓名持替考组织提供的准考证等证件进入考场参加语文考试，随后该报通过媒体以《记者卧底替考组织参加高考曝光跨省团伙》为题进行报道，引发了社会的强烈关

---

① 焦洪昌. 公民眼中的宪法权利 [J]. 法治时代，2002（12）.
② 王文琦. 法制现代化研究：第1卷 [M]. 南京：南京师范大学出版社，2002：350.

注。对此典型案例，我们应从法律上进行认真探讨。该卧底报道中的替考行为在法理上很难规避违法风险，也寻找不到免责理由。"枪手正在参加高考……"这样的信息具有震撼性和冲击力，但也容易坐实了记者的违法事实。如果记者的隐性采访只是截至收到假制的"身份证""准考证"，尽管道德瑕疵无法避免（隐性采访一定会有道德瑕疵），但是尚可称之为一次完美的隐性采访，但一旦正式"替考"，其行为的违法性就很难改变。《南方都市报》记者此次"替考"违法与否，专家学者和社会各界有不同看法，我认为有一个最简单的判断标准："替考"违法吗？答案是肯定的。记者并无任何法外授权，因此替考行为不仅越权而且涉嫌违法。崇高的道德愿望、对事实真相的了解把握等都不能成为违法的免责理由。我国现行的法律强调违法与否"以事实为依据（而非道德愿望或个人主观动机），以法律为准绳"。因此，只要记者有违法行为，就很难找到免担法律之责的理由。

事实上，我国曾发生过多起新闻记者因隐性采访而触犯法律的例子。多年前，《羊城晚报》一名记者为测试上海警方的快速反应能力，以一名外地游客金项链被抢为由，拨打110报警。警察赶到后发现是一场骗局（警情并未发生，记者报了假警），当即要拘留参与隐性采访的记者，理由是该记者违反了《治安管理处罚条例》的规定（当时《治安管理处罚法》尚未颁布）。后在有关部门的协调下事态才得以平息。在此次采用隐性采访进行正面报道引发的纠纷中，记者被指违法的事实是"报假警"，违法事实存在，后其虽然因危害性轻微未被行政拘留，但"被教育"依然是因违法受到处罚的一种方式。另一起案例来自央视。2001年，央视记者"乔装改扮，打入盗墓者内部，历经七天七夜为您真实记录了盗墓全过程"，最终从西汉古墓中"取出"13件西汉文物。之后又将这些文物买下，后被报道"捐"给陕西省文物局。他们制作完成的"亲历盗墓"节目在央视播出后立即引发广泛关注。在被法律专家一致认为记者有违法甚至犯罪嫌疑（违反了《文物保护法》的规定）后，记者最终以捐出文物和从央视辞职收场。从法律的角度看，这位央视记者已算有了较好的结局——其处在风口浪尖上很难逃脱法律惩处。在这次采用隐性采访揭露盗卖文物的案件中，记者的违法表现为参与了盗卖文物行为。而就南都报的高考卧底替考事件而言，由于记者同样拥有良好的动机，因此容易获得社会的宽恕。因为此类案件属公诉案件，一般也不会有公诉人据此对新闻记者进行起诉，所以事件最后不了了之，但这并不能免除新闻记者的违法指责。

在关于隐性采访的违法讨论中，还有两个值得注意的问题。其一，关于"违法"。在讨论中笔者发现，有些讨论者容易将"违法"和"犯罪"画等号。这是一个认识误区。其实把"违法"和"犯罪"的关系说清楚很简单："犯罪"行为一定是"违法"行为，但"违法"行为不一定是"犯罪"行为。只有违反《中华人民共和国刑法》的违法行为才是犯罪行为。说清这个简单的问题，可以厘清讨论中的简单错误。其二，关于隐性采访（卧底报道）和警察诱导型侦查的卧底破案。有人习惯于将两者进行类比。在现实生活中，警察会针对某些特定案件，采用诱导型侦查的卧底破案手段。这种手段似与新闻记者的卧底报道有相似之处，实际是有很大差异的。警察作为专门的侦查人员在实施与某些隐性采访相类似的诱导型侦查时，会有种种限制，归纳起来，主要有三条：第一，针对特定的犯罪行为；第二，由专门机关的专门人员执行；第三，必须履行法定的审批程序。而对于实施隐性采访的新闻记者来说，这样三个条件其都不具备。首先，这里的诱导型侦查主要针对的是特定的犯罪行为，如拐卖人口、走私贩毒等，而隐性采访一般针对的是违纪违法行为和程度较轻的社会丑恶行为；其次，新闻记者不属于可以开展侦查的专门机关的专门人员，法律并未赋予他们专门的权利；最后，记者在开展隐性采访时，并未履行法定的审批程序。鉴于上述理由，新闻记者无权进行诱导型的隐性采访，否则将承担法律责任。[1]

隐性采访具有诸多的社会价值和新闻实践意义，因此，在一定程度和一定范围内采用这种方法采获事实进行报道不仅很有必要，也是理所当然的。但是，在当下中国，"合法性"的底线不能超越显然成了越来越多的人的共识，新闻记者的采访报道行为显然也不能超越这条底线。

值得关注的是，2015 年，我国相关部门对《中华人民共和国刑法》第二百八十四条进行了修订，明确规定"在法律规定的国家考试中，组织作弊的，处三年以下有期徒刑或者拘役，并处罚金；情节严重的，处三年以上七年以下有期徒刑，并处罚金。""替考入刑"的规定，对规范隐性采访有重要的警示作用。

（二）公民的隐私权不受隐性采访的伤害

隐性采访最有可能伤害的是公民的隐私权，这是由于以下几个原因。第一，在相当长的时间内，我国公民的隐私权是受到忽视的。传统的农耕社会是熟人社会，并没有也不易形成隐私保护的文化氛围。而对于记者来说，这种长期形成的社会风气可能在不经意间会影响到他们的采访工作，以至于其为了寻找到"独家新闻"而侵入不该侵入的隐私领域。第二，隐性采访这一采访手段的独特性，加上新闻记者身份的独特性，很有可能引发新闻记者对公民隐私权的侵犯。在现代社会，媒体都将"可读性"作为争取受众的旗帜，"可读性"新闻和公民的隐私界限何在？有些记者可能并不是非常清楚。因此，我们必须强调公民的隐私权不受隐性采访的伤害。第三，新媒体时代的到来令隐性采访变得方便易行，导致侵权行为频发。智能手机便捷的摄录功能和各类新媒体即时的信息分享功能给隐性采访的流行提供了可能。

---

[1] 孙长永. 侦查程序与人权——比较法考察 [M]. 北京：中国方正出版社，2000：39-40.

无时不在、无处不在的摄录行为给全体社会成员构成了巨大的隐私保护隐患，而相当数量的社会成员并无完全、科学的隐私认知，则令这种潜在隐患随时可能变成现实伤害。

《中华人民共和国宪法》第三十八条明确规定"中华人民共和国公民的人格尊严不受侵犯"，这是从根本法的角度对包括隐私权在内的公民的人格权利进行保护。《中华人民共和国民法典》第一千零三十二条则明确规定"自然人享有隐私权。任何组织或者个人不得以刺探、侵扰、泄露、公开等方式侵害他人的隐私权。"在2021年颁布的《个人信息保护法》中，则有对个人信息更明确、全面的法律保护规定。所有这些法律的规定，都是新闻记者在开展隐性采访时需要严格遵守且不能超越的法律底线。

（三）国家秘密不受隐性采访的伤害

《中华人民共和国保密法》等法律，都对保守国家秘密作了许多重要规定，国家秘密事关国家和全民的利益，对其进行法律保护是十分必要的。这里的国家秘密，包括国家的政治秘密、经济秘密、军事秘密、技术秘密等多个方面。《中华人民共和国保密法》第二条规定："国家秘密是关系国家安全和利益，依照法定程序确定，在一定时间内只限一定范围的人员知悉的事项。"第九条又进一步明确国家秘密的七种主要类型："（一）国家事务重大决策中的秘密事项；（二）国防建设和武装力量活动中的秘密事项；（三）外交和外事活动中的秘密事项以及对外承担保密义务的秘密事项；（四）国民经济和社会发展中的秘密事项；（五）科学技术中的秘密事项；（六）维护国家安全活动和追查刑事犯罪中的秘密事项；（七）经国家保密行政管理部门确定的其他秘密事项。"新闻记者在行使新闻采访权（包括隐性采访权）时，绝不可对国家秘密进行侵害。[①]

对国家秘密的侵害，是一种非常严重的违法犯罪行为，受到法律严惩是必然的。因此，我们在讨论隐性采访问题时，必须强调记者的保密意识。对这个问题，《中华人民共和国保密法》有十分明确的义务性规范。《中华人民共和国保密法》第二十七条规定："报刊、图书、音像制品、电子出版物的编辑、出版、印刷、发行，广播节目、电视节目、电影的制作和播放，互联网、移动通信网等公共信息网络及其他传媒的信息编辑、发布，应当遵守有关保密规定。"1992年，国家保密局、中央对外宣传小组、新闻出版署和广播电影电视部还专门制定了《新闻出版保密规定》，对新闻保密问题进行了明确规定。在国家秘密中，商业秘密也是容易受到侵犯的一种秘密。商业秘密是指不为公众知悉，能为权利人带来经济利益，具有实用

---

① 吴海民. 金元新闻 [M]. 北京：华艺出版社，1995：172.

性，并经权利人采取保密措施的技术信息和经营信息。例如企业的设计方案、技术诀窍、产品配方、客户名单、销售渠道等。法律规定，获取、使用或者披露他人的商业秘密，是侵犯商业秘密的行为。事实上，也确有媒体因泄露了他人的商业秘密而承担了相应的法律责任。

（四）必须保护未成年人的权益

未成年人是国家的希望和未来，他们的健康成长对于社会的发展意义重大。鉴于这个原因，每个国家都十分注重对未成年人成长的保护。由于未成年人心智并未完全成熟，对是非对错的判断能力相对较弱，如果对其适用隐性采访，也极易对其造成意外伤害，因此需要对其特别保护。《中华人民共和国刑事诉讼法》第一百五十二条第二款明确规定："十四岁以上不满十六岁未成年人犯罪的案件，一律不公开审理。十六岁以上不满十八岁未成年人犯罪的案件，一般也不公开审理。"《中华人民共和国未成年人保护法》对之有更多的明确规定，例如第三十九条规定："任何组织和个人不得披露未成年人的个人隐私。"因此，隐性采访不适用于未成年人。

就法律的权利层面而言，记者在准备隐性采访前应明确一点：别人的权利对我而言就是义务，自己进行隐性采访不应妨碍他人权利的行使。从这个意义上说，记者在隐性采访中所享有的权利和应履行的义务同样是平衡的。只有在法律所允许的范围内，他们才享有相应的权利。任何超越义务约束的权利只会最终导致权利的丧失。

第八章　新闻侵害名誉权

在中国社会，名誉权是最被人们看重的人格权利之一。在日常的社会生活中，新闻传播活动是最关乎名誉的社会评价行为。即使新闻报道做到了客观、公正、真实，不对新闻人物和新闻事件作出主观评价，但报道本身已经包含了一种贬褒评价。因此，在所有的新闻侵权行为中，新闻侵害名誉权是最为常见的侵权行为之一。在现代社会，名誉作为人与人交往中一项重要的精神财富，受到了社会各界的广泛重视。为了保证人们更好地享受名誉这一重要的精神财富，各国都采取了相应的措施。从我国的具体情况看，由于悠久的传统文化的熏陶，中国人历来有重视名誉的优良传统，每个人都希望青史留名，流芳百世。可见，中国是一个有尊重公民名誉权传统的国家。《中华人民共和国民法通则》于1987年正式开始实施以后，全国各地新闻侵害名誉权案件层出不穷，成为新闻侵权的主要种类。据不完全统计，在传统媒体时代所有的新闻侵权类型中，新闻侵害名誉权案件约占七成。进入新媒体时代，这种侵权行为依然十分常见。

第一节　名誉和名誉权

一、名誉的概念和特征

名誉是关于公民或法人品德、才能、信用等的一种社会评价。墨子在《墨子·修身》中说："名不徒生，而誉不自长，功成名遂，名誉不可虚假……"这是古代贤哲对名誉的认知。学者们关于名誉的解释主要有如下一些。第一，声名说，认为名誉是个人基于天赋、家世、功勋、财富、品德、学历及地位等的一种人格特质。第二，社会评价说，认为名誉是对一个人观点、行为、品德、才干、声望、信誉和形象的一种社会评价。第三，个人评价和社会评价综合说，认为名誉包含了内在价值（如自我价值）和外在价值（如社会评价），是一种综合评价。[1] 我们认为，名誉实际上是一个人的人格尊严，这种人格尊严作为构成一个生命体的主要特质，受法律保护。《中华人民共和国民法典》第一千零二十四条对名誉进行了明确定义：

---

[1] 王利明，杨立新. 人格权与新闻侵权 [M]. 北京：中国方正出版社，2010：327.

"名誉是民事主体的品德、声望、才能、信用等的社会评价。"公民的名誉一直代表着公民的人格尊严和在社会生活中受尊敬的程度。法人的名誉，则和其在市场中的份额及财富的多寡有着密切联系。

名誉是一个十分重要的社会概念，也是一个十分重要的法律概念。对任何一个社会成员而言，名誉都具有十分重要的价值。名誉就内涵而言，有其自身的三个基本特征。

其一，名誉具有社会评价的特征。名誉不是一个人对另一个人的评价，也不是公民或法人自己对自己的评价，而是公众对特定人的社会评价，而且是一种积极的社会评价。这种评价源于公民或法人在相当长时期的所作所为所产生的一种社会影响。这种社会评价有时通过直接的明示表达出来，有时则通过间接的默示反映出来。因此，名誉对于公民或法人是十分重要的。人们常说："雁过留声，人过留名""名垂青史"等，强调的正是名誉的重要作用。文天祥以一句"人生自古谁无死，留取丹心照汗青"，极大地升华了自己的人格和名誉。

关于中国人对名誉的重视问题，著名学人黄仁宇谈到的一个例子颇为典型："邹元标在1577年得中进士，时年26岁。当时他还没有任何官职，然而根据圣贤的教导，他竟上书指出张居正的不肯丁忧的可耻可恶。这一封奏章使他在午门外受到廷杖，进士的头衔被革去，降为士兵，流放于贵州的空乡僻壤。一去五年，直到1583年冤案昭雪，他才被召回北京，任命为给事中，职司监察，穿上了绣有獬豸的袍服。到任不久，他又上书直接批评万历不能清心寡欲。皇帝用朱笔在奏章上批'知道了'三个字，给他面子，免予追究文句的唐突。然而邹元标不识抬举，过不多久，他二次上书，奏章上的用语更无忌讳，竟说万历扯谎，有过不改，而且引用'欲人勿闻，莫若勿为'的话，揭穿皇帝的装腔作势，说他没有人君风度。这就不能不使万历勃然震怒，准备再次处罚这个不知感恩的谏官。一个从七品的下级文官，过去对朝廷的唯一贡献只是检举了张居正，今天居然具有这种道德上的权威，敢于直接指斥皇帝，其凭借者安在？万历的看法是，邹元标和其他净谏者并非对他尽忠，而是出于自私自利，即所谓'讪君卖直'。这些人把正直当作商品，甚至不惜用诽谤讪议人君的方法作本钱，然后招摇贩卖他正直的声望。这种看法不无事实上的根据。有些文官熟读诗书，深知百世流芳之说。他们可以找到一个题目，宁可在御前犯不敬之罪，今日受刑，明日名扬史册。这样的做法，说明了忠臣烈士的名誉，确乎是一种高贵的商品。"① 这段描述，对于我们理解名誉的丰富内涵具有十分重要的作用。尽管名誉是一种社会评价，但它同时也会对名誉主体产生作用，也就是说，名誉具有一定程度的主观性。在现实生活中，每个人都十分关注自己的名誉。如果

---

① 黄仁宇. 万历十五年 [M]. 北京：生活·读书·新知三联书店，2006：68-69.

他的名誉是良好的，那么他会努力去维护这种名誉；如果他的名誉较差，则他会努力去重新塑造良好的名誉，以求重新获得社会良好的评价。一个全体社会成员对自身名誉普遍关注的社会是文明健康的社会。如果全社会的成员对自己的名誉都毫不关心，一方面固然不会发生侵害名誉权纠纷，另一方面也证明了这个社会是一个不健康的社会。在当今社会，有关名誉权纠纷案频频发生，一方面说明了这种违法行为的存在，另一方面也证明了这个社会是有廉耻的、分善恶的、讲文明的。

其二，名誉具有客观性的特征。名誉虽然作为主观观念存在于社会公众的意识之中，但它不会根据名誉主体主观态度的变化而变化。在一个特定的时期里，某一主体的名誉总是特定的和不可改变的。首先，对于名誉主体来说，公众的社会评价不会受其主观态度和思维的影响。也就是说，名誉主体不能对公众的评价作出时间、地点、内容等方面规定，只能被动地接受这样一种评价。其次，这种评价依据的是一种客观的社会标准。社会不同成员对一个人名誉的评价会有差异，但这种差异不是本质的差异，而是一种非本质的差异，他们所依据的是当前社会主流的评价标准。评价名誉的客观标准会因时代、国家的不同而有所变化，但其总体而言呈现出客观性的特征。

其三，名誉具有人格价值评价的特征。名誉评价着眼于公民或法人的人格价值。换句话说，名誉是关于人的一种精神资源，对人的影响主要在精神的、心理的层面。例如对一个人道德品质、生活作风的评价，或者对一个法人信用的评价等，都着眼于人格价值的范围而不是其他。

总体而言，名誉和隐私等人格权利对一个人生命的完整、美好具有极为重要意义，是人的尊严的体现，"以人格尊严为基本价值理念，根本上是为了使人民生活更加幸福、更有尊严。尊重和维护人格独立与人格尊严，才能使人成其为人，能够自由并富有尊严地生活。因此，它可以说是人格权法诸种价值中的最高价值，指导着各项人格权制度。无论是物质性人格权还是精神性人格权，法律提供保护的目的都是维护个人的人格尊严。因此，只有充分地理解和把握了人格尊严，才能真正理解人格权法的立法目的和价值取向。"[①]《中华人民共和国民法典》专门设置了"人格权编"，对公民的名誉、隐私、姓名、肖像等人格权利予以专门的法律保护，体现了对人格权利的高度重视，也体现了在社会文明进步和人的现代化过程中，人格价值的不断彰显。"当'人格'用于表达'人的尊严'时，在法律上必然以伦理上的人格观念为基础。这是因为，在整体意义上，人的尊严只能源于其自在目的性地位，而尊严得到维护，也就意味着，其自在目的性地位得到充分尊重。"[②] 如果说，传统媒体时代由于新闻传播的专业性和把关人的设置，新闻侵害公民人格权的行为

---

① 王利明. 民商法精论 [M]. 北京：商务印书馆，2018：230.
② 朱庆育. 民法总论 [M]. 2版. 北京：北京大学出版社，2013：401.

较少发生的话，进入新媒体时代，各种类型的人格侵害行为则变成了一种普遍行为，加上网络传播的方便快捷，其伤害程度会持续加深。因此，预防这种行为的发生变得迫在眉睫。

二、名誉权的概念和特征

名誉权是指公民或法人对自己名誉享有的不可侵犯的权利。关于名誉权的内涵，不同的法学家有着大体相同的看法。王利明认为，名誉权是指公民和法人依法对其名誉所享有的权利。[①] 张新宝认为："名誉权作为一种民事权利，它是民事法律规定的民事主体所享有的获得和维持对其名誉进行客观公正评价的一种人格权。"[②] 名誉权具有其他人格权所共有的特征，即法定性、人身专有性和非财产性。

法定性。名誉权是一种法定权利，《中华人民共和国宪法》和其他法律都有关于名誉权受法律保护的规定。

人身专有性。名誉权和特定的名誉主体是密切相连的。公民或法人从出生或成立之日起就享有名誉权，任何个人和组织都无权剥夺。同时，这种权利只专属于名誉主体，不能继承或者转让。名誉权是与特定人身不可分离的权利，它不能像财产那样可以在权利主体间流转，也不能像肖像权那样通过合法使用获得经济利益。

非财产性。人格权本身不是财产，只是一种社会评价，因而名誉权本身是不具有财产内容的，不能直接带来经济利益。"传播侵害名誉权诉讼中，责任方往往是赔礼道歉、恢复名誉而不是赔偿经济损失，就是这个原因。"[③] 也就是说，名誉的好坏并不表明财产的多少。一个人一身正气、两袖清风，可以获得良好的名誉；另一个人贪赃枉法、家财万贯，却只能令人唾弃。同时，名誉权又和财产权密切相联。例如一位名作家的稿酬可能是一个普通作者的数倍乃至数十倍，这个时候，名誉权就有了比较明显的与财产权相关联的特征。再如，良好的声誉，可以为商家赢得更多的客户，从而带来经济利益。但是，名誉权同财产权只存在关联性，名誉权本身不是财产权。

三、名誉权的法律保护

名誉权作为一项重要的人格权利，对其进行严格的法律保护具有十分重要的价值。人们都会把公平正义作为一种崇高美好的社会理想，以毕生的精力锲而不舍地进行追求，而对名誉权的有效保护显而易见是其中的核心内容。在任何社会形态中，

[①] 王利明. 民商法理论与实践 [M]. 长春：吉林人民出版社，1996：440.
[②] 张新宝. 中国侵权行为法 [M]. 2版. 北京：中国社会科学出版社，1998：307.
[③] 罗斌. 传播侵权研究 [M]. 北京：国家图书馆出版社，2018：269.

只有每个人的名誉权都得到合法有效的保护，每个人都以品行高洁作为生活追求时，这个社会才可称得上公平正义的社会、文明的社会。从专业新闻记者的新闻理想来看，公平和正义同样是每个新闻记者追求的终极目标。鉴于名誉权对个人、对社会文明的这种价值，《中华人民共和国宪法》第三十八条明确规定："中华人民共和国公民的人格尊严不受侵犯。禁止用任何方法对公民进行侮辱、诽谤和诬告陷害。"在这里的"人格尊严"显然主要包含了公民名誉权、隐私权在内的重要精神权利。特别令人关注的是，作为国家的根本大法，《中华人民共和国宪法》还专门对人格尊严问题作出了具体的禁止性规范，即禁止"侮辱、诽谤和诬告陷害"。这对于普通法具体保护公民的人格权利具有十分重要的指导意义。

除了作为国家根本大法的《中华人民共和国宪法》对公民名誉权进行保护，我国其他相关法律还对其进行了具体的法律保护，其中最核心的是民法保护。《中华人民共和国民法典》专门在第四编设置"人格权编"，对公民的人格权进行详细、具体的规定。《中华人民共和国民法典》第一千零二十四条规定："民事主体享有名誉权。任何组织或者个人不得以侮辱、诽谤等方式侵害他人的名誉权。"在此基础上，又在第一千零二十七条和一千零二十八条进行专门规定。第一千零二十七条规定："行为人发表的文学、艺术作品以真人真事或者特定人为描述对象，含有侮辱、诽谤内容，侵害他人名誉权的，受害人有权依法请求该行为人承担民事责任。"第一千零二十八条规定："民事主体有证据证明报刊、网络等媒体报道的内容失实，侵害其名誉权的，有权请求该媒体及时采取更正或者删除等必要措施。"《中华人民共和国民法典》作为规范公民日常生活的"根本法"，对名誉权的法律保护进行如此明确具体的规定，给我国公民名誉权的法律保护提供了坚实的法律保障。

除了《中华人民共和国宪法》和《中华人民共和国民法典》，我国其他法律还从其他不同的侧面给公民的名誉权予以保护。所有法律法规的共同规范，给我国公民的名誉权保护提供了良好的法律支撑，也令所有的公民有信心在社会生活中可以拥有有尊严的生活。

四、新闻侵害名誉权

新闻侵害名誉权是指用发表新闻作品的方式使公民或法人的名誉权受到伤害的行为。名誉是一种社会评价，而新闻报道中无论是正面报道还是批评性报道，都会产生社会评价。公民或法人的社会活动是新闻传播的主要内容，而名誉权与之密切相连，因此，新闻媒体和新闻记者稍有不慎，就有可能构成对公民或法人名誉权的伤害。这在新媒体时代尤其常见——新闻报道行为在新媒体上随时随地发生，社会评价复杂多样，新闻侵害名誉权变得易如反掌。

新闻媒体以报道新闻事实作为自己工作的基本职责。这种职责同时也是宪法赋予每一位新闻从业者的一种权利。报道新闻事实也是新闻媒体及其从业人员实现新闻理想和获得经济利益的需要。新闻媒体通过报道新闻事实，一方面传递信息，另一方面则通过发行量、收视率、收听率的提高获取经济回报，这是无可厚非的合法行为。为了更好地传递信息和获得经济回报，新闻媒体会想尽一切办法争取受众的关注，满足受众的兴趣。在媒体市场竞争日趋激烈的今天，各新闻媒体会想方设法报道社会热点，传递奇闻逸事，甚至会刊播小道消息，而这种高度关注社会新闻的做法又极易对公民或法人的名誉权构成侵害。可以说，越是涉及名誉评价的报道，越能引起受众的兴趣，同时也越容易引发名誉权纠纷。

新闻侵害名誉权的原因主要是新闻失实。从新闻采写自身的要求看，新闻的真实性原则决定了新闻报道本身不应该构成对公民或法人名誉的伤害。各国的法律、新闻管理机构以及新闻媒体自身也是力戒失实新闻的，但是，由于各种主、客观原因，新闻失实导致的新闻侵害名誉权的案件层出不穷。这些新闻侵权案主要表现为以下一些形式。

报道内容有失实描述和不当言辞，导致公民或法人社会评价下降，对其名誉权造成伤害。2018年11月，原告银峰SOHO公司因被告神棍网络公司在其开设的名叫"神棍局"的公众号发布的文章对银峰SOHO公司名誉造成不利影响，将被告以侵害其名誉权为由起诉至北京市朝阳区人民法院。银峰SOHO公司诉称，神棍网络公司侵权文章专门针对银峰SOHO公司进行恶意侮辱、诽谤，对银峰SOHO公司的租赁运营业务造成了严重不利影响。神棍网络公司的违法行为具有侵犯银峰SOHO公司名誉权、荣誉权的故意，侵犯了银峰SOHO公司的合法权益。神棍网络公司对知名建筑物进行评论，采用朋友圈转发的方式，进行"造势圈粉"，通过侵权违法行为扩大自身知名度，并获得了非法利益。被告神棍网络公司辩称，公众号虽为该公司注册，但收到原告声明后，其就立即删除了涉案文章并通知转载第三方进行删除，且文章并无侮辱、诽谤的故意。一审法院认为，是否构成侵害名誉权的责任应当根据受害人确有名誉被损害的事实、行为人行为违法、违法行为与损害后果之间有因果关系、行为人主观上有过错来认定。首先，法院认为银峰SOHO公司确有名誉被损害的事实，神棍网络公司发表的涉案文章从标题、语句、结论均会使人对银峰SOHO公司的项目产生不同程度的负面评价，并且涉案文章的逻辑、结论均会对读者造成误导，足以导致银峰SOHO公司的社会评价降低。其次，法院认为神棍网络公司具有侮辱、诽谤银峰SOHO公司名誉的情节，其行为具有违法性；神棍网络公司发表涉案文章的违法行为与银峰SOHO公司的名誉损害后果之间显然具有因果关系，并且神棍网络公司存在主观过错。综上，2019年4月10日，北京市朝阳区人民法院作出一审判决，认为涉案文章会导致银峰SOHO公司社会评价降低，构成名誉侵权，判令被告神棍网络公司公开发表致歉声明，向原告银峰SOHO公司赔礼道歉、消除影响、恢复名誉并赔偿经济损失。①

报道内容无中生有，凭空捏造，造谣中伤他人。例如李某一诉南阳《声屏周报》及汤某午案件。1991年1月16日，《声屏周报》在一篇题为《著名歌星韦某接受本报电话采访道出个中原因》的文章中称："在1990年亚运会期间的一次演出中，四年前以一曲《乡恋》名噪大陆的某位乐团领导，不知心怀何意却明显险恶地抓起话筒，向在座各位愤愤宣告了一个大胆的谣言：韦某得艾滋病了……"此文一经刊出即产生了轰动效应。李某一认为该文无中生有侵害了自己的名誉权，遂起诉《声屏周报》及汤某午。南阳地区中级人民法院经审查认定文章内容失实。文章构成了对李某一名誉的侵害，判决被告败诉。本案中，新闻失实是引起诉讼并导致被告败诉的主要原因。

采访时偏听偏信，未找被批评人核实情况以至于报道的主要事件失实。例如我国新闻史上第一起新闻诉讼案件——《二十年"疯女"之谜》作者诽谤案。1983年第1期《民主与法制》杂志刊登记者沈某夫、牟某霖的文章《二十年"疯女"之谜》称：杜某为了达到从武汉调回上海的目的，采取欺骗、毒打等手段，诱逼妻子狄某智装疯，并先后多次将其送进精神病院，致使狄某智戴了二十年的"疯女"帽子。后来，沈、牟两人又撰写了《"疯女"之谜的悬念……》，再次在《辽宁妇女》杂志发表。杜某据此起诉沈某夫、牟某霖侵权。经审理，上海市长宁区人民法院判处沈、牟两人犯有诽谤罪。两位记者之所以成为罪人，是因为其在采访时偏听偏信，导致报道的主要事件失实，致使原告名誉权受损。

使用了侮辱性的语言诽谤他人名誉。有些新闻作者在报道新闻时，为了表达自己的某种情感，表达对某种现象的褒贬，会在新闻中使用一些情绪化的语言，最终导致侵权。以有"网络博客第一案"之称的陈某发诉杭州博客信息技术有限公司案为例："通用网址'中国博客网'以及blogcn.com的域名注册者均为杭州博客信息技术有限公司。网络用户K007在中国博客网上注册了名为'长套袜'的博客。2005年6月24日，K007在该博客中发表了题为《烂人烂教材》的日记，该日记中描述：'陈某发果然是个猥琐人，从他写的书可见一斑，没有任何逻辑可言，甚至没有自己的观点……举例而言，老陈每次在概括类型时不是按照一定的逻辑归类，而是想到几个例子，就一一列举，为一二三四类，最后加上一条，除此之外的其他类型为……简直就是流氓。难怪一遍下来什么都记不住。最烂的教材……'等。2005年11月1日，陈某发向南京市鼓楼区人民法院递交诉状，起诉中国博客网侵害其名誉权。原告陈某发诉称，被告拥有的中国博客网站上的一个网页自2005年6月24日至原告诉讼时，一直登有《烂人烂教材》的帖子。原告曾于2005年10月

---

① 郑宁，刘文杰，周俊武. 中国传媒法典型事例评析（2011—2020）[M]. 北京：知识产权出版社，2022：267-268.

24 日电话联系被告，向被告明确提出该帖侵犯原告的名誉权，要求被告删除。但是被告以该帖不违反发帖原则为由拒绝删除，使得该帖一直公开传播，直至原告起诉后的 11 月 3 日才被隐藏。原告认为，该帖中指名道姓将原告斥为'烂人''猥琐人''简直就是流氓'，对原告进行直接辱骂和攻击，构成对原告人格尊严和名誉权的严重侵害。在该帖发布后被告没有及时删除，接到原告通知后又拒绝删除，原告起诉后该帖被再次公开，被告的一系列过错行为直接导致原告的名誉受到严重损害。为此，原告请求法院：判令被告停止侵害，删除《烂人烂教材》以及中国博客网站上对此事件的评论中所有辱骂原告的言辞，并在中国博客网站首页刊登致歉声明，保留时间为 242 天，赔偿原告经济损失 1324 元、精神损害赔偿金 10,000 元。2006 年 7 月 20 日，鼓楼区法院作出一审判决：一、杭州博客信息技术有限公司于本判决生效之日起 5 日内在中国博客网首页刊登致歉声明（内容须经本院审核）并保留 10 天；二、杭州博客信息技术有限公司于本判决生效之日起 5 日内赔偿原告陈某发经济损失 1000 元；三、驳回原告陈某发的其他诉讼请求。本案受理费 100 元、其他诉讼费用 160 元由原告陈某发负担 50 元，被告负担 210 元。杭州博客信息技术有限公司不服一审判决，向南京市中级人民法院提起上诉。2006 年 11 月 16 日，南京市中级人民法院作出终审判决：驳回上诉，维持原判。"①

新闻侵害公民或法人名誉权的形式是比较多的，尤其在今天这样一个网络时代，由于人们随时可以在不同的新媒体上发布各种新闻事实信息和评论，更易导致侵权行为发生。因此，必须严格按照新闻采写的规律办事，才能防止侵权行为的发生。

第二节　新闻侵害名誉权的构成要件

一、行为人实施了侮辱、诽谤等侵害行为

《中华人民共和国民法典》第一千零二十四条和一千零二十八条规定，侵害名誉权的行为主要有侮辱和诽谤两种形式。新闻侵害名誉权，主要表现为新闻作品中存在侮辱和诽谤他人的内容。当然，第一千零二十八条还规定了报道内容失实导致的名誉侵权。在这里，我们重点讨论新闻侵害名誉权行为时，侮辱和诽谤这两种行为。

（一）侮辱行为

侮辱行为是指行为人以暴力、语言或文字等形式贬低他人名誉、毁损他人人格。

---

① 刘海涛，郑金雄，沈荣. 中国新闻官司二十年：1987—2007 [M]. 北京：中国广播电视出版社，2007：714-728.

侮辱行为主要有三种形式。(1) 暴力侮辱。例如用大粪泼到他人身上，在公共场合扒光对方的衣服示众，在公共场合强行与异性亲密接触等。这类侮辱行为具有较强的可识别性，是非界限比较清楚。(2) 语言侮辱。即用语言嘲笑、辱骂他人。(3) 文字侮辱。即用文字形式，如大字报、小字报、匿名信等形式，对他人进行侮辱。新闻侵害名誉权主要包含后两种形式。

新闻侵权中的语言侮辱，主要表现为新闻作者在新闻作品中以有损他人名誉的不实之词，对报道对象进行定性、评论。新闻报道中的侮辱主要是以贬低性的语言、文字、图片、视频等方式对他人的人格进行整体贬低或损害。贬低性是这一行为最为主要的特征。常见的语言有"人渣""败类""蠢猪""杂种""狐狸精""害群之马"等，侵权人通过类似语言，让报道对象处于不堪境地，令其名誉扫地。另外，有些新闻报道或新闻评论还会用尖刻、夸张的观点评判他人，令报道对象难堪或处于情感的困境之中。这种情况在网络时代表现得尤为明显。例如，演艺人员粉丝团彼此间的冲突发生后，双方都习惯用极具侮辱性的语言进行攻击。一些关注度高的网络事件发生后，一些网民也会用侮辱性的语言"攻其一点，不及其余"，表达极端情绪，导致侵害名誉权行为发生。

需要指出的是，侮辱他人名誉并不一定用贬损的词语。有的时候，一些"不真实的好话"同样会构成对他人名誉的侵害。例如1998年，与著名文化学者余秋雨、马兰夫妇素不相识，也从未采访过他俩的一位作者写了一篇纯属子虚乌有的题为《余秋雨和马兰》的文章，在十几家报刊上发表。余秋雨为此写了题为《一个劝告》的信致这位作者，好言相劝不要说假话。信中说："您的文章写了一些生活琐事，全为我们说好话，口气十分善意，这是应该感谢的。但这些事，我们作为当事人怎么有很大一部分都不知道呢？"对此，余秋雨认为："不真实的好话与不真实的坏话，在社会功能上是一样的……这种吹嘘反而会让人家轻视我们，效果比骂我还坏。须知，大量不真实的信息的传递只能加剧文化信号的无序和错乱，中国文化在这个方面吃的亏已经够多的了。"可见，新闻作品必须真实，否则，善良的行为也只能导致不良的后果。

（二）诽谤行为

诽谤行为是指故意捏造或散布虚假的事实以毁损他人的名誉。侮辱和诽谤的共同特征在于，行为人主观上存在故意或者过失，而行为人的言行又造成了对他人名誉权的损害。诽谤主要有两种形式。(1) 语言诽谤。即通过语言将捏造的事实加以散布。(2) 文字诽谤。通过文字将不实信息加以散布以毁损他人的名誉。在美国，认定构成诽谤主要有这样四个要件：诽谤的语言；诽谤的语言必须是关于受害人的；诽谤的语言被公开给第三者；受害人的名誉受到了伤害。至于诽谤的语言的主要衡量标准为:"以语言将某人置于被仇恨、嘲笑的境地;诋毁某人的道德品质和人格;败坏某人在财务及金钱上的名声;暗示某人有精神疾病或传染病等。比如,'他是一个骗子''他父母没结婚'等。如果这个社区的大多数人或受尊敬的一群人(即使是一小部分人)会因这些语言而瞧不起、回避或仇恨他,那么,这些语言就是诽谤性语言。"[1] 我国学者则认为诽谤要素主要包括三个方面:(1)行为人实施了传播有损他人名誉的内容的行为;(2)所传播的内容具有特定的指向;(3)所传播的内容具有"诽谤性",即违法性。[2] 张新宝先生认为,构成诽谤还应包括这样一些基本要素:(1)行为人的过错;(2)不法传播不利于特定人名誉的虚伪事实或者不法发表不利于特定人的名誉的评论;(3)受害人的名誉受到损害;(4)行为人的行为与受害人的损害之间存在因果关系。[3]

新闻报道中的诽谤主要是以无中生有的方式用语言、文字、图片、视频等对他人的人格进行有针对性的伤害,无中生有是最为主要的特征。在具体的侵权过程中,故意捏造和歪曲事实是常见的手法。和一般的民事诽谤相比较,新闻侵害名誉权中的诽谤除了有行为人主观上的故意,还有过失的诽谤。诽谤是捏造虚假事实的行为,因而必须具有主观上的故意。而新闻侵害名誉权除了有主观上的故意,也有可能是记者采访不深入,听信了一面之词,审稿不严等原因导致的。即使这种侵权只是在主观上具备了过失的情节,也同样构成诽谤。

新闻侵害名誉权一般都以侮辱或诽谤的形式出现。在这些案件中,特别强调新闻作品的发表。只有新闻作品发表了,才构成新闻侵害名誉权,否则,就只能算一般民事案件中的侵害名誉权。新闻侵害名誉权案在影响和情节上,要比一般的侵害名誉权案严重。这是因为,新闻作品一旦发表,其传播的范围广、速度快,对受害人的伤害必然比较大,因此,受害人也必然会认真地来应对这种伤害。

二、受害人可以被指认

侵害名誉权是侵害了特定的名誉主体的人格权,只有这个特定的名誉主体可以被指认,才能对其名誉构成直接的伤害。这是因为,名誉权具有专属性,即只能由特定的人所享有,因而侵害名誉权只能针对特定的人实施。在新闻侵权案件中,受众在阅读了相关新闻后,应当知道新闻中谁的名誉受到贬损,唯其如此,才能构成名誉侵权。

---

[1] 李亚虹. 美国侵权法 [M]. 北京:法律出版社,2003:161-162.
[2] 王利明,杨立新. 人格权与新闻侵权 [M]. 北京:中国方正出版社,2010:560.
[3] 张新宝. 名誉权的法律保护 [M]. 北京:中国政法大学出版社,1997:120.

（一）指名道姓地贬损他人的名誉

新闻的真实性要求新闻作者在生产新闻时，要采用真实的时间、地点、姓名等新闻要素进行报道，使新闻受众阅读作品后，立即知道作品所指对象。我们日常生活中接收到的新闻作品大多符合这个条件。如果这件新闻作品有侮辱、诽谤的情节或者内容失实则构成对他人名誉权的侵害，就是新闻侵害名誉权的行为。这是最常见的新闻侵权形式，因为新闻作品的真实性要求，新闻作品发表后产生的社会评价和社会影响，决定了失实的有损他人名誉的行为一定会导致相应的后果。

（二）通过特定的新闻要素可以指认受害人

指名道姓的报道当然可以非常方便地令受害人可以被指认，但这并不是"受害人可以被指认"的唯一方式。有些新闻作品并未指名道姓地点明被批评者，但同样可以构成新闻侵害名誉权案。这是因为新闻作者虽然没有指名道姓，但新闻受众可以从相关的新闻要素中获得被批评者的有关信息，从而使被侵权人得以被指认。（1）使用了绰号、荣誉称号、笔名等。如歌手徐某诉《索价三千元带来的震荡》作者案。作者赵某昌虽然没有点徐某的名，但"一位以动人的歌声博得观众尊敬爱戴的老山英模"这句话就足以使徐某被人指认。（2）特定的时空。还如徐某案中，报道提及了当年10月在上海举行的"金秋文艺晚会"，使得读者更容易通过时空关系指认被侵权者。再如前述李某一诉河南南阳汤某午及《声屏周报》案。被告虽然未指名道姓，但用了"10年前以一曲《乡恋》而名噪大陆的某位乐团领导"。根据特定的时空关系，在当时的社会环境中对当事人的指认应该说是比较容易的。

有的作者即使变换了作品的形式，也可能令"受害人可以被指认"，最终构成侵害名誉权案件的成立。例如，作家唐某于1986年在南京《青春》杂志社出版的《青春》文学月刊发表了中篇纪实小说。文中使用自诉人朱某琴丈夫王某忠（已于1979年因工伤事故死亡）的真实姓名、真实地址，并按王某忠与自诉人的亲属称谓，把他们联系在一起，进行诽谤和侮辱，捏造王某忠生前担任民兵营长期间，倚仗其妻舅即自诉人朱某发担任公社党委副书记的权势，横行乡里，肆意抓人关人、吊打村民、抢人钱财、扫荡他人婚宴、逼死新娘、逼疯新郎等，还捏造自诉人朱某发丧失原则，为这种人出面说服大队吸收其入党。小说在历数了王某忠的种种罪行后，说其死后变成一头牛犊，侮辱自诉人朱某琴与牛犊产生"恋情"，"忘却了人间羞耻，搂着牛脖子哭"等。同时，唐某还编造朱某发的妻子自诉人沈某珠与小裁缝存在不正当的男女关系，并怀孕四个月，被人发觉后，小裁缝觉得无颜面见人，又慑于沈某珠丈夫朱某发的权势，便上吊自杀死亡，小裁缝的妻子为了此事病了半年就痴癫了。被告人在虚构了这些事实之后，又把逼死人命、逼疯他人妻子的罪名加在自诉人朱某发的头上。该文发表使三名自诉人的人格、名誉受到严重伤害。自诉人朱某琴遭到非议,几欲自杀;其子被迫出走;自诉人朱某发无法正常工作;自诉人沈某珠深感无颜于世。文章的发表造成三名自诉人精神极大痛苦,经济上也遭到损失。厦门市思明区法院经审理作出判决:一、被告人唐某犯诽谤罪,判处有期徒刑一年;二、被告人唐某对自诉人的经济损失,应赔偿人民币2000元。本案中,唐某的作品虽然是以小说的形式出现的,但完全具备了被指认的要件,因而侵权行为成立。

被侵权人一旦可以被指认,那么侵权行为就成立,相反,如果所指的人是不特定的人即不能被指认,则不能构成侵权。

三、损害事实的存在

新闻作品发表后是否对相关当事人造成名誉权的伤害,不是以当事人的主观认识为依据的,而是以客观的标准来衡量,也即以社会主流的道德评价标准来衡量。如果某篇新闻作品发表后,相关的当事人并没有意识到自己的名誉受到了伤害,但是按主流道德评判标准可以认定其社会评价受到了贬损,即可以认定构成新闻侵害名誉权。相反,如果相关当事人主观上认为自己的名誉权受到了侵害,但事实上其社会评价并没有被贬损,则不认为新闻侵害了名誉权。譬如,一篇新闻作品在报道某人取得突出性成绩的时候,介绍了其清贫的出身和一次次同困难作斗争、百折不挠的经历。某人可能在主观上认为介绍其清贫的出身以及他在成功前不断遇到困难是对其名誉的侵害,但事实上,他的社会评价并不会因为这篇新闻作品中这样的描述而受到贬损,故不能认定新闻侵害名誉权。因此,这里的"损害事实存在",指的是一种客观的存在而不是主观的感受。

新闻侵害名誉权的损害事实主要表现如下。

(一) 名誉贬损

名誉贬损是认定新闻侵害名誉权损害事实存在的唯一必要要件。一个人名誉受到贬损,有时是会有外在的表现形式的,当事人可以直接感受到这种伤害的存在。例如有人对受害人进行指责、嘲笑,亲朋好友与其断绝往来等。但许多时候这种伤害却没有直接的外在表现形式,而是表现为新闻受众内心对受害人的鄙视。那么,到底该如何认定受害人社会评价已经降低呢?有的学者认为,只要有第三人知道即可认定侵权:"除行为人和受害人之外的第三人知道行为人所实施的侮辱和诽谤等行为,是认定名誉受损的标准。因为第三人也是社会公众的一员,只要第三人知道就足以影响社会对受害人的评价……"① 对于新闻侵权而言，只要有贬低当事人名誉的新闻发表，就会有众多受众知晓，其侵权行为就完全成立。反之，如果没有第三人知道，就不能构成侵权。"两人关起门吵，一个把另一个骂了，不管多凶多恶毒，外人不知，面子没伤，不构成名誉侵权。"② 这个特征同样说明了名誉的社会性。

关于名誉贬损这种损害性后果的认定，鉴于名誉权纠纷案件中受害人对自己名誉受贬损这样一种损害性后果举证的困难性，也鉴于受害人因新闻侵害名誉权后果的严重性，应该免除受害人关于名誉权受损害事实的举证责任。在讨论侵害名誉权案件的举证责任时，王利明认为："受害人应提供证据证明针对自己的诽谤和侮辱性内容已经为自己以外的第三人所知。在这个基础上，法官提供一般的经验法则推定必然产生损害结果。这种推定属于事实推定的范畴。"③ 张新宝则进一步认为："推定损害事实是指人格方面的损害或者说外部名誉的损害，而不包括对精神损害之存在的推定。事实上，根据最基本的常识就可以推定新闻作品一旦发表就会被他人知晓，因而受害人确实无需对自己名誉贬损举证。"④

（二）精神痛苦

新闻侵权往往会导致受害人精神上的痛苦、悲伤、怨恨、失望等，使受害人的精神利益受到损失。受害人的反常精神状况通常能为其亲友、同事感知，这些人的证词是证明受害人遭受精神损害的重要证据材料。受害人请求精神方面专家的帮助、进行有关咨询、寻求心理医生的治疗等，也是证明精神损害存在的重要证据。拥有一个良好平和的心境是每个人的权利，对这种心境的破坏就会导致其精神利益的损失。当然，由于每个人的知识、学养、心理承受能力等的不同，新闻侵害名誉权给受害人心理上所造成的伤害可能是不同的。有的人可能会暴跳如雷、茶饭不思；有的人则可能会无动于衷、坦然处之。但只要受害人对侵害行为有所反应，为此引起诉讼的，就可以认定为侵权。

在新闻侵害名誉权案件中，受害人社会评价的降低和精神损害的结果在大多数情况下会同时出现，因为这是受害人一种正常的心理反应。但是，也有并不因为名誉受损而感到精神痛苦，或者精神痛苦的程度差异会比较大。精神痛苦是一个主观色彩很强的概念，是一种主观心理感受。法律不允许对同一种侵害行为实施不同的惩罚标准——用主观痛苦的轻重来决定接受惩罚的轻重，因此，精神痛苦只是新闻

---

① 王利明，杨立新，姚辉. 人格权法 [M]. 北京：法律出版社，1997：131.
② 姚辉. 民法的精神 [M]. 北京：法律出版社，1999：162-163.
③ 王利明，杨立新. 人格权与新闻侵权 [M]. 北京：中国方正出版社，2010：578-579.
④ 张新宝. 名誉权的法律保护 [M]. 北京：中国政法大学出版社，1997：139，142.

侵害名誉权案件常见的损害后果，但不是必要要件。只要社会评价降低这一客观标准成立，就可以认定侵权行为成立。

（三）财产损失

名誉权本身不具有财产权内容，但是，名誉权与财产权又有着很大的关联性。一个人的名誉受到贬损，很有可能直接导致其财产损失。例如，一篇新闻对某公司员工的名誉进行贬损，使其遭到公司的解聘，该员工正常的工资、奖金因此受到损失。这种情况还比较多地发生在法人名誉权的受损上。企业法人十分在意自己的名誉，有些著名企业法人的品牌价值很高，如果新闻报道用无中生有的"事实"或诽谤性的语言对这些企业的产品质量、管理水平等进行抨击，一定会造成难以预计的严重后果。因此，新闻媒体要特别防止侵害法人的名誉权，以防止将法人辛辛苦苦建立起来的企业形象毁于一旦。这种情况在新媒体时代尤其值得关注。由于网络传播的大众性和快捷性，一旦贬损性新闻进入网络，有可能对企业法人造成毁灭性的伤害，因此，必须强调媒体尤其是新媒体的社会责任。

但是，我们必须注意到，名誉权毕竟是一种精神权利而不是财产权利，因而名誉权的受损和财产损失之间的关系有时并不表现为正相关关系，也就是说，名誉受损可能不一定带来财产的必然损失。这主要是出于两方面的原因：第一，受害人可能及时采取了补救措施，使这种损失没有出现；第二，出于目前社会上的某种群体逆反心理，人们普遍有同情弱者的心理。另外，社会上还有人对许多东西都充满着好奇。譬如，一篇新闻作品称某人创作了一部"黄色小说"，实际上这不是一部"黄色小说"，这就构成了对某人名誉权的侵害。但是，由于社会上尚有一些人对类似的作品充满好奇，因此，某人名誉权的受损可能不仅不使其财产受损，反而有所增加，这种情况在"流量为王"的新媒体时代表现得尤为明显。当然，某人财产没有受损或有所增加的事实并不能否认新闻侵权事实的存在。正是基于这样的原因，财产受损不是构成新闻侵害名誉权的必要条件。

这里需要特别强调的是，损害事实的存在和新闻作品的发表之间应该有一种必然的因果关系。因果关系是现象与结果之间存在的、客观的，新闻侵害名誉权行为与损害后果之间的因果关系也同样应该是客观的。新闻侵害名誉权行为与损害结果的因果关系的客观性表现在侵害行为造成损害是一个客观事实，不以人的主观意志为转移。因此，在上述三种损害事实中，只有名誉贬损才是必要要件，而精神痛苦和财产损失只是非必要要件，在承担法律责任时可作为从重或从轻的参考。

四、行为人主观上的过错

行为人主观上的过错是指行为人在实施侮辱、诽谤等行为时的某种心理状态。

这种主观上的过错分为故意的过错和过失的过错。在讨论新闻侵害名誉权的法律责任认定时，新闻作者因主观上故意的过错而需承担法律责任，人们对此并无争议，但过失的过错是否应承担法律责任，则存在一些不同看法。有些人，特别是新闻界的人士，从新闻传播过程的复杂性、舆论监督的重要性出发，认为过失不能构成新闻侵权，但多数人主张新闻作者的过失同样构成侵害他人名誉权，应承担民事责任。根据相关的法律原则和规定，过失的过错并不能成为免责的理由。

（一）新闻故意侵害名誉权

新闻故意侵害他人名誉权，其前提条件是新闻作者或新闻媒体的审核人明知新闻作品中有损害他人名誉的内容，却依然希望作品发表或放任作品的发表，使新闻侵权有可能变为现实。因为新闻故意侵害名誉权在情节上比较严重，所以法院在处理上，也会考虑到新闻作者主观上的恶意而给予较重的处罚。

（二）新闻过失侵害名誉权

一般侵害名誉权都要求主观上具有故意，但是，由于新闻传播过程的复杂性，也有可能因为新闻作者疏忽大意或轻信而最终导致对他人名誉权的侵害，这样的情况在新闻侵害名誉权案中比较多见，例如前述刘某庆诉新华社记者羊某明案，刘某庆在胜诉后考虑到羊某明有善意和积极的一面，最终放弃了经济赔偿的请求，就是因为羊某明有过失的因素。再如杨某诉汪某骞侵害名誉权案。山东科技出版社的《知识与生活》杂志发表了汪某骞的文章《梅开二度访杨某》。汪某骞在写作此文时，主观上没有侵害名誉权的故意，因此尽管杨某诉其侵害名誉权，但法院只是认定他过失的伤害构成对杨某名誉权的侵害。

新闻过失侵害名誉权发生的原因大多是记者采访不深入，文风欠踏实或听信一面之词等，新闻作者主观上并没有希望或放任这种结果的出现，因此，法院在审理此类新闻侵权案时，应考虑从轻处理。

第三节　新闻侵害名誉权的抗辩事由及责任承担

一、新闻侵害名誉权的抗辩事由

抗辩事由，是指被告针对原告的诉讼请求而提出的证明原告的诉讼请求不成立或不完全成立的事实，又称免责事由或减轻责任事由。一般分为两类：正当理由和外来原因。所谓正当理由，是指损害确系被告的行为所致，但其行为是正当的、合法的。所谓外来原因，是指损害并不是被告的行为造成的，而是由一个外在的原因独立造成的，如意外事件、不可抗力等。因此，一旦产生新闻侵害名誉权诉讼，新闻记者或新闻媒体应首先寻找抗辩事由，以下事由一般可以成为抗辩事由。

（一）新闻报道内容真实

内容真实是指新闻媒体发表的新闻作品主要内容是真实的，符合客观实际的。这种真实并不意味着一切枝节都准确无误，而是指主要内容和情节的真实。《中华人民共和国民法典》第九百九十九条规定："为公共利益实施新闻报道、舆论监督等行为的，可以合理使用民事主体的姓名、名称、肖像、个人信息等。"只要是真实的报道，即便存在对他人名誉的贬低性伤害，但"可以合理使用"就是一种典型的抗辩事由。根据此前的相关司法解释和对新闻真实性的通用认知，这里的真实强调内容基本真实，对某些细枝末节的失实，只要文章中没有侮辱人格的内容，就不应被认定为新闻侵害名誉权。相反，虽然新闻报道内容基本真实，但只要存在侮辱、诽谤性内容，就不能构成抗辩事由。当然，具体到何谓"基本真实"，则必须根据案件的实际情况细加区分。总体而言，只要做到了内容真实，新闻媒体和新闻记者即使被告上法庭，也可以从容面对。例如《邵阳日报》曾刊出一条新闻，报道某地发生一起凶杀案件，并批评镇干部对群众呼救态度冷漠，不到现场救护。被批评人以新闻失实、侵害名誉权为由诉至法院。所举新闻失实处为，新闻说有人在镇机关门外大喊："镇里有人吗？街上杀了人！"有几个干部"把头伸出窗外"，回答："没有人。"其实，窗户上安装了钢栅，"头不可能伸出窗外"。原告坚持认为，只要报道失实，就构成侵权。显然，这个失实并不足以影响被批评的镇干部见难不救的基本事实以及对于这种失职行为的基本评价。也就是说，新闻的基本内容是真实的，法院据此判决驳回原告之诉。

由于新闻传播的特殊功效，我们应该要求新闻作者力戒失实，而不能因为有内容真实的抗辩事由，并且是"基本真实"的抗辩事由，而放松对新闻真实性的严格要求。事实上，近年来新闻侵权诉讼案数量呈逐年上升趋势，并且屡屡有新闻媒体和新闻记者在诉讼中败诉，重要的原因之一就是违背了新闻真实性的基本原则。因此，新闻从业人员必须时刻把真实性作为新闻的生命。

（二）公正评论

评论是新闻媒体表达对社会的看法，引导社会舆论的一种常见做法，也是新闻媒体及从业者追求新闻理想的一种重要手段。西方许多国家都将"公正评论"作为新闻侵权的抗辩事由。美国的有关法律规定，只要评论的意见是公正的，即可不负名誉权侵权责任。日本明确公正评论包括三个条件：构成评论的前提是真实的事实；评论与公益有关而不是单纯的人身攻击；评论的对象也与公益有关或为一般公众关心的事件。

新闻媒体在发表新闻评论时,应考虑到评论的对象与公共利益有关,如党和政府的政策主张,与社会公益事业有关的企事业单位的行为;且新闻记者的评论是善意的,是根据客观事实作出的。相反,如果违反了以上原则和要求,则不能成为抗辩事由。

对于相同的新闻事实,每个人的评判标准是不同的,我们应该允许不同的人对此发表不同的评论,这也是我国宪法赋予公民的一种言论表达自由的权利。但是,言论表达自由是以不应该侵害他人的包括名誉权在内的一切权利为前提的。"公正评论"和"言论表达自由"是相互联系的,"评论不得侮辱他人人格,是指批评只应限于事实和对事实本身的评论,而不应伤及被批评者的人格"[1]。

(三) 正当的舆论监督

新闻媒体承担着十分重要的舆论监督功能,而舆论监督又对整个社会的发展具有十分重要的作用。它是维护社会正常运行、维护国家利益和公共利益的重要功能,因此,必须加以保护。如前所述,《中华人民共和国民法典》第九百九十九条明确将舆论监督作为一种抗辩事由,同时,新闻由于采写的过程、时效性要求等,均不能保证作品绝对不失实,对此应从维护公众知情权及公共利益的要求出发对舆论监督加以保护。吴某光案及其审理,就很好地体现了这一原则。这起名誉权诉讼案始于1992年11月,起因是剧作家吴某光在报纸上发表了题为《高档次事业需要高素质员工》的文章,抨击中国国际贸易中心侵害两名青年女顾客人身权利的行为。国贸中心向北京市朝阳区人民法院提起诉讼,认为该文捏造事实和使用侮辱、诽谤性语言,侵害了国贸中心的名誉权,要求吴某光赔礼道歉,消除影响,恢复名誉。法院判决认为吴某光的文章属于正当的舆论监督范围,不构成对国贸中心名誉权的侵害,应受法律保护。吴某光的文章之所以不构成新闻侵权,是因为文章是基于事实进行评论,吴某光发表的言论也没有背离事实根据。吴某光的评论及有关言论,从目的上看是基本表达对受损害者的同情以及改变不良社会现象的愿望,因此可以认为他的行为出自善意,且同社会的公共利益有关,是与保护公民的人格权密切相关的,虽然有言辞偏激、语气过重之处,但仍符合客观公正、与人为善的原则,是正常的舆论监督,于是构成抗辩事由。

舆论监督对于一个国家而言,具有十分重要的意义。正如一位学者所言:"新闻舆论监督让腐败分子胆战心惊,使一切腐败者、渎职者和毫无作为的当权者成为众矢之的……"[2] 事实上,舆论监督在社会生活中尤其在政治生活中的纠偏作用也

---

[1] 魏永征. 中国新闻传播法纲要 [M]. 北京: 上海社会科学院出版社, 1999: 224.
[2] 刘建明. 天理民心——当代中国社会的舆论问题 [M]. 北京: 今日中国出版社, 1998: 204.

为越来越多的人所认同。即使在进行舆论监督的过程中有一些枝节性偏差，法律仍应从保障宪法赋予公民的言论表达自由的权利出发，保障舆论监督，以形成健康、公正、平衡的舆论环境，促进社会的文明和进步。

（四）当事人同意

新闻作品的发表只要获得当事人的同意，即使发表后构成了对他人名誉权的侵害，也可以减轻或免除法律责任。新闻作品发表前，当事人没有意识到新闻作品发表可能构成对自己名誉权的侵害而同意发表，但是，新闻作品发表后，又确实构成了对其名誉权的侵害。对于这种情况，应该认定当事人同意新闻作品发表是"抗辩事由"。一位法学家在论及这个问题时补充指出，当事人同意作为抗辩事由应具备以下构成要件："（1）作为受害人表示的'同意'是其真实的意思，而不是受到欺诈、胁迫等而表示的不真实的意思；（2）行为人不得具有显著的恶意；（3）传播不利于受害人名誉权事实的内容不超过受害人同意的内容和范围；（4）受害人同意的意思表示一般应当在发表有关不利于其名誉的事实之前作出，事后的同意是一种追认，也可承认其效力。"① 当然，对于这种情况，新闻作者应承担举证责任，也就是说，新闻作者应该能够提供证据，证明作品的发表是获得当事人同意的，否则就不能构成抗辩事由。

抗辩事由的研究对于新闻媒体和新闻记者而言，其意义是十分显著的。对于未涉及新闻侵权的媒体和记者来说，了解抗辩事由可以使他们在新闻传播活动中心中有数，不至于在涉及名誉权新闻报道时谨小慎微或为所欲为；对于已涉及新闻侵害名誉权纠纷的媒体和记者而言，他们可以通过对抗辩事由的研究，了解自己的行为违法与否以及能否减轻或免除违法责任，从而在涉讼时保持主动。

二、法律责任承担

一旦新闻侵害名誉权成立，侵害人必须承担侵权责任，这是不言而喻的。参照我国一般民事侵害名誉权的责任承担方式和相关的法律规定，新闻侵害名誉权应承担以下责任。

（一）停止侵害

如果新闻侵害名誉权的行为正在实施或可能继续存在，受害人有权要求人民法院作出责令侵害人停止侵害的决定。例如，具有侮辱、诽谤他人名誉内容的报刊正在发行，节目正在播出时，应当停止发行或播出，并可要求侵权人销毁。《中华人

---

① 张新宝. 名誉权的法律保护 [M]. 北京：中国政法大学出版社，1997：160.

民共和国民法典》第九百九十七条规定："民事主体有证据证明行为人正在实施或者即将实施侵害其人格权的违法行为，不及时制止将使其合法权益受到难以弥补的损害的，有权依法向人民法院申请采取责令行为人停止有关行为的措施。"当然，如果侵权行为已经终止或中止，则不必作出这样的决定。如果侵害名誉权的新闻作品被发表在网络上，则必须进行删除。

（二）恢复名誉，消除影响

用适当的方式消除因侵害他人名誉在社会上造成的不良影响，力争使受害者的名誉恢复到被侵害前的正常状态，这是最常见的新闻侵害名誉权的责任承担方式。《中华人民共和国民法典》第九百九十五条和第一千条均规定了行为人一旦侵害他人人格权，必须承担"停止侵害，恢复名誉，消除影响，赔礼道歉"的责任，并规定了"消除影响、恢复名誉、赔礼道歉等民事责任，应当与行为的具体方式和造成的影响范围相当"，且"不适用诉讼时效的规定"。在新闻侵害名誉权的诉讼中，媒体及有关人员败诉后，法院一般都要判其在曾刊载侵权内容的媒介的显著位置上，刊登书面声明，对错误内容进行更正，并向被侵害者赔礼道歉。唯其如此，判决才能为受害人恢复名誉，消除影响。

（三）赔礼道歉

赔礼道歉指新闻侵权人向受害人承认错误，表示歉意，以求得受害人的谅解。这种责任承担方式有书面和口头两种。恢复名誉、消除影响、赔礼道歉可以书面或者口头的方式进行，内容要经人民法院审查。在审判实践中，适用口头道歉责任形式应以侵权人自愿、受害人同意为前提，只要有一方当事人不自愿，法院就不宜判令侵权人采用口头的方式向受害人赔礼道歉，否则难以对侵权人强制执行，达不到保护受害人的目的。如果双方当事人都同意采用口头方式赔礼道歉，可以在法院主持调解程序中，先由侵权人向受害人口头表示道歉，受害人谅解后再做其他调解工作。

（四）赔偿损失

赔偿损失指新闻侵权人用金钱赔偿因新闻侵害名誉权而造成的受害人的物质损失和精神损失。赔偿损失包括了赔偿受害人直接的物质损失和精神损失两大方面。相对而言，赔偿直接的物质损失在法律的衡量上要容易一些。例如受害人的路费、误工费、诉讼费等，精神损失的赔偿则相对复杂一些。精神损害赔偿对受害人应当给予受害人精神抚慰金，以弥补受害人精神上的创伤，这也是加重侵权人的民事责任的措施。随着我国社会文明程度的持续进步，公民的自我意识和对自身名誉的保护意识增强了，因而对侵害名誉权的侵权人应加以民事处罚，这也是对侵权人的一种经济制裁。至于具体数额的多少，我们同意有些学者提出的法官行使自由裁量权，由法官们根据具体情况判定。这些"具体情况"包括当时社会的经济发展水平、侵权人的财产情况和经济收入情况等。

第九章　新闻侵害隐私权

随着社会文明程度的不断提升和人们对个人尊严的持续重视，隐私受到了越来越多社会成员的高度关注。从宏观的社会背景分析，传播技术的进步和数字化社会的到来推动着公民的言行不断被数字化。"随着大数据时代的来临，网络技术快速代际更替，人们更多地在社交媒体等平台进行信息交流，这对个人信息、个人隐私在网络环境中的安全带来诸多新问题。"[①] 这样的背景导致个人隐私遭受越来越严峻的挑战：个人隐私无处安放，每个现代人不断变成"透明人"，我们似乎正在进入隐私不保的时代。回望人们对隐私的认知历史我们会发现，我们曾经经历过了一个轻视隐私的漫长岁月。而今天对隐私的高度关注和重视，是社会进步和个体现代化的重要标志。当然，社会成员相当长时间内对隐私问题的漠视，使隐私权成为名誉权外最容易受到新闻侵害的另一种人格权。当公民或法人的名誉权受到伤害时，人们能比较明确地感受到这种伤害，但是，由于历史和文化的原因，当人们的隐私权受到伤害时，当事人对伤害的感受未必明显。现实生活中，许多人常常将知道对方隐私的多少作为衡量彼此感情深浅的一种尺度。在整个社会中，人们对隐私权的认知也经历了一个比较漫长的过程。但是，这样的社会和生活现实并不意味着公民的隐私权不需要保护，恰恰相反，这种社会现实从另一个侧面表明公民的隐私权需要特别的保护。传统媒体时代新闻侵害隐私案件数量在所有的新闻侵权类型中仅次于新闻侵害名誉权案（占七成左右），约占二成。而在新媒体时代，新闻侵害隐私权案件时有发生，其数量已远超名誉权侵权案，因此，我们今天探讨新闻侵害隐私权问题无论是对于当下还是未来，都有着十分深远的意义。

第一节　隐私和隐私权

一、隐私的概念

隐私是指公民个人生活中不愿向他人公开或被知晓的秘密。隐私的内容包括个

---

① 顾理平，范海潮. 网络隐私问题十年研究的学术场域——基于CiteSpace可视化科学知识图谱分析（2008—2017）[J]. 新闻与传播研究，2018（12）.

人的健康状况、婚恋经历、日记信函、社交网络、活动轨迹、生物信息等。隐私的产生有着一个漫长的过程。当我们的先民们在太古时代赤身裸体同自然进行艰苦抗争时，他们的头脑中是不可能有隐私的概念的。而当他们开始用兽皮、树叶等御寒，随后又用其遮掩身体某些特定部位以后，他们的头脑中必定已有了最为原始的关于隐私的概念。西方传说中的亚当和夏娃在偷吃禁果之前是赤身裸体的，但他们偷吃了禁果以后，对于自己的裸露行为便有了羞耻感，于是开始用无花果叶编成裙子用于遮盖。时至今日，羞耻感依然是隐私的一项最为基本的内容。当然，对于羞耻的认识，在不同国家、不同地区和不同文明程度的地方因为历史、文化、观念的不同，是存在差异的。有些地方的人认为不是隐私的内容，在其他地方人们的心目中却是隐私。例如，长期以来，我国公民之间从未把个人年龄和财产收入等情况视作隐私。一群人相聚在一起，即使在此之前素昧平生，也首先要问问年龄分出长幼，然后便可称兄道弟建立友谊。财产收入情况也可公开。当然，随着社会文明的发展和进步，不去随意打听别人的年龄和财产状况的观念，已逐渐为人们所接受。

　　隐私是一个中性的词。但是在相当长的时期里人们经常将隐私和"阴私"混为一谈。连1989年版的《辞海》都有将"隐私案件"和"阴私案件"混为一谈的记录。1994年出版的《新闻侵权法律辞典》，对"隐私"作出了这样的定义："阴私（Privacy），参见"隐私"。遗憾的是，在这本词典中并没有"隐私"这一条目，其实际上还是把"隐私"等同于"阴私"了。"隐私"是"不愿为人知道的事"，"阴私"是"不可为人知道的事"，这两者是有本质区别的。"阴私"通常是指不可告人的丑事，是为社会公德所不容的，是带有贬义的；而"隐私"是指公民的一种私人生活内容，本身不带有褒贬色彩。多年前，梁治平先生有一段论述也可以成为一种佐证："今天，在我们的日常生活当中，'隐私'这个词出现的频率有越来越高的趋势，这或者可以部分地表明民众权利意识的某种发展。不过，据我的观察，在许多人（也包括那些主张保护个人隐私的人）的观念里面，'隐私'总是被有意无意地跟不名誉的事情联系到一起。甚至在法律上明确提到'隐私'的场合，其受保护的范围也是以个人名誉是否受到损害划定的。而这意味着，一个侵犯了他人隐私的人，可以用'我没有损害他（她）的名誉'这样的说辞来为自己辩护。循着这种逻辑再进一步，我们就可以看到这样一些大家都熟悉的场景：明明是侵犯了别人的隐私，却总是振振有词：'如果不是见不得人的勾当，为什么不能让别人知道？'这后面的潜台词是，'既然是见不得人的事情，就不但要把它揭露出来，更可以群起而攻之！'这种可怕的逻辑实际是建立在一种扭曲的'隐私'观念上面。在现实生活中，我们每一个人都有一些个人的'秘密'不希望别人知道，这并不是因为它们是丑事、坏事，而仅仅因为它们纯属私事（私密）……我们每一个人都希望有一个只属于自己的、安全的小天地，在那里，我们可以完全地放松，不必扮演任何角色，就好像回到了一个完全是属于自己的房间里，不用担心受人窥视。否则，我们将时时处处感到精神紧张，无法把握自己的生活。"① 随着社会的文明发展和进步，人们越来越关注个人的生存空间。于是，有越来越多的学者，开始对隐私问题进行踏踏实实的研究以寻求对隐私更科学的保护措施。人们对隐私的认识，也越来越趋向理性和科学。

"隐私"在相当长的时间里背负着一个并不好的名声，实际上和"私"这个字有着极大的关系。在中国的传统文化中，"私"在道德评价上具有天然的劣势——私利、私欲、私自……而与之相反的"公"却有着无可置疑的优越性。但今天，我们对这个"私"有了一个科学的认识。对关乎个人生存尊严的"私密性"的尊重，实际上是对人格权的尊重，是对人性的尊重。现代文明社会，理所应当用法律来保护公民的隐私。令人高兴的是，我国法律中虽然直到2009年的《中华人民共和国侵权责任法》才首次把隐私权明确为一项独立的人格权，但2020年颁布的《中华人民共和国民法典》在第一千零三十二条中明确了隐私的定义："隐私是自然人的私人生活安宁和不愿为他人知晓的私密空间、私密活动、私密信息。"这条法律规定对隐私内涵的明确，对于现代中国公民的隐私保护意义重大。

二、隐私内涵在数字化社会的新变化

（一）流动的数据与隐私的液态化

著名社会学家齐格蒙特·鲍曼在其晚年致力于"流动的现代性"问题研究，提出"'流动的现代性'是对变化就是恒久而不确定性就是确定性的更大确信"②。这位极具前瞻性眼光的思想家虽然并没有经历真正的大数据带给社会的变化，但他经历了网络勃兴带给整个世界的深刻影响，从而洞察到了"流动"的价值。而流动，恰恰是数字化社会的核心特征。数据的流动性是其价值存在的基础。静止停留在数据库中不流动的数据，只能是一堆枯燥的数字。大数据的个性化应用借助的就是数据的流动。"流动的数据"强调了两点：其一，信息一旦产生，它就会被分享、复制和无限制地持续传播；其二，在数字化社会，个人和社会组织基于各种目的，不断对数据进行收集整合，以实现相应目标。在数字化社会，电脑或智能手机是每个人的标配，但如果没有数据流动，这些设备就成了装饰物。流动的数据与我们通常认知中物理性的物质有着极大的差异性。在数字化社会，"流动性"也是数据价值的体现，流动越快的数据价值也越大。首先，数据的流动当然是基于数据自身的特

---

① 梁治平. 三谈隐私与隐私权 [N]. 南方周末, 1996-12-13.
② 鲍曼. 流动的现代性 [M]. 欧阳景根, 译. 北京：中国人民大学出版社, 2018：5.

点——便捷且可以无限制复制和传播。物质产品在流动中会产生损耗，一旦使用，则会降低其基本的价值，而数据则不同，除了可以不受限制地流动，每次使用实际上并不会导致其基本价值的丢失。其次，数据的流动也基于数据平台的作用发挥。平台的数据分发和传播，平台的整合、裂变与衍生，都会导致数据的快速流动。最后，去中心化的数据市场形成，成为数据流动的制度保障。鉴于数据及其流动的价值，致力于数据收集的技术和设备得以快速发展。

数据的流动性也令隐私的内涵呈现出液态特征。隐私是否成立更多依赖于其存留的载体与具体的场景。而这个载体实际上也在物理空间和虚拟空间流动不居。传统媒体时代，以生物性为标志的隐私往往是静居不变的。一个人身上的胎记或者个人的社会关系等，都有着比较良好的稳定性，不会也不应随意变化。在数字化社会中，个人的位置信息可以借助智能技术形成位置隐私，消费习惯和能力（在什么档次的消费场所消费）、社会关系（与什么人的位置信息"时空伴随"）等流动的数据，令个人的隐私呈现液态、易变的特征。隐私液态特征的流动性具体表现在这样几个方面：隐私载体的流动，即借助数字人格，在虚拟世界和现实世界自由流动；作为权利的流动，即原来作为个人权利的隐私权，借助数据的力量而流向平台，然后继续反向影响隐私主体；作为商品的流动，即数据流动形成商业价值后，隐私信息成为商业价值的核心而在平台之间以及平台和个人之间流动。

（二）整合型隐私成为数字化社会最主要的隐私类型

在数字化时代到来之前，隐私的存在方式呈现出显著的生物特征，即个人隐私以个人不愿为他人知晓的生物特征为主。这与隐私萌生初期人们遮蔽敏感器官、掩藏不雅举动等近乎本能的行为一脉相承。即使是类似情感经历、社会关系等具有更多社会性色彩的隐私，也紧密地依附于人的肉身而存在。进入数字化社会，伴随人们言行被数字化及更具社会性色彩的数字人的形成，以数字化为特征的隐私开始出现并逐渐成为主要的样态。数字化社会中的现代人一方面通过自己的信息分享行为主动泄露着自己的隐私，"智能手机的出现导致人们对视觉影像过度需求，促使人们乐此不疲、永不停歇地拍照和存储相片，并把它们立刻分享到整个世界"[1]，这成为一种生活日常。另一方面，人们的隐私被密布于我们身边的各类传感器中，大数据挖掘技术的挖掘导致人们被动地失去对自己隐私的控制力。

"整合型隐私，是指通过数据挖掘技术将人们在网络上留存的数字化痕迹进行有规律整合而成的隐私。"[2] 整合型隐私是基于数据而产生的一种隐私。数字化时代被社会学家们称为"身体消失"的时代，这里的身体消失，意指自然身体的价值淡

---

[1] 杜甘, 拉贝. 赤裸裸的人：大数据, 隐私与窥视 [M]. 杜燕, 译. 上海：上海科学技术出版社, 2017：17.
[2] 顾理平. 整合型隐私：大数据时代隐私的新类型 [J]. 南京社会科学, 2020 (4).

化和数字人格价值的凸显。于是，曾经依附于自然身体而存在的生物特征隐私，逐渐被数字化特征隐私取代。在整合型隐私形成的过程中，大数据技术的成熟发挥了关键性的作用。被称为"大数据时代的预言家"的维克托·迈尔-舍恩伯格早在十余年前就指出"大数据的核心是预测"，"这些预测系统之所以能够成功，是因为它们是建立在海量的数据之上的"。他同时指出："（大数据的）相关关系很有用，不仅因为它能为我们提供新的视角，还因为提供的视角都很清晰。"① 简言之，大数据专注于数据之间的关系，而对这种关系的洞察则会产生一系列数据价值。在这个过程中，公民的隐私数据也因为被深入挖掘和整合使用而被侵犯。一位美国学者谈到过一个例子，一位新婚妻子结婚数月后感觉自己可能怀孕了，在去商店购买化妆品时将常用的性状较浓烈的产品换成性状温和的产品，随后还两次浏览了育儿网站。不久，她便频频收到关于婴幼儿用品的商业广告。她的怀孕信息是其隐私，但大数据公司根据其线上线下两件似乎毫不相关的行为，比较方便地挖掘到了这条信息（其实这位女士是在完成上述两次行为后才去医院证实自己怀孕的）。大数据对隐私数据超强的挖掘和整合能力由此可见一斑。

在整合型隐私产生之初，大数据技术尚未真正成熟，但其在整合数据的过程中对公民隐私的侵扰已经比较严重。随着大数据技术的不断成熟和计算机处理数据能力的不断提升，尤其是随着智能技术在数据处理中的广泛应用，整合型隐私将更加快速、精准地被整合出来，隐私危机将愈加严峻。

（三）隐私的财产属性持续显现

作为数字化社会中的能源，数据会像工业社会中的石油等一样，对社会的发展产生巨大的推动作用。伴随网络社会的到来，世界范围内出现了一批借助数据快速崛起的商业巨头，如美国的亚马逊、脸书，中国的阿里、腾讯等，对社会经济发展产生了巨大的推动作用，数据经济呈现出巨大的发展潜力。数据的财产属性在数字化浪潮中成为人所共知的事实。但是，数据是以符号的形式存在的，并在功能不同、目标各异的平台间频繁流动，因此，数据被何人在何时何地被如何使用，并不会像石油等这些可见的能源一样被明确感知。同时，由于公共空间和私人空间的分界日渐消融，人们对隐私数据被收集的敏感度也不断下降。数字化社会中，社会治理、行政管理、工作生活等一切过程都离不开对数据的非商业使用，这也会令现代人对自身数据如何被使用逐渐"脱敏"。"随着个人信息与公共空间的联系愈发紧密，个人信息已经不再是一个简单的隐私保护概念，它既包括了隐私，同时还包含着具有价值的信息、材料。"② 在隐私产生之初，隐私权被天然地认定为一种人格权利。传

---

① 迈尔-舍恩伯格，库克耶. 大数据时代 [M]. 盛杨燕，周涛，译. 杭州：浙江人民出版社，2013：16，88.
② 林爱珺，蔡牧. 大数据中的隐私流动与个人信息保护 [J]. 现代传播，2020（4）.

统媒体时代的隐私权侵权案件中，法律责任往往只有赔礼道歉，而"赔偿损失"也只是"精神损失"而非财产损失。今天，包括隐私数据在内的个人数据所具备的财产属性不仅在数字化社会不断得到体现，还已经开始在法律救济中得到确认。鉴于数据的财产价值，当今社会，对包括隐私数据在内的数据的商业使用日趋普遍和频繁。例如，视频网站会通过对用户接收内容这种隐私数据的分析，窥视用户内容喜好，借助算法进行推荐，并设计最恰当的观赏方式，目的就是引导用户长时间停留在该页面上。网站冒着侵权的风险竭尽所能提供这种"无偿"服务，隐含着简单的商业逻辑：流量与广告收益变现呈正相关。网站对流量的疯狂追求，往往会导致失实信息满天飞、视频直播无底线、文字内容"标题党"等诸多乱象的出现，而现代人的隐私也在这个过程中频遭侵害。隐私的财产属性还可以从相反的层面得到佐证。"传主兜售'我和某某某不得不说的故事'，厂家用明星肖像打广告，平台基于用户画像搞推送，这些经济活动都涉及将个人信息作为生产资料，由此会引起信息主体基于财产利益的掌控主张。"[①]

随着大数据技术的成熟和人工智能应用的普及，一种新的广告形式受到诸多电商企业的推崇。这种广告被称为"精准广告"。精准广告以用户的真实需求和关切为指向，针对性强，触达率高，可以产生良好的广告效果。但是，精准广告在推行过程中饱受争议——"精准"由何而来？仔细探究发现，"精准"往往来自对用户购物习惯、浏览兴趣甚至讨论话题等私密信息的挖掘、窥视和整合。广告商锲而不舍地用最新的技术手段悄然收集公民的隐私信息，这是因为这些信息隐含着巨大的商机。简言之，隐私的财产属性已经成为网络广告商最关注的商业诉求。

2020年，我国发布了《关于构建更加完善的要素市场化配置体制的意见》，明确提出要"研究根据数据性质完善产权性质"，2021年3月通过的《中华人民共和国国民经济和社会发展第十四个五年规划和2035年远景目标纲要》也明确提出要"建立健全数据产权交易机制"。在这样的背景下，数据的财产价值将得到更大的提升。公民隐私数据作为一种重要的个人数据，如何在财产属性的视角下得到保护，令人关注。

（四）智能生物识别技术应用触及公民的核心隐私

随着大数据和人工智能的快速发展，传播技术不断增强"人的延伸"的能力，人可以在广度和深度上提升感知世界的能力。与此相对应，智能技术也可以更加全方位地"对身体进行深度开发和利用"，其中智能生物识别技术是最具代表性的一种。该技术主要通过对自然人生理特征（如指纹、虹膜、指静脉）和行为特征（如

---

① 戴昕. 看破不说破：一种基础隐私规范[J]. 学术月刊, 2021 (4).

步态、打字节奏）的识别来判别个体身份。这种技术较早时主要适用于刑侦领域，随着技术的完善和使用的廉价便捷，智能生物识别技术被推广到社会生活的各个领域。5G技术的推进和传感器的普遍设置，令"万物互联"成为现实，智能穿戴设备逐渐流行，"量化自我"日趋普及，个人的生物数据被不断收集。智能生物识别技术开始触达每个人的各种生活、工作场景。

智能生物识别技术以识别自然人的生物特质为核心，这种识别触及的是人的核心隐私。无论是指纹、声纹，还是步态习惯，都是人的核心隐私内容。首先，这些隐私信息具有唯一性。一个个体区别于另一个个体最关键的要素，是人的生物特质，这种生物特质不会因为客观的要求或主观的意愿而产生变化。正是因为这个特点，人们会采用刷脸支付、指纹支付等支付手段用于日常生活中的交易行为。其次，这些隐私信息具有永久性。永久性即人的指纹特征等要素一旦形成，会伴随人的一生，外在手段可以对这些特征进行微调（如整容），但不能本质上改变这些要素的核心元素。最后，这些隐私信息包含了诸多敏感信息。例如，世界上不同地区人的肤色可以分为若干种类，种族特质也千差万别，这些敏感信息导致了种族的差异。智能生物识别技术可以通过对隐私主体生物信息隐私数据的收集，窥探隐私主体的意图，培养其成瘾性。①

智能生物识别技术的普遍应用对社会发展产生了极大的推动作用，也给人们的日常生活带来了诸多便利。但是，智能生物识别技术也给公民隐私保护带来了巨大的风险。有研究者将这种风险称为"科技异化"。"科技异化会对公民的自由和隐私安全造成威胁"，主要体现在四个方面：对私人物理空间的突破、导致公民隐私期待降低、个人隐私几乎被全面窥视、数据监控产生负面效应。② 智能生物识别技术的发展，也存在着某种程度的"异化"。智能生物识别是在人们"无感"的状态下进行的，即使"有感"，应用的普遍性（如刷脸进门、进车站）和日常性，也会导致人们客观上的无感，这就会令隐私主体因为风险敏感性下降而使侵权可能性增大。"大部分用户对隐私政策往往采取漠视的态度，用户忽视隐私政策使得其有效性成了互联网最大的谎言"③。同时，智能生物识别技术收集的是公民的核心生物数据，这些数据的唯一性和稳定性特征导致其不存在保质期（长期有效），也无法像数字密码一样可以修改，因此，对收集者的收集、存储和使用隐私信息行为应有极高的保密性要求。而在这个长期的过程中，收集者能否始终根据其隐私政策的约定保证严格的践诺，外部监督如何有效施行，令人关注。与智能生物识别技术普遍应用不

---

① 顾理平. 智能生物识别技术：从身份识别到身体操控［J］. 上海师范大学学报（哲学社会科学版），2021（5）.
② 李延舜. 科技异化对隐私安全的危害及隐私权立法的回应性发展［J］. 中州学刊，2021（8）.
③ OBAR J A, OELDORF-HIRSCH A. The biggest lie on the internet: ignoring the privacy policies and terms of service policies of social networking services［J］. Information, communication & society, 2020, 23（1）: 128-147.

相适应的，是对这些技术应用的规制和约束的严重滞后。这种局面给隐私保护问题的研究提出了迫切的要求。

三、隐私权的概念和特征

隐私权是指公民享有的受法律保护的个人生活秘密和个人生活自由的权利。隐私权具有如下一些特征。第一，权利主体是自然人。隐私是和自然人个人生活密切相关的个人秘密，只能由自然人享有，因为隐私产生和存在的依据在于人的精神活动引发的各种利益需求。法人和其他社会组织也有诸如商业秘密等，但这些秘密与他人和社会公共生活有关，本身不属于精神活动的范畴，因而适用其他法律。第二，隐私权案件的内容比较丰富，通常有私人通信秘密、生活秘密、身体秘密等，这些内容都具有真实性和隐秘性的特征。一旦这种隐秘的但又真实的内容被公之于众，当事人就会感到精神痛苦。因此，在侵害隐私权案件中，加害人不能因为内容真实而主张免责。第三，隐私权的内容包括隐私主体对隐私的控制权，如收藏、收集、传播和活动的权利，也包括隐私主体对其隐私的利用权，如利用个人的隐私写成自传体小说或回忆录以获得报酬，通过新闻媒体的适度传播实现某种目的等。简而言之，隐私主体有权主动公开自己的隐私，这也是其行使隐私权的一种方式。第四，隐私权保护的范围受公共利益的限制。也就是说，隐私权保护的隐私必须是合乎社会公共道德和法律规范的。如果这种隐私对社会公德、社会公共利益构成侵害，当事人就不能主张对这种隐私的保护。

在我国，与名誉权在相当早的文献中就有记载不同，隐私权开始受到保护还仅仅是近现代的事情。19世纪下半叶的西方国家，由于报业自由化、商品化，黄色新闻、犯罪新闻占据了新闻媒体的大量版面，一些低级趣味的社会新闻也频频粉墨登场。在这样的大气候下，刺探和刊登隐私成了许多新闻媒体刺激和吸引读者的重要手段，许多公民的隐私受到了肆无忌惮的侵害。1890年，美国私法学者沃伦和布兰代斯在《哈佛法学评论》上发表了《论隐私权》，首次提出了隐私权的概念，即"不受打扰的权利"。两人在文中指出：政治、社会及经济的变革不断提出承认新权利的要求，而普通法也在发展中回应着社会的需求。历经几个世纪的慢火铸炼，普通法已衍生出一种基本权利——隐私权。这种权利是指个人对其自身事务是否公开披露的决定权，侵犯隐私权的行为阻碍了个人独立，侵犯了个人尊严，贬抑了个人荣誉。隐私权是与人类不可分割的权利，是对人的平等的尊重和一种人格权。[①] 鲜为人知的是，这项权利提出的一个直接触发因素，正是新闻媒体对作者之一——沃伦的生活自由权利的无休无止的侵扰。沃伦的妻子梅布尔·贝亚德的父亲是美国特

---

① 布兰代斯，等. 隐私权[M]. 宦盛奎，译. 北京：北京大学出版社，2014：3.

拉华州的联席议员和前总统候选人,此后还曾担任国务卿的托马斯·弗朗西斯·贝亚德。梅布尔·贝亚德也是当时第一夫人的闺中密友,这样的身份自然受到当时媒体的普遍关注,这对夫妇的私人信息也被媒体频繁报道,这令沃伦非常生气,并促成他邀请布兰代斯合作完成了《论隐私权》。① 这项新的权利在 1903 年被纽约州通过立法方式承认。该项权利的确认源自一起侵权诉讼:1902 年,罗伯逊诉罗切斯特侵权。在这一案件中,确立被告非法将一个年轻的漂亮女子的照片用在他们公司的面粉广告中。上诉法院拒绝承认任何'隐私权'的存在,认为如果承认隐私权,这方面的诉讼将大量增加,不仅牵涉到照片的使用,对一个人形象、行为、家庭关系和习惯等的评论都可能成为诉讼的对象,法官认为这样重大的变化应该留给立法机关去考虑。然而,这种判决受到了广泛的批评。1903 年,纽约州制定了一项法律,现称《纽约民权法》。该法规定,任何人不得在未得到本人同意的情况下将他人的姓名、画像或照片用于广告或贸易的目的,其他州后来也逐渐制定了类似的法律。第一个正式保护隐私权的案件是 1905 年的帕维斯诉新英格兰人寿保险公司 (Pavesich v. New England Life Ins. Co., 1905) 一案,该案案情与罗伯逊案相同,结果则不一样,被告被判决侵犯了受害人的隐私权。现在,除了两三个州,全美国都承认了隐私权。② 随后,隐私权逐渐为世界其他国家的法学界所接受。在大陆法系的国家中,对隐私权的保护同样也存在着一个漫长的过程。第二次世界大战前,在德国、日本等国的法律中,隐私权并不受到保护。第二次世界大战后,隐私权才首先在相关判例中得到保护。

严格地说,世界范围内对隐私权的保护是从对人权的保护开始得到重视的。1948 年 12 月 10 日,联合国大会通过了《世界人权宣言》。其中第十二条规定:"任何人的私生活、家庭、住宅和通信不得被任意干涉,他的荣誉和名誉不得被加以攻击。人人有权享受法律保护,以免受这种干涉或攻击。"1966 年 12 月 16 日,联合国大会通过的《公民权利和政治权利公约》,沿袭了 1948 年《世界人权公约》中关于对个人的私生活、家庭、住宅和通信不得加以非法干涉的规定。该公约第十七条规定:"一、任何人的私生活、家庭、住宅或通信不得加以任意或非法干涉,对他的荣誉和名誉不得加以非法攻击。二、人人有权享受法律保护,以免受这种干涉或攻击。"1973 年,联合国秘书长在题为《尊重个人隐私》的报告中,也详细列举了现代生活对个人隐私所带来的冲击,强调对隐私权加以保护的重要性。这样,隐私权的保护呈现出一种国际化的趋势。需要说明的是,我国是人权委员会的创始国,中国代表于 1948 年参加了《世界人权宣言》的起草工作。同时,我国已于 1998 年加入《公民权利和政治权利国际公约》。这样的背景为我国公民隐私保护提供了良

---

① 冷霞. 隐私权的诞生 [N]. 中国社会科学报,2010-03-30.
② 李亚虹. 美国侵权法 [M]. 北京:法律出版社,2003:179-180.

好的社会条件。

在我国,强调对公民的隐私权进行保护的时间并不长。中华人民共和国成立初期的十余年间,新闻媒体很少刊登社会新闻,因而一般不会涉及公民的隐私。1982年的《中华人民共和国宪法》才开始规定:"中华人民共和国公民的人格尊严不受侵犯。禁止用任何方法对公民进行侮辱、诽谤和陷害。"这里虽然没有直接提及公民的隐私权,但《中华人民共和国宪法》所保护的"人格权",理所当然地包含了隐私权的内容。

在人们对隐私权这项人格权寻求法律保护的过程中,隐私权内涵的发展本身也经历了一个不断丰富的过程。许多专家学者从不同的角度对隐私权进行了定义。美国法学家威斯廷认为:"所谓隐私权,指个人、集团或组织,拥有决定在何时、以何种方式、在何种程度上将自己的信息传达给他人的权利。"[①] 英国学者威廉·般尼认为:隐私权的内涵,与一个人的人格尊严有极大的关系。使一个人的私生活受到干扰,将他的姓名、照片、肖像等未经同意而公开刊布,使他在精神上感到不安、痛苦、羞耻或惭愧,显然其人格尊严已受到侵害。日本资深新闻工作者前田雄二写道:所谓隐私权利,可以说是保护个人私生活的权利。[②] 对隐私权问题颇有研究的张新宝先生认为:"隐私权是指公民享有私人生活安宁与私人信息依法受到保护,不被他人非法侵扰、知悉、搜集、利用和公开等的一种人格权。"[③] 王利明先生认为:"隐私权,是自然人就自己个人私事、个人信息等个人生活领域内的情事不为他人知悉、禁止他人干涉的权利。"[④] 魏永征先生认为:"隐私权,就是个人有依照法律规定保护自己的隐私不受侵害的权利。"[⑤] 所有这些内容界定,对我们今天理解隐私权的内涵具有重要的参考价值。

四、隐私权的法律保护

传统媒体时代,新闻媒体传递的各类信息会从不同的层面影响人们的工作与生活,但这种影响往往是外在的,因此,并不会影响公私边界的清晰区隔。传播学者李普曼认为,传统媒体时代人们会和经过媒体选择、加工后形成的拟态环境发生关系,这种环境不是对现实环境的镜子式的再现,而是经新闻媒体选择后的"供给式"再现。区别于新媒体时代的虚拟环境,在拟态环境中,人们无法与新闻报道中的个人直接互动。在这种场景中,人们只要把个人隐私置于私人空间就不会遭遇侵

---

① 刘迪. 现代西方新闻法制概述[M]. 北京:中国法制出版社,1998:119.
② 魏永征. 被告席上的记者[M]. 上海:上海人民出版社,1994:99.
③ 张新宝. 隐私权的法律保护[M]. 北京:群众出版社,2004:21.
④ 王利明,杨立新,姚辉. 人格权法[M]. 北京:法律出版社,1997:147.
⑤ 魏永征. 中国新闻传播法纲要[M]. 上海:上海社会科学院出版社,1999:261.

扰，例如，隐私主体将日记本锁入私宅的柜子中，或接受新闻记者采访时不告诉新闻记者私密的个人信息。如果新闻媒体强行侵入私人空间，则无可争议地构成违法。

基于公私边界的明确区隔，国家可以比较方便地通过制定法律来有效保护个人隐私。以中国为例，尽管直到20世纪80年代初，隐私权才真正作为一个学术概念被讨论，但在1988年最高人民法院颁布的《关于贯彻执行〈中华人民共和国民法通则〉若干问题的意见》第一百四十条中，明确规定"以书面、口头等形式宣扬他人的隐私……应当认定为侵害公民名誉权的行为"。尽管当时人们限于对隐私的认知，将隐私权受损视作名誉权受损，但这个时候就提出从法律上对隐私权予以保护，显然具有十分重要的意义。2009年颁布的《中华人民共和国侵权责任法》第九百九十条首次将隐私权与生命权、名誉权等并列作为一项独立的人格权利予以明确。在此后颁布的《中华人民共和国民法典》等一系列法律，则对隐私权进一步明确并予以全面的法律保护。尤其是《中华人民共和国民法典》第一千零三十二条，不仅明确了隐私的定义，还明确"自然人享有隐私权。任何组织或者个人不得以刺探、侵扰、泄露、公开等方式侵害他人的隐私权"。在第一千零三十三条中，则进一步明确了禁止的隐私侵权的主要方式："（一）以电话、短信、即时通讯工具、电子邮件、传单等方式侵扰他人的私人生活安宁；（二）进入、拍摄、窥视他人的住宅、宾馆房间等私密空间；（三）拍摄、窥视、窃听、公开他人的私密活动；（四）拍摄、窥视他人身体的私密部位；（五）处理他人的私密信息；（六）以其他方式侵害他人的隐私权。"在这个阶段，隐私基本以公民的身体特征、情感经历、社会关系或财产信息等自然特征隐私为主体。这些隐私往往可以通过物理边界加以区隔，由此也形成了对隐私比较周密的法律保护网。

随着数字化社会的到来，曾经比较周密的法律保护网出现漏洞。有学者对最高人民法院设立的中国裁判文书网颁布的三百余份"隐私权纠纷"案裁判文书进行量化分析后得出的结论之一："司法实践中的隐私权更保护现实空间中的'私有领域'而不是流动于网络和现实空间的'个人信息'……法官在侵权认定上，更关心现实物理空间的隐私和安全。"[①] 这种情况的出现其实并不令人意外，尽管从法理层面看，法官在审理案件的过程中享有"自由裁量权"，但这种"自由裁量权"是一种建立在对已有法律规范（条文）基本原则尊重基础上的自由，这是自由的底线所在。而这些法律规范是经过传统媒体时代多年实践后被证明是行之有效的。就总体而言，由于传统媒体时代公私边界清晰，无论是学术探讨还是法律实践，均已形成了对隐私内涵的基本共识，因此在隐私侵权问题审理上也未有较大争议案件出现，这也强化了法官们的信心并形成其基本的审理案件习惯。在新媒体时代和传统媒体

---

① 申琦. 重"私有领域"轻"个人信息"：我国网络隐私权保护的司法困境 [J]. 出版发行研究，2019（2）.

时代转换的时间节点上，数字化导致公私边界不再明确，传统审理案件习惯开始不适于新案件。可以预期，随着数字化社会的到来，相对清晰的边界开始不断趋向消融，新旧法律规定也无法完全顺利进行衔接，公民隐私保护面临全新的严峻局面。

当然，面对数字化社会隐私内涵出现的新变化和公私边界消融对隐私保护的影响，我国法律也开始应对这种变化。2016年，我国颁布了《中华人民共和国网络安全法》，并于2017年6月1日开始正式施行。这部法律对保障我国网络安全、维护网络空间主权和国家安全、社会公共利益以及公民、法人等的合法权利进行了明确规定，对公民的私密信息有重要的保护作用。2021年，我国又颁布了《中华人民共和国个人信息保护法》。这部法律明确规定了"收集个人信息，应当限于实现处理目的的最小范围""处理个人信息应当遵循公开、透明原则，公开个人信息处理规则，明示处理目的、方式和范围"等重要原则，这对新媒体时代公民隐私保护具有重要意义。

五、新闻侵害隐私权

新闻侵害隐私权是指新闻媒体在新闻作品中公开他人隐私而使他人隐私权受到伤害。新闻报道的原则是向受众传播真实的他们关心的事实信息。因此，越是真实的信息，就越符合新闻报道的要求。但是，并不是所有真实的受众关心的事实信息都是可以报道的，有关公民隐私的信息就是如此。涉及公民个人隐私的信息，越是客观、真实、全面，对公民隐私权的侵害就越严重。这是因为，隐私权的一个显著特点就是隐私主体希望自己的隐私"不为人知"，而新闻报道的一个显著特点，就是让新闻信息"广为人知"，这两个显著的特点构成了新闻报道要求和隐私权保护要求的严重冲突。冲突的结果是，如果新闻媒体将涉及公民隐私的事实加以报道，必然使公民的隐私权受到严重的侵害。

新闻媒体热衷于传播隐私，和隐私自身的特点以及人们对隐私的热衷密切相关。作家董桥曾说："英国人一肚子好奇不敢问，沉默得很。他们爱看书，公共交通工具上所有的英国人都在埋头看书看报，目的不外两个：避免邻座的搭讪；从书报上储存一些知识，随时应付社交场合里断了话题的尴尬。书报印出来的隐私不再是隐私，是酒余饭后的甜点。"[①] 隐私是道"甜点"，真是一个绝妙的比喻，把新闻媒体热衷报道人们隐私的动因巧妙地点破了。当然，对隐私过度的关注，也会导致某些难以预计的问题的出现。在世界范围内引起人们对侵害隐私权问题强烈关注的事件，是1997年英国王妃戴安娜的死亡事件。1997年8月30日，英国威尔士王妃戴安娜与她的新男友、埃及百万富翁多迪·法耶兹于8月30日午夜（格林尼治时间22点）

---

① 董桥. 从前 [M]. 北京：生活·读书·新知 三联书店，2002：106.

在巴黎塞纳河北岸的阿尔马桥下的隧道内遭遇车祸，戴安娜本人和她的保镖被撞成重伤。戴安娜住进了附近的医院，经紧急抢救，终因肺部大出血而不治身亡。法耶兹和司机当场死亡。据悉，戴安娜乘坐的轿车经过桥下隧道时，几位专门偷拍名人照片的摄影记者驾驶摩托车在一旁紧追不舍。司机为摆脱他们的追逐，掉转车头，慌乱中不幸撞上了路边的一根水泥柱，最后轿车碰在隧道内的一堵墙上，几乎解体。法国警方当即拘留 5 名肇事的摄影记者，并没收了 3 辆摩托车。这一事件发生后，西方舆论开始了一场有关"帕帕拉齐"及公民隐私权问题的争论。"帕帕拉齐"（单数形式为帕帕拉佐）一词为意大利文，意为专门追逐名人偷拍照片的摄影者或记者。这一角色最初出现于意大利著名导演费里尼 1960 年拍摄的电影《甜蜜的生活》中。在这部电影里，一位名叫帕帕拉佐的摄影师因追逐名人偷拍照片"享誉"欧洲。从此，"帕帕拉齐"在意大利便成为一项专门职业。"帕帕拉齐"骑着小型摩托车，身背照相机，到处追拍娱乐圈中名人的相片。之后，这一职业由意大利传遍全世界。"帕帕拉齐"无孔不入，对他们来说，名人无隐私可言。他们把偷拍来的照片卖给喜欢登小道消息的报刊，并换得巨额的财富。一代名妃殒命塞纳河畔，人们在为戴安娜扼腕叹息的同时，也开始认真地关注起自己的隐私、自己的隐私权。

隐私作为公民的一项人格权利，具有客观、真实的特点。它与人的个人尊严密切相关。从新闻受众的需求心理看，好奇是人的一种本能，人们有窥视他人（尤其是公众人物或身边熟人）私密信息的欲望。新闻媒体基于受众兴趣和新闻传播要素等的考虑，容易在新闻报道中侵犯他人的隐私。新闻侵犯公民隐私权主要有如下一些表现形式。

在隐私主体未许可的情况下，在新闻媒体上公开其隐私信息。2020 年 7 月 14 日，重庆沙坪坝区一冷冻仓库部分进口白虾外包装新型冠状病毒核酸检测呈阳性，相关部门迅速组织涉事产品及购买人员进行核酸检测。但被告重庆某营销策划有限公司却将一份名为《重庆已购进口白虾顾客名单》的文章发布在其管理的公众号上供人下载，该名单上有包括原告赵某在内的重庆各区县一万多名购买人员的姓名、家庭住址、身份证号码、手机号码等详细个人信息。原告赵某认为该行为侵犯其隐私权，遂诉至法院，要求被告重庆某营销策划有限公司在涉案公众号及权威报纸刊登书面道歉信，并赔偿精神损害赔偿金 1 元。法院审理后认为，被告未经相关权威机构授权及原告等名单当事人的同意，且在明知侵犯相关当事人隐私的情况下，擅自将涉及原告姓名、家庭住址、身份证号码、手机号码等个人信息的涉案文章发布在公众平台，文章不断地被公众大量浏览、转载和下载，造成了广泛的二次传播，致原告隐私严重泄露，情节恶劣。且其行为不仅导致原告个人信息泄露并被广泛传播，给其人身、财产安全带来巨大隐患，还造成社会公众恐慌，严重影响了原告的日常人际交往和正常生活。故法院对原告要求被告在报纸和涉案微信公众号刊登、发布书面道歉文章并赔偿精神损害赔偿金 1 元的诉讼请求予以支持。①

未经隐私主体同意，在新闻媒体不当公开其真实身份。原告柳甲与原告柳乙系姐妹关系。2005 年 5 月，原告柳甲的丈夫因犯强奸罪被判刑，原告柳乙是受害人。原告柳甲、柳乙及其母亲汪某就此事接受了中央电视台的有关采访，但未接受过被告江苏教育电视台采访。中央电视台有关采访的内容于同年 7 月下旬播出。之后，江苏教育电视台在《新闻地理》节目里就两原告的上述家庭隐私进行了报道，并在不同时间数次播出。原告柳甲及其母亲均有被采访的正面镜头，柳乙也在片中出现。原告柳甲、柳乙诉称，该片未作任何技术处理，毫不掩饰地将强奸犯罪的受害者未成年女孩柳乙的形象和原告柳甲及其母亲的形象播放在电视屏幕上，较详细地报道了两原告的家庭秘密。被告既未采访过原告，也未征得原告的同意，私自制作电视节目，多次以播放电视节目的形式向社会公众披露两原告的家庭和个人隐私，以致原告的熟人、邻居等对两原告产生较多的议论，给原告的精神造成痛苦。原告柳乙因此而不愿意再上学，身心遭受极大伤害。两原告要求判令被告的行为侵犯原告的名誉权，承担消除影响、赔礼道歉的民事责任，并赔偿两原告精神损害抚慰金 20,000 元及经济损失 366.3 元。2005 年 11 月 18 日，南京市鼓楼区人民法院作出一审判决：被告江苏教育电视台于判决生效之日起 7 日内赔偿原告柳甲、柳乙医疗费人民币 366.3 元及精神损害抚慰金人民币 10,000 元；本案受理费人民币 960 元，其他诉讼费 100 元，由被告承担 580 元，原告承担 480 元。② 在这起案件中，由于当年隐私权尚未成为一项独立的法定权利，因此原告以名誉权受损为由起诉，但被告对原告隐私权构成的侵害是显而易见的。

采用非法跟踪、窥视、窃听等手段在新闻媒体公开公民的隐私。最典型的案例当属有百余年历史的《世界新闻报》的窃听案。这家隶属世界传媒巨头默多克新闻集团旗下的百年老报在 21 世纪初被曝出窃听丑闻：2002 年，该报记者雇人窃听失踪少女米莉·道勒的手机，甚至删除其手机内部分信息，干扰警方调查，最终导致当事人被谋杀。2011 年 7 月 4 日，英国《卫报》刊登消息曝光了此案。伦敦警察局同时披露该报窃听受害人可能多达 40,000 人。这些严重侵犯公民隐私权的信息立即引起全社会一片震怒。迫于压力，创刊百余年的《世界新闻报》停刊。

随着新媒体时代的到来，新闻传播开始进入公共传播时代。由于众多缺少相应媒介素养的社会成员在各类新媒体上持续发布各类信息，比之于传统媒体，新媒体的把关、监管能力相对不足，新闻侵害隐私权案开始呈现高发态势。同时，隐私侵

---

① 郑宁，刘文杰，周俊武. 中国传媒法典型事例评析（2011—2020）[M]. 北京：知识产权出版社，2022：324.
② 刘海涛，郑金雄，沈荣. 中国新闻官司二十年：1987—2007 [M]. 北京：中国广播电视出版社，2007：730-731.

权的方式和类型也越来越复杂多样，迫切需要更加有针对性的法律法规出台，有效地保护公民的隐私权。

第二节 新闻侵害隐私权的构成要件

一、新闻侵害隐私权行为的存在

侵权行为不应该是臆想的，而应该是客观存在的，因为在现代法治理念中，是不存在思想犯的，新闻侵害隐私权的行为当然也不例外。新闻侵害隐私权行为的存在是指新闻作品已经公开披露了与公共生活无关的私人生活信息。具体主要包括以下两方面要件。

第一，侵害隐私权的新闻作品已经发表。这是区别于一般民事侵权的新闻侵权的标志。如果新闻作品没有发表，加害人只是以其他方式散布他人的隐私，则不构成新闻侵害隐私权，而只能构成普通的民事侵权。在这个过程中，即使散布他人隐私的加害人的身份是新闻记者也不能构成新闻侵害隐私权，因为这种散布并没有新闻侵权所具有的"广为传播"的特点。相反，只要含有披露他人隐私的新闻作品已经发表，哪怕新闻的作者不是专业新闻记者，同样构成新闻侵害隐私权。事实上，由于新闻媒体的特殊传播功效，多年来发生的影响较大的侵害公民隐私权案，大多同新闻媒体和新闻记者有关。2000年2月28日，欧美流行歌坛唱将、法裔加拿大歌星席琳·迪翁一纸诉状，将美国《国民问询》周刊告上法庭。席琳·迪翁在屡获格莱美等音乐大奖后，1998年又因主唱影片《泰坦尼克号》主题曲《我心依旧》而再次成为众人关注的焦点。在这种背景下，美国《国民问询》周刊以《席琳——我怀了双胞胎！》为题报道了席琳·迪翁的怀孕消息，并称她是通过人工授精的方式，将其丈夫勒内·安杰利尔的冷冻精子移入体内而怀孕的。席琳·迪翁指称该消息构成侵权，其诉讼的罪名包括盗用宣传权、侵犯公民隐私权等，其诉讼请求是停止侵害并赔偿她2000万美元的精神损失费。由于新闻作品已经发表，侵害行为显然已经成立，至于精神损害赔偿费用数额之所以如此巨大，是因为新闻侵害隐私权造成的伤害较大。

第二，新闻作品中有他人隐私存在。如前所述，隐私是公民不愿意为他人所知的个人秘密，随意披露公民隐私并使之广为人知，则构成了对公民隐私权的侵害。这种披露表现的方式是多种多样的，主要包括以下几种。(1)有意无意地报道了不该被报道的隐私材料。如前所述，隐私包含的内容是多方面的，而这些内容都在不该报道的范畴内。但是，有些新闻记者为了追求所谓的报道的真实性和新闻的可读性，或者为了满足某些受众的猎奇心理和追求轰动效应，放任了隐私内容在新闻媒体上的传播。例如，某位女性不幸成了性犯罪的牺牲品，但是，有些新闻在报道该犯罪案件时，忽视了对相关细节的处理，使受害者的姓名、地址或真实形象出现在新闻媒体上，使她"仿佛又遭到了一次强暴"。（2）在报道未成年人犯罪时，未隐去他们的姓名和形象，这违反了《中华人民共和国未成年人保护法》等有关法律规定。未成年人由于心智尚未完全成熟，因此我国法律给予他们以专门保护，但某些新闻记者对此并未注意从而导致侵权，这样的事例并不少见。（3）非法闯入私人生活领域。新闻记者在公开场合进行采访，一般不存在"非法闯入"的情况，因为在公开场合活动的人们，应该意识到自己的行为是一种昭示于人的行为。他们在这些场合的活动应该被认作默示同意采访。这在许多国家都被视作法定惯例。但是，私人生活领域（私人场合）却不同。我国法律对私人场合是进行保护的，非法闯入者应受到法律的制裁。即使合法进入，如需进行拍摄，也应征得主人的同意。我们可以将主人这种权利视作隐私权中的宁居权。在早期的新闻采访活动中，非法闯入私人生活领域强行进行拍摄采访的现象是比较普遍的。在一些文艺作品中，这种行为甚至被作者作为记者"敬业""有能耐"的表现来加以褒扬。但在法治社会，这种行为显然已成了一种违法行为。私人生活领域不应仅限于我们日常生活中所习惯的私人住宅，同时还包括公共场合中的一些特殊领域，例如医院中的门诊部、心理诊所、娱乐场所的更衣室、饭店的包间等。如果记者未经当事人同意而强行进入这些地方进行拍摄采访，应视作违法。当然，如果这些地方本身正在发生非法行为则另当别论。

二、受害人可以被指认

每个公民都有自己的隐私，这种隐私可能是各不相同的，也有可能是大致类似的。只有已被发表的新闻作品提及隐私并使其当事人可以被指认时，才算真正构成了新闻侵害隐私权。也就是说，受害人可以被指认是新闻侵害隐私权的第二个要件。如果当事人不能被指认，尽管有隐私被披露，但仍不构成对隐私权的侵害。《北京青年报》女记者安顿所著的《绝对隐私》，尽管其内容为"绝对隐私"，且通过著述广为披露，在此之前，类似的内容也在《北京青年报》的《口述实录》专栏刊发过，但没有构成对隐私权的侵害，其关键就在于作者隐去了隐私主体真实的姓名、工作单位、地址等可以被指认的要素。另一个不构成侵权的原因是当事人同意被披露。当然，我们相信"当事人同意被披露"的前提条件也是"以不能被指认的方式"披露。也就是说，"当事人同意被披露"也是有条件的，它本身不能成为全部的抗辩事由。

法学研究者在论及侵害隐私权的构成要件时，大都认为应适用民事侵权的一般构成要件。王利明先生认为："侵害隐私权的民事责任，必须具备侵权民事责任的一般构成要件,即侵害行为、加害人的过错、侵害行为与损害后果之间的因果关系、损害后果。"① 张新宝先生认为:"国内外学者一般认为,侵害隐私权作为民事侵权行为,是一种基于过错责任原则认定的一般侵权行为。因此,构成侵害他人隐私权的侵权行为,需要具备四个要件,即:(1)侵权行为人侵害他人隐私权的具体加害行为;(2)受害人受到损害,隐私权受到损害,其后果主要是精神损害;(3)在侵权行为人的侵害行为与受害人的损害后果之间存在因果关系;(4)侵权行为人在主观上存在过错。"② 他自己也基本赞成上述观点。刘风景先生明确提出:"侵害隐私权的民事责任,必须具备侵权民事责任的一般构成要件,即侵害行为、加害人的过错、侵害行为与损害后果之间的因果关系、损害后果。"③ 与此相对应,一些新闻从业者及新闻传播学研究者在论及新闻侵害隐私权的构成要件时,虽然语言表述各有差异,但也基本套用了民事侵权的一般构成要件。曹瑞林先生认为,新闻侵害隐私权的构成要件包括:在新闻作品中披露了他人的隐私内容;报道的是与社会公共利益无关的个人私生活;行为人具有过错。④ 董炳和先生认为:"根据民法学的一般原理,新闻侵权作为侵权行为的一种,其民事责任的承担通常需要具备以下几个条件:①发生了损害事实;②损害事实与侵权行为之间存在着因果关系;③行为具有违法性;④行为人有过错;⑤无法定的免责事由。"⑤

本人认为,与一般的民事侵权相比较,新闻侵害隐私权具有自身的特征,不宜简单照搬照套民事侵权的构成要件。而其中,受害人可以被指认显然是一个不可或缺的侵权要件。这种表述方法虽然不同于"侵害行为与损害事实之间有因果关系",但"受害人可以被指认"显然是"因果关系"的题中应有之义。更何况,有侵害隐私权内容的新闻作品的发表是新闻作品受害人权利受损害的不言而喻的原因。以下这个案例,则比较好地说明了"受害人可以被指认"对于新闻侵害隐私权案件得以成立的重要性。两位原告陈某与汪某系夫妻关系,家庭和睦、幸福,夫妻两人的工作单位也都不错。婚后三年,正遇动迁,要自行过渡,双方在城乡接合部借了他人私房住下,其间经人介绍,他们领养了一位刚满月的女孩作为自己的养女。时间过得很快,转眼间女儿已上三年级了,夫妻双方的家长均以为女孩是他们亲生的。过后不久,陈某自己感觉已有身孕,经医院检查得到了证实。在此情况下,两位原告商议后决定,为使养女今后能继续幸福快乐地学习和生活,一致同意做人工流产。1996年9月,陈某单位知道了这一感人事例,写了宣传女性美的演讲材料,隐去了陈某名字,在陈某单位召开的妇代会上作了演讲。当然,听众并不知道主人公就是

---

① 王利明,杨立新,姚辉. 人格权法[M]. 北京:法律出版社,1997:153.
② 张新宝. 隐私权的法律保护[M]. 北京:群众出版社,2004:253.
③ 刘风景,管仁林. 人格权[M]. 北京:中国社会科学出版社,1999:181.
④ 曹瑞林. 新闻法制学初论[M]. 北京:解放军出版社,1998:338-345.
⑤ 董炳和. 新闻侵权与赔偿[M]. 青岛:青岛海洋大学出版社,1998:173.

陈某。同年 10 月下旬，第二被告徐某作为某报社的特约通讯员了解到这一情况，根据掌握的素材，又加了些他自己想象的情节，撰写了文章，并刊登在 10 月 27 日的第一被告某报上，引起社会强烈反响。由于报刊的公开报道，原告夫妻的姓名见诸报端。不少好心人出于关心，主动去询问他们的情况；平时有些隔阂的人，在背后指指点点；周围邻居也议论纷纷。此时他们的孩子已懂事，明白了自己的身世，哭着要找亲生的父母。对此，两原告的压力非常大，陈某由于思想压力过大，曾想寻死。事后，两原告与被告交涉未果。因被告泄漏了原告隐私，交涉又未果，两原告向人民法院起诉，要求第一和第二被告消除影响，恢复名誉，赔偿精神和经济损失 7 万元，并给原告调换工作单位等。因调解不成，人民法院判决：（1）两被告立即停止对两原告的名誉侵害（当时尚无关于隐私权的法律规定）；（2）两被告在判决生效后 10 日内，在第一被告报纸上刊登向原告赔礼道歉的启事，内容事先需经法院审定；（3）两被告赔偿两原告精神和经济损失人民币 4 万元。本案中，如果某报不刊发原告的真实姓名而使其能被指认，就不会构成新闻侵害隐私权。顺便说明一下，在新闻作品中，经常可以看到所谓隐去了一些新闻要素的"新闻"，这种隐去了真实的姓名、工作单位、地址等而写作"新闻"的做法虽然可以避免侵害隐私权或侵害名誉权之类的新闻侵权现象的出现，但同时，也容易给一些新闻作者提供制造虚假新闻的可乘之机。一些在社会上产生了巨大消极影响的假新闻，就是借用诸如张三、李四、王五、赵六或 A 省 B 县 C 乡的形式出现的。可见，如何避免侵害公民的隐私权，维护新闻的真实性，实在是一个值得新闻从业人员认真关注的大问题。

　　新闻作品中披露相关隐私时，只要当事人可以被指认，就构成侵害隐私权，不管这种披露是出于什么目的。对此，我国法律界是经历过一个长期的认识过程的。例如，苏州某报曾在一篇不足 300 字的新闻作品中，报道了一起恶性刑事案件，该文提及了受害人的相关情况。后被害人的家属诉到法院，称报道发表后，有许多人专程到受害人家门口围观，影响了其日常生活。被告则辩称，报道纯属客观的案情报道，无任何毁损被害人及其家属的词句。经审理，法院驳回了原告的诉讼请求。这是发生在 1990 年的案件，经过岁月沉淀，我们再来回看当初的这个案件，确实存在着值得商榷的地方：法院是以原告名誉权未受侵害而判其败诉的，但实际上，原告主张的是隐私权，因为受害人的受害经历属于个人隐私，报纸进行披露显然侵害了受害人及其家属的隐私权。法院如此判决，与我国长期以来将名誉权和隐私权混为一谈的法律现实是直接相关的。在这个案件中，刑事案件的受害人及其家属被指认是构成侵犯隐私权的关键所在。一些法学专家认为有两种情况可能使被害人的隐私受到影响：其一，刑事被告人侵害了被害人的隐私权；其二，为了查清刑事被告人的犯罪事实而需要了解被害人的隐私（如性侵犯罪中受害人的隐私，这是一种十分普遍的现象）。在这两种情况下，被害人的隐私权有可能受到侵害。"除了刑事司法程序本身可能造成的侵害,被害人的隐私权所面临的最大威胁来自新闻媒体。一般说来报道某项犯罪事实,应当被认为是合法的行为,因为公众对这一新闻有兴趣,这一事件本身具有新闻价值。但是,新闻媒体对犯罪事件的报道往往会忽略对被害人的保护,使被害人的身份、住址、肖像、雇佣单位等暴露于公众。这将极大地影响被害人的隐私权,破坏其本人及其家庭成员的生活安宁。"①

三、导致了损害结果的出现

新闻侵害隐私权导致的损害性后果表现为侵害隐私权的新闻作品发表后,令受害人遭受精神痛苦和财产损失。这种精神痛苦和财产损失就是损害结果。新闻作品发表后,新闻传递的信息就会广为传播,人们就会对这种信息进行评价,这是十分自然的事情。但是,由于新闻媒体传递的这种信息是当事人不愿为他人知晓的信息,这种评价就必然会导致当事人尊严受到伤害,也就是说,由于人们评价所依据的事实是不应被他人知晓的,因此据此产生的评价会令当事人感到难堪,自然会对当事人造成侵害。一般认为,这种侵害表现为精神痛苦和财产损失。但是,由于具体案情的不同,这种伤害的表现形式也会有差异。

(一)精神痛苦

精神痛苦是认定新闻侵害隐私权损害结果出现的唯一必要要件。精神痛苦是指受害人在受到侵害后产生的精神上的痛苦和肉体上的疼痛(如因精神痛苦引发身体疾病)。由于精神和肉体是互为一体的,因此精神损害既会导致精神的痛苦,也可能会导致肉体的疼痛。当然,这种精神损害大多是人格权受到侵害而引起的,因此,肉体痛苦不是必要要件。

在新闻报道中,尤其在一些自媒体和社交媒体中,我们经常可以看到当事人"自曝隐私"的行为,但这种行为似乎并未给当事人带来精神痛苦。有人将某些人"自曝隐私"的行为称为主动诉求的行为。事实上,这种主动诉求的行为在现实生活中并不少见,尤其在一些文化名人中,经常有人希望借助这种主动诉求的行为,实现某种个人目的。即使是普通公民,也有不少人愿意"自曝隐私"的。"自曝隐私"行为的增多,改变了新闻媒体名人隐私泛滥的局面,使普通人成为媒体传播的隐私信息的主角,这在短视频传播流行的当今社会表现得尤为明显。必须说明的是,"自曝隐私"的人,有各不相同的目的,他们被曝光隐私后是不会感到精神痛苦的,因此也就不会构成新闻侵害隐私权。新闻侵害隐私权导致的直接后果是受害人的精神损害。因为个人的隐私被公开,受害人会感到恐惧、紧张、不安、羞辱等,而

---

① 张新宝. 隐私权的法律保护 [M]. 北京:群众出版社,2004:220.

"自曝隐私"的人，显然不会产生这些痛苦。"在日常的人际交往中，人们的隐私保护意识已经真实地觉醒，开始有意识地保护自己的隐私，但是，大数据时代人们的隐私保护自觉还比较欠缺，很多人似乎并没有意识到自己在网络上的一举一动产生的数据也属于个人隐私信息，只有当危害发生时才幡然醒悟。"① 智媒时代到来形成的新的传播特点，使一些人并不能清楚地意识到自己的分享行为会构成"自爆隐私"，从而令这个问题将愈加严重，值得高度关注。

在损害事实的认定上，新闻侵害隐私权和新闻侵害名誉权不同，新闻侵害名誉权损害事实的衡量是以客观的、社会主流的道德评价标准作为依据的，也就是说，不以受害人的主观感受作为衡量标准。而新闻侵害隐私权则恰恰相反，损害事实的衡量是以受害人的主观感受为依据的。隐私主体对隐私是否公开，公开后是否对自己的精神造成伤害，凡此等等，都是取决于隐私主体的主观意志。如果一个人认为公开隐私对自己不会造成伤害，对隐私的被披露不存在任何不安和精神痛苦，就不构成新闻侵害隐私权。例如，因在《生活导报》扩版时花十万元广告征婚而闹得沸沸扬扬的青年演员李某青，在其自传体小说《我一直在等你》的封面上，就标上了"自曝隐私、坦露心迹"等字样。她认为"自曝隐私"不会给她带来精神上的损害，这就是我们前面所述的主动诉求的行为。

如果一个公民认为披露自己的隐私会造成自己精神上的痛苦，那么即使这种披露是出于善良的愿望，是褒扬先进，也会构成对公民隐私权的侵害。例如，南京某报在报道一起刑事案件的侦破过程时，将其中的某些细节作了过于详细的描述：南京某大学女学生（真实的校名、姓名、年级等）主动向公安机关报案，使从武汉流窜到南京来躲避追捕的犯罪嫌疑人、该女学生的男朋友被捉拿归案。该女生的举报举动在此之前并不为其他人所知，而该报道的发表，使该女生的隐私权受到侵害，其人身权也处于潜在的危险之中。虽然未闻该女生起诉南京某报及新闻作者的消息，但类似的教训，无疑是值得吸取的。实际上，我们国家对举报人的姓名、身份一直是有保密要求的。该新闻作者在写作这条新闻时，显然忽视了这样一个法律规定。在现实生活中，精神损害和生理上、肉体上的痛苦是密不可分的，精神损害不仅会带来受害人肉体上的疼痛，严重者，甚至会影响到他们的生命安全。

特别需要说明的是，随着智媒时代的到来，整合型隐私成为公民一种新类型的隐私。这种隐私在受到侵害时，可能会导致公民遭受无感伤害。"所谓无感伤害，即侵犯公民隐私权行为客观存在，但隐私主体没有及时感知这种伤害。"② 这就意味着大数据时代，对公民整合型隐私的侵害可能会导致其没有即时产生精神痛苦。但是，这种侵害只是没有被隐私主体"及时感知"，因而没有即时产生"精神痛苦"。

---

① 顾理平，杨苗. 个人隐私数据"二次使用"中的边界 [J]. 新闻与传播研究，2016（9）.
② 顾理平. 无感伤害：大数据时代隐私侵权的新特点 [J]. 新闻大学，2019（2）.

事实上，这种伤害是客观存在的，且因为没有被"及时感知"而致使隐私信息被持续传播，导致隐私主体后续精神痛苦的加剧。

(二) 财产损失

和新闻侵害名誉权所可能导致的受害人财产损失一样，新闻侵害隐私权不一定必然导致受害人的财产损失。这里的财产损失是指受害人因人身受到侵害而造成的经济损失。财产损失是可以计量的。臆想的、虚构的财产损失在法律上是得不到支持的。财产损失分为直接财产损失和间接财产损失。一般情况下，新闻侵害隐私权不会导致直接财产损失，因为隐私权是人格权，直接财产损失源于直接作用于财产权的客体的侵害导致的损失，这两者之间不存在必然的因果关系。但是，在某些情况下，新闻侵害隐私权是会导致公民财产的间接损失的。例如，受害人可能会因为隐私被曝光而被单位辞退；因为隐私被披露不愿多见人而失去生意机会；因为精神受到伤害而致病引发医疗费的增加；等等。受害人财产损失的大小，应以受害人提供的相关证明为依据。

值得注意的是，损害结果的出现应该以侵权行为的存在为直接前提。也就是说，新闻侵害隐私权的行为必然导致受害人精神损害和财产损失，行为人才应该承担相应的法律责任。我们不能把或然的因果关系作为衡量侵权的标准，而应把必然的因果关系作为衡量侵权的标准。财产损失的因果关系，主要是指如果新闻侵害了隐私权导致了财产损失，那么这种财产损失的结果应与新闻侵权行为有一种必然的因果关系。如果没有导致财产损失，这种必然的因果关系当然无从谈起。从前述分析我们可以得知，新闻侵害隐私权的侵害行为直接作用的是人格权而不是财产权，因此，对财产损失之侵害只会是间接侵害而不会是直接侵害。间接侵害导致的财产损失该不该得到赔偿？我们认为，答案取决于未来得到这种财产的可能性的大小。如果得到这种财产的可能性很大，就应该获得赔偿。譬如，该受害人因隐私受侵害失去的正常的工资福利收入，显然就应获得赔偿，因为这种收益是近乎必然的收益。反之，如果得到这种财产的可能性很小，就不该获得赔偿。

四、行为人主观上的过错

新闻侵害隐私权的过错，和侵害名誉权的过错一样，同样分为故意的过错和过失的过错，在绝大多数情况下，新闻记者披露他人的隐私是出于过失。他们主观上并不认为自己报道的内容属于隐私，故没有征得当事人的同意，并且，大多数情况下是出于良好的主观愿望而过失地披露了他人的隐私，构成了对公民隐私权的侵害。

除了过失侵害公民的隐私权，也有一些新闻侵害公民隐私权是新闻作者故意的行为。例如，1996年，比利时摄影师斯特丹·里斯基就刻意曝光了他人的隐私，在世界上产生了广泛的影响。斯特丹专以偷拍名人私生活赚钱。由于其窥探他人隐私的行为激起了越来越多的公愤，名人们也加强了防范，因此，他的目的很难达到。一次，他混进在蒙特卡罗举行的摩纳哥王室的盛大宴会以图有所收获，结果被王室的保镖们强行推出，于是，他决心报复。1996年，他借自己朋友的人脉，结识了摩纳哥王国的驸马、二公主斯丹法尼的丈夫达尼埃尔·特里埃，并拍摄他们两人在一座海边别墅的照片，并以200万法郎的价格出售给意大利的《人物》周刊和《夏娃》杂志发表，后又以500万法郎的价格将其拍摄的录像带出售给英国一家电视台播出，最终导致摩纳哥王室宣布斯丹法尼与达尼埃尔离婚。雷尼尔亲王还下令禁止达尼埃尔再出现在摩纳哥的国土上。在这个案件中，侵害他人隐私权的新闻图片的摄影者不仅是故意为之，而且精心设计了圈套，其主观恶意明显。对于刻意通过新闻媒体披露他人隐私的加害者，必须承担更为严重的民事责任甚至刑事责任。这是对其主观恶意的惩罚，也是对受害者一种更为有力的精神救济。

第三节 新闻侵害隐私权的抗辩事由及责任承担

一、新闻侵害隐私权的抗辩事由

（一）保护公共利益

在新闻报道中，如果出于保护公共利益的目的报道了他人的隐私，或者是出于保护公共利益的需要而必须公开他人的隐私，就可以成为新闻侵害隐私权的抗辩事由。在这个时候，个人的隐私已不再是和公共利益无关，而是与公共利益密切相关了。例如，政府官员应当受到人民群众的监督，受到舆论的监督。新闻媒体对违法官员贪污受贿等腐败行为的揭露，不是侵犯其隐私权，而是一种正常的舆论监督，这对一个社会的健康发展是不可或缺的。对他们的财产收入情况规定申报制度，也不是侵害其隐私权。对此，马克思曾经有过一段相关论述："报刊有责任揭示一般的情况，但是我们认为它不应该揭发个别的人；指出个别的人，只有在不这样做就不能防止社会的某种祸害，或者事情在整个政治生活中已经公开，因而揭发一词在德文中已完全失去原意的时候，才是必要的。"① 这段论述说明，如果不揭露"个别的人"的情况可能会祸害社会时，那么这种"个别的人"的情况（隐私）就不属于不应公开的个人私事。也就是说，这个时候，报刊对这种个人隐私的报道，不构成

---

① 马克思，恩格斯. 马克思恩格斯全集：1卷[M]. 中共中央马克思恩格斯列宁斯大林著作编译局，编译. 北京：人民出版社，2001：212.

对公民隐私权的侵害。当然，这里所指的"公民"主要是指掌握了某种权力的政府官员。如果不是掌握某种权力的"公民"，而是一个普通的公民，只要他的隐私构成了对公共利益的侵害，那么，他的隐私权就不再受到法律的保护。例如，一个小偷偷盗电缆的行为被其视作"隐私"——他当然"不愿为他人知晓"，但这种行为不受法律保护。

除了一般公民个人的隐私与公共利益有关，一般而言，公共利益与公众人物也是经常相关的。重要的政府官员作为公众人物，他们的隐私和社会的公共利益密切相关，因此，其隐私权的范围就受到限制。许多西方国家学者强调"阳光是最好的消毒剂"，"一般来说，法院认定属政治意义上的人不再是私人意义上的人，第一修正案所确立的价值（自由报道新闻）优先于对隐私权的考量"。[①] 重要政府官员的隐私权之所以应该受到限制，是因为他们的隐私已成为社会政治生活的一部分。例如，只有对重要政府官员的行为背景、财产状况、个人品德、廉政勤政情况有所了解，作为选民的公民才能正确地行使选举权、罢免权等民主权利。这个时候，公共利益的价值已高于公众人物的隐私权。例如，美国总统一向是报刊记者重点关注的对象。1963 年，肯尼迪遇刺后，约翰逊继任总统。他最讨厌记者，把自己比作"一只被猎人追杀的鹿"，被"该死的报界"搅得不得安宁。尼克松言行谨慎，连新闻发布会这样的例行公事也不办。尼克松 1960 年与肯尼迪竞选时，因与记者们交恶而落榜。当上总统后，记者们让卡通画家把他画成一个恶魔；大报小报常披露他的怪癖，甚至还刊登他和夫人的悄悄话。这些东西有许多是毫无根据的，但是，因为他是总统，是公众人物，所以他无计可施。试图把自己装在套子里的尼克松，到头来还是毁在记者手里——在"水门事件"中，他被新闻记者的穷追猛打搅得焦头烂额，最后只得狼狈地下台。在美国，要么放弃部分隐私当总统；要么放弃总统职位保护隐私，这是有志于总统职务的人都要面临的两难选择。关于这个问题，马克思、恩格斯曾经有过一段论述：个人隐私一般应受到保护，但当个人私事甚至隐私与最重要的公共利益——政治生活发生联系的时候，个人的私事就已经不是一般意义上的私事，而属于政治的一部分，它不受隐私权的保护，应成为历史记载和新闻报道不可回避的内容。[②]

我国干部管理体制与西方国家相比有许多不同之处，即使在公众人物概念的认定上，也还存在着许多值得研究的问题，因此，不宜简单套用西方国家关于公众人物隐私权限制的全部规定。但是，出于保护公共利益的需要，对他们的隐私权作出必要的限制，对于整个国家的健康发展无疑是十分必要的。我国在 1993 年 8 月 13

---

① 克里斯瑟斯，法克勒，理查森，等. 媒体的良心［M］. 孙有中，郭石磊，范雪竹，译. 北京：中国人民大学出版社，2014：72.
② 张新宝. 隐私权的法律保护［M］. 北京：群众出版社，2004：91.

日颁布的《国家公务员暂行条例》，已对国家公务员中的领导职务和非领导职务作出了初步的界定，那么，可以根据领导干部级别的高低和权力的大小，作出相应的限制：级别越高，权力越大，对公共利益的影响也就越大，其隐私权的限制也就越多；反之，级别越低，权力越小，对公共利益的影响越小，其隐私权的限制也就越小。而非领导职务的人员，其隐私权也受公共利益限制。我们认为，各级政府官员同样要自觉接受新闻媒体的监督。我们讲公众人物的隐私权应该受限制，其前提是判断这种隐私与公共利益的关系。如果因为公共利益而侵害了这些隐私，在一定的范围内应该成为新闻侵害隐私权的抗辩事由。当然，我们需要强调的是，这种被侵害的隐私应与其所履行的职务行为有关。如果是纯私人领域的隐私，与公共利益毫无关系，就必须严加保护。

（二）当事人同意

当事人同意是指新闻报道中的当事人同意将自己的部分或全部隐私加以公布的行为。向他人公布隐私会使公布隐私者受到伤害，但是，当事人在权衡之后，作出了愿意公布的承诺，这样，当事人的这部分隐私权就不再受到法律的保护。这与其说是当事人放弃隐私权，还不如说是当事人行使隐私权。我们在前面论述到隐私权的特征时曾经说过，隐私主体可以行使隐私权，即可以决定是否将隐私公开，是否通过撰写回忆录等方式披露隐私以获得报酬或其他收益。这些行为都属于行使隐私权的行为。新闻报道涉及公民的隐私时也不例外。在新闻报道发表后，受害人认为新闻报道侵害了其隐私权，但只要新闻作者能提供当事人允许发表的证据，就可以成为抗辩事由。如前所述，隐私具有"可公开"性，一切属于隐私的内容，只要经过隐私主体的同意，就可以公开。当然，公开的范围有多大，是否允许新闻媒体公开，应该听从当事人的意见。也就是说，隐私主体有权对隐私公开的范围、内容、限度等作出规定，超过了这些规定，就会构成对隐私权的侵害。

隐私是否公开，或者说，是否行使自己的隐私权，决定权只属于享有隐私权的当事人。也就是说，每个公民只有权公开自己的隐私，而无权公开任何其他人的隐私，即使是父母、兄弟、姐妹、夫妻的隐私等。某法院就曾受理过这样一件新闻侵害隐私权案。刘某丧夫后与丧妻的陈某相爱成婚。胡某采写了一篇通讯，经陈某同意后发表，文章中有刘某与陈某的一段隐私。此时刘某出差在外，对此事一无所知。待刘某看到报道后，即控告胡某侵权。在这里，胡某侵害的正是刘某的隐私权。胡某虽然以正当的方式取得了刘某和陈某的共同隐私，但未经刘某和陈某共同同意，就无权公开，否则就构成侵权。因此，能构成新闻侵害隐私权抗辩事由的，只能是当事人同意。

二、新闻侵害隐私权的责任承担及私了原则

(一) 新闻侵害隐私权责任承担的特殊性

根据《中华人民共和国民法典》第九百九十五条、第九百九十九条的相关规定，新闻侵害隐私权的责任承担方应承担停止侵害、恢复名誉、消除影响、赔礼道歉和赔偿损失等法律责任。但是，新闻侵害隐私权和新闻侵害名誉权相比较还有其自身的特点，在责任承担中应有所体现。这个特点主要表现在"恢复名誉"这一责任承担方式上。

恢复名誉是新闻侵害名誉权的一种十分有价值的责任承担方式。既然新闻作品通过诽谤、侮辱等对名誉主体造成了名誉伤害，那么，只有新闻媒体通过发表"更正""致歉"之类的声明，才可能在与当初侵害大体相当的范围内，给受害者"恢复名誉"。这是因为，原来新闻作品报道的是对名誉主体进行捏造、歪曲的虚假事实信息。但是，隐私本身是真实的事实信息，是当事人不希望为他人所知晓的事实信息。已经通过新闻媒体传播而广为人知的隐私，不可能再要求人们处于"未知"的状态而令受害者免遭损害，因而新闻侵害隐私权应该强调以侵权人停止侵害、赔礼道歉和赔偿损失的方式来承担责任。在新闻侵害隐私权的案件中，不能机械地套用新闻侵害名誉权责任承担方式中"恢复名誉""消除影响"的方式。这是因为这种责任承担方式在侵害隐私案件中缺少可操作性。如果一定适用"恢复名誉"，最大的可能是隐私权在更大的范围内受到伤害，因此，应该考虑在"赔偿损失"上加以补偿。这种赔偿损失可以是经济上的补偿，也可以用其他方式来体现。当然，这样的建议也不是绝对适用的。对某些新闻侵害隐私权案件，也可以适用新闻侵害名誉权案的一般责任承担方式，并可以判决侵权者支付一定的经济赔偿金来补偿受害者的精神损失。在现实生活中已经有了这样的案例。武汉某大学女大学生张某在大学二年级课余时间为一台商进行家教时，结识了台商的朋友曾某炎，并与其确立了恋爱关系。1996年毕业前夕，张某带着曾某炎回老家。张某的父母为稳妥起见，悄悄通过熟人程某友核实曾某炎的身份及家庭情况。同年6月6日的《湖北日报》和1998年6月19日的《襄樊晚报》分别刊出了署名"程某"的文章，文章以"唐琼"为主人公，讲述了张某与曾某炎的恋爱故事，并用了"置学业于不顾，双双游山玩水""他走了，留下将带她赴台定居的承诺""纸包不住火，他只是感情骗子"……张某、曾某炎及张某父母以文章披露了自己的隐私（《襄樊晚报》在文末还注上了"考虑到隐私问题，主人公姓名系虚构"字样）构成侵害为由，将《湖北日报》《襄樊晚报》及作者程某友告上法庭。1999年2月，武汉中院驳回了原告的诉讼请求。但是1999年10月19日，在两报社作出了道歉声明后，湖北省高院判决作

者程某友在上述的报纸再次刊登道歉声明，并赔偿原告精神损失费 1 万元，承担诉讼费用 8200 元。在这个案例中，作者程某友不仅因侵害他人隐私权作出了经济赔偿，还承担了对方的诉讼费用。

(二) 私了原则

私了是指不经过司法程序而解决民事纠纷的一种行为。私了实际上是一种和解行为，即纠纷双方当事人经过调解、协商达成意见一致的和解。在通常情况下，私了方式程序比较简单快捷，因而对于解决隐私侵权案件较为重要，具有特殊意义。

隐私的特征之一是"不愿为他人知晓"。这就要求知道隐私的人越少越好，但是一旦发生公开的纠纷乃至诉讼，此类纠纷和诉讼就很有可能在更大的范围内被报道，使隐私主体受到更大的伤害。例如，上海一名女子在暑期值夜班时，歹徒闯入室内对其进行侮辱和猥亵，并抢去戒指一枚。该女子及家属在报案时仅说了戒指被抢这一情节而隐匿了受辱过程。后来此案告破，某报作了详细报道。报道虽未点出受害者姓名，却提到了真实的单位及该女受辱的细节经过。这产生了十分消极的影响，受害人经常受到议论，丈夫因此要求与其离婚。该女子痛不欲生，只得告到法院。法院经多方调解为该女子换了单位和住所，报社向其赔礼道歉，如此，事件才平息下来。这起诉讼中，报社先是侵害了该女子的隐私权，但该女子状告至法院，又使其这段隐私进一步受到伤害。我们强调私了原则，主要目的是不要因为新闻侵害隐私权案件的审理扩大当事人隐私被他人知晓的范围，防止"二次伤害"的发生。当然，我们强调私了原则时，还是要强调一切依法办事，并力求杜绝侵权案件的发生，只有这样，才能使公民的隐私权得到切实有效的保护。

第十章　新闻侵害著作权和肖像权

新闻侵权是以名誉权和隐私权这两种人格权为主要侵害内容的，除此之外，也会涉及对公民著作权、肖像权、姓名权等权利的侵害，但相对较为少见。新闻传播活动的特点决定了新闻传播一定会经常与著作权和肖像权打交道，公民的著作权和肖像权不仅具有精神权利的特征，同时还具有物质权利的特征，因而，研究对这两种人格权利的保护具有特殊的意义，至于姓名权等公民的其他人格权利，由于在新闻传播活动中鲜被侵害，因此不再专门分析。本章将主要分析新闻侵害著作权和肖像权。

第一节　新闻侵害著作权

新闻传播活动是以智力劳动为特征的，而成果的最终实现形式，是各式各样作品被刊播。在现实生活中，新闻作者和他人围绕著作权问题的纠纷屡见不鲜，其中，有的是新闻作者在自己撰写新闻作品时，侵犯了他人的著作权，有的则是他人侵犯了新闻记者对其所撰写的新闻作品的著作权。总体而言，这种侵权包含了侵权与被侵权两种情况。发生侵权行为后如何调处，如何防止侵权行为的发生等一系列重要问题，必须在相关的法律中加以专门规定。因为目前我国还没有制定新闻传播法，没有对新闻作品的著作权问题作出专门规定，所以，我们以《中华人民共和国著作权法》为核心，探讨新闻侵害著作权问题。

一、新闻作品及其法律保护

（一）作品

作品是著作权法律关系中的客体，是《中华人民共和国著作权法》保护的对象。关于作品的定义，《中华人民共和国著作权法》第三条作了明确规定："本法所称的作品，是指文学、艺术和科学领域内具有独创性并能以一定形式表现的智力成果。"从这条法律规定中我们可以看出，《中华人民共和国著作权法》保护的作品有以下三个特点。

第一，作者创作的作品产生在文学、艺术和科学领域内。这是对作品范围的明确限制。在日常生活中，人们经常会有各种自己得意的"作品"，或者说，每一件劳动产品都是某一个劳动者的"作品"，但并不是所有的劳动产品都是作品。如工人在生产中改进了某项工艺而使劳动效率大幅度提高，教师在教学过程中主动采取了一系列新的教学方法而使学生的学习效率大幅度提高，但如果工人或教师没有将他们的创新以文字或音视频形式展现出来，就不算作品。再如，在商业竞争日趋激烈的今天，许多商家、厂家每每会推出一些颇有创意的促销手法，但如果这些促销手法没有以文字或图案等形式展现出来，同样也不算作品。

第二，具有独创性。独创性是作者拥有著作权的核心要素。独创性强调作者独立自主地表达情感、观点等以完成作品。在这里，"独立自主"是判断独创性的关键所在。作品是作者运用自己的方法和习惯将思想或情感通过文学、艺术形式表达出来。《中华人民共和国著作权法》对作品所表达的思想或情感以及它们的文学、艺术形式，不要求一定是前所未有的。在文学、艺术作品中，思想、观点、情感以及它们的表现形式并不具有排他性和独占性。如《红楼梦》的表现形式是小说，《平凡的世界》《三体》《红与黑》等作品也采用小说形式。很多作品所要表达的思想感情几乎没有本质的区别，但具有独特性。可见，《中华人民共和国著作权法》所保护的对象不是思想或情感本身，而是赋予思想或情感以文学、艺术外观的表达。只要作品是该作者独立完成，而不是抄袭他人的现成之作，即使这些作品相互近似，也被认为具有独创性。

作品的独创性，并不意味着作者在作品中不能借鉴他人的写作技巧，采用他人的创作风格，甚至引用他人作品中的形式和内容，只要符合合理使用的要求，都是法律所允许的，并不妨碍作者对作品享有著作权。事实上，这种借鉴在许多时候甚至是必不可少的。以科学论文写作为例，文献梳理和观点引注几乎是一篇合格论文必不可少的内容，也必须严格遵循规范的格式体例，但这些做法并不会影响一篇独撰论文的独创性。

第三，必须以一定的客观形式表现或固定下来，并能够被复制。这种客观形式包括且不限于文字、语言、符号、音频、视频、线条、造型、色彩，并且人们能通过视觉、听觉等感官感受其存在；相反，如果不能以一定的客观形式表现出来，只是一种内心的思维活动，那么，即使这种思维活动是伟大的创见，也不可能成为受《中华人民共和国著作权法》保护的作品。

另外，受《中华人民共和国著作权法》保护的作品还必须是合法作品，违反我国法律的作品不受《中华人民共和国著作权法》保护。《中华人民共和国著作权法》第四条规定："著作权人和与著作权有关的权利人行使权利，不得违反宪法和法律，不得损害公共利益。"《中华人民共和国宪法》规定，公民有言论、出版等自由，但这种自由的既定前提是具有"合法性"，如果这种言论出版自由违反了我国法律，自然不可能受到法律的保护。不合法的作品在具体内容上主要为反动、淫秽、封建迷信、违反公序良俗的作品，是不利于我国物质文明和精神文明建设的作品。这些作品不仅不能受到我国法律的保护，还应该受到我国法律的追究。

(二) 新闻作品

新闻作品是指新闻记者在新闻传播活动中采写发表的反映新闻事实的作品。从我国新闻作品现有的形式看，新闻作品主要有两类：一类是通过纸质媒体传播的文字作品；另一类是通过电子或数字媒体传播的音频、视频作品或数字作品，另外还有新闻摄影作品等。这些都属于受《中华人民共和国著作权法》保护的作品形式。

《中华人民共和国著作权法》第三条对作品的形式进行了列举："（一）文字作品；（二）口述作品；（三）音乐、戏剧、曲艺、舞蹈、杂技艺术作品；（四）美术、建筑作品；（五）摄影作品；（六）视听作品；（七）工程设计图、产品设计图、地图、示意图等图形作品和模型作品；（八）计算机软件；（九）符合作品特征的其他智力成果。"而《著作权法实施条例》第四条对各种作品的含义进行了明确规定："（一）文字作品，是指小说、诗词、散文、论文等以文字形式表现的作品；（二）口述作品，是指即兴的演说、授课、法庭辩论等以口头语言形式表现的作品；（三）音乐作品，是指歌曲、交响乐等能够演唱或者演奏的带词或者不带词的作品；（四）戏剧作品，是指话剧、歌剧、地方戏等供舞台演出的作品；（五）曲艺作品，是指相声、快书、大鼓、评书等以说唱为主要形式表演的作品；（六）舞蹈作品，是指通过连续的动作、姿势、表情等表现思想情感的作品；（七）杂技艺术作品，是指杂技、魔术、马戏等通过形体动作和技巧表现的作品；（八）美术作品，是指绘画、书法、雕塑等以线条、色彩或者其他方式构成的有审美意义的平面或者立体的造型艺术作品；（九）建筑作品，是指以建筑物或者构筑物形式表现的有审美意义的作品；（十）摄影作品，是指借助器械在感光材料或者其他介质上记录客观物体形象的艺术作品；（十一）电影作品和以类似摄制电影的方法创作的作品，是指摄制在一定介质上，由一系列有伴音或者无伴音的画面组成，并且借助适当装置放映或者以其他方式传播的作品；（十二）图形作品，是指为施工、生产绘制的工程设计图、产品设计图，以及反映地理现象、说明事物原理或者结构的地图、示意图等作品；（十三）模型作品，是指为展示、试验或者观测等用途，根据物体的形状和结构，按照一定比例制成的立体作品。"在这里，虽然没有明确新闻作品中的文字作品和音频、视频作品，但对照作品的定义，我们完全可以看出新闻作品是符合《中华人民共和国著作权法》保护的作品的定义的。文字作品是我国新闻作品最为常见的形式，我国的报刊主要以文字作品来传递新闻信息。音视频作品则为我国网络、广播电视常见的作品。而口述作品、摄影作品也在我国新闻传播过程中发挥着独特的作用。

(三) 新闻作品的法律保护

一般的新闻作品同样具备《中华人民共和国著作权法》规定的作品的特征。首先，新闻作品产生在文学、艺术和科学领域。这里的文学领域中并不仅含诗歌、戏剧、小说、散文等艺术形式，同时，自然还包括通讯、消息、报告文学等新闻作品。新闻作品是和文学相关的一种社会科学方面的作品。其次，新闻作品具有独创性。对于新闻作品的独创性问题，有人提出过不同的看法，认为新闻作品不会有或者不能有独创性。这是一种错误的看法。新闻事实本身是一种客观存在，它不能被任意构思杜撰，从这一点来说，其不能有独创性。但是，新闻作品不是新闻事实本身，而是反映新闻事实的作品，如何反映事实，如怎样开头和结尾，怎样组织新闻素材等，都是具有十分明显的独创性特征的，否则，我们就难以理解，面对同样的新闻事实，为什么有的新闻记者会写作出传世的获奖作品，而有的新闻记者却只能写出很平庸的新闻。在这里，起决定性作用的正是独创性。再次，新闻作品是智力创作成果，对于这一点，应该不会有什么疑义。新闻作品是新闻记者通过高度的智力思考创作而成的，有些优秀的新闻作品如《包身工》《谁是最可爱的人》《党的好干部焦裕禄》等，本身就是优秀的文学作品，其呈现出的感人的艺术魅力，正是这些新闻记者复杂智力劳动的结晶。最后，新闻作品有一定的表现形式。从新闻作品的客观要求看，新闻作品必须被传播，不传播就不能成为新闻，而要实现传播就必须借助有形的形式，否则，受众就无法接收这种传播的信息。

从对新闻作品的以上特点的分析中我们可以得出结论：新闻作品是符合《中华人民共和国著作权法》规定的作品的要求的，因而，它是著作权的客体，应该受到《中华人民共和国著作权法》的保护。

二、新闻记者和新闻媒体的著作权

(一) 著作权和新闻作品著作权

1. 著作权

著作权也称版权，是法律赋予创作文学、艺术和科学作品的作者的专有权利。著作权是以民事权利的形式出现的，因此，它具有民事权利所应具备的一切特征。"著作权法以权利为核心，只规定权利人所享有的权利，权利人以外的其他人都是义务人。义务人以不作为保证权利人权利的实现，任何人都不得侵害著作权人所享有的权利,这一点与专有权的本质特征一致,因而著作权属于专有权、绝对权。"[①]著作权是一种知识产权,和物权、债权、人身权并列为民事权利的四大类型。著作权和其他知识产权一样,具有排他性、时间性和地域性的特征。所谓排他性,是指这种权利为权利人专用,其他人不得擅自行使。所谓时间性,是指这种权利都有一定的保护期,过了保护期,作品便进入了公有领域。所谓地域性,是指这一权利只有在相应的领域内才产生效力。简而言之,著作权是作者享有的一种专有权利。

著作权的内容主要包括人身权和财产权两个方面。所谓人身权,是指与人身不可分离而又没有直接的经济内容的权利,包括发表权、署名权、修改权和保护作品完整权四项。需要说明的是,发表权是指"决定作品是否发表的权利",因而作者的作品发表和不发表都受《中华人民共和国著作权法》保护。署名权则指"表明作者身份,在作品上署名的权利",是否署真名或署不署名,均受《中华人民共和国著作权法》保护。所谓财产权,是指作者或其他著作权所有者享有的转让、授权或许可他人以复制、表演、播放、网络传播等方式使用其作品并由此获得报酬的权利。这种权利主要包括使用、收益和转让的权利。作者通过使用作品,可以获得相应的报酬。例如作者发表作品后,可以获得相应的稿酬。在这里,著作权又具有了财产权的性质。这是著作权区别于名誉权、隐私权等其他人格权的一大特点。

2. 新闻作品著作权

新闻作品著作权是指作者创作完成新闻作品后所享有的和新闻作品相联系的专有权利。新闻作品著作权是著作权利中的一种普通权利,和其他作品的构成要素一样,新闻作品同样是具有独创性并能以一定有形形式重复刊播的智力创作成果,它独有的特点在于以下几点。第一,这种作品产生于新闻传播活动之中。新闻记者创作的新闻作品产生于新闻传播活动之中,这是没有疑义的。非专业新闻记者创作新闻作品,表面上看,他们从事的是以非新闻传播活动为特征的自由撰稿工作,但实际上,这种"自由撰稿工作"同样具备了新闻传播活动的相应要素,仍然是一种"新闻传播活动"。第二,作品是新闻作品而不是其他作品。根据《中华人民共和国著作权法》关于作品的定义,作品的种类有多种,但我们这里讲的作品是专指"新闻作品",其他具有"新闻作品"的某些特征但不属于"新闻作品"的作品,不在我们讨论的范围之内。第三,新闻作品是具有强烈时效性的以传递信息为目的的作品。任何作品一旦形成都可能传递信息,但其传递信息的目的性并不十分显著。同时,和其他作品相比较,新闻作品的时效性是最强的,时效性的强弱是决定新闻价值大小的一个重要因素。

作者是新闻作品著作权的主体,但并不一定是唯一主体。关于作品著作权的主

---

① 金眉,张春莉,蔡体法. 著作权法原理[M]. 南京:南京大学出版社,1994:5.

体,《中华人民共和国著作权法》规定,著作权人包括:作者;其他依法享有著作权的公民、法人或者非法人单位。根据这一规定,我们认为:新闻作品著作权的主体主要有两个,即新闻记者和新闻媒体。在有关新闻作品著作权问题上,普通新闻作者和专业新闻记者的主体地位是相同的,因为他们同样创作了新闻作品,所创作的新闻作品同样通过新闻媒体发表,因此,我们将普通新闻作者和新闻记者放在一起来讨论他们的主体权利。另外,我国的新闻媒体一般都属于法人单位,即使有非法人单位的新闻媒体,在《中华人民共和国著作权法》中,它们的主体地位和法人单位也是相同的,因此我们也不再加以细分讨论。

随着智媒时代的到来,著作权主体的情况也在发生变化。其中最有代表性的是智能机器人生产的作品的著作权问题。随着智能技术的快速发展,智能机器人生产的作品的著作权归谁所有一直是一个有争议的话题,现有的判例一般认为归机器人所属的法人或法人组织所有,但未来发展如何,值得关注。

(二) 新闻记者的著作权

1. 新闻记者对职务行为产生的新闻作品享有著作权

在《中华人民共和国著作权法》保护的作品中,作者的作品大多为非职务作品,也就是说,作者创作作品不是为了完成本单位的工作任务。而新闻作品却不同,绝大多数新闻作品都是新闻记者创作的职务作品。因此,我们要探讨新闻作品中新闻记者的主体权利,必须首先探讨《中华人民共和国著作权法》中职务作品的著作权的归属。也就是说,新闻记者创作的新闻作品作为职务作品,其著作权归谁所有?

《中华人民共和国著作权法》第十八条第一款规定:"自然人为完成法人或者非法人组织工作任务所创作的作品是职务作品,除本条第二款的规定以外,著作权由作者享有,但法人或者非法人组织有权在其业务范围内优先使用。作品完成两年内,未经单位同意,作者不得许可第三人以与单位使用的相同方式使用该作品。"第二款规定:"有下列情形之一的职务作品,作者享有署名权,著作权的其他权利由法人或者非法人组织享有,法人或者非法人组织可以给予作者奖励:(一) 主要是利用法人或者非法人组织的物质技术条件创作,并由法人或者非法人组织承担责任的工程设计图、产品设计图、地图、示意图、计算机软件等职务作品;(二) 报社、期刊社、通讯社、广播电台、电视台的工作人员创作的职务作品;(三) 法律、行政法规规定或者合同约定著作权由法人或者非法人组织享有的职务作品。"根据上述法律规定可以看出,职务作品具有以下三个特征。第一,创作作品的主体是与单位存在劳动法律关系的公民。这里的"公民"应指本单位的在职工作人员。《现代汉语词典》(第七版) 对"职务"一词这样定义:"职位规定应该承担的工作。"例如医院规定医生为病人治病、商店规定营业员为顾客服务、工厂规定工人生产劳动产品等。非本单位工作人员不会具有职务要求，也无此义务。第二，创作作品的具体内容由职务作者决定。法人或非法人单位虽可将某一作品的初步设想当作工作任务要求职务作者完成，但作品具体的内容只能由职务作者自己完成。这样的作品会反映职务作者的个性意志和其独创性劳动，因此，《中华人民共和国著作权法》对与其相关的权益也给予了保护。第三，创作此作品是职务作者在单位的"工作任务"。职务作者只有在本单位的"工作任务"范畴之内，才有创作职务作品之可能与职责。应当注意的是，法律并没有规定在本单位的"工作时间"之内创作的作品都是职务作品，也就是说，"工作时间"并不是职务作品成立的唯一要件。

职务作品在其形式上可以分成两大类。第一类是一般职务作品，即著作权由职务作者享有的作品。这种职务作品的产生是职务作者完成自身工作任务的必然结果。但作者在完成工作任务时主要不是利用单位的物质技术条件，也不要求单位承担责任。在这个过程中，职务作者享受法人或非法人单位提供的时间、资料、福利待遇等。第二类是特殊职务作品，即职务作者除享有署名权，著作权的其他权利归法人或非法人单位享有。这种职务作品又分两种。(1) 单位提供物质技术条件并承担责任的职务作品。这种作品有两个要求：职务作者主要利用了单位的物质技术条件；职务作者创作的职务作品其责任由单位承担。(2) 依法规定或合同约定由单位享有除署名权的著作权的职务作品。从现实情况看，由新闻媒体享有著作权的新闻作品主要是代表新闻媒体发声的社论、特约评论等。例如，《人民日报》会发表署名为"任仲文"（《人民日报》重要评论的谐音缩写）的重要评论，这样的作品代表了报社的态度和意见，其著作权应由人民日报社享有。

2. 新闻记者对创作的非职务要求的新闻作品享有著作权

专业新闻记者主要为新闻媒体创作职务要求的新闻作品，这是一种十分正常的新闻活动。但有的时候，有些新闻记者也会创作非职务要求的新闻作品。这主要有三种情况：第一，该记者在完成本单位工作任务的前提下，尚有余力创作其他新闻作品，以提供给非本人所隶属的新闻媒体发表；第二，该记者创作的新闻作品不被本单位刊播或不适宜被本单位刊播，于是转而被投送其他新闻媒体并获刊播；第三，该记者有可能创作文学作品等其他作品，因为其属于"非新闻作品"，所以在此我们不作讨论。新闻记者非职务行为创作的新闻作品，其作品著作权的归属应该说是很清晰的，那就是该记者享有该作品的著作权。在这里，新闻记者实际上就是《中华人民共和国著作权法》规定的一般作者，其主体地位类似于一般作者，其作品著作权当然由作者享有。

创作作品的公民是作者，著作权属于作者。作者对作品享有的著作权包括人身权和财产权两个方面。人身权包括发表权、署名权、修改权和保护作品完整权。对于《中华人民共和国著作权法》规定的由作者享有的这些权利，非职务行为创作新闻作品的新闻记者无疑是应该完全同样享有的。我们在讨论新闻作品著作权的法律保护问题时，也是从这样一些基本权利出发的。

3. 新闻记者根据委托合同创作的新闻作品著作权由合同约定

一般情况下，新闻记者创作新闻作品是一种自主行为，属于职务作品但不属于委托作品，但也有一些例外，即新闻记者根据委托合同创作的新闻作品。对于委托作品的著作权问题，必须由委托合同作出明确的约定。在一般情况下，新闻作品是不以委托作品的形式出现的。但是，一旦出现委托创作新闻作品的情况，只要在委托合同中作出明确约定即可；不作约定的，则根据《中华人民共和国著作权法》第十九条的规定，作品的著作权归受托人所有："受委托创作的作品，著作权归属由委托人和受托人通过合同约定。合同未作明确约定或者没有订立合同的，著作权属于受托人。"

（三）新闻媒体的著作权

1. 新闻媒体对汇编作品的整体享有著作权

新闻记者对单独的作品如一条新闻、一篇通讯、一篇评论等享有著作权。但是，新闻媒体不可能单独为一位记者的一篇新闻出版一期报纸或期刊，而是必须根据自身的需要进行编辑，行使汇编权。所谓汇编权，是指汇编人根据特定要求选择若干作品或者作品的片段汇集编排成为一个完整作品的行为。《中华人民共和国著作权法》第十五条规定：汇编作品"其著作权由汇编人享有，但行使著作权时，不得侵犯原作品的著作权"。从这条法律规定中我们可以看出，汇编作品具有这样几个特征：第一，汇编作品的整体著作权归汇编人享有；第二，对于汇编作品中可以单独使用的部分，其著作权归单独使用部分的著作权人所有。

根据汇编作品的上述特征，我们可以得出这样的结论：新闻作品的整体著作权归新闻媒体所有，也就是说，作为汇编人的新闻媒体，对每一期报纸或杂志，对于电视台、电台播出的每一档节目，享有整体的著作权。需要说明的是，新闻记者向本单位递交根据职务行为采写的新闻作品，普通新闻作者向新闻媒体自由地投递的新闻作品，被认为是同意不授权就可编辑的作品。当然，新闻媒体应该为这些单独作品的作者支付报酬。新闻媒体在编辑作品过程中是有创造性劳动的。"作为一个整体的版面，在编排稿件时，讲究突出主题，明确报道思想，这些都需要创造性劳动，特别是在有些新闻报道中，包含有作者对背景材料的取舍和对事实的分析，是属于创造性智力劳动，应该受到《中华人民共和国著作权法》保护。"[1]

需要说明的是，对于编辑作品中可以单独使用的作品，如具体的一篇新闻或一

---

[1] 戴建志. 合作作品的著作权 [M]. 北京：法律出版社，1998：79—80.

幅新闻照片等，其著作权归这些作品的作者即新闻记者或普通新闻作者所有，新闻媒体不能借口对新闻作品享有整体著作权而剥夺新闻记者或普通新闻作者对单独作品著作权的行使。

2. 新闻媒体可以通过委托合同获得单独作品的著作权

关于委托作品问题，《中华人民共和国著作权法》第十九条有相应的规定："受委托创作的作品，著作权的归属由委托人和受托人通过合同约定。合同未作明确约定或者没有订立合同的，著作权属于受托人。"受他人委托而创作的作品是委托作品。这类作品有以下几个方面的特点。（1）委托作品是因委托合同的成立而产生的。这里的委托合同可以指向特定的对象，也可以指向非特定的对象。（2）受托人能完成委托人交付的创作作品的任务。不能完成的，则合同不能成立。（3）委托人对委托作品的内容和形式负责。（4）委托人应向受托人支付报酬。"在国外，大多数国家采用了雇佣作品的概念，就是将创作作品的人与需要作品并为之支付创作报酬的人之间的关系，视为一种雇佣关系，即雇员与雇主的关系。实质上，这与我国的委托作品和职务作品从作品产生的方式上看是大致相同的，只是已更加强调用金钱购买劳动力的特点，带有较强的经济色彩，是一种临时的劳务关系。"① 委托作品的财产权可以通过合同实现转移，但著作权是以人身权的存在为前提的，人身权是不能随合同转移的。因此，在习惯性的做法中，委托人是通过合同取得受托人创作的委托作品的著作权的，而受托人也是愿意根据委托人的合同要求转移其著作权的。一般情况下，作者是根据自己的个性特征、爱好等来创作作品的，其作品体现了创作者的情感和意志，著作权理应归作者所有。但是，在委托作品的创作中，作者的创作意志受到了委托人的限制，作者必须根据委托人的意志和要求去创作作品，因而其创作的作品不一定全部反映作者的思想，而只能表现作者的独特构思和写作技巧。在这种情况下，委托人与受托人之间可以设定著作权转移的权利义务关系。但必须注意，著作权的转移不是自然包括在委托合同中的，而是必须在合同中写明的条款。

新闻单位可以通过委托合同，获得受委托创作的新闻作品的著作权。新闻单位创作的委托作品，一般会以社论、特约评论员文章、编者按等形式出现。这些作品代表着新闻媒体的主导思想，其导向作用十分明显，因此，新闻媒体在约请作者创作这些作品时，往往会给这些作者提出如下一些明确的要求并承担相应的责任。第一，作品表达的思想必须代表编辑部的意志。虽然作者在创作过程中，可以根据自己的行文习惯、表达风格等构思文章，但中心思想必须代表新闻媒体的意志。在相当多的情况下，新闻媒体会直接给作者明确这种中心思想。第二，新闻媒体承担这

---

① 戴建志. 合作作品的著作权 [M]. 北京：法律出版社，1998：50.

些作品所产生的责任。由于作品代表了新闻媒体的思想和意志，因此，这些作品的责任不是由作者承担，而是由新闻媒体承担。第三，新闻媒体为作者提供相应的物质条件，这些物质条件包括创作场所、文字图片资料和创作经费等。因此，这样的作品个人色彩已经相对淡薄了。同时，从作者的署名看，这些作品往往署着"社论""本台评论员""编者按"等字样，根据《中华人民共和国著作权法》第十二条的规定："在作品上署名的自然人、法人或者非法人组织为作者，且该作品上存在相应权利，但有相反证明的除外。"其著作权归属新闻媒体的特色也非常明显。

3. 新闻作者和新闻媒体以外的任何人都不能获得新闻作品的著作权

与一般作品相比，新闻作品所产生的作用十分独特。从新闻作品的产生看，从具体的执行编辑到最终的审稿人，都有可能决定一篇新闻作品的"生死"。很多时候，新闻源提供的报道线索也可以直接决定一篇有影响的新闻能否产生。从新闻作品的作用看，新闻作者传递的信息，有可能迅速对社会和个人产生十分重大的影响，这是其他作品无法比拟的。也就是说，新闻作品的产生凝结了无数人的劳动和心血。这些为新闻作品生产和发表付出心血的人是否应享有著作权呢？答案是否定的。《中华人民共和国著作权法》第十一条明确规定："著作权属于作者，本法另有规定的除外。创作作品的自然人是作者。"由此可见，虽然上述诸多人员都为新闻作品付出了劳动，但由于他们没有参与新闻作品的创作，也没有在作品上署名，因此，他们不具有新闻作品著作权的主体资格，当然也就不能享有著作权。

三、若干特殊的著作权问题

(一) 单纯事实消息的著作权问题

《中华人民共和国著作权法》第五条规定："本法不适用于：（一）法律、法规，国家机关的决议、决定、命令和其他具有立法、行政、司法性质的文件，及其官方正式译文；（二）单纯事实消息；（三）历法、通用数表、通用表格和公式。"这就意味着"单纯事实消息"不是《中华人民共和国著作权法》所规定的"作品"。这是因为新闻本身要求广泛传播，无论是新闻工作者还是受众对此的看法是一致的。《中华人民共和国著作权法》对"单纯事实消息"作出"不适用"的规定，有促进传播的目的，但这不是立法的目的。立法的目的在于明确"单纯事实消息"不是"作品"。《中华人民共和国著作权法》第三条即明确了"本法所称的作品，是指文学、艺术和科学领域内具有独创性并能以一定形式表现的智力成果"。这里包括三个要件：（1）独创性，即作者带有个性特点的独立的有创意的构思创作；（2）可复制性，即在离开作者本人的情况下，其作品仍能被别人感知和获得；（3）是智力创作成果。众所周知，劳动成果有体力劳动成果和智力劳动成果之分。能被称作"作品"的成果必须是智力劳动成果，这种劳动是一种智力上的创造性行为和过程。对这一点，我们在前面已有比较详细的论述。从"单纯事实消息"的特点看，它能满足"可复制性"和是"智力成果"两个要件，却难以满足"独创性"的要求。"独创性"要求作者有独立的构思和创意，有自己独特的感情表达方式，有独立的个人风格。但从"单纯事实消息"的写作要求看，它仅仅是一些新闻要素的比较简单的组合，难以满足独创性的要求。因此，"单纯事实消息"不是《中华人民共和国著作权法》所规定的作品，不能成为著作权的客体。

值得说明的是，在《中华人民共和国著作权法》修订前，"单纯事实消息"是以"时事新闻"的形式出现的，因而引发了较大争议。本书1999年初版时，笔者曾将"时事新闻"区分为广义的"时事新闻"和狭义的"时事新闻"——专指"单纯事实消息"，并建议"在以后的法律修订中加以完善"。现在《中华人民共和国著作权法》将"时事新闻"明确为"单纯事实消息"，显然更为准确，也减少了争议，这是令人高兴的。

如何理解《中华人民共和国著作权法》关于"不适用"的内涵。有人片面地认为"不适用"就是不受法律保护，这种理解是完全错误的。"不适用"《中华人民共和国著作权法》，并非意味着"不适用"任何法律。依照民事权利保护的一般规定，有特别法保护的应当首先考虑适用特别法，没有特别法保护的，则可以考虑适用普通法保护。对于"单纯事实消息"的民事权利保护，完全可以适用《中华人民共和国民法典》第三条的规定："民事主体的人身权利、财产权利以及其他合法权益受法律保护，任何组织和个人不得侵犯。"在这个问题上，公民的相关民事权利如"单纯事实消息"报道者的姓名权不能被侵害，报道内容不应受到歪曲，报道者在采访、撰写乃至送发稿件的过程中，付出了相应的劳动，应该获得相应的报酬（稿酬），凡此种种，必须依法得到保护。

（二）关于因创作新闻作品而使用他人作品问题

作品的使用权是作者的一项基本权利，除《中华人民共和国著作权法》规定的"合理使用"情况，任何人都不能随意侵害。记者在创作作品时，若要使用他人的作品，必须同样遵守《中华人民共和国著作权法》的有关规定。《中华人民共和国著作权法》第二十四条规定："在下列情况下使用作品，可以不经著作权人许可，不向其支付报酬，但应当指出作者姓名或者名称、作品名称，并且不得影响该作品的正常使用，也不得不合理损害著作权人的合法权益……（三）为报道新闻，在报纸、期刊、广播电台、电视台等媒体中不可避免地再现或者引用已经发表的作品。"从这条规定中我们可知，创作新闻作品时合理使用他人作品需满足如下条件：（1）新闻记者为创作新闻作品可以引用他人的作品，但必须加以注明；（2）引用他人作品是不可避免的行为，也就是说，不引用他人作品就不能很好地完成新闻报道的任务；（3）引用他人的作品必须是他人已经发表的作品，未经作者同意，不能引用他人未发表的作品；（4）这种引用必须适度，一般情况下，所引用的他人的作品的内容不能成为自己创作的新闻作品的主体部分。

在创作新闻作品时可以合理使用他人作品，这也是受到一些国际公约保护的。《保护文学和艺术作品伯尔尼公约》（简称《伯尔尼公约》）是世界上第一个国际版权公约，于1886年9月9日在瑞士首都伯尔尼签订。到1993年12月，《伯尔尼公约》已有成员国92个，我国已签署了《伯尔尼公约》。《伯尔尼公约》第十条第一款规定："从一部合法公之于众的作品中摘出引文，包括以报刊提要形式引用报纸期刊的文章，只要符合合理使用，在为达到目的的正当需要范围内，就属合法。"第十条之二第一款还规定："本同盟各成员国的法律得允许通过报刊、广播或对公众有线传播，复制发表在报纸、期刊上的讨论经济、政治或宗教的时事性文章，或具有同样性质的已经广播的作品，但以对这种复制、广播或有线传播并未明确予以保留的为限……"世界上许多国家都对这种合理使用进行了保护。如日本《著作权法》第四十一条规定，通过摄影、广播或者其他方法报道时事时，对构成该事件的著作物或在该事件过程中所见、所闻的著作物，出于报道目的，在正当范围内，可以进行复制并可在报道该事件时使用，但应注明出处。匈牙利《著作权法》第十九条规定，只要注明出处，允许复制包含事实和消息的通讯报道；允许使用公开会议和公开讲演的内容，但是出版讲演的汇编本应取得作者同意。该条还规定，允许报纸、期刊、广播、电视在指明作者出处和作者姓名的情况下，复制有新闻价值的经济和政治性文章，只要最先发表的这些文章未排除此类复制。该法第二十条规定，新闻纪录片以及在广播和电视新闻节目可以传播的与时事有关的作品，其传播程度应与传播的场合相称，在此种情况下，无须指出作者姓名。在《突尼斯样板版权法》里，我们也可见到有关这方面内容的规定，该法第十七条规定，用摄影、电影或向公众传播的方式报道时事，无须经作者同意，即可将上述时事中可见或可闻的任何作品进行复制或使公众得到，但是限于报道消息目的的合理范围。[①]

四、新闻侵害著作权及其法律责任

（一）侵犯新闻作品著作权的行为

和所有作品的作者一样，新闻作品的作者享有《中华人民共和国著作权法》第十条规定的发表权、署名权、修改权、保护作品完整权等17种权利。对这些权利的

---

① 金眉，张春莉，蔡体法. 著作权法原理［M］. 南京：南京大学出版社，1994：129-130.

侵犯都会导致作者著作权受损。

《中华人民共和国著作权法》第五十二条明确了11种著作权侵权行为："（一）未经著作权人许可，发表其作品的；（二）未经合作作者许可，将与他人合作创作的作品当作自己单独创作的作品发表的；（三）没有参加创作，为谋取个人名利，在他人作品上署名的；（四）歪曲、篡改他人作品的；（五）剽窃他人作品的；（六）未经著作权人许可，以展览、摄制视听作品的方法使用作品，或者以改编、翻译、注释等方式使用作品的，本法另有规定的除外；（七）使用他人作品，应当支付报酬而未支付的；（八）未经视听作品、计算机软件、录音录像制品的著作权人、表演者或者录音录像制作者许可，出租其作品或者录音录像制品的原件或者复制件的，本法另有规定的除外；（九）未经出版者许可，使用其出版的图书、期刊的版式设计的；（十）未经表演者许可，从现场直播或者公开传送其现场表演，或者录制其表演的；（十一）其他侵犯著作权以及与著作权有关的权利的行为。"具体到侵犯新闻作品著作权的行为，主要表现为剽窃。剽窃，一般是指以抄袭的方式将他人作品的全部或部分窃为己有，并以自己的名义发表的行为。其中，所侵害的他人的作品既包括他人已发表的作品，也包括他人尚未发表的作品。剽窃的表现形式一般有两种，一种为直接剽窃。这种剽窃形式比较直露，表现为将他人的作品整篇、整章、整段或稍加改动加以抄袭，变成自己的作品发表。这种剽窃形式在辨认上比较容易，例如有人将他人发表的文章，仅将题目更改后就投寄报刊发表；也有人将他人发表的作品保留部分内容，另外增加一些内容后，以自己的名义发表。对这样的作品，在认定剽窃上困难并不是很大。

另外一种为间接剽窃。剽窃者对他人的作品斩头去尾、改头换面，在语句等一些枝节方面进行增减和删改，然后作为自己的作品加以发表。这种形式比第一种形式在手段上更加隐蔽，他人较难发现，因而在认定上有一定的困难。对于这种剽窃行为，在认定的时候必须进行严格的比较鉴别，注重从作品的实质性内容、专门的用语等方面细细加以辨别，才能找到破绽。

在新媒体时代，剽窃行为出现了许多新的情况，其中常见的剽窃行为是洗稿。洗稿是指通过对别人的原创作品进行篡改、删减以掩藏剽窃核心价值部分发表作品的行为。[①] 在早期，洗稿行为主要表现为新闻媒体（网站）通过一系列技术手段对稿件进行多次编辑处理以掩盖其真实来源。随着数字技术的进步和信息需求的增加，一些人开始在利益驱使下，采用多种手段对他人作品实施复杂隐蔽的剽窃行为。洗稿行为最初多发生在文字作品中，随着短视频时代的到来，将他人的视频作品去头掐尾、改换场景人物等的洗稿行为大量出现。与此同时，许多新类型的著作权侵权

---

① 范海潮，顾理平. 自媒体平台"洗稿"行为的法律困境与版权保护［J］. 出版发行研究，2018（11）.

案例也频繁发生。"梦幻写手"是腾讯公司于 2015 年自主开发的一套基于数据和算法的智能写作辅助系统，2018 年 8 月 20 日，腾讯公司主持创作人员使用"梦幻写手"完成标题为《午评：沪指小幅上涨 0.11% 报 2671.93 点 通信运营、石油开采等板块领涨》的财经新闻，并在腾讯公司证券网站上首次发表。文章发表时末尾注明了"本文由腾讯机器人 Dreamwriter 自动撰写"。后腾讯公司发现盈讯公司未经其许可在该文章发表当日复制了该文章，并在运营的"网贷之家"网站公开传播，两篇文章的内容完全相同。腾讯公司认为，盈讯公司的行为侵犯了腾讯公司著作权中的信息网络传播权，且其直接复制涉案文章用于网站获取网络流量、攫取竞争利益，构成不正当竞争行为，因此向法院提起侵犯著作权和不正当竞争之诉，请求法院判令盈讯公司立即停止通过信息网络对外传播该文章，并连续一个月在其官方网站"网贷之家"的首页显著位置刊登改正其侵权行为的声明，消除侵权行为的不良影响，向腾讯公司赔偿经济损失人民币 10,000 元，赔偿腾讯公司因制止侵权行为所支付的公证费和律师费等合理开支人民币 9000 元，并承担本案诉讼费用。2019 年 12 月 24 日，深圳市南山区法院对该案作出判决，认定腾讯公司机器人"梦幻写手"生成的文章具有一定的独创性，涉案文章在由腾讯公司运营的腾讯网证券频道上发布，文章末尾注明"本文由腾讯机器人 Dreamwriter 自动撰写"，其中的"腾讯"署名的指向结合其发布平台应理解为腾讯公司，说明涉案文章由腾讯公司对外承担责任。盈讯公司未经许可，在其经营的"网贷之家"网站上向公众提供了被诉侵权文章内容，供公众在选定的时间、选定的地点获得，侵害了腾讯公司享有的信息网络传播权。由此，法院判决盈讯公司赔偿腾讯公司经济损失及合理的维权费用人民币 1500 元。[①] 从这一个案例中也可以看到，随着智媒时代的到来，包括智能机器人作品在内的新类型作品将不断产生，著作权的法律保护必须与时俱进。

在认定某一作品是否存在抄袭行为时，必须注意剽窃和"合理使用"的界限。剽窃是一种为著作权法所禁止的侵权行为，而"合理使用"是著作权法所允许的合法行为。直接剽窃和"合理使用"间当然不存在什么是非界限的混淆问题，在间接剽窃行为中，可能会存在剽窃和"合理使用"界限的模糊。但可以从是否标明了原作者的姓名和原作品的名称等方面来加以仔细辨别。另外，还可以从引用的目的、引用的数量等方面来加以区别。有的学者在研究了我国台湾处理类似问题的做法后发现，他们的某些做法是值得我们借鉴的：（1）连奇特的标点、符号都相同；（2）仅改动一两个字；（3）文字、内容、书名完全照抄，只有少数文字略加修改；（4）内容、专用名词、大部分文字均相同；（5）绝大部分相同，结构、举例一致；（6）百分之九十相同；（7）误写之处也照抄；（8）略增不相干的文字；（9）抄袭大部

[①] 卢家银. 传播法教学案例精选与评析 [M]. 北京：知识产权出版社，2022：178-179.

分内容，封面、颜色、设计、图案、字形、编排无不相同。

剽窃不仅侵害了著作权人的人身权利，还侵害了著作权人的财产权利，因此，每个国家在其著作权法中，都将剽窃和抄袭行为列为严重的侵权行为而严加禁止。

（二）新闻记者侵犯他人著作权的行为

一方面，新闻记者撰写的新闻作品的著作权可能会受到侵害，另一方面，新闻记者也有可能在撰写作品时侵犯他人的著作权。我们先来看这样一个案例。"黑龙江省第三届宣传中国共产党领导的多党合作和政治协商制度好新闻"颁奖大会在黑龙江省政协礼堂隆重举行，记者何某、栾某波、陈某的电视新闻获二等奖。在颁奖大会上，记者姜某和记者焦某忠惊奇地发现：何某、栾某波、陈某的获奖作品与自己的作品从标题到内容甚至标点符号都完全相同。经过仔细对比、分析，姜某、焦某忠认为，何某等3人的稿件剽窃了他们在《北方时报》发表的作品。姜某、焦某忠向哈尔滨市中级人民法院递交了《民事起诉状》。记者状告记者剽窃作品的案件，在全国尚属首例。法院受理了此案。法院经审理认定，被告剽窃二原告作品并参加评选活动属实，经查，二原告作品不属单纯事实消息性质的时事新闻，因此，被告的行为侵犯了原告的著作权和荣誉权。被告强调该作品得自王某义，是王某义令其参照的，但王某义并非该作品的共同作者，且参照不等于可以原文照抄，因此被告不能免除侵权的责任。哈尔滨市中级人民法院对此案作出宣判：被告立即停止对二原告著作权的侵害；判决生效后十日内在《北方时报》第一版公开向原告赔礼道歉，消除影响，并赔偿二原告精神损失费用及诉讼代理费。在这个案例中，尽管原告和被告分属于纸质媒体和电子媒体，被告是以不同的形式"使用"原告的作品的，但由于侵犯了原告的新闻作品著作权，因此必须承担相应的法律责任。

类似案例的事实是比较清楚的，但也有一些新闻记者的侵权事实比较难以认定。例如，新闻记者经常会采用访谈形式撰写新闻作品。对于访谈作品，尤其是一些专业特色非常明显的访谈作品，被访者所谈的内容常常是作品的主体，这样的作品是访者和被访者共同智力劳动的成果，因为口头作品也受《中华人民共和国著作权法》保护，所以，被访者的著作权必须被保护。对于这类作品，首先，在发表时应征得被采访者同意。尽管我国著作权法规定"为报道新闻"可以不经作者许可而引用他人作品，但这里被引用的作品必须是"已经发表的作品"。被访者在采访时提供的口头作品没有发表，因而引用时应征得其同意。其次，应以适当的方式注明作者。可以在文章上直接署记者和被访者的姓名，也可以在文章中以适当的方式注明。最后，相互间应合理分配报酬。也就是说，如果这类访谈作品是以被访者所谈的内容为主体且获得报酬的，访谈者应该向被访者支付报酬。

(三) 新闻作品侵权行为的法律责任

无论是新闻记者自己的新闻作品著作权受到他人侵犯，还是自己在撰写新闻时侵犯了他人作品的著作权，都会产生相应的法律责任。

《中华人民共和国著作权法》第五十二条对侵权行为的法律责任有专门规定："有下列侵权行为的，应当根据情况，承担停止侵害、消除影响、赔礼道歉、赔偿损失等民事责任：（一）未经著作权人许可，发表其作品的；（二）未经合作作者许可，将与他人合作创作的作品当作自己单独创作的作品发表的；（三）没有参加创作，为谋取个人名利，在他人作品上署名的；（四）歪曲、篡改他人作品的；（五）剽窃他人作品的；（六）未经著作权人许可，以展览、摄制视听作品的方法使用作品，或者以改编、翻译、注释等方式使用作品的，本法另有规定的除外；（七）使用他人作品，应当支付报酬而未支付的；（八）未经视听作品、计算机软件、录音录像制品的著作权人、表演者或者录音录像制作者许可，出租其作品或者录音录像制品的原件或者复制件的，本法另有规定的除外；（九）未经出版者许可，使用其出版的图书、期刊的版式设计的；（十）未经表演者许可，从现场直播或者公开传送其现场表演，或者录制其表演的；（十一）其他侵犯著作权以及与著作权有关的权利的行为。"

另外，《中华人民共和国著作权法》第五十三条还规定："有下列侵权行为的，应当根据情况，承担本法第五十二条规定的民事责任；侵权行为同时损害公共利益的，由主管著作权的部门责令停止侵权行为，予以警告，没收违法所得，没收、无害化销毁处理侵权复制品以及主要用于制作侵权复制品的材料、工具、设备等，违法经营额五万元以上的，可以并处违法经营额一倍以上五倍以下的罚款；没有违法经营额、违法经营额难以计算或者不足五万元的，可以并处二十五万元以下的罚款；构成犯罪的，依法追究刑事责任：（一）未经著作权人许可，复制、发行、表演、放映、广播、汇编、通过信息网络向公众传播其作品的，本法另有规定的除外；（二）出版他人享有专有出版权的图书的；（三）未经表演者许可，复制、发行录有其表演的录音录像制品，或者通过信息网络向公众传播其表演的，本法另有规定的除外；（四）未经录音录像制作者许可，复制、发行、通过信息网络向公众传播其制作的录音录像制品的，本法另有规定的除外；（五）未经许可，播放、复制或者通过信息网络向公众传播广播、电视的，本法另有规定的除外；（六）未经著作权人或者与著作权有关的权利人许可，故意避开或者破坏技术措施的，故意制造、进口或者向他人提供主要用于避开、破坏技术措施的装置或者部件的，或者故意为他人避开或者破坏技术措施提供技术服务的，法律、行政法规另有规定的除外；（七）未经著作权人或者与著作权有关的权利人许可，故意删除或者改变作品、版式设计、表演、录音录像制品或者广播、电视上的权利管理信息的,知道或者应当知道作品、版式设计、表演、录音录像制品或者广播、电视上的权利管理信息未经许可被删除或者改变,仍然向公众提供的,法律、行政法规另有规定的除外;(八)制作、出售假冒他人署名的作品的。"

第二节　新闻侵害肖像权

公民的肖像权同公民的名誉权和隐私权等一样,也是受我国法律保护的公民的重要人格权。在新闻传播活动中,新闻媒体和新闻记者对肖像权有一个比较清晰的概念认知,因此,这种权利受到侵害的概率相对要小一些;但是,概率的降低并没有最终消除此类侵权行为,因此,我们有必要对这种新闻侵权行为进行讨论。

一、肖像权和新闻侵害肖像权

(一) 肖像

肖像最初是作为造型艺术的专门概念而存在的,时至今日,肖像依然在艺术院校和艺术专业学生的专业学习中具有十分重要的地位。随着文明程度的提高和权利意识的增强,人们逐渐意识到,肖像不仅仅是一个造型艺术概念,更是一个和自己的人格权利密切相关的法律概念。肖像的法律地位最早是在1876年德国颁布的《美术著作之著作权法》和《不法模仿之照相保护法》中得到初步确定的,随后逐步得以巩固。就法律意义而言,我们认为,所谓肖像,是指自然人的外在形象通过特定的客观载体得以再现的视觉形象。《中华人民共和国民法典》第一千零一十八条规定:"肖像是通过影像、雕塑、绘画等方式在一定载体上所反映的特定自然人可以被识别的外部形象。"

肖像具有以下一些特点。第一,肖像是自然人的外在形象。肖像是对自然人形象的一种客观表现,通过这种形象,人们可以对特定的自然人进行确认。鉴于这样的特点,有学者将肖像定义为"公民以面部为中心的形态和神态的客观表现形式"。之所以强调"以面部为中心",是"因为人的面部特征最能直观、准确地反映一个人的形象和神态"。[①] 我们认为这种观点是十分有价值的。人的外在形象多种多样,唯有脸部最具有指向性特征。一个人的背面、侧面可能和他人极其相似,但脸部极其相似者却较为少见(双胞胎、多胞胎除外)。第二,肖像要通过一定的物质载体加以表现。人的肖像是一种客观存在,但这种客观存在必须借助一定的载体才能表

---

① 张新宝. 中国侵权行为法 [M]. 2版. 北京:中国社会科学出版社,1998:296-297.

现出来。缺少相应的载体，这种存在是无法想象的。目前，比较常见的物质载体有照片、视频、电影、绘画、雕塑等。这一特点使公民的肖像与公民的名誉、隐私等区别开来。公民的名誉、隐私等是无法通过一定的物质载体表现出来的。第三，肖像是自然人专有的视觉形象。肖像是一种视觉形象，通过这种视觉形象，人们可以清楚地知道这种视觉形象所指向的是专门的自然人而不是普遍意义上的自然人。特定自然人的肖像可以把自己和他人区别开来。与之相对应，艺术家面对非真人人体模特而创作的人像之所以不是法律意义上的肖像，是因为这种人像不是特定的自然人。

肖像作为一种"脸面"，在历来重视面子的中国社会具有十分重要的意义。人的尊严需要通过对面子的有效维护来实现。面子在中国文化中具有举足轻重的意义。"'面子'一直是任何一个在中国生活过的人或接触过中国人的人都能感受到的一种文化心理现象。"19世纪末，美国传教士明恩溥（A. Smith）在其轰动西方一时的著作《中国人的特征》中把面子看作"中国人性格的第一特征"；德国社会学家马克斯·韦伯（M. Weber）在《儒教和道教》一书中指出，"儒家所强调的面子，会导致人们普遍的信任感和所有的企业活动的产生"①。林语堂则认为命运、恩典和面子是统治中国的"三大女神"，而面子"比之命运、恩典，更有势力，而比之宪法更见重视"②。翟学伟认为："真正可以用来概括、描述和分析中国人性格和关系的重要概念之一，便是中国人常用的'脸面'一词。只有提示它的内涵与外延，才算触及了中国人心理与行为的关键。"③ 他对脸面的定义是："脸是一个体为了迎合某一社会圈认同的形象，经过印象整饰后所表现出的心理与行为，而面子是这一业已形成的形象在社会圈人的心目中所产生的序列地位，也叫作心理地位。"④ 这些研究者的观点从一个侧面说明了面子的重要价值。其实，对面子的这种态度并非中国人特有。对尊严和面子问题有过深入研究的哈佛大学唐娜·希克斯（Donna Hicks）博士在研究美国人的社会心理后指出："保留脸面的诱惑就像或战或逃的本能反应一样强大，但是我们或许从来不会意识到这种诱惑对自身而言有多么自然，也不会意识到想要在别人眼里保持良好形象的冲动对自身而言又有多么强烈。"⑤ 美国斯坦福大学的一位研究员则从另一个角度来说明自己的观点："许多情况下，政治领导人之所以能发动追随者，是因为人们认为该群体的尊严被冒犯、被贬低、被忽视了。这种怨恨唤起该群体对尊严得到公开承认的渴求。比起单纯追逐经济优势的人，渴

---

① 翟学伟. 人情、面子与权力的再生产 [M]. 2版. 北京：北京大学出版社，2013：154.
② 林语堂. 吾国与吾民 [M]. 西安：陕西师范大学出版社，2006：190.
③ 翟学伟. 人情、面子与权力的再生产 [M]. 2版. 北京：北京大学出版社，2013：153.
④ 翟学伟. 人情、面子与权力的再生产 [M]. 2版. 北京：北京大学出版社，2013：158.
⑤ 希克斯. 尊严 [M]. 叶继英，译. 北京：中国人民大学出版社，2016：142.

望恢复尊严的受辱群体怀抱的情感更有分量。"① 这种情况意味着，一旦尊严或面子受损，无论是作为单独的个体还是作为群体中的个体，都会采取比较激烈的反应维护面子。因此，肖像对于公民而言具有特殊重要的价值。

（二）肖像权

肖像权是指公民对自己的肖像所享有的使用、许可他人使用的权利。作为一种人格权利，肖像权包括精神权利和物质权利两个方面。就具体内容而言，肖像权主要包括制作权、使用权和利益维护权。

1. 制作权

制作权即公民享有的通过相关手段，在一定的物质载体上把自己的外在形象重现出来的权利。制作权是每个公民的合法权利，是对自己肖像权的一种具体行使权利。肖像只有通过一定的物质载体显现出来才具有法律意义，是否要实现这种重现是由肖像人（公民）自己决定的，如果未经他人同意而擅自制作他人的肖像，便是对他人肖像权的侵害。

2. 使用权

使用权即公民可以使用自己肖像的权利。公民通过一定的物质手段将自己的形象再现出来后，可以自己拥有，也可以赠送给他人。使用权包括自己使用和许可他人使用两个方面。例如，公民可以将自己的照片放在家中自我欣赏，也可以让他人共同欣赏，还可以将照片赠予他人。这种使用的方式是自己使用。公民还可以将自己的照片投送给报刊发表，或允许摄影图片社、有意使用自己照片的厂商作为广告照片使用，这是行使许可他人使用的权利。

3. 利益维护权

利益维护权即公民对自己的肖像进行保护的权利。这种维护一是表现为未经本人许可，禁止他人擅自使用自己肖像的权利。未经同意而擅自使用他人肖像是一种侵权行为。二是表现为禁止他人歪曲使用自己的肖像。即使肖像人允许他人使用自己的肖像，但这种允许一般总是和一定的条件相联系的。超出条件允许的范围，或对肖像权人的肖像损毁、玷污、丑化，同样可以视作侵权行为。

（三）新闻对肖像的合理利用

新闻活动经常和公民的肖像发生关系，尤其在电视新闻、图片新闻中，更是须臾也离不开对公民肖像的利用。那么，是不是这些新闻报道涉及了公民的肖像，就是对公民肖像权的侵害呢？答案显然是否定的，即使是《中华人民共和国民法典》，

---

① 福山. 身份政治：对尊严与认同的渴求［M］. 刘芳，译. 北京：中译出版社，2021：12-13.

也没有全部认定所有未经许可使用肖像的行为都是侵权行为。这样的法律精神也是许多法律发达国家的惯例。例如意大利的《版权法》第九十七条规定："如肖像权人为知名人士或在政府部门供职，或因司法、治安需要，或因科学、教育、文化方面的理由，或涉及公共利益和发生在公共场所的事实、事件，或与庆典有关，复制肖像不必经肖像人许可。"从这样的规定中可以看出，肖像在一定条件下是可以合理使用的。许多专家学者对此进行了研究，得出了可以合理使用公民肖像的一些情况。例如张新宝先生认为："（一）新闻出版自由与肖像权保护。新闻出版部门刊登、发表社会公众人物之肖像，无须事先征得本人同意，但须无恶意且无侮辱、丑化等情节。某些漫画作品不存在侵害肖像权的行为。在新闻图片中，虽有某人之形象，但该图片的主题不在于其肖像，而是体现某一事件、场面或背景，不认为该报道是侵害肖像权的行为。即使该人为非公众人物，也不认为新闻报道侵害肖像权。新闻出版部门为行使舆论监督职能，而拍摄、刊登某人在从事违法犯罪或损害公益、社会公德时的图片，即使该图片有肖像属性且客观上不利于当事人之名誉，也不认为该报道有侵害肖像权的行为。（二）司法行为与肖像权保护。为了司法目的而拍摄有关人员之照片、公告被通缉者之肖像等，不认为是侵害他人肖像权的行为。但司法行为一定应依照法定程序合法进行。（三）角色形象与肖像权保护。角色形象是指演员和其他文艺工作者在文化作品（如电影、电视、戏曲、戏剧等）中创造出来的艺术形象。如猪八戒、孙悟空、包公等。一般而言，这些形象不是演员真实肖像的表现，因此对这些形象的侵害一般不构成对肖像权的侵害。如果他人以营利为目的加以利用，权利人可依著作权法的有关规定起诉。因为这种角色形象实质上是一种艺术作品。但是，如果角色形象与演员的真实肖像并无区别，他人非法侮辱、丑化、毁损该形象，致使受害人受到精神损害时，受害人也可以主张侵害肖像权。"① 再如王利明等先生认为："1. 使用具有新闻价值的人物的肖像……在我国，对于党和国家领导人、地方各级党政领导人、人大代表、政协委员、著名社会活动家、学者、演员、运动员以及其他社会知名人士，为了报道其活动和事迹而使用其肖像，不构成侵权。2. 使用参加集会、游行、仪式、庆典或其他公共活动的人的肖像。因为这类活动往往具有新闻报道价值，所以任何人在参加这些社会活动时，都应允许将其肖像用于宣传报道。3. 国家机关为执行公务而使用公民的肖像。如公安机关为识别、辨认、通缉犯罪分子而使用其肖像；司法机关在诉讼活动中作为证据而使用当事人的肖像；等等。4. 为了公民本人的利益而使用公民的肖像。如为了寻找下落不明的公民，在寻人启事上使用该公民的照片。5. 为了行使正当舆论监督而使用他人肖像。例如，拍摄他人破坏文物、翻越交通隔栏的照片并予以公开，这属

---

① 张新宝. 中国侵权行为法 [M]. 2版. 北京：中国社会科学出版社，1998：301-302.

于正当舆论监督，不构成侵权。6. 为了科学、文化、教育、卫生、体育等公益事业的需要而有限度地使用公民的肖像。所谓有限（度）是指只能在一定范围内使用，如为了医学临床教学、研究而在教室、医院展示病人的病理照片或者在专业书报杂志上撰写文章时使用这些照片，不得随意扩散使用的范围。7. 基于肖像作品著作权的使用。这种使用是根据著作权法的有关规定而进行的。"① 在新闻传播活动中，享有合理使用相关新闻人物肖像的权利对于保证新闻传播活动的顺利开展具有特别重要的意义。因此，在新闻传播活动中，只要能够满足上述关于肖像合理使用的相关条件，就不应该认定新闻侵权。

2020 年颁布的《中华人民共和国民法典》的第一千零二十条对合理使用肖像的情况进行了明确规定："（一）为个人学习、艺术欣赏、课堂教学或者科学研究，在必要范围内使用肖像权人已经公开的肖像；（二）为实施新闻报道，不可避免地制作、使用、公开肖像权人的肖像；（三）为依法履行职责，国家机关在必要范围内制作、使用、公开肖像权人的肖像；（四）为展示特定公共环境，不可避免地制作、使用、公开肖像权人的肖像；（五）为维护公共利益或者肖像权人合法权益，制作、使用、公开肖像权人的肖像的其他行为。"在《中华人民共和国民法典》颁布之前，由于关于肖像权的合理使用与侵权使用没有明确的法律规定，法学上的理论研究与司法实践存在诸多争议。本书 1999 年出版的第一版中，笔者曾经呼吁"在以后的相关立法活动中，必须将这些情况在法律中明文规定下来"。令人欣慰的是，我国法律终于对此进行了明确，这对于未来中国减少肖像权纠纷具有十分重要的意义。

（四）新闻侵害肖像权

新闻侵害肖像权，是指在新闻传播活动中非法拍摄和歪曲使用公民肖像，从而导致公民肖像权受损害的行为。新闻活动中可以对肖像人的肖像进行使用，但这种使用必须是"合理"的，也就是说，这种使用是有条件的，如果缺少了这种"合理性"，就有可能构成对公民肖像权的侵害。我们不妨看看下面这则经典个案。1988年 2 月 24 日晚，在四川自贡演出的某演员在演出结束后前去观灯。当一名记者趋前拍照时，该演员当即声明："未经我的允许，不准拍照"。而记者认为："我就是要拍，新闻采访自由。"双方不欢而散。事后，4 月 9 日的《法制日报》报道了该演员对此事的看法："我虽然是公众人物，但我首先是一个人，我必须首先维护我作为一个人、一个公民的人格尊严，维护我的肖像权。""我承认并尊重新闻自由……但是，我却不能同意像那位记者以新闻自由为旗号，随便侵犯别人的主观愿望，侵犯别人不接受不适时的采访、拍照的选择权利。"对此争执，我们可以为记者辩护，

---

① 王利明，杨立新. 人格权与新闻侵权 [M]. 北京：中国方正出版社，2010：680-681.

也可以为该演员辩护。从新闻记者的角度看，新闻记者以新闻报道为己任，对参与到公共活动中的人物当然可以通过拍摄照片、录制视频的方式加以报道。该演员作为一个公众人物出现在公共活动现场，对其进行拍摄完全没有法律障碍。即使是一个普通公民，也无法阻止他人拍摄公共活动中的肖像资料。从该演员角度看，肖像权是其个人的权利，她当然有权利维护这种人格权，况且当时我国法律并无"为实施新闻报道"可以合理使用他人肖像的规定，因此其为自己辩护是一种法律意识较高的自然表现。在今天，由于《中华人民共和国民法典》第一千零二十条已对"合理使用"他人肖像进行了明确规定，这样的争议会明显减少。

二、新闻侵害肖像权及其法律责任

（一）新闻侵害肖像权的构成要件

一些学者在研究新闻侵害肖像权问题时，曾对构成要件进行了初步研究，孙旭培等人认为："构成侵犯肖像权的要件有两个，一是未经本人同意，二是以营利为目的。"① 魏永征认为："在新闻报道中采用人物肖像作为插图或者图片报道，一般不可能涉及肖像权问题。"其理由主要是，"我国的新闻事业，根本性质是党、政府和人民的喉舌，发挥宣传教育、传播信息等功能，因而新闻报道不具有营利目的"②。王利明等人则认为，新闻侵害肖像权的构成要件为"损害结果""行为与结果之间的因果关系""过错"。③

上述学者是从不同的角度探讨我国新闻侵害名誉权问题的，因此其对构成要件的认识不尽相同，也不尽全面。加之由于外在因素的发展变化，对其中的一些看法显然应加以补充。我们认为，作为一种民事侵权行为，对新闻侵害肖像权构成要件的探讨，应该适用我国现有民事侵权的构成要件，同时结合肖像权的特点加以探讨。因此，我们认为，新闻侵权由以下几个要件构成。

1. 未经本人同意非法拍摄并使用特定空间的肖像

一般情况下，新闻记者（尤其是摄影记者）可以拍摄并由新闻媒体使用肖像权人的肖像，这既是新闻记者的职业要求，也是由新闻媒体传播信息的功能要求所决定的。但是，传播的新闻信息必须合乎法律规范，如果将不宜传播的信息作为新闻信息传播了，就可能构成侵权。具体到肖像权来说，有些肖像，是不宜作为新闻信息来传播的。例如，新闻记者经常会通过隐性采访获知新闻信息，但他们不应该通过隐性采访去采获他人在私宅中的私人生活画面加以发表。再如，我国法律明确规

---

① 孙旭培，王晋闽，张西明. 新闻侵权与诉讼 [M]. 北京：人民日报出版社，1994：86.
② 魏永征. 被告席上的记者 [M]. 上海：上海人民出版社，1994：143.
③ 王利明，杨立新. 人格权与新闻侵权 [M]. 北京：中国方正出版社，2010：687-691.

定某些涉及公民隐私的案件不作公开审理。因此，这种不公开审理的庭审镜头，就不能通过图片、影像加以报道；如果报道，会构成对肖像人隐私权的再次侵害。

在新闻侵害肖像权案件中，未经许可非法使用他人肖像是最为重要的侵权要件，在现实生活中，这样的案件也比较常见。作家陈某撰写的图书曾在社会上引起不小的反响，但是，她由于在书的封面及第134页上使用了四位大学生在成人仪式上戴着帽子手拉手的照片而被告上了法庭。这四位大学生认为她的行为侵害了自己的肖像权，故向法庭提起诉讼。上海市第一中级人民法院于1999年12月24日作出一审判决，认为"该摄影作品的作者对肖像作品中反映的肖像权没有支配权。故该作品仅能作新闻报道、宣传之用。该作品如用作小说封面及插图，仍应征得肖像权人的同意。"据此，法院一审判决被告在一个月之内在相关媒体上向原告赔礼道歉并支付原告经济损失费500元，精神损失费2000元。陈某在接受记者采访时认为："新闻照片是一个照片种类，它的性质在摄影记者创作时就决定了，就像写散文，发在报上是散文，发在杂志上也是散文，性质都是一样的，为什么新闻照片就不同？"有一点是值得注意的：包括陈某在内的不少人都认为新闻照片和一般照片在性质上应该是一样的，其实，这恰恰是陈某在诉讼中一审败诉的主要原因——新闻照片对肖像的使用是合理使用，而肖像作品用作小说封面，性质就发生了变化，因为我国法律明确规定以营利为目的未经许可使用他人肖像是侵害肖像权的行为。本案虽说不是一起严格意义上的新闻侵害肖像权案，但是，在排除了新闻合理使用肖像这种情况后，其侵权构成的性质是相同的。

2. 歪曲使用他人肖像

在一般情况下，为新闻报道而使用他人肖像不视作侵害肖像权，因为这是一种合理使用的行为，但是，如果在新闻报道中，对他人肖像有歪曲、丑化、侮辱等情节，即使是出于新闻报道的目的，也可以视作侵害肖像权的行为。因出演多部影视片而出名的某影视演员，就遇到过自己肖像被歪曲使用的情况。1999年，《希望》杂志刊登了一幅该演员的半身肖像照片，但在照片上配了"女性避孕药最新情报""擦亮眼睛看有钱男人"等文字，该演员以自己的肖像权、名誉权受侵害为由，将该杂志告上法庭。1999年12月8日，北京市朝阳区人民法院经审理认为，《希望》杂志已构成对该演员肖像权的侵害，但未构成对名誉权的侵害，判决《希望》杂志未经许可，不能使用原告肖像；在判决生效10日内在杂志上刊登声明向原告赔礼道歉；赔偿经济损失4000元。

在新闻报道中，可以合理使用他人的肖像但不得歪曲使用他人的肖像，这应该成为新闻记者的一条职业规范。在新闻实践中，新闻编辑随意选用照片用作刊头题图等行为，很容易造成对他人肖像权的侵害。其实，这种歪曲使用他人肖像的行为，即使在征得肖像权人同意的情况下，也是构成侵权的。本人同意他人使用自己肖像可以是授权他人使用，也可以由本人与使用者订立使用合同。"肖像使用合同既可以是有偿的也可以是无偿的，但在内容上应明确规定使用范围、方式、期限等问题。……使用人超出约定的使用用途和使用期限使用他人肖像或者违反合同约定的条件使用他人肖像，不仅因构成对肖像使用合同的违反，应负违约责任，而且侵害了肖像权人的肖像权，权利人可在侵权责任和违约责任中选择一种对其最为有利的方式提出请求。"① 违反肖像权人允许使用的方式、范围等构成对肖像权的侵害，歪曲使用他人肖像更是一种对他人肖像权的侵害。

（二）新闻侵害肖像权的法律责任

1. 新闻侵害肖像权的种类

肖像权作为公民的一种重要人格权利，必须得到法律的严格保护。20 世纪 80 年代制定的《中华人民共和国民法通则》，就在第一百条中明确："公民享有肖像权，未经本人同意，不得以营利为目的使用公民的肖像。"在这里，"以营利为目的使用公民的肖像"是侵害肖像权的主要方式。在 2020 年制定的《中华人民共和国民法典》，对侵犯公民肖像权的种类进行了更加详细的分类，使对这种权利的保护更为周全："任何组织或者个人不得以丑化、污损，或者利用信息技术手段伪造等方式侵害他人的肖像权。未经肖像权人同意，不得制作、使用、公开肖像权人的肖像，但是法律另有规定的除外。未经肖像权人同意，肖像作品权利人不得以发表、复制、发行、出租、展览等方式使用或者公开肖像权人的肖像。"在这里，法律所明确的侵害肖像权的行为种类更为多样，这对更加有效地保护公民的肖像权无疑具有更为重要的意义。

随着大数据技术的成熟和人工智能技术的快速发展，以"刷脸"应用为代表的智能生物识别技术快速普及，公民的肖像权面临着智能技术的新挑战。人的生物特征包括生理特征（指纹、声纹、人脸信息等）和行为特征（步态、打字速率等）两个方面，这是构成个体独特性的核心特征，具有唯一性和不可更改性，一旦受到侵害，将无法补救。例如，每个人的人脸信息是唯一的，一旦失密就无法修改，这就意味着本人无法再使用"刷脸支付""刷脸开门"等敏感行为。一般认为，智能生物识别技术在使用过程中可能会导致侵害公民隐私权的潜在风险，这是显而易见的风险。其实，人脸识别技术的普遍推广使用，也给公民肖像权构成潜在风险，应该引起重视。

2. 新闻侵害肖像权的法律责任

新闻侵害公民的肖像权，必须承担相应的民事侵权责任。这种承担的方式主要

---

① 王利明. 民商法研究（第一辑）[M]. 北京：法律出版社，2001：196.

有这样一些方式：停止侵害、消除影响、赔礼道歉、赔偿损失。这四种方式，既可以单独适用，也可以合并适用。这四者之中，停止侵害、消除影响、赔礼道歉为非财产性权利，赔偿损失为财产性权利。肖像权本身已包含了财产权利，而且权利人的精神权利也可以转化为相应的财产权利，同时，单纯的非财产性权利方式，不足以补救权利人所受到的损害，因而确定分割侵害肖像权的民事权利时，应重视赔偿损失的方式。赔偿损失，既包括权利人财产权利的损害赔偿，又包括肖像权受到侵犯时，对非财产权利所作出的精神损害赔偿。

在适用赔偿损失这一民事权利时，需要考虑这样一些因素：侵权人的过错程度、具体情节、影响大小、受害人的痛苦程度、侵权人的认错态度等。肖像权问题事关公民的人身权利和财产权利，自由的新闻传播活动不能成为侵犯这种权利的理由。新闻传播活动的特征决定了这个过程经常会和公民的肖像权发生联系，这就要求新闻从业者必须强化法律意识，在合乎法律规范的前提下，让新闻传播活动获得长远的规范发展。

第三节 新闻侵权的预防

从新闻侵害名誉权、隐私权，到新闻侵害著作权、肖像权等，新闻侵权是现实生活中常见的侵权类型。与普通侵权行为相比较，新闻侵权往往会产生较大的社会影响，因此，必须从宏观预防的层面着眼于减少乃至消除新闻侵权行为。预防新闻侵权是对新闻从业者权益的最好保护，也是对传媒业声誉的最好保护。新闻纠纷或新闻诉讼会给社会带来较大的负面影响，也令新闻从业者身心交瘁，为了避免这种局面的出现，应当采取多种措施，防止新闻侵权行为的出现。

一、新闻侵权的一般预防

（一）全面提高新闻记者的专业素质

新闻侵权的出现，具体追究起来，或者是因为新闻记者能力有限，不能及时发现侵权内容，最终导致了新闻侵权；或者是因为某些新闻记者主观上故意，他们希望借助新闻媒体和新闻作品，实现自己的个人利益。新闻媒体要通过开展新闻传播活动实现自己的道德追求和商业利益，但是，新闻媒体本身只是一种信息载体，并不产生思想和新闻，新闻媒体要实现自己的终极目的，必须借助新闻记者来实现。可见，新闻记者实际上是新闻媒体赖以存在和发展的关键因素，也是媒体品位与素质的决定因素，因此，必须全面提高专业新闻记者的素质，从思想素质和专业要求上对他们进行培训和提高。具体而言，可以完善新闻采编人员上岗证制度，规定只有通过学习相关内容获得了上岗证，才能获得从事专业新闻采编工作的资格。在此基础上，开展中期再培训制度，类似于我们在教育理论中所说的终身教育制度，即根据社会和形势发展需要不定期地对新闻从业人员进行终身培训。这项制度可以促使新闻从业人员的思想业务水平和道德水准始终处在一个较高的层面上。早在1999年，笔者就提出了这一设想，令人欣喜的是，我国的新闻出版主管部门在进入21世纪以后，逐渐认识到这一问题的重要性并着手相关措施的实施，并已取得了一定的成效。从实践的情况看，专业新闻记者的侵权行为在近年确实已大为减少。

从传媒业可持续发展的要求看，上岗证制度显得十分必要。近年来，随着我国传媒业的飞速发展，大批没有受过专门新闻理论和新闻业务教育的人进入了专业新闻记者行列。他们虽然经过短期的突击培训具备了一定的新闻采访技巧，但对相关的法律法规、规章制度知之甚少，给他们补上这一课就显得十分必要。即使是对那些受过专门知识教育的人来说，中期培训也十分必要，这是因为，人的思维有一种惯性，陈旧的、过期的知识并不会随着社会的发展而自然消失，人们与生俱来的惰性，会让那些惯性思维产生作用，从而影响新闻工作。同时，随着智媒时代的到来，算法推荐、机器人写新闻、新闻可视化……新的知识正在不断产生，旧的知识需要得到更新，其中也包括法律知识和规定内容的更新。新闻从业人员只有及时了解社会的发展趋势和科学知识的更新情况，才能适应新形势对新闻工作者提出的客观需要，为社会提供合格的新闻信息。

随着新媒体时代的到来，新闻传播正式进入公共传播时代，几乎所有的社会成员均可借助手机等智能移动终端进入新闻传播领域。在这样一种新闻传播生态环境中，从前端的传播失范行为预防，到后期的失范行为纠错，都需要有更加有针对性的措施。在这个过程中，特别需要对非专业新闻采写者媒介素养的培育，帮助他们了解大众传媒、新媒体的本质，使他们更好地有序参与到新闻传播活动中。

（二）不断强化新闻从业人员的法律意识

我国法治现代化国家建设的持续推进，与新闻传播相关的法律持续出台，尤其是《中华人民共和国网络安全法》《中华人民共和国民法典》《中华人民共和国个人信息保护法》等的出台，将对新闻传播活动产生重要积极的影响作用，新闻从业者必须及时学习这些法律规定。新闻媒体和新闻记者是以追求和维护社会公平和正义作为自己的新闻理想的，二者只有在享受权利的同时，履行相应的义务，才能维护社会的公平和正义，维护法律的尊严。我们正在全面建设法治现代化的国家，法治现代化的一个重要标志，就是一切依法办事，确保权利和义务的平衡，新闻从业人员进行新闻采编工作自然也不例外。通过法律知识教育，全体新闻从业人员明确了自己的权利和义务，知道在哪些事件上应当作为或不作为。同时，随着我国立法进程的不断加快，新闻媒体的主管部门在新的法律颁布后，要及时组织有关法律专家通过专题讲座等形式，向全体新闻从业人员介绍该法律与新闻活动的关系，以保证新闻活动在法律所允许的范围内进行。

法律意识是现代人知识体系中必不可少的一个重要组成部分，每一个社会成员必须将相应的法律知识和规则意识有机纳入自己的知识体系。在这个过程中，特别需要强调社会成员在使用各类新媒体中的守法意识。新媒体传播信息的速度快、范围广，一旦有新闻侵权行为存在，后果会比较严重，因而，必须把防止侵权行为发生作为首要要务。

（三）加强对在校新闻院系大学生预防新闻侵权知识的教育

新闻院系在校大学生是新闻媒体主要的专业人才后备队伍，他们素质的高低，将在不久的将来对我国的传媒业产生重要的影响。因此，对他们加强预防侵权知识的教育，对于预防未来新闻侵权行为的发生具有举足轻重的意义。从我国新闻媒体的实际情况看，新闻院系的毕业生在传媒业是主体队伍、骨干队伍，他们守法意识的强弱，将对其他专业毕业生产生广泛的影响，因而必须对这一群体加强预先教育。

随着数字化社会的到来，数字产业近年来在我国得到了飞速发展，媒介化社会已经成为一种生活现实。这也从一个侧面催生了对新闻传播人才（主要是新媒体传播人才）的需要，与这种需求相对应，近年来，我国的新闻传播院校数量有了较大幅度的增长，相关专业学生数量持续增加，这些专业人才将在未来的新闻传播活动中发挥重要作用。因此，高等教育必须十分注重对学生新闻传播法规的教育，以更好地保障新媒体传播活动的有序开展。

二、新闻侵权的工作预防

（一）与人为善，改进工作

传媒业是我国现代化建设事业的一个重要组成部分，新闻传播活动的出发点，应该是促进我国社会的文明和进步。因此，不管是在进行舆论监督时，还是在进行正面报道时，从业人员都应抱着与人为善的良好愿望，抱着推动社会进步的良好愿望，这样，即使出现一些轻微的侵权，也比较容易获得受害对象的谅解。动机良好，与人为善，总是会得到更好的结果。

新闻对社会的影响作用是有目共睹的。一条好的新闻，可以凝聚起强大的社会力量，推动社会的发展；一条失当的新闻，可以产生极为重大的破坏力量，对社会的发展起到严重的阻碍作用。在我们这样一个国家，全体人民的利益是一致的，新闻媒体和报道对象的根本利益是一致的，因此，新闻媒体必须始终抱着与人为善的心态开展新闻传播活动,通过新闻传播活动推动社会向前发展。具体而言,通过传播社会美好,激发全体社会成员推动社会文明进步的激情;通过新闻的舆论监督工作,发现问题,分析原因,从而为解决问题寻找到良好的对策。当然,这样说并不意味着新闻媒体不要曝光社会丑恶,不要批评社会不良,而是说这种批评应该有着良好的目的,是"恨铁不成钢"式的。

(二) 公正评论,不当裁判

公正评论是对一切新闻从业人员的义务性要求,任何人都无权对某人某事妄加评断,否则就有可能沦为"媒介审判"。新闻记者的主要职责是传播事实而不是评定是非,只要摆出了真实的事实,我们就应该相信广大受众会作出合乎事实本来面目的判断。相反,如果妄下裁决,就有可能导致侵权。新闻工作是一项需要投入巨大热情的工作,如果心如止水,对外界的一切缺乏兴趣,是无法做好这项工作的,但是,新闻工作又是特别需要理智的,感情用事必然会带来十分严重的后果。因此,我们一贯强调"激情看世界"的职业精神,同时又强调"理智写新闻"的职业修养。

多年来,社会各界对传媒业的"媒介审判"颇多微词,这从一个侧面说明了新闻媒体"喜当裁判",好为人师,这已经成为一个顽症,需要新闻从业人员认真对待。新媒体时代,"媒介审判"又出现了许多新的特征,其中主要的是网民们在某些网络博主的误导下,或者是在某种极端情绪的驱使下,极易产生非理性情绪,形成"群情激愤"式的"媒介审判"。从新闻侵权发生的具体过程来看,我国发生的许多案例,都与新闻媒体对事实妄下断语有重要的关系。江苏某杂志曾刊载过一篇题为《遭遇劣媳》的报道。在文章中,作者介绍了一位媳妇对待婆婆的种种不公行为。文章发表后,这位媳妇找到杂志社要求赔礼道歉。她的理由:自己刚过门时,婆婆对自己就"不公""不好",今天自己对她"不公"也算是一种对等行为,没有什么不妥,杂志社定性自己为"劣媳"是侵犯了自己的名誉权。最后杂志社被迫向当事人赔礼道歉。这是一起比较典型的"媒介审判"式的新闻侵权案件,而侵权行为之所以发生,是因为杂志社当了裁判,可见,不当裁判对新闻媒体防止新闻侵权行为发生十分重要。在具体的新闻实践过程中,有一些新闻记者自我感觉良好,特别愿当裁判,遇到纠纷时指手画脚任意定性,这是非常危险的,一定要加以制止。

(三) 文风朴实,不违法律

新闻记者应当疾恶如仇,有满腔的正义感,所谓"铁肩担道义",讲的就是这种正义感。但是,这种正义感不应表现为新闻作品的情绪化。新闻作品的情绪化是最容易导致新闻侵权的。因此,记者即使在主观上对某人某事有不良看法,也不应该在新闻作品中出现过激的言语,用新闻作品去伤害对方的名誉权和隐私权等,以致触犯法律规定。

在许多时候,笔者一直建议新闻记者少用形容词,因为形容词的使用容易涉及对当事人的评价和定性,稍有不当,就会引发侵权纠纷。许多新闻记者疾恶如仇,对社会的不公不良深恶痛绝,觉得不骂不解恨,不骂不过瘾,于是"贪污犯""色狼""变态狂""心理阴暗""居心叵测"等词就在自己的笔端喷涌而出。用这样的词,文风华丽,也可以表达出强烈的感情色彩,但是,这样的词直接涉及对人的人格的评价,往往经不住推敲,缺少足够的事实支撑,一旦较起真来,就会陷于被动。江苏某报曾报道过南京一市民因赌博而导致家庭破裂的新闻。新闻中称,这位当丈夫的十分好赌,一周要赌三四次,妻子多次劝说无效,最终家庭解体,孩子无人过问。在新闻的副标题中,记者使用了"嗜赌成性"一词,就因为这个词,导致这位丈夫多次到报社纠缠。他认为自己一周"只赌三四次,又不是每天都赌,说'嗜赌成性'侵犯了名誉"。最终报社不堪纠缠而作出了一定的让步。可见,对于任何一个人来说,遵守法律始终是其行事的底线,而对他人权利尊重的底线也是守法,因此,即使是对一个有错或者有罪的人,也必须尊重法律赋予他的权利,切不可有哪怕一点点的超越。

(四) 细节真实,事实清楚

新闻作品不同于文学作品的最大特点在于真实性。新闻越真实就越不易导致侵权。相反,文学越真实就越容易导致侵权。尽管在我国相关的法律法规中,对新闻真实性只要求重要事实基本真实即可,但作风严谨的新闻记者必须从细节真实入手,力争细节和重要事实都真实,减少新闻侵权发生的可能性。

新闻的真实性在许多时候都是不能被忽视的。"真实是新闻的生命",这句话并没有夸张的成分。新闻中一个个真实的细节,就像人身上的一个个细胞,众多的细胞,构成了鲜活的新闻。人身上一个细胞病变而不加医治,就可能危及人的生命,新闻也是如此。如果对细节不加重视,对新闻事实的描述任意添油加醋,在短期内也许不会出现大问题,但最终一定会酿成大错。一旦这种大错出现,危害的可能是传媒业的良好信誉,因此,对新闻真实性的要求在任何时候都不能放松。某报曾报道过这样一则案件。某镇镇政府附近发生了一起命案。案发时,曾有目击者高喊:"街上杀人了,镇政府里有人吗?"结果镇政府的一间办公室里有人把头探出窗外说:"没人,大家都下班了。"新闻记者报道这起命案的初衷是批评镇政府的工作人员见死不救,为人冷漠。但新闻记者被政府相关工作人员以新闻失实为由告上法庭,失实的理由是镇政府的窗户上都装有栅栏,"头不可能探出窗外"。尽管法庭最终判决新闻的"细节失实,不构成侵权",但新闻记者采写新闻时只要细致一些,这起诉讼就完全可以避免。同时，在许多时候，新闻的基本事实和细节是无法作出明确的区分的，新闻记者认定的"细节失实"，在当事人看来都是"基本事实的失实"，双方各执一词，就很难有定论了。因此，新闻记者必须养成从细节入手去考虑新闻真实性问题。

（五）用词准确，切忌浮夸

一些新闻记者非常注意新闻的时代性，注意用鲜活的语言来表述新闻，这是值得鼓励的。但是语言的鲜活必须以准确为前提，如果哗众取宠，往往会导致十分严重的后果。纵观历年发生的多起新闻诉讼案件，多是由于记者在报道中的用词用语出了问题，值得关注。

一位美国学者经过认真总结，归纳出了一些特别容易引发新闻侵权的词，称之为"红色信号"，希望新闻记者和编辑慎用：

> 冒牌货、通奸、艾滋病、篡改录音、无信仰者、自杀未遂、道德败坏、破产、重婚者、勒索、行贿受贿、妓院、贿选、骗子、阴谋、堕落、懦怯者、罪犯、恶棍、赖皮、欺诈、吸毒者、囚犯、愚蠢、诈骗、赌棍、贪污、伪君子、私生子、不正当关系、无能的人、背信弃义、阳奉阴违、堕落的女人、说谎者、精神病人、窥阴癖、伪证者、无赖、讼棍、告密者、倒卖、间谍、选举作弊、自杀、狡诈、丧尽天良、外行、坏蛋。

中国和美国的国情不同，因而引发侵权的词可能不一定相同，但谨慎使用上述这些词语还是有一定的借鉴作用的。

（六）严格审稿，兼听则明

每一家传统媒体都有一整套严格的审稿制度。审稿制度是防止新闻侵权的最后一道关口，因而一定要严把这道关口。同时，在可能的情况下，新闻媒体在采访和审稿时都要力争多方听取他人的不同意见，并力求从多方面对新闻事实进行核实，以保证新闻作品最大限度上的客观和公允。

一般情况下，审稿是由资深的有经验的新闻媒体负责人把关的。在这里，特别需要新闻媒体的负责人有强烈的社会责任心，其要通过认真负责的审稿，防止有侵权可能的新闻稿件刊播。有的时候，一些新闻媒体负责人并不缺少判断是否可能引发侵权的眼光，但他们关心的不是"侵权"的风险，因为"轰动"能带来发行量的增加或收视率的提升，最终增加广告收入。其实，这是一种十分短视的行为，因为频繁的侵权一定会引发媒体权威性的下降，不利于新闻美誉度的提升，最终会伤害传媒业的根本。另外，新闻审稿人还应注意总结经验，借用现代化的技术手段和缜密的逻辑思维认真分析，尽量在可能的时间和范围内多方听取意见，防止侵权行为的出现。

随着新媒体时代的到来，在传统媒体时代普遍设置且作用重要的审稿制度，在新媒体传播中几乎不复存在。人们在讨论传统媒体传播和新媒体传播的差异时，经常将"没有把关人（审稿人）"作为新媒体传播的一大特点。我一直认为这种说法并不准确。理由有两点。第一，与传统媒体的把关人类似的把关人在新媒体传播中并不是"没有"，而是"后置"了，新媒体传播过程中，时常会遇到类似"删帖"等情况，这种"删帖"行为往往不是发帖者主动为之，而是由发帖人之外的后置把关人施加的行为，因此，说"没有把关人"并不准确。第二，网络传播的任何一条新闻（信息）在被采写者发布之前，采写者都会进行自我审稿，这就意味着新闻作者是前置的审稿人。基于这种情况，我们特别需要强调作为前置把关人的新闻作者在新媒体上发布新闻时，必须履行好前置把关人的角色义务，尽力防止侵权信息发布。

新闻传播工作是一项需要付出智慧、耐心、理智的工作，更是需要具有担当、责任、信念的工作。只有每一个参与其中的人清醒地认识到这些要素的意义，新闻，才会呈现出我们想要的样子。

第十一章　法治社会建设中的新闻法治

法治是现代文明社会的主要标志，而法治社会的实现需要社会诸多要素协同作用，其中，新闻要素独具价值。新闻在社会中有着深远的影响，而新闻的无法之忧又令人担心，新闻传播活动如何顺应法治社会发展的大势便成了问题的关键。依法治国的治国方略为新闻法治提供了条件，传媒业的可持续发展要求，则表达了新闻法治的内在需求，而所有的一切，实际上都是出于一个共同的逻辑前提——建设法治社会的需要。在法治社会建设中，社会的公平和正义是两个至关重要的要素，对公平和正义的维护，是现代社会的基本要求，也是法治社会建设的基本要求。新闻应该通过自身独特作用的发挥，为维护社会的公平和正义作出贡献。

第一节　法治社会建设中的公平和正义

法治社会是每个现代人理想的社会目标，只有在法治社会中，每个人才可能在履行相应义务的基础上，拥有相应的权利，自由地参与社会生活，从而享有生命的美好。

一、法治社会的建设

法治社会是指以法律规范为基本原则、各种社会权力的运行严格遵循法律秩序的社会。在法治社会中，法律在社会运行过程中具有最高权威，其他任何组织和个人都不能凌驾于法律之上。法治社会强调每个社会成员的独立性和平等性。每个人都是可独立自主享受权利和履行义务的个体，都是平等的法律关系的主体。法治社会强调行政权力的依法运行。在现代社会，行政权力的依法运行是保证社会有序发展的基础。没有行政权力的治理无法保证社会的有序，而行政权力的滥用同样会危害社会的有序发展。这意味着法治社会是保障文明社会可持续发展的基础。在强调依法治国、建设法治现代化国家的过程中，法治社会建设是一项重要的长期工程。

法治社会建设突出表现为社会各个不同主体之间的公平和社会利益分配的公平。主体公平不仅是文明社会的客观要求，更是人在自主意识充分觉醒后的内在要求。人生而求平等，这几乎是一种存于本能中的天性。人类消除社会不公平的努力，是推动社会进步的十分重要的力量。社会主体平等权利的每一次增加，都意味着我们向文明社会的又一次迈进。路见不平，挺身而出，拔刀相助，这不仅仅是金庸笔下的江湖，更是我们期待的社会，这样做的目的，仅仅是获得一种平等生存的权利。利益的公平分配，则是人与社会和谐相处的另一个关键因素。但是，富裕只是和谐社会的一个前提，因为和谐不会从富裕中自然而然地产生。在我国，当物质财富能在较大程度上满足人们的需求后，我们才开始提出"共同富裕"的口号，进而提出要建设法治社会的目标。其实，"共同富裕"的口号已经包含了法治思想的重要内涵。这里需要说明的是，"共同富裕"不是平均富裕，因为平均富裕并不是法治社会的必然标志，共同富裕强调为社会成员提供公正平等的社会机制，社会成员共同努力，共享社会进步的成果。这是因为，当一个人不思进取，只愿坐享其成，那么，平均富裕的目标就会变成懒惰的催生器。同时，人与社会的和谐相处还包括人在社会中的积极精神状态，人需要通过获得成功、尊重、肯定的评价，得到精神的愉悦；人需要通过精神产品需要的满足，如对影视作品的欣赏，对书画艺术的鉴赏，文体活动的参与，获得心灵的满足；人还需要通过人与人、人与社会之间诚信相处、友爱关怀、彼此认同，获得人际交往的满足。在今日之中国，"共同富裕"还只是一个社会发展的目标，还没有完全成为社会的全部现实，因而特别需要强调对贫困群体、弱势群体的关爱，使他们在现有的生存状态下，获得相对多的精神愉悦。

法治社会建设还需要提供一种保障，人与人平等交往即对人与自然和谐相处、人与社会有机共融的保护。我们的社会尚未进入理想的社会状态，因此，不能奢求所有的社会成员都具备发自内心的自觉意识和崇高道德品质。在这样一种情态下，健全法治社会的保障机制是必然的，而这种保障机制也理所当然地包括了惩罚机制，否则，正面的保障机制将会显得软弱无力。

二、法治社会需要公平和正义

法治社会是现代社会的理想状态，但这种理想状态必须借助一定的标志物才能体现出来。在阶级社会里，法治社会的标志物就是公平和正义。

公平和正义是构建法治社会的起点、过程和结果。法治社会的公平保障体系表现为"权利公平、机会公平、规则公平、分配公平"。在现代法治社会，权利公平是保障其他公平的前提。我国改革开放以来为民主法治建设所作的努力，最主要是为了实现社会成员权利的公平，我国通过权利公平的实现，获得其他公平的逻辑起点，从而也能有效地保障社会正义。现代社会是一个机会社会，社会为所有成员提供了诸多机会，社会成员抓住机会，就掌握了取得成功的钥匙。当然，社会为全体成员提供的机会应该可以为具备相同条件的成员所共享，这种机会共享是保证公平正义的基本要求。规则公平则是法治社会的基本特征。规则公平从根本上说，就是"法律面前人人平等"原则的具体落实。没有法律面前法律主体地位的平等，其他平等是无从谈起的。在法律平等的基础上，我们才能再去促进和保障其他规则的平等。分配公平是前述公平的必然结果。目前，由于诸种原因，分配公平在我国还没有真正实现，但这并不能成为我们否认"分配公平"的理由。有学者提出了"法治幸福"的理论，认为法治的实现可以带给全体社会成员普遍的幸福感："在法治状态下，由于法律调整的普遍性，加之优异稳固的法律秩序，社会主体生活在一个民主的、自由的、安康环境之中，人类与自然的和解也是前所未有的静谧与和善。"①这种状态，是法治社会建设目标的主要内容。

理想的法治社会也是和谐社会，人类社会千百年来对和谐社会建设所作的努力，就是为了实现社会的公平与正义。如前所述，先贤们对和谐社会的目标有过内涵相同的不同语言表述，也为此付出了努力。孔子提出，"有国有家者，不患寡而患不均，不患贫而患不安。盖均无贫，和无寡，安无倾"，并强调"知之用，和为贵"。西汉时期的《礼记·社运》更提出了"大道之行也，天下为公"这样一个影响深远的博爱思想。宋代王安石推行变法，主张抑制豪强，促使社会公平正义。近代，康有为则在《大同书》中提出要建立一个"人人相亲、人人平等、天下为公"的理想社会。孙中山把"三民主义"作为改造中国的根本，其民生主义则明确表达了对均贫富、人平等的追求。另外，我们在日常生活中，也时时能感受到先人们这种和谐思想。例如，讲治家，我们知道"家和万事兴"；讲治国，我们强调"政通人和"；讲经商，我们强调"和气生财"；讲处世，我们强调"和衷共济"……这样一些思想尽管带有时代的局限和空想的成分，但其对美好社会追求的愿望，是永不更改的。"关注天人关系是中国文化和人生智慧的显著特点。""百家争鸣，百花齐放，观点各有差异，但主张天人和谐是一致的……传统的天人和谐一方面强调天、地、人相统一，另一方面强调人的特殊性，将人与自然的关系定位在一种积极的和谐关系上，不主张片面征服自然。它肯定天道之创造力充塞宇宙，而人则'与天地合其德，与日月合其明，与四时合其序'，并能够将仁的精神推广及于天下，泽及草木禽兽有生之物，达到天地万物人我一体境界，天、地、人合德并进，圆融无间。"②

在中国的传统节日中，有两大节日是最为庄重的，首要的当然是春节。在那样的时刻，无论是出人头地的社会精英还是忙忙碌碌的城市小民，无论是远隔千山万水还是近在咫尺，他们都有一个共同的愿望——回家、团圆。于是在爆竹声声里，有兴高采烈的激情释放，也有执手相望泪眼的无奈感怀，但团圆本身已了却了一年又一年的生活夙愿。另一个节日则是中秋节，与春节相比，中秋对和谐、团圆意味的表达更为丰富。中秋节又称团圆节，团圆是中国人"道法自然"的产物，是"天人合一"文化理念的典型表现。在汗牛充栋的中国古籍中，有大量对"团圆""和

---

① 眭鸿明. 法治实现论［M］. 南京：南京师范大学出版社，1999：49.
② 冯之浚. 中国人的人生智慧［N］. 光明日报，2007-06-07.

谐"的描述，而唐诗宋词中诸如"但愿人长久，千里共婵娟"的描述，只是更具有理想化色彩，表述更加华美而已。在中国传统文化的长期浸润下成长起来的中国人，或多或少有一些浪漫的情结，对天望月，月圆就成了他们最期盼的一件事了。每月的圆月，可以寄托他们内心的诸多思想。感怀伤物，月圆最能展现那种泪眼观花的悲情效果：一边是圆月高悬，一边是黯然神伤，当然令人极度感伤。功成名就，月圆也最能表达人们内心的兴高采烈：一边是朗月高照，一边是志得意满，正所谓天遂人愿，此情此景，夫复何求？先贤们借助月圆，表达的实际上是对公平正义的一种追求。在古代社会，"成功"的意义不像今天这样繁杂，金榜题名、仕途顺畅，这是对"成功"最经典的诠释，而"金榜题名"和"仕途顺畅"都需远离家人，出游在外，在交通不便的古代社会，不远千里万里归家团圆，是何等不容易的事情！因此，那时的"团圆"便有了更多的意味，而诗人们笔下的团圆，也就有了更为丰富的内涵。只有在公平和正义的社会中，才可能拥有真正的"成功"和"团圆"。

我国现代社会党和政府工作的宏观目标，就是实现社会的公平和正义。从 20 世纪 90 年代开始，中国将依法治国作为治国方略，并制定了一系列法律法规，从制度上保障公平和正义的实现。同时，我们通过大力发展生产力，通过创造社会的物质和精神财富，为公平和正义的实现创造社会条件。所有这些，都是基于人们对社会发展规律科学认识的一种主动认同和积极追求。

三、公平和正义的内涵

（一）公平的法律内涵

在中国传统文化中，美好社会构建的一项核心内容就是建立社会平等。平等在中国的传统文化中并非不讲原则，不分是非，而是处理问题时不偏不倚，恰如其分，强调一种公平意识，对此，我们必须有准确认识。例如，在中国思想史中有重要地位的"均富论"，就是这种平等思想的集中体现。从法律的层面看，公平和平等具有同等的法律意义。平等是法律的核心原则。法律科学性的标志之一，就是权利和义务的平衡和平等。中外法律家们捍卫的法律的最为重要的原则，就是平等原则。在现代社会，"法律面前人人平等"是妇孺皆知的一个基本常识，这从一个侧面说明了平等这一法律原则的深入人心。

皮埃尔·勒鲁认为："平等是一种原则，一种信条……当今社会，从某方面观察，此原则之外，别无其他基础。"① 卢梭认为："至于平等，这个名词绝不是指权力与财富的程度应当绝对相等；而是说，就权力而言，则它应该不能为任何暴力并

---

① 勒鲁. 论平等 [M]. 王允道, 译. 北京：商务印书馆, 1988: 19-25.

且只有凭职务与法律才能加以行使。"① 博登海默说:"平等乃是一个具有多种不同含义的多型概念。它所指的对象可以是政治参与权利、收入分配制度,也可以是不得势的群体的社会地位与法律地位。其范围涉及法律待遇的平等、机会的平等以及人类基本需要的平等。它可能关注保护诺成合同的义务与对应义务间的平等,关注在因损害行为进行赔偿时作出恰当补偿或恢复原状,并关注在执行刑法时维护罪行与刑罚间的某种程度的均衡。"② 人与人的关系是一种社会关系,那么,讨论人与人关系平等的问题,首先必须把它作为一种社会关系来考察。在现代社会中,人与人相处时,彼此寻求一种对等的地位,期待获得同样的尊重及在同样的机会中获得相似的利益。这种"对等""同样""相似"的地位一旦被侵犯,就是对平等原则的侵犯。在现代社会,平等原则应该获得外在的强制保护。即使在处理人和社会组织的关系时,彼此之间也应该是一种对等的关系,任何社会组织不能将自己的强势地位强加于个人之上。总而言之,平等(公平)是指人与人之间的一种对等的关系。

社会公平原则,是法律平等原则的具体体现。"在现代社会,人人追求公平,追求平等相待,这和法律的平等原则是一致的,同时,社会的公平原则需要法律的平等原则进行保护,在法律完备的现代社会,任何对社会平等原则的侵犯,都会导致相应的法律后果。换言之,对社会公平原则的侵害,实际上也是对法律平等原则的侵害,因此,法律不会容忍这种侵害的存在。"③ 公平在现实生活中会以不同的方式体现,但最终必须落实为法律保障,只有这样公平才可能得到真正的保障和落实。

(二) 正义的法律内涵

正义是现代社会的一个重要要素。有些媒体宣称自己的新闻理念是"维护社会良知,追求社会正义"。在这里,"正义"和"良知"一样是一种社会价值概念。在许多时候,正义也常常被作为一种道德品行来对待。"正义和善是分不开的,换句话说,善是一种无穷无尽的力量和一切有感觉的存在,是不可或缺的自爱之心的必然结果。"④ "舍生取义"是对人道德品行的一种极高评价。可见,正义是一个内涵丰富的概念。我们认为,正义是指人们对外在物的一种理想评价尺度。在这里,外在物包括社会制度和社会价值体系等。

正义的内涵具有极大的丰富性,但它的一个基本特征是"理想状态"。人人都追求生存的"理想状态",因此,对"理想状态"的保护,实际上也是对人权的一

---

① 卢梭. 社会契约论 [M]. 何兆武,译. 北京:商务印书馆,1962:34.
② 博登海默. 法理学:法律哲学与法律方法 [M]. 邓正来,译. 北京:中国政法大学出版社,2001:280-281.
③ 顾理平. 引领与维护:和谐社会建设中的新闻媒体 [J]. 新闻与传播研究,2007 (3).
④ 卢梭. 爱弥儿(下卷)[M]. 王媛,译. 北京:商务印书馆,2017:444.

种保护。既然是一种"理想状态",法律就会对其加以保护,法律对社会正义的保护就如正义的内涵一样,是通过丰富的外在形式体现出来的,例如目前的分配制度,我国强调"各尽所能,按劳分配"。在现代社会中,"按劳分配"是一种理想的分配状态,尽管"按需分配"是一种更高级的分配形式,但当社会财富还没有极大地涌流,人们的道德自觉尚未达到足够高度,尚无法实施"按需分配"的分配原则时,法律就会对这种分配制度加以保护,以保证"多劳多得,不劳不得",对社会加以正向的引导。再如人们的行为方式,法律会规定人们在多大程度上对自己的行为有自主权,在许可范围之内,法律会严加保护,而许可范围之外,则无法获得法律的保护。当然,我们还必须强调一点:讨论正义问题,通常讨论的是"法律正义",但"法律正义"并不是正义的全部。这是因为,一方面,法律正义不能涵盖复杂社会生活的全部内容;另一方面,法律并不总是适时适用的(故要适时进行修订)。"不能违反显而易见的公平正义,即使法律的规定再清楚不过时也是如此。人们无法证明某类公平正义是绝对真理,然而通过实践理性可以发现这类公平正义是必须接受的,这就如同必须接受'人类无食品则肯定死亡'说法的正确性一样。西方人有时认为,法律的规定正是由于具有普遍性、一般性,总不免会与特殊情况格格不入,而当特殊情况明显不公平时,就应恢复正义的'自然性质'。"[①] 新闻媒体的重要价值之一,就是更大程度上实现社会正义。

四、公平和正义是法治社会的两大要素

公平和正义是法治社会建设的重要内容,也是法治社会的两大要素。我们必须树立人人平等和机会均等的理念,以保证起点平等与过程平等。为此,困难群体需被给予更多关怀,以求结果相对平等。[②] 不能想象,一个缺少平等或正义中任何一个要素的社会,会是一个美好的社会。我国目前正在致力于法治社会的建设,"社会主义法治状态下,社会主义市场经济已得到长足的发展,社会主体的应有权利得到广泛的法律确认,社会主体的自由、平等得到充分的体现,社会正义和公平已经实现"[③]。从平等的角度看,平等使所有的社会成员都获得了公平相处、平等对话的机会,使共赢有了可能;从正义的角度看,正义使所有的社会成员有了共同的价值判断标准和理想追求目标。社会成员在共同目标的召唤下,鼓起向前的勇气。在平等的社会里,社会成员拥有共同的生活目标,理想社会的建立就有了可能。

几乎每个国家的历史上都曾存在过长期的动荡和战乱时期,这样的社会拥有同样的特征:缺少平等,与社会理想相悖。在描述战争和动荡的起因时,人们都喜欢

---

① 一正. 西窗法雨 [M]. 广州:花城出版社,1998:68.
② 张万洪. 和谐社会需要契约精神 [N]. 光明日报,2005-11-30 (10).
③ 眭鸿明. 法治实现论 [M]. 南京:南京师范大学出版社,1999:48.

使用类似"哪里有压迫，哪里就有反抗"的言语，它反映了一个朴素的真理：不平等的、存在压迫的社会，不可能获得持久的和平和安宁。如前所述，人生而求平等，不平等，人的天赋权利就受到了侵害，于是就会有维护公平的行为出现。而战争，则可以视作不平等者剧烈的维护公平的行为。正义是为实现理想生活场景的共同拥有，但在缺少平等的国度里，由于平等受到冒犯，社会成员中的一部分对另一部分具有支配地位，那么，"共同拥有"一定是一句空话——支配者的"理想生活场景"是永远处于支配地位，被支配者的"理想生活场景"是翻身得解放，当家作主人。在这样的状态下，共同的正义也就无从谈起。因此，我们可以得出这样的结论：法治社会，一定是保持对公平和正义足够尊重的社会。

第二节 法治社会建设与新闻法治

社会的生存和发展是在诸多要素的共同作用下实现的，其中新闻要素又独具价值。在建设公平和正义这样一种理想社会的过程中，新闻必然会发挥独特的引领和维护作用。这既是新闻权利的一种表达方式，也是新闻义务的一种确认方式。

一、新闻在法治社会建设中的作用

新闻在法治社会建设中的作用，首先表现为对舆论环境的引领作用。舆论环境是由多种因素共同作用形成的。在诸多的因素中，新闻舆论是对舆论环境起引领作用的因素。在数字化时代，人们生活在错综复杂的海量信息之中，而这些信息又对舆论的形成产生直接的作用。人们根据什么信息形成对社会的评价态度？当人们面对繁杂多样的信息无从鉴别判断时，对其影响最大的，依然是新闻舆论。"新闻舆论是自觉的、自为的，是对舆论的能动反映，它与社会舆论不完全一致，社会舆论是复杂多样乃至杂乱无章的，而新闻舆论是丰富多彩而有秩序的，它建立在社会舆论基础之上。新闻舆论所代表的不仅仅是群众的利益，它还代表了支配和控制新闻机关的政治力量和新闻机关本身的利益。这种利益有一致的时候，也有不一致的时候。""新闻舆论实质上是一种传播活动。正是借着传播的管道，舆论才发生飞跃性的质变，并获得巨大的能量。新闻传播一方面选择舆论，另一方面放大舆论、引导舆论，把一点上的舆论造成面上的乃至全民的舆论。正是这一特点，使得新闻舆论比社会舆论具有更大的威力。"[①] 新闻舆论不但无所不在，它通中华人民共和国成立以来，人们经历了一些社会动荡，身心疲惫，对社会安宁和谐便有了迫切的追求。党的十一届三中全会以来，虽然偶有风波，但总体国泰民安，公平和正义得到了较

---

① 杨明品. 新闻舆论监督［M］. 北京：中国广播电视出版社，2001：7.

好维护，人们的幸福感便日益增强起来。正反两方面的经历使现代人越来越感到"法治"二字的弥足珍贵。过报刊、网络、广播、电视等媒体立体式地传递着；而且在人们的潜意识里，它还始终是更加权威、更加规范、更可接受的信息。虽然我们知道，从传播学的角度分析，新闻媒体可以通过议程设置决定人们思考什么问题，却不能决定人们如何思考问题，但是，当我们经年累月接受了新闻媒体的大体相同的信息以及支撑这些信息的观念后，新闻舆论自身的引领作用就自然而然地体现出来了。

其次，新闻媒体可以帮助全社会确立社会法治的理念。公平和正义是法治社会的两大要素，但人们对这两大要素意义的认识，往往从他们生活中的感性体验中获得。一方面，人们当然会从切身的体会和经验中感知。法治社会体现了人们生存的一种良好有序状态，人们对法治社会的价值更多是从有序的对立面来体会的。另一方面，人们对法治社会建设价值的认知，还需要借助新闻媒体的传播。从政治的角度看，政治清明、社会稳定是社会文明的重要标志。从社会可持续发展的角度看，平等相处，彼此关爱，也是社会有序的重要标志。平等意识的确立过程，是和我国社会的文明进步并行的。而在现实生活中，弱势群体能得到社会其他成员的关爱，也离不开新闻媒体不遗余力的倡导。公平和正义是需要通过一系列具体的实例来体现的。法治这样一个宏观的概念，也需要由一系列微观的积极要素组成，而新闻媒体是这些微观的积极要素中最有活力的要素。新闻媒体通过对社会各层面细致入微的关注，发现矛盾和问题所在，寻找消除不公的途径，这对于社会的健康发展无疑具有十分重要的意义。在这个过程中，新闻媒体对法治这样一个价值理念的倡导，对于具体的社会实践举足轻重。新闻媒体倡导法治理念并不是靠空洞的道理，而是借助触手可及的新闻事件，在潜移默化中让受众领悟其价值。这里没有疾风骤雨式的激进举动，也没有强人所难的要求，有的是春风化雨般的自然状态，甚至是家长里短式的市井新闻，而正是生活中这些最常态的部分，最能产生持久的教化作用。社会也只有在这样的努力中才能趋向"理想的生活场景"。

再次，新闻还可以激发全体社会成员建设法治社会的热情。在现代社会，新闻的社会动员作用十分突出。新闻媒体可以证明现代媒体通过设置议程，深刻地发挥影响社会的作用。和平时期的国家治理程序中，新闻媒体是管理者实现施政纲领的主要表达阵地，也是最廉价有效的信息传播工具。法治社会建设需要广泛地调动社会的各种资源，形成合力。在现代社会，新闻媒体是一种重要的组织手段和组织力量。国家重大建设政策的施行，必须借助新闻的推动力量。新闻的宣传、鼓动、激励作用体现出了其特有的组织动员作用。

最后，新闻对社会失范因素的曝光作用，也有利于法治社会建设的推进。任何一个社会，永远不要期待其发展会是一帆风顺的，法治社会的建设也是如此。在法治社会建设中，那些失范的因素会对社会的文明进步产生严重的阻滞作用。这些"失范因素"主要表现为社会的不公和对社会正义的肆意破坏，例如，社会的不诚信问题，曾经严重地伤害过对社会存有美好期盼的人们的信心；社会的非法现象，给我国的经济建设带来过重大损失；地方保护主义的盛行，使正义不能伸张……所有这些，都是社会失范的因素，是公平和正义的对立物。新闻媒体坚守职业理想，对这些现象的抨击，在一定程度上净化了社会的风气，维护了社会文明。

二、传媒业可持续发展与新闻法治

传媒业的生存和发展首先面临着政策环境和法律环境问题。传媒业作为一个对政策依赖性极强的行业，政策的变化对其存在和发展产生着十分重要的影响。我国是十分强调传媒业的政治性和阶级性的——当然，不唯中国，包括许多传媒业发达的西方国家在内，都十分关注传媒业的政治性和阶级性问题。这就决定了传媒业对现行政策的依赖性十分强。政策层面的任何风吹草动，都会直接影响传媒业的发展。换言之，如果传媒业的存在与政策层面的变化毫无关系，那么，传媒业存在的价值实际上也会大打折扣。但从传媒业发展的规律和其作用的发挥这个角度来看，如果对政策层面的依赖性过强，传媒业会失去其应有的独立性，也无法最终实现新闻守望社会的功能。这似乎是一个悖论：传媒业的可持续发展与对政策层面的依赖到底应该是一个什么样的关系？问题的答案应该在传媒业生存和发展的法律环境中寻找。

传媒业可持续发展的最终依靠，是其法律地位的最终确定。新闻法治是保证传媒业健康和可持续发展的唯一前提条件。政策当然会对传媒业产生重要影响，因而，传媒业的可持续发展应该寻求政策层面的支持。但是，与法律相比较，政策具有较强的不稳定性。在法治社会，只有在法律上明确传媒业的地位，才能保证其运行的平稳性。这种法律地位，包括其法律主体地位（法人资格）、新闻失范的纠错机制等。和中国社会的其他行业一样，中国的传媒业吃够了无法可依的苦头。新闻法治，可以使新闻从业者清楚基本的是非原则，知道新闻传播活动"可为"和"不可为"的底线在何处。这对传媒业的生存发展来说至关重要。

我国传媒业在发展过程中，不能依法开展新闻传播活动的新闻实践中失范行为时有发生，严重影响了传媒业的健康发展。这些失范乃至违法行为的表现形式多种多样，有的新闻记者超越法律底线，犯下严重的错误，被剥夺了从事新闻传播活动资格。至于轻微的违法违规行为，就更为多见，譬如"有偿新闻""有偿不新闻"行为，挟"曝光"之名行"敲诈"之实的行为，不当披露他人隐私的行为……所有这些，都与新闻法治的目标背道而驰。

法治具有普遍性、可预见性、可操作性、权威性、稳定性等特点。普遍性，意味着法律具有普遍约束力，有利于培养新闻从业人员的平等精神和自觉意识；可预见性,意味着法律将从正向引导和反向禁止两方面对新闻从业者的行为进行引导;可操作性,意味着法治不是空洞说教,而是实际行为规范,可以比较方便地付诸实施;权威性,体现的是法律具有威严和刚性;稳定性,则意味着法治会在相当长的时间内,对传媒业的发展起保障作用。法治和新闻法治的这些特点,决定了风生水起的现代传媒业只有依法办事,才可获得稳定发展的空间。

三、新闻在法治国家建设中的推动作用

传媒业的发展需要依靠法治作为保障,而我国法治国家的建设,也需要充分发挥新闻的作用。首先,法治国家建设目标的确立需要新闻媒体发挥积极作用。一个国家某个建设目标能够顺利实现,必须得到全体人民的认可和支持,我国法治社会建设目标的实现也不例外。对法治国家建设目标的内涵、价值进行宣传报道,不仅可以起到告知的作用,更能起到动员的作用。通过新闻媒体的宣传报道,国家可以把书面的目标,变成全体社会成员的实际行动。其次,全社会法律意识的培养,必须借助新闻的作用。新闻媒体一方面可以借助新闻报道的形式,向全社会传播具有理性色彩的法律知识和法律文化,另一方面还可以通过报道生动有趣的案例,融法律知识于新闻报道之中,让受众提高对法律的兴趣,增强法律意识。近年来,新闻媒体已经在这方面作出了卓有成效的努力。最后,新闻还可以对法治国家建设中出现的问题起到舆论监督的作用,保证法治国家建设能沿着正确的轨道前进。法治是一个纷繁复杂的过程,也是一个极易受到诸多内外部因素影响的过程,这就决定了法治过程极有可能出现偏差,而法治过程的偏差又会严重影响法治终极目标的实现。为了防止不良因素的非法介入,法治必须适时引进舆论监督机制。

新闻媒体传递的思想往往有领风气之先的范式作用,在法治现代化建设持续推进的过程中,这种范式作用尤为重要。在今天这样的信息时代,作为主流信息的新闻信息,依然是影响人们思考方式和思考内容的主要因素,因此,对法治的影响必须被高度重视。

第三节 新闻媒体对社会公平和正义的追求

法治社会建设目标中,对公平和正义的追求与新闻媒体追求的新闻理想是一致的。没有公平和正义,新闻人追求的理想社会无法建立,法治社会的目标也不会实现。

一、维护社会公平和正义是新闻媒体的终极使命

一部新闻史,实际上就是人类对公平和正义的追求史。一切社会不公,往往是

暗中操作运行的——因为不公所以见不得人，当然不能见诸新闻媒体。客观、公正地报道新闻信息是新闻媒体的本质（或者说是本能）要求，在新闻媒体无所不在的现代社会，防止不公行为被曝光的最好办法就是防止不公行为的出现。即使在媒体不是很发达的时代，当权者为了取悦民众，争取民意，也力求借助媒体向受众传递自身公正的信息。可以这样说，新闻媒体天生是为社会公平正义而生的。英国格拉斯哥大学社会学系教授约翰·埃尔德里奇在通过对媒介进行长期研究后认为："新闻产品的自然品质以及它对世界事件的直接性和接近性强调，是建立在对客观性和中立性的职业要求基础之上的……"因此，"只要电视新闻试图确立以公正、中立和客观等主张为基础的职业信誉，那些棘手的东西就会经常面临挑战并难以防御，并且他们会发现辩护是困难的"。① 研究发现，新闻媒体即使在新闻报道中触犯了某些利益团体或权力阶层的利益，但只要坚守"职业要求""职业信誉"，那么它就依然是可靠的，是不用担心外来的非议和反击的。尽管这是对传统媒体时代新闻尤其是电视新闻作用的评价，但这样的评价依然适合新媒体时代的新闻。

回望过往的时光我们可以看到，人类社会的发展总是不断趋向美好的，在这个过程中，新闻媒体发挥了独特的、不可或缺的重要推动作用。在人类社会走向文明的过程中，新闻媒体通过赞颂美好和抨击不良，有力地维护着社会的公平和正义。具体而言，新闻媒体通过对公平和正义价值的广泛传播，激发着社会中正向的、积极力量的发挥。另外，新闻媒体持续抨击社会前进过程中出现的负面消极现象，发挥了纠错、纠偏作用。在传统媒体时代，新闻媒体通过专业的新闻实践和中心化的信息呈现，在社会趋向美好的过程中留下了浓墨重彩的印记。进入新媒体时代，全民参与的公共传播虽然在一定程度上削弱了新闻传播的专业性和信息中心化程度，但渗透进全民社会生活深层的新闻传播活动，更全方位强化了新闻传播的作用。这种传播生态不仅可以更全面地让社会生活中公平和正义的言行传播开来，还有利于更深刻地抨击曾经隐藏在社会更深处的丑恶。我们有理由相信，新闻媒体在社会文明进步中将发挥更加重要的推动作用。

二、新闻媒体为社会公平和正义奔走呼号

现代新闻媒体总是把维护社会公平和正义作为自己的宗旨。在新闻人看来，社会公平是可见的和可操作的，必须身体力行，而社会正义更近乎自己的职业理想，其更多地是积极追求这样一种社会状态。于是，我们就会看到这样一种情形：一方面，新闻媒体毫不留情地批评社会不公，同时也为实现社会公平出谋划策；另一方

---

① 格拉斯哥大学媒介研究小组，埃尔德里奇. 获取信息——新闻、真相和权力 [M]. 张威，邓天颖，译. 北京：新华出版社，2004：5-6.

面，新闻媒体也力所能及地描摹理想社会的生活场景，在这样的场景里，社会公平始终是其中的主旋律，而社会不公一旦出现，理所当然地会受到新闻媒体的抨击。西方社会曾经盛行影响深远的"揭丑运动"，而"丑"之根本正是社会不公。我国许多以批评性报道为特色的媒体和栏目盛行不衰，重要的原因之一也是其对社会不公锲而不舍地揭露。同时，新闻人也刻意在新闻报道中，发掘人性的善良和社会的温馨，力图通过可触可摸的新闻，将他们内心美好的憧憬投射到现实社会之中。

新闻媒体对社会公平正义的追求，首先体现在其对新闻规律的把握和对新闻真实性原则的坚守上。社会的发展为新闻媒体的发展开辟了广阔的天地，同时也让新闻媒体面临纷繁复杂的选择。在价值多元化时代，非此即彼的单项选择已不复存在，似是而非的情况却随处可见，因此，具备一双慧眼，坚守一种责任对新闻从业者而言就显得尤为重要。对公平和正义的追求在许多时候不会显得那么直截了当，唾手可得，而是需要有一个判断的过程。同时，具体的一条条新闻报道，也不会让人立即感受到"我在坚持公平""我会追求正义"，相反，在许多时候也许会让新闻记者觉得自己的工作微不足道。但是，当这种坚持成了一种职业习惯，继而成了一种职业信条后，其价值就会真正体现出来。新闻记者不断坚持探寻新闻背后的事实，被假象掩盖的真相，不断还原事实的本来面目，从长远的眼光来看，就会使社会的公平和正义得到保障。当然，我们这样说并不意味着"新闻万能"，新闻报道本身不会成为社会公平和正义的具体保障机制，但它可以营造一种舆论氛围，使人们习惯于在这样一种氛围中追求高远目标。

新闻媒体对社会公平正义的追求，同时还体现在对社会弱势群体的关心上。多年来，对弱势群体的关注和关爱成了新闻媒体新闻报道的一个重要主题。在这个主题中，"帮助进城务工人员追要拖欠薪金"是其中最有影响并持续最久的事件之一。这个情况的出现一方面固然与党和国家对进城务工人员工资问题的关注有关，另一方面也实实在在地体现了新闻媒体对弱势群体的关注和关爱。这也许只是个案，但在个案的后面，是新闻媒体对社会公平正义的追求。目前，我国的许多新闻媒体都有类似"排忧热线"之类的栏目，而所排之忧，更多的不是强势群体之忧，而是弱势群体之忧：新闻媒体期望借助自己的力量，让那些更容易受到伤害的群体有获得更多的公平和正义的机会。

新闻媒体对社会公平正义的追求，还体现在其对社会不公不遗余力的抨击上。人人期盼社会公平、人间美好，但社会不公、人间丑陋依然无法从我们的生活中去除：社会不公可能来自权力部门的权力滥用，也可能来自财富阶层的经济霸道，当然还有可能来自社会底层少数素质低下者的横行不法。不管出于何种情况，他们实际上都是在一定条件下获得了某种强势地位，并且把这种强势地位变成自己颐指气使的资本。面对这种不公，新闻媒体倾注了大量精力予以批评曝光。这种揭露性的批评曝光虽然无法使社会不公得以消除，但能使这样一些群体不至于肆无忌惮。同时，我们也高兴地看到，新闻媒体对社会性不公的报道，也促使我国一些政策法规的出台，从而使社会公平和正义得到了有效的维护。

从历史悠久的纸质媒体，到日新月异的电子媒体，再到今天风生水起的数字媒体，新闻媒体在社会的文明进步和人的现代化进程中发挥着越来越重要的作用。在遥远的过去，当一位手握重金的资本家手持印刷模糊的报纸紧张地关注上面刊登的贸易信息时，阅读新闻还是少数权贵、资本人士的专利。数十年前，当一群人欢聚在电视机前观看选秀节目中俊男靓女的卖力表现或央视春晚的歌舞小品时，从新闻媒体中获得娱乐快感成了一大群人的习惯。今天，当刷刷视频、发发微信或者下单一款心仪的服装成为一种生活日常时，信息传播已经成了每一个现代人生活中一个不可或缺的组成部分。多年以前，也许很少有人会预见，新闻媒体作为一种"大众传播"工具会真的如此"大众化"。但是，我们必须时刻保住这样一种认知：无论是传统媒体还是新媒体，其"大众性"的本质不会随着媒体样式的变化而改变。在信息传播的过程中，对社会主流道德原则的遵守，对法律底线的守护永远是新闻媒体必须坚持的基本原则。

卢梭曾经说过这样一句话：人生而自由，却无往不在枷锁之中。这句充满了悲悯色彩的话实际上道出了人类生存的真实境遇：人们内心永远追求自由，但自由永远和规则相伴随。随着数字化传播技术的快速发展和智媒时代的到来，相信新闻媒体还将呈现出更加多样化的激动人心的变化。在享受新奇多样的传播生态带给我们无限美好生活的同时，我们也期待可能的失范被有效限制，期待更加清朗有序的新闻传播业会更快地推动公平正义这种美好社会的到来。

参考文献

1. 艾德曼,肯尼迪. 隐私的权利 [M]. 吴懿婷,译. 北京:当代世界出版社,2003.
2. 米耶热. 传播思想 [M]. 陈蕴敏,译. 南京:凤凰出版集团江苏人民出版社,2008.
3. 科瓦齐,罗森斯蒂尔. 新闻的十大基本原则:新闻从业者须知和公众的期待(中译本)[M]. 2版. 刘海龙,连晓东,译. 北京:北京大学出版社,2014.
4. 卞建林,焦洪昌,等. 传媒与司法 [M]. 北京:中国人民公安大学出版社,2006.
5. 罗素. 自由之路(插图本)[M]. 北京:文化艺术出版社,2005.
6. 陈力丹. 舆论学:舆论导向研究 [M]. 北京:中国广播电视出版社,1999.
7. 陈笑春. 网络视听版权规制论 [M]. 北京:社会科学文献出版社,2021.
8. 程燎原. 从法制到法治 [M]. 北京:法律出版社,1999.
9. 米勒. 社会正义原则 [M]. 应奇,译. 南京:江苏人民出版社,2001.
10. 莫利,罗宾斯. 认同的空间——全球媒介、电子世界景观与文化边界 [M]. 司艳,译. 南京:南京大学出版社,2001.
11. 董炳和. 新闻侵权与赔偿 [M]. 青岛:青岛海洋大学出版社,1998.
12. 董丛林. 晚清社会传闻研究 [M]. 北京:人民出版社,2007.
13. 范海潮. 社交媒体平台隐私自我管理研究 [M]. 南京:江苏人民出版社,2019.
14. 费孝通. 乡土中国 [M]. 上海:上海人民出版社,2006.
15. 高志明. 法律与权利 [M]. 北京:中国社会科学出版社,2003.
16. 公丕祥. 法理学 [M]. 上海:复旦大学出版社,2002.
17. 勒庞. 乌合之众:大众心理研究 [M]. 冯克利,译. 北京:中央编译出版社,2005.
18. 顾理平. 新闻传播与法治理性 [M]. 北京:社会科学文献出版社,2015.
19. 顾理平. 新闻传播中的法规与伦理 [M]. 北京:中国传媒大学出版社,2021.
20. 顾理平. 新闻侵权与法律责任 [M]. 北京:中国广播电视出版社,2001.

21. 郭建. 中国法文化漫笔［M］. 上海：东方出版中心，1999.

22. 郭星华，陆益龙，等. 法律与社会——社会学和法学的视角［M］. 北京：中国人民大学出版社，2004.

23. 何家弘. 域外痴醒录［M］. 北京：法律出版社，1997.

24. 胡锦光，韩大元. 当代人权保障制度［M］. 北京：中国政法大学出版社，1993.

25. 胡颖. 我国网络视频的演进与治理［M］. 北京：中国广播影视出版社，2021.

26. 黄会林. 当代中国大众文化研究［M］. 北京：北京师范大学出版社，1998.

27. 黄仁宇. 万历十五年［M］. 北京：生活·读书·新知三联书店，2008.

28. 范伯格. 自由、权利和社会正义：现代社会哲学［M］. 王守昌，戴栩，译. 贵阳：贵州人民出版社，1998.

29. 道格拉斯，瓦克斯勤. 越轨社会学概论［M］. 张宁，朱欣民，译. 石家庄：河北人民出版社，1987.

30. 富勒. 信息时代的新闻价值观［M］. 展江，译. 北京：新华出版社，1999.

31. 莱茨. 我是帕帕垃圾：一个狗仔队员的自述与忏悔［M］. 吴晓云，周军，等译. 北京：中央编译出版社，2001.

32. 克里斯蒂安，法克勒，罗特佐尔，等. 媒介公正：道德伦理问题真的不证自明吗？［M］. 蔡文美，等译. 北京：华夏出版社，2000.

33. 克里斯琴斯，法克勒，理查森，等. 媒体的良心［M］. 孙有中，郭石磊，范雪竹，译. 北京：中国人民大学出版社，2014.

34. 亨金. 权利的时代［M］. 信春鹰，吴玉章，李林，译. 北京：知识出版社，1997.

35. 雷启立. 传媒的幻象：当代生活与媒体文体分析［M］. 上海：上海书店出版社，2008.

36. 李理. 新闻传播业共同体媒介伦理研究［M］. 武汉：湖北人民出版社，2021.

37. 李良荣. 新闻学概论［M］. 上海：复旦大学出版社，2001.

38. 李留澜. 契约时代：中国社会关系现代化研究［M］. 北京：社会科学文献出版社，2006.

39. 弗林特. 报纸的良知：新闻事业的原则和问题案例讲义［M］. 萧严，译. 北京：中国人民大学出版社，2005.

40. 梁建增.《焦点访谈》红皮书［M］. 北京：文化艺术出版社，2002.

41. 林爱珺. 舆论监督与法律保障［M］. 广州：暨南大学出版社，2008.

42. 林乾. 中国古代权力与法律 [M]. 北京：中国政法大学出版社，2004.

43. 林语堂. 吾国与吾民 [M]. 西安：陕西师范大学出版社，2006.

44. 刘迪. 现代西方新闻法制概述 [M]. 北京：中国法制出版社，1998.

45. 刘建明. 现代新闻理论 [M]. 北京：民族出版社，1999.

46. 刘建明. 舆论传播 [M]. 北京：清华大学出版社，2001.

47. 刘杰. 知情权与信息公开法 [M]. 北京：清华大学出版社，2005.

48. 刘宁，张庆，等. 透视中国重大食品安全事件 [M]. 北京：法律出版社，2005.

49. 刘士国. 现代侵权损害赔偿研究 [M]. 北京：法律出版社，1998.

50. 刘星. 法律的隐喻 [M]. 广州：中山大学出版社，1999.

51. 刘星. 法律是什么？：二十世纪英美法理学批判阅读 [M]. 北京：中国政法大学出版社，1998.

52. 刘哲民. 近现代出版新闻法规汇编 [M]. 上海：学林出版社，1992.

53. 刘智峰. 道德中国：当代中国道德伦理的深重忧思 [M]. 北京：中国社会科学出版社，1999.

54. 卢家银. 传播法教学案例精选与评析 [M]. 北京：知识产权出版社，2022.

55. 卢梭. 爱弥儿 [M]. 李玉浤，译. 北京：商务印书馆，2017.

56. 罗斌. 传播侵权研究 [M]. 北京：国家图书馆出版社，2018.

57. 史密斯. 新闻道德评价 [M]. 李青藜，译. 北京：新华出版社，2001.

58. 骆汉城，等. 偷拍实录 [M]. 广州：南方日报出版社，2000.

59. 麦克卢汉. 理解媒介——论人的延伸 [M]. 何道宽，译. 北京：商务印书馆，2000.

60. 孟繁华. 传媒与文化领导权——当代中国的文化生产与文化认同 [M]. 济南：山东教育出版社，2003.

61. 福柯. 规训与惩罚：监狱的诞生 [M]. 刘北成，杨远婴，译. 北京：生活·读书·新知三联书店，2010.

62. 牛静. 全球媒体伦理规范译评 [M]. 杜俊伟，译. 北京：社会科学文献出版社，2018.

63. 诺内特，塞尔兹尼克. 转变中的法律与社会：迈向回应型法 [M]. 张志铭，译. 北京：中国政法大学出版社，1994.

64. 戈夫曼. 日常生活中的自我呈现 [M]. 冯钢，译. 北京：北京大学出版社，2008.

65. 尤伊克，西贝尔. 法律的公共空间——日常生活中的故事 [M]. 陆益龙，译. 北京：商务印书馆，2005.

66. 邱小平. 表达自由：美国宪法第一修正案研究［M］. 北京：北京大学出版社，2005.

67. 瞿同祖. 中国法律与中国社会［M］. 北京：商务印书馆，2010.

68. 斯皮尔伯利. 媒体法［M］. 周文，译. 武汉：武汉大学出版社，2004.

69. 弗里德曼. 媒体的真相：致年轻记者［M］. 梁岩，王星桥，译. 北京：中信出版社，2007.

70. 莫斯科维奇. 群氓的时代［M］. 许列民，薛丹云，李继红，译. 南京：江苏人民出版社，2006.

71. 宋克明. 美英新闻法制与管理［M］. 北京：中国民主法制出版社，1998.

72. 苏成雪. 传媒与公民知情权［M］. 北京：新华出版社，2005.

73. 孙克文. 焦点外的时空［M］. 北京：生活·读书·新知三联书店，1997.

74. 孙旭培. 当代中国新闻改革［M］. 北京：人民出版社，2004.

75. 孙长永. 侦查程序与人权——比较法考察［M］. 北京：中国方正出版社，2000.

76. 卡特，迪，盖尼斯，等. 大众传播法概要［M］. 黄列，译. 北京：中国社会科学出版社，1997.

77. 彭伯. 大众传媒法（第十三版）［M］. 张金玺，赵刚，译. 北京：中国人民大学出版社，2004.

78. 田成有. 乡土社会中的民间法［M］. 北京：法律出版社，2005.

79. 田大宪. 新闻舆论监督研究［M］. 北京：中国社会科学出版社，2002.

80. 童兵. 中西新闻比较论纲［M］. 北京：新华出版社，1999.

81. 童兵. 理论新闻传播学导论［M］. 北京：中国人民大学出版社，2002.

82. 班尼特. 新闻政治的幻象［M］. 杨晓红，王家全，译. 北京：当代中国出版社，2005.

83. 王锋. 表达自由及其界限［M］. 北京：社会科学文献出版社，2006.

84. 王利明，杨立新，姚辉. 人格权法［M］. 北京：法律出版社，1997.

85. 王利明. 民商法精论［M］. 北京：商务印书馆，2018.

86. 王利明，杨立新. 人格权与新闻侵权［M］. 北京：中国方正出版社，2010.

87. 王强华，魏永征. 舆论监督与新闻纠纷［M］. 上海：复旦大学出版社，2000.

88. 王飔濛. 智媒时代的隐私悖论［M］. 北京：中国广播电视出版社，2022.

89. 王四新. 表达自由——原理与应用［M］. 北京：中国传媒大学出版社，2008.

90. 王纬. 镜头里的"第四势力"：美国电视新闻节目［M］. 北京：北京广播学院出版社，1999.

91. 魏永征. 新闻传播法教程［M］. 北京：中国人民大学出版社，2002.

92. 徐忠明. 案例、故事与明清时期的司法文化［M］. 北京：法律出版社，2006.

93. 杨明品. 新闻舆论监督［M］. 北京：中国广播电视出版社，2001.

94. 朱克斯. 传媒与犯罪［M］. 赵星，译. 北京：北京大学出版社，2006.

95. 俞立根. 手机媒体与公民隐私保护［M］. 北京：中国广播电视出版社，2022.

96. 格拉斯哥大学媒介研究小组，埃尔德里奇. 获取信息——新闻、真相和权力［M］. 张威，邓天颖，译. 北京：新华出版社，2004.

97. 菲斯克. 解读大众文化［M］. 杨金强，译. 南京：南京大学出版社，2006.

98. 赫尔顿. 美国新闻道德问题种种［M］. 刘有源，译. 北京：中国新闻出版社，1988.

99. 卡伦. 媒体与权力［M］. 史安斌，董关鹏，译. 北京：清华大学出版社，2006.

100. 库兰，古尔维奇. 大众媒介与社会［M］. 杨击，译. 北京：华夏出版社，2006.

101. 展江，张金玺，等. 新闻舆论监督与全球政治文明：一种公民社会的进路［M］. 北京：社会科学文献出版社，2007.

102. 张巨岩. 权力的声音：美国的媒体和战争［M］. 北京：生活·读书·新知三联书店，2004.

103. 张新宝. 名誉权的法律保护［M］. 北京：中国政法大学出版社，1997.

104. 张新宝. 隐私权的法律保护［M］. 北京：群众出版社，1997.

105. 张新宝. 中国侵权行为法［M］. 2版. 北京：中国社会科学出版社，1998.

106. 甄树青. 论表达自由［M］. 北京：社会科学文献出版社，2000.

107. 郑宁，刘文杰，周俊武，等. 中国传媒法典型事例评析（2011—2020）［M］. 北京：知识产权出版社，2022.

108. 中华人民共和国新闻出版署政策法规司. 中华人民共和国现行新闻出版法规汇编（1991—1996）［M］. 北京：人民出版社，1997.

109. 中华全国新闻工作者协会. 新闻职业道德［M］. 北京：新华出版社，1996.

110. 周甲禄. 舆论监督权论［M］. 济南：山东人民出版社，2006.

111. 朱庆育. 民法总论［M］. 2版. 北京：北京大学出版社，2013.

112. 邹举. 电视内容产业的版权战略 [M]. 北京：社会科学文献出版社, 2015.

113. CHRISTIANS C G. Media ethics and global justice in the digital age [M]. Cambridge: Cambridge University Press, 2019.

114. SOLOVE D J, SCHWARTZ P M. Privacy, law enforcement, and national security [M]. Netherlands: Wolters Kluwer Law & Business, 2014.

115. MCCRAW D E. Truth in our times: inside the fight for press freedom in the age of alternative facts [M]. All Points Books, 2019.

116. WEAVER D H, WILLNAT L. The global journalist in the 21st century [M]. New York: Routledge, 2012.

117. LEWIS J, CRICK P. Media Law and ethics in the 21st century: protecting free expression and curbing abuses [M]. Red Globe Press, 2014.

118. CHENEY-LIPPOLD J. We are data: algorithms and the making of our digital selves [M]. New York: New York University Press, 2017.

119. DUBBER M, et al. Oxford handbook of ethics of AI [M]. Oxford University Press, 2021.

120. LEAFFER M A. Understanding copyright law [M]. Carolina Academic Press, 2019.

121. PATTERSON P, et al. Media ethics: issues and cases [M]. Rowman & Littlefield Publishers, 2019.

122. MOORE R L, MURRAY M D. Media law and ethics [M]. New York: Routledge, 2011.

123. BARBAS S. Newsworthy: the supreme court battle over privacy and press freedom [M]. Stanford Law Books, 2017.

124. ZUBOFF S. The age of surveillance capitalism: the fight for a human future at the new frontier of power [M]. New York: PublicAffairs, 2020.

后 记

生命是由无数奇妙的轮回构成的。二十四年前，兔年的第一天，当我写完本书第一版的后记，合上书稿，抬头眺望窗外车水马龙的节日街景时，并没有预想到漫长岁月后的某一个兔年春天，会进行这本书第四版的修订。

1995年4月，南京师范大学新闻与传播学院正式成立，我参与了筹划和整个建院过程，并成为首届新学院领导班子成员。基于这个背景，自己总希望能为这个新的学术生命体作出更多的学术贡献。我考虑到自己有过新闻采写的实践经验，凭借初生牛犊不怕虎的勇气，确定将具有拓荒意义的新闻传播法学作为自己的研究方向，并将其作为创新的学科体系来进行规划：从框定基本的逻辑体系、研究范围，到平衡权利和义务的关系，明确核心概念的内涵等，宏观框架与微观定义都细加考量，交叉融合则成为主要的诉求与特色。多年以后我回望本书初版的内容，虽然存在某些浅直粗疏之处，但总体而言框架还是比较科学成熟的，也经受住了时间的检验。随着研究的推进，一部宏观总论加三个专题研究的"一拖三"研究计划也逐渐在我脑海中明晰起来。我将作为宏观总论的《新闻法学》（1999年，第三版改名为《新闻传播学法》）称为"圈地运动"（框定学科范围），随后进入"精耕细作"阶段，选择三个重要问题进行专题研究，先后出版了《新闻侵权与法律责任》（2001年）、《隐性采访论》（2005年）和《新闻权利与新闻义务》（2010年）三本专著。至此，我初步完成了关于新闻传播法学研究最初的学术构想。学术研究永远是不断更新和持续深化的过程。《新闻法学》出版后，虽然在2005年出版了第二版，但这次主要是对技术差错进行简单的修订，这与日新月异的传媒技术发展和理论研究进展要求相比，存在明显的差距。于是，在2011年这个兔年里，我的主要精力倾注到了第三版的修订工作中，最终形成了相对完善的修订版。

时光在按部就班的忙碌中很快过去了十一年。大数据、人工智能技术以令人眼花缭乱的速度把我们带进了令人惊喜意外的智媒时代，曾经的范式、体系、原则、方法在变化面前突然就难以适应数字化社会对传媒业的总体要求，对本书内容进行再一次修订变得迫在眉睫。去年8月初，因为疫情，我突然有大把奢侈的安静时光，可以从容开始书稿修订的整体规划和起笔。在这个兔年的春光里，经过两遍修改的书稿终于完成。

从二十四年前的最初付梓，到十二年前的第一次深度修订，再到今年的再次完善，每一个自己的本命年兔年，我都在本书的持续完善中留下了深深的思考痕迹和美好的时光记忆。值得高兴的是，虽然每次回望都会有一些遗憾产生（学术研究确实是一项不断产生遗憾的工作），但全书的整体框架，并未有大的变化，这也许可以佐证我最初关于新闻传播法学的思考是符合学科内在规律的。

初步完成新闻传播法学的整体研究后，我有过几年的学术迷茫期，直到2015年，才开始将研究的精力主要倾注到了智媒时代公民隐私保护这个相对细分的领域。这是一个与人的现代化深度关联，与个人尊严高度融合的重大问题，也是数字化社会面临的重大社会问题。我最初的规划是花十年左右的时间，对数字化社会公民隐私保护这个问题有一个较为深刻全面的研究和争取有更多的创新发现。随着研究的深入，我意识到十年时间也许只是一个开始，在数字化不断发展和传媒技术持续迭代进阶的当今社会，这是一项需要长期倾注精力的研究项目。基于宏观的社会需求和个人运气，从2015年开始直至2021年，我在7年时间里连续获批主持关于智媒时代公民隐私保护问题研究三个国家社科基金重要项目："大数据时代的隐私权问题研究"（重点项目，2015年）、"人工智能时代公民隐私保护研究"（重点项目，2019年）、"智媒时代公民隐私保护问题研究"（重大项目，2021年）。于是，我的研究精力，也持续聚焦于这个领域。尽管如此，我心中还时时挂念着多年前出版的《新闻传播法学》的修订。但是，一部书稿的修订毕竟不是一项简单的工作，加上关于隐私保护问题的研究任务繁重，我一直未能下定决心，直到去年夏天的那次偶发疫情。严格地说，关于智媒时代公民隐私保护问题的研究其实依然是新闻传播法学的继续和深化，只是研究的问题更为微观和深化。相信这种微观和深化的研究可以不断丰富和完善关于新闻传播法学学科的理论思考。

翻阅本书已有三个版本的完稿时间时，我突然发现，此前的三个版本分别完成于冬、秋、夏三个不同的季节，而本书完成正值春季。这也许可以算是另一个奇妙的学术轮回了。读书、思考、写作过程中新思想的惊喜发现或新观点的流畅表达，每每令人兴致盎然，但是，这毕竟是一项劳思伤神、使人容易产生疲倦困顿的工作。对我而言，最好的解药是寄情自然，餐云卧石，让身心得以栖息，活力得以复苏。早春时节，草木萌发，草色遥看近却无，行走于春花之间，远看桃蹊柳陌，近观草色青青，身体的疲惫之感很快会被荡漾在空气中的自然活力替代。夏荷新开，微风不燥，安坐在一湾碧水之畔。放下喜乐忧愁，没有流绪微梦，只有云展云舒，身心通透也许是最容易获得的感受。秋高气爽，枫林尽染，则是最适宜走进山水之间的时光。清朗、收获是这个季节最大的主题。安静地坐，激情地走，高声喊叫，畅快欢唱，疏狂快意，没有什么不可以。冬季虽然不适宜出行，但站在朗照的冬日暖阳里，大口地呼吸清冽的空气，依然可以将身心融化在自然里。期待这本浸润着四季自然气息、完善于杏花春雨时节的新书，可以在学术的花海中拥有自己一份独特的色彩。

从 1995 年开始，我便在南京师范大学新闻与传播学院本科生中开设"新闻传播法学"课程，随后又在硕士生、博士生中开设相关课程。感谢二十余年来一届届学生在教学相长的过程中给予我的学术启发。你们的奇思妙想和创新观点不断丰富着这门课程的内涵。感谢我的博士生、硕士生团队在读书会、研讨会和其他学术活动中给予我的诸多支持帮助。无论是绞尽脑汁的思考还是轻松自由的小聚，都是美好快乐的幸福记忆。这里我还要特别感谢中国新闻史学会媒介法规与伦理专业委员会的各位专家学者，无论是线下天南海北的聚会，还是线上面对屏幕的对空言说，你们在各种学术研讨活动中观点的分享，思想的激荡，总是那样令人兴趣盎然，富有启发意义。庆幸自己的学术之路上，能有这么多志同道合的好朋友携手前行。感谢严谨敬业的裴向敏编辑为本书的持续完善和顺利出版付出艰辛劳作。

学术研究是需要付出心智和精力的辛苦工作。经年累月枯坐书斋，在文献中探幽索隐寻找真知，或融入社会向他人刨根究底探访真相，需要有极大的毅力和耐心。殚精竭虑无所收获，苦思冥想难理头绪，这是一种生活常态。但是，新见发现产生的愉悦或观点共鸣引发的激情会产生持久的幸福感，也足以让孤独的思考时光意趣盎然，魅力无限。既然选择热爱这份工作，便可不念前尘，不思苦乐。且听风吟，且闻雨声，一蓑风雨任平生！

顾理平

2023 年 4 月 2 日

图书在版编目(CIP)数据

新闻传播法学/顾理平著.--4版.--北京:中国传媒大学出版社,2024.7.

ISBN 978-7-5657-3703-9

Ⅰ.D922.161

中国国家版本馆 CIP 数据核字第 20246GJ618 号

新闻传播法学(第四版)

XINWEN CHUANBO FAXUE(DI-SI BAN)

著　　者	顾理平
策划编辑	裴向敏
责任编辑	裴向敏
封面设计	拓美设计
责任印制	李志鹏

出版发行	中国传媒大学出版社		
社　　址	北京市朝阳区定福庄东街1号	邮　编	100024
电　　话	86-10-65450528　65450532	传　真	65779405
网　　址	http://cucp.cuc.edu.cn		
经　　销	全国新华书店		
印　　刷	北京中科印刷有限公司		
开　　本	787mm×1092mm　　1/16		
印　　张	16.5		
字　　数	333千字		
版　　次	2024年7月第4版		
印　　次	2024年7月第1次印刷		
书　　号	ISBN 978-7-5657-3703-9/D·3703	定　价	59.80元

本社法律顾问:北京嘉润律师事务所　郭建平